팀 쿡
Tim Cook

Tim Cook:

The Genius Who Took Apple to the Next Level

by Leander Kahney

팀 쿡
Tim Cook

애플의 새로운 미래를 설계하는 조용한 천재

린더 카니 지음 | 안진환 옮김

트레이시와 네이딘,
밀로, 올린, 라일에게 이 책을 바칩니다.

압도적 성과

이상을 실현하기 위해 일어서거나, 사람들의 삶을 향상시키기 위해 행동하거나, 불의에 분연히 맞서기 위해 싸우는 사람은 매번 작은 희망의 물결을 일으킨다. 수백만의 각기 다른 에너지와 용기의 중심에서 나오는 그러한 물결은 서로 만나 억압과 저지의 가장 강력한 장벽도 무너뜨릴 수 있는 거대한 물줄기를 형성한다.

– 로버트 F. 케네디Robert F. Kennedy

2011년 팀 쿡이 애플Apple의 CEO(최고경영자) 자리에 올랐을 때 전문가들은 그가 너무 큰 신발을 신었다고 해석했다. 당시 세계 최대 기업이자 가장 혁신적인 기업으로 평가받던 애플은 선지자적인 창업자를 막 잃은 상태였다. 스티브 잡스Steve Jobs와 그가 공동창업한 애플이 우상 이상으로 추앙받던 터라, 이른바 권위 있는 전문가들은 잡스가 떠난 애플에 '곧 재앙이 닥칠 것'으로 예상했다. 안드로이드 체계와의 경쟁이 심화된 데다가 미래 제품에 대한 불확실성마저 팽배

한 상황에서 거함의 키를 잡은 팀 쿡은 잃을 것만 있지 얻을 게 없어 보였다.

그러나 비평가들의 분석은 틀린 것으로 입증되었다. 빨리 감기를 통해 8년 후로 건너가보자. 쿡의 지휘 아래 애플은 말 그대로 압도적인 성과를 거두었다. 잡스가 떠나고 불과 몇 년 사이에 궁극의 이정표에 도달한 것이다. 시가총액은 사상 최초로 1조 달러를 돌파해 세계에서 가장 가치가 높은 기업으로 지위를 굳혔다. 그사이 주가는 거의 세 배나 뛰었다. 현금 보유고 역시 2010년 이래 네 배가량 증가해 2672억 달러에 달했다. 자기주식 취득과 배당금으로 2200억 달러를 썼음에도 이와 같은 기록적인 수치에 달한 것이다. 참고로 미국에서는 오직 정부만이 이보다 약간 많은 2710억 달러의 현금을 보유하고 있다.

팀 쿡의 CEO 재임 기간 동안 애플이 얼마나 거대해졌는지를 제대로 이해하려면 몇 가지 자료를 더 살펴볼 필요가 있다. 애플은 내가 이 책을 쓰기 시작한 2018년 일사분기에만 883억 달러의 수입과 200억 달러의 이익을 달성했다. 22억 명의 액티브 유저^{Active User}(일정 기간 동안 한 번 이상 접속한 유저)를 보유한 페이스북^{Facebook}이 2017년 한 해 동안 406억 달러의 수입을 올린 것과 비교해보라. 한때 기술업계 최대 기업이던 마이크로소프트^{Microsoft} 역시 2017년 한 해에 걸쳐 900억 달러의 총수입을 올렸다. 애플이 불과 3개월 만에 경쟁사의 1년 치 벌이와 맞먹는 수입을 올린 셈이다.

쿡이 이끄는 애플은 그렇게 거의 모든 면에서 경쟁자들을 압도하고 있었다.

- 아이폰iPhone은 전 세계 역사상 가장 성공한 단일 제품이다. 출시 이후 10년 동안 12억 대 이상이 팔렸다(물론 그 가운데 처음 4년의 성과는 스티브 잡스의 리더십에 기인한다). 타의 추종을 불허하는 초대형 히트작인 셈이다. 누적 매출액은 1조 달러에 다다르고 있다. 시판되는 수량만 놓고 보면 안드로이드Android 기기가 더 많을지 몰라도 매출 1위는 단연 아이폰이다. 덕분에 애플은 휴대전화 시장에서 발생하는 총이익의 80퍼센트를 가져가고 있다. 애플은 프리미엄 제품으로 30~40퍼센트의 이윤을 챙기는 반면, 모바일 시장의 나머지 주자들은 남는 게 별로 없는 저급 제품으로 이전투구를 벌이고 있다. 또한 아이폰 X(애플이 아이폰 10주년을 기념해 내놓은 시리즈로 X는 숫자 10Ten이라 읽는다)과 그 파생 제품으로 애플은 계속 시장점유율을 높여가고 있지만, 업계의 나머지는 갈수록 작아지는 이윤을 놓고 경쟁하고 있다.

- 애플은 컴퓨터 시장에서도 성공을 구가하고 있다. 이제 컴퓨터는 아이폰에 밀려 애플에서 제2바이올린 격이 됐지만, 그럼에도 애플의 PC 시장점유율은 최근 상승세를 보이고 있다. 중요한 점은 PC를 생산하는 모든 기업 중 애플이 시장점유율이 늘고 있는 유일한 기업이라는 사실이다. PC 판매량은 2011년 정점을 찍었던 시절에 비해

전체적으로 26퍼센트 감소한 상태다. 태블릿과 스마트폰으로 인해 PC 시장은 다시 회복될 가능성이 거의 없다고 여겨졌다. 그러나 쿡이 지휘봉을 잡은 이래 애플의 PC 시장점유율은 2011년 5퍼센트에서 2018년 7퍼센트로 꾸준히 상승했다. 그다지 대단치 않은 성장으로 보일지 모르지만, 아이폰과 마찬가지로 애플이 프리미엄 제품으로 경쟁한다는 사실을 참고할 필요가 있다.

• 애플은 웨어러블Wearable 제품으로 완전히 새로운 시장을 창출했다. 2015년에 출시한 애플워치Apple Watch는 잡스의 입김이 닿지 않은, 팀 쿡 시대 최초의 주요 제품이다. 애플워치는 분기별로 50퍼센트의 매출 성장세를 보이며 4000만 개 이상이 팔려나갔다. 모두의 예상을 뛰어넘은 대히트가 아닐 수 없다. 이제 애플의 시계 비즈니스는 롤렉스Rolex보다 규모가 더 커졌다. 에어팟AirPods 역시 큰 인기몰이를 하고 있다. 애플의 에어팟과 비츠Beats 헤드폰의 2018년 예상 판매량이 5000만 개 이상으로 잡혔을 정도다. 여기에 홈팟HomePod 스피커까지 새롭게 가세해 애플의 스마트오디오 비즈니스는 연매출 100억 달러를 초과하고 있다.

• 서비스 비즈니스 또한 기하급수적으로 성장하고 있다. 이는 2018년 이사분기 애플에서 91억 달러의 매출을 책임진, 두 번째로 큰 사업 부문으로 규모 면에서는 위성TV 회사인 디시네트워크Dish Networks

와 맞먹는다. 독자적인 서비스 회사라면 《포천Fortune》 500대 기업에 속할 수도 있다는 뜻이다. 전문가들은 음악과 앱 판매, 그리고 디지털 구독에 기반을 둔 애플의 서비스 비즈니스가 2020년이면 500억 달러의 매출 규모로 성장할 것이라 내다본다. 그렇게 되면 맥Mac과 아이팟iPod의 매출을 합친 것보다 더 커지는 셈이다. 심지어 디즈니Disney보다도 더 큰 사업 부문이 된다.

그리고 어쩌면 최상의 무엇은 아직 도래하지 않았는지도 모른다. 애플이 막후에서 로봇 자동차를 개발하고 있다는 소문이 돌고 있어서다. 만약 그것이 성공한다면 2조 달러가 넘는 전 세계 자동차 산업의 판도가 뒤집어질 것이다. 휴대전화 업계에 애플이 등장하며 그랬던 것처럼 말이다. GM(제너럴모터스)과 포드Ford가 노키아Nokia나 모토로라Motorola처럼 한순간에 퇴물로 전락할지도 모를 일이다.

이렇게 애플은 모두의 예상을 깨고 팀 쿡의 리더십 아래 전례 없는 성공을 누리고 있다. 미래의 전망 또한 무척이나 밝아 보인다. 사람들은 잡스의 죽음 이후 애플의 수많은 인재가 대거 탈출할 것이라고 예상했다. 그렇게 핵심 인재가 경쟁사로 넘어가면 애플은 빈껍데기만 남게 될 거라는 추측이었다. 그러나 쿡은 잡스에게서 물려받은 경영진의 대다수를 단합시켰고 그 나름의 영리한 영입으로 고위직을 보충했다. 쿡은 잡스의 공백에 따른 불확실성의 시기를 잘 헤쳐나가도록 애플을 이끌었을 뿐 아니라, 믿을 수 없는 수준으로 성장시

컸다. 또한 그는 회사 내부에 모종의 문화혁명을 일으켰다. 이제 더이상 애플의 사내 분위기는 냉혹하지도, 살벌하지도, 불편하지도 않다. 그렇다고 회사의 핵심 제품을 망친 것도, 이익이 감소한 것도 아니다. 잡스는 종종 팀끼리(때로는 개별 중역끼리) 경쟁을 벌이도록 조장했지만, 쿡은 보다 조화로운 접근 방식을 취했다. 갈등을 조성하거나 드라마를 연출하는 몇몇 간부를 떠나보내고, 각기 '사일로Silo(회사 안에 담을 쌓고 외부와 소통하지 않는 부서)'처럼 따로 놀던 팀 간에 교차 협력이 원활해지도록 조처했다.

쿡은 회사가 훌륭한 전략은 물론 '훌륭한 가치관'을 겸비해야 한다고 믿는다. 2017년 말 세상에 알려지지 않은 한 재무보고서에는 애플을 경영하는 쿡의 여섯 가지 핵심 가치가 조용히 피력되었다. 뒤이어 이는 애플의 웹사이트에 사내 열람용으로도 게재되었다. 쿡 자신이나 회사의 중역 중 어느 누구도 공개적으로 인정한 적은 없지만, 지난 8년간 이 여섯 가지 가치가 그의 리더십 스타일에 반영되었고, 그의 길을 밝혔으며, 그가 애플에서 행한 모든 일의 토대를 제공했음을 알 수 있다. 여섯 가지 가치는 다음과 같다.

- 접근가능성: 애플은 접근가능성이 인간의 기본권이며, 모든 사람이 기술에 접근할 수 있어야 한다고 믿는다.
- 교육: 애플은 교육이 인간의 기본권이며, 모든 사람이 양질의 교육을 받을 수 있어야 한다고 믿는다.

- 환경: 애플은 환경에 대한 의무감을 바탕으로 제품의 설계와 제조에 임한다.
- 포용성과 다양성: 애플은 각기 다른 다양한 팀이 존재해야 혁신이 일어날 수 있다고 믿는다.
- 프라이버시와 안전: 애플은 프라이버시가 인간의 기본권이라고 믿는다. 애플의 모든 제품은 처음부터 사람들의 프라이버시와 안전을 보호하는 방향으로 설계된다.
- 공급자 책임: 애플은 공급 사슬에 속한 사람들을 교육한 후 그들에게 권한을 부여하며 귀중한 환경 자원을 보전하도록 돕는다.

내가 이 글을 쓰는 현재, 이러한 여섯 가지 핵심 가치가 그의 리더십의 근간이라는 사실이 더욱 명확해졌다. 이제 우리는 본문을 통해 그가 애플에 합류한 첫날부터 지금까지 어떻게 그것들을 찾아 회사에 뿌리내리도록 만들었는지 알아볼 것이다. 그가 어린 시절에 무엇을 배우고 어떻게 성장했으며 어떠한 경력을 쌓아 오늘날에 이르렀는지 그 여정을 함께 걸어볼 것이다. 그의 가치관은 어떻게 정립되었는가? 그의 가치관은 어떻게 애플의 심장과 영혼의 버팀목이 되었는가? 애플은 과연 어떤 환경이었기에 그에게 최고위직을 맡길 수밖에 없었는가? 또 그에 따르는 위험부담은 실로 얼마나 컸는가?

최근 애플은 신축 본사 건물의 건설을 완료했다. 미래 지향적인 초현대식 건물로 실리콘밸리에서 가장 큰 사옥에 속한다. 새로운 터전에 정착한 애플은 이제 3막을 열 태세를 갖추고 있다. 그들의 위대한 3막은 의학과 보건, 피트니스, 자동차, 스마트홈 등 아직 컴퓨팅이 정복하지 못한 무대에서 펼쳐질 것이다. 팀 쿡의 애플 재임 기간은 이미 비즈니스 전설의 반열에서 회자되고 있다. 애플과 세상에 대한 그의 기여가 최고조에 달한 지금, 그는 칭송받아 마땅하다. 그가 누구인가? 애플을 세계 최초로 1조 달러 이상의 가치를 갖는 기업으로 이끈 장본인이 아닌가? 애플의 의기양양한 고공행진을 이끄는 조용한 천재 팀 쿡, 그의 스토리 속으로 들어가보자.

목차_____

1장

스티브 잡스의 죽음

별안간의 호출

　2011년 8월 11일 일요일, 팀 쿡의 인생을 바꿔놓을 전화가 걸려
온다. 스티브 잡스의 전화였다. 잡스는 쿡에게 팰로앨토Palo Alto에 있는
자신의 집으로 올 수 있는지 물었다. 당시 잡스는 췌장암 치료와 간
이식 수술을 받고 자택에서 요양을 하며 회복하는 중이었다. 잡스가
암 진단을 받은 시점은 2003년이었다. 처음에 그는 의학적 치료를
거부했지만, 갈수록 병이 악화되자 어쩔 수 없이 몸을 유린하는 질병
과 싸우기 위해 몇 차례 외과 수술을 받았다. 갑작스러운 전화에 놀
란 쿡이 언제 가면 되느냐고 물었다. "지금 당장." 쿡은 잡스의 답을
듣자마자 중요한 사안임을 직감했다. 그는 즉시 잡스의 집으로 달려
갔다.
　잡스는 쿡을 앉혀놓고 애플의 CEO 자리를 맡아달라고 말했다. 그

러면서 자신은 비상근으로 물러나 애플의 이사회 의장직을 맡겠다고 밝혔다. 당시에 두 사람은 잡스의 병세가 위중했음에도 그가 일정 기간 이상 애플과 함께할 것이라 믿었다(혹은 적어도 그렇게 믿고 싶어 했다). 수년 전 암 진단을 받았지만 벌써 몇 년째 일의 속도를 늦추거나 애플에서 하차하는 일 없이 생을 이어가고 있었기에 더욱 그랬다. 실제로 불과 몇 달 전인 2011년 봄만 해도 잡스는 자신의 전기 작가인 월터 아이작슨Walter Isaacson에게 이렇게 말했다. "앞으로 무언가가 더 있다고 보시면 됩니다. 모종의 다음 단계를 계획하고 있거든요. 암은 이겨낼 수 있습니다." 언제나 단호했던 잡스는 물러서기를 거부했고, 병이 심각하다는 사실도 인정하지 않으려 했다. 당시만 해도 그는 진정 자신이 암을 물리칠 수 있을 것이라 믿었다.

두 사람이 보기에 잡스의 이사회 의장 취임은 단순한 명예직의 수행이 아니었다. 주주들의 만족도를 유지시키기 위한 무언가도 아니었다. 그것은 실로 잡스가 애플의 미래 행보를 감독하고 조종하도록 허용하는 '실제적인 직무'였다. 《뉴욕타임스New York Times》와 야후Yahoo에 글을 기고하던 기술 전문 기자 데이비드 포그David Pogue는 당시의 상황을 이렇게 썼다. "장담컨대 이사회 의장을 맡은 후에도 미스터 잡스는 계속 애플의 보스로 군림할 것이다. 여전히 많은 줄을 당기며 조종할 것이고 그가 정성 들여 구축한 조직에 자신의 비전을 심을 것이며 회사가 나아갈 방향에 대해 의견을 제시할 것이다." 잡스는 과거에 한 번 애플을 떠난 적이 있었다(그리고 오랜만에 돌아와 애플을 세계에서 가장 혁신적인 기업 중 하나로 만들었다). 다시 그런 일을 반복하고 싶은 마음이 들 리 만무했다.

두 사람이 CEO직 계승을 논의하던 한여름의 그 중대한 날, 쿡은 잡스의 '보스 역할'에 대해 거론했다. 잡스의 죽음이 얼마나 가까이에 다가왔는지 전혀 깨닫지 못한 채 둘은 각자 새로운 직위에서 앞으로 어떻게 협력해가는 게 좋을지 대화를 이어갔다. "나는… 그가 훨씬 더 오래 살 것이라 생각했어요." 당시의 대화를 회상하며 쿡은 이렇게 말했다. "우리는 내가 CEO가 되고 그가 이사회 의장을 맡는 것이 무엇을 의미하는지 깊이 논의했지요." 잡스가 "당신이 모든 걸 결정하게 되는 거야"라고 말했을 때 쿡은 무언가 이상하게 흘러가고 있음을 직감했다. 그가 아는 잡스는 그렇게 기꺼이 통제권을 넘길 인물이 아니었다. 그래서 쿡은 잡스를 자극할 만한 질문으로 진의를 알아보고자 했다. "그러니까 그 말씀은 제가 광고 시안을 검토하고 마음에 들면 의장님 재가 없이 바로 집행해도 된다는 뜻입니까?" 잡스는 웃음을 터트리며 답했다. "음, 적어도 의견은 물어봐주길 바라네!" 쿡은 또 이런 식으로 두세 차례 더 물었다. "정말로 제가 CEO가 되길 원하십니까?" 쿡은 필요한 경우 언제든 잡스가 다시 돌아와 경영을 맡게 될 상황을 준비하고 있었다. 왜냐하면 당시 그의 눈에는 잡스가 '점점 호전되는 것으로 보였기' 때문이다.

쿡의 광고 관련 질문에 대한 잡스의 대답은 실로 흥미로운 점을 시사한다. 천성적으로 잡스는 간섭하기를 좋아하는 것으로 유명했다. 쿡이 공식적으로 애플의 경영을 책임지더라도 잡스가 계속해서 회사를 관리 감독할 것으로 생각한 이유가 바로 거기에 있었다. 잡스의 CEO 체제에서도 회사의 일상적인 경영 업무는 벌써 몇 년째 쿡이 COO(최고운영책임자)라는 직함으로 수행해왔다. 게다가 당시에 잡스는 실제로 모든 공식적 책무에서 벗어났음에도 회사의 많은 부분을 좌우하고 있었다. 쿡은 종종 주중이나 주말에 잡스의 집을 찾아가 의견을 구하거나 지시를 받았다. "그를 볼 때마다 몸이 점점 나아지는 것 같았어요. 본인도 그렇게 느끼고 있었고요." 잡스와 애플의 홍보팀 모두 그가 위중한 상태라는 사실을 부인하고 있었다. 어느 누구도 그의 죽음이 임박했음을 인정하려 들지 않았다는 뜻이다. "불행히도 상황은 그렇게 전개되지 않았지요." 쿡의 말이다. 그날의 대화가 있고 채 두 달이 지나지 않아 잡스의 사망 소식이 세상을 놀라게 했다.

예상 밖의 선택

잡스의 후계자 선정 문제가 수면 위로 떠오르자, 애플의 이사회가 외부 인사를 영입할 가능성이 있다는 소문이 돌았다. 그러나 이는 애플의 실상을 잘 모르는 사람들의 입방아였다. 애플의 이사회는 곧 잡스의 이사회였다. 때로는 문제가 생길 정도로 그랬다. 이사회는 언제든 잡스가 선택한 인물을 받아들일 준비가 되어 있었다. 잡스는 애플의 문화가 '몸에 밴' 내부인을 원했고, 그에 딱 맞는 적임자로 쿡만한 인물이 없다고 믿었다. 그는 두 번의 휴가(사실은 병가)로 자리를 비웠을 때도 쿡에게 회사를 맡긴 적이 있었다.

적잖은 시간 동안 그렇게 배후에서 CEO 직무를 대행해오던 쿡은 잡스의 자연스러운 후계자였다. 하지만 다수의 구경꾼에게 쿡의 CEO직 승계 소식은 놀라움으로 다가왔다. 회사 외부에서는 물론 심지어 내부에서도 그랬다. 잡스가 전형적으로 보여준 것처럼, 그는 모두가 애플에 필요하다고 여겨온 유형의 리더는 아니었다. 잡스가 떠나고 애플에서 가장 놀라운 예지력을 발휘하리라 기대되는 인물은 쿡이 아니라 수석 디자이너인 조너선 아이브Jonathan Ive였다.

사실 아이브만큼 회사 운영 측면에서 파워와 경험이 있는 인물은 없었다. 1세대 아이맥iMac 시절부터 줄곧 잡스와 한 팀이 되어 일을 해왔기 때문이다. 둘은 10년이 넘는 세월 동안 함께 호흡을 맞추며, 애플을 '디자인이 주도하는 조직'으로 바꿔놓았다. 또한 아이브는 제품의 홍보 비디오에 수시로 얼굴을 내밀며 나름의 추종 집단을 거느렸다. 여기에 더해 아이맥과 아이팟, 아이폰, 아이패드iPad 디자인으로 세간의 이목이 집중된 상을 여러 번 수상해 대중적인 인지도도 높아진 상태였다. 그에 비해 쿡은 잘 알려지지 않은 인물이었다. 제품 홍보 비디오에 거의 모습을 드러내지 않았고, 신제품발표회도 잡스가 아파서 빠진 몇몇 경우에만 참석했다. 그는 경력을 쌓아오면서 언론 인터뷰를 한 적이 거의 없었다. 단지 소수의 잡지 기사에 소개되었을 뿐이다. 한마디로 '유명세와는 거리가 먼' 인물이었다.

그러나 정작 조너선 아이브는 회사를 경영하는 일에 전혀 관심이 없었다. 애플의 비전과 제품에 관해 중추적인 역할을 수행하며 잡스의 뒤를 이을 후보로 유력하게 거론되던 것과 별개로 말이다. 그는 그저 디자인에 계속 몰두하기를 원했다. 애플에서 그는 세상 모든 디자이너의 꿈을 이루고 있었으며(무한한 자원과 창작의 자유가 주어지는 환경에서 말이다), 그러한 귀하고도 제약이 없는 지위를 희생하면서까지 회사를 경영하는 데 불가피하게 따르는 두통을 수용할 의사가 없었다.

외부 매체 전문가들이 가능성 있는 후보로 거론하던 또 한 명의 인물은 스콧 포스톨Scott Forstall이다. 당시 그는 iOS 소프트웨어 부문 수석 부사장을 맡고 있던 야심 많은 중역이었다. 그는 매킨토시Macintosh의 구동 소프트웨어인 맥 OS X(Ten)과 같은 주요 프로젝트를 완수하면서 애플의 승진 사다리를 탔다. 하지만 스타급으로 부상한 결정적인 계기는 아이폰의 엄청난 성공이었다. 그가 해당 소프트웨어 개발의 책임자였기 때문이다. 포스톨은 에너지가 넘치며 쉽게 만족하지 않는 간부로 평판이 높았다. 또한 그는 잡스를 모방하려 애썼다. 심지어 잡스의 차와 똑같은 은색 메르세데스 벤츠 SL55 AMG를 몰고 다녔다. 《블룸버그Bloomberg》는 그를 '미니 스티브Mini-Steve'라고 칭할 정도였다. 따라서 일부 관계자는 그를 유력한 차기 CEO 후보로 보는 게 논리적으로 타당하다고 말했다. 다만, 정작 베일에 싸인 비밀 조직 애플은 후계 구도와 관련해 노코멘트로 일관하는 상황이었다.

결국 애플이 잡스라는 선지자적인 리더를 그와는 많이 다른(아니, 거의 정반대라고 할 수 있는) 인물로 대체한다는 소식에 대다수는 당혹스러워했다. 지금은 누구라도 쉽게 쿡이 세계 최대의 기술 기업 수장으로 등극한 일을 '애플의 새 시대가 열린 표시'로 해석하지만, 2011년 당시만 해도 많은 사람이 이를 '종말의 신호'로 받아들였다.

"팀 쿡을 CEO로 밀어줄 사람은 아무도 없어요." 2008년 실리콘밸리의 한 투자자가 《포천》 기자 애덤 라신스키Adam Lashinsky에게 한 말이다. "웃기는 일이 되기 때문이지요. 애플에는 단지 사업이 잘되도록 관리하는 사람이 아니라 제품에 빠삭한 '천재'가 필요하잖아요. 팀 쿡은 사업을 운영하는 사람이지 조직을 이끄는 인물이 아니에요. 게다가 애플은 사업 운영을 아웃소싱해도 되는 기업이라고요." 가혹하지만 일리가 있는 분석이었다. 대부분의 사람에게 쿡은 '빈 석판Blank Slate'과 같았다. 진정한 면모가 아닌 피상적 일면으로 더 잘 알려진 인물이었다.

하지만 궁극적으로 이 예상 밖의 선택은 회사를 위한 최상의 결단이었다. 쿡은 이미 애플을 경영해본 중요한 경험이, 그것도 아주 효율적으로 운영한 경험이 있었다. 2003년 췌장암 진단을 받은 잡스가 2009년과 2011년에 두 차례 자리를 비우면서 자신의 직무를 대행케 할 인물로 지목한 사람이 바로 쿡이었다. 그렇게 쿡은 잡스가 떠나 있는 동안 CEO 직무를 대행하며 회사의 경영 전반을 지휘했다. 잡스와는 완전 딴판이었지만 어쨌든 두 차례나 회사를 성공적으로 이끌지 않았던가. 애플의 이사회는 쿡이야말로 애플을 장기적으로 안정시킬 적임자라고 느낄 수밖에 없었다.

이전에도 이사회는 이미 그에 대한 신임을 간접적으로 보여준 바 있다. 2010년에 쿡은 COO로서 연봉과 보너스, 주식 보상 등을 모두 합쳐 5800만 달러라는 거액의 보수를 챙겼다. 이사회는 이제 그가 CEO로 역할을 옮김에 따라 표결을 통해 100만 주의 양도제한부 스톡옵션을 부여하기로 결정했다(여기서 '양도제한부'란 성과나 근속 기간 등의 일정한 조건을 채우면 제한이 풀리는 것을 말한다 - 옮긴이). 그의 장기적인 CEO 재임을 보장하기 위해 그 가운데 절반은 5년 후인 2016년 8월에 행사하게 했고, 나머지 절반은 10년 후인 2021년 8월로 계획이 잡혀 있다. 팀 쿡이 애플에 필요한 CEO임을 애플 이사회가 확신했다는 뜻이다.

잡스의 사임과 쿡의 취임

쿡에게 CEO를 맡아달라고 한 지 2주가 지나지 않아, 잡스는 자신의 사임과 더불어 쿡의 CEO직 승계를 공식적으로 발표했다. 애플의 관찰자 중 대다수는 잡스가 완전히 떠나는 게 아니며 여전히 회사의 많은 부분을 좌지우지할 것이기 때문에 이러한 변화가 애플에 의미 있는 영향을 미치지는 않을 것으로 내다봤다. 전에도 그런 식으로 자리를 비웠다가 매번 돌아오지 않았는가. 더욱이 잡스는 CEO 자리에서 물러나자마자 이사회 의장으로 추대되었다. 애플의 미래에 대한 그의 관리 감독이 계속될 것이라는 의미였다.

그러나 이사회는 그러한 여론의 시각을 걱정했다. 그들은 자신이 쿡에게서 본 것을 세상 사람들도 알아봐주길 바랐다. 분명 잡스만큼 사랑받는 인물은 아니었지만, 대중이 이제부터라도 쿡의 고유한 강점을 인정하고 좋아하게 되는 것이 중요했다. 그래야 방식은 다르더라도 쿡이 잡스만큼이나 회사를 잘 경영할 것이라고 믿게 될 터였다. 잡스의 사임과 쿡의 취임을 알리는 애플의 보도자료에는 제넨테크 Genentech의 의장 아트 레빈슨Art Levinson이 애플의 이사회를 대표해 말한 내용이 쓰여 있었다. "이사회는 팀 쿡이 우리의 차기 CEO로 최적임자라는 사실을 완전하게 확신합니다. 지난 13년 동안 팀 쿡은 애플의 중추적 간부로 재직하면서 걸출한 성과와 주목할 만한 재능, 견실한 판단력을 보여주었습니다."

잡스의 사임이 발표된 2011년 8월 24일, 《월스트리트저널Wall Street Journal》과 '올싱즈디닷컴AllThingsD.com'의 월트 모스버그Walt Mossberg는 '상황을 잘 아는' 취재원의 말을 인용해 잡스가 애플의 제품 전략을 이끄는 일에 전과 마찬가지로 계속해서 적극적으로 임할 것이라고 보도

했다. 잡스가 애플을 아주 떠난 게 아니며, 쿡은 운영 측면에 주력하고 잡스는 주요 제품 및 전략 개발에 관여하는 방식이 될 거라는 얘기였다. 사람들은 가능한 한 모든 곳에서 잡스가 건재하다는 실마리를 찾으려 애썼다. 잡스가 애플 이사회의 수장이 된 데다가 디즈니 이사회에서도 물러나지 않았던 것을 보라. 대부분 그의 건강이 '갑작스러운 악화 국면'에 접어들었다는 사실을 믿으려 하지 않았다. 애플의 주가는 고작 6퍼센트 미만 떨어지고는 멈췄다. 시장조차 그가 무대에서 사라졌다는 사실을 믿으려 하지 않았던 것이다.

쿡은 CEO 역할을 받아들이며 잡스가 구축한 시스템 안에서 직무를 수행하겠다고 인정했다. 잡스가 돌아와 임시 CEO를 맡았던 1997년과 다를 바 없는 상황이었다. 다만 쿡은 잡스와 달리 잘 돌아가지 않는 부분을 도려내는 등의 조직 재건 작업은 고려하지 않았다. 그동안 COO로서 안정적인 선장 역할을 수행해온 쿡은 기존의 항로를 그대로 따를 계획이었다. 놀랄 것도 없이 쿡은 취임 직후 투자자나 팬들을 염려케 할 그 어떤 주요한 변화도 선언하지 않았다. 그는 먼저 그들의 신뢰를 얻고 싶었다. 게다가 당시 널리 퍼진 소문에 의하면, 잡스가 적어도 향후 4년에 걸쳐 출시될 일련의 제품(새로운 아이폰과 아이패드, 애플TVApple TV 등)에 대한 상세 계획과 지침을 남겨놓은 상태였다. 잡스의 영향력이 조만간 사라질 상황이 아니었다는 의미다. 쿡이 구현하는 변화는 어떤 것이든, 이전에 그의 기여가 그랬듯이 조용하게 막후에서 진행될 것이었다.

COO에서 CEO로 직함을 바꾼 후 쿡은 일상 업무에 더욱 깊숙이 관여하기 시작했다. 잡스는 좀처럼 인내심을 발휘하지 못하던 업무들이었다. 쿡은 승진이나 보고 체계를 보다 직접적으로 관장하는 접근 방식을 취했다. 또한 교육에 대한 애플의 집중도를 더욱 높이고 새로운 자선 결연 프로그램을 출범시켰다(그에 반해 잡스는 CEO가 된 후 애플의 자선 활동 계획 중 다수를 취소시켰다).

쿡은 사내에 동지애를 창출하길 원했다. 잡스가 키를 잡고 있던 시절에는 결여되었던 그것을 보완하기 위해, 쿡은 회사 전체에 이메일을 보내는 횟수를 대폭 늘리며 직원들을 '팀Team'이라 부르기 시작했다. 2011년 8월 그가 취임 초반에 사내에 돌린 이메일 가운데 하나는 직원들을 안심시키는 어조를 띠고 있었다.

세계에서 가장 혁신적인 회사의 CEO로 재직하는 놀라운 기회를 얻게 되어 개인적으로 기대가 크다는 말씀부터 드리고 싶습니다. … 스티브는 믿을 수 없을 정도로 탁월한 리더이자 우리의 멘토였습니다. … 따라서 우리는 진정으로 스티브가 우리의 의장으로서 계속 지침을 내리고 영감을 부여해주길 고대하고 있습니다. 팀원 여러분은 애플이 변하지 않을 것임을 확신해도 됩니다. … 스티브는 세상 그 어느 기업과도 차별화되는 조직을 구축하고 문화를 창출했습니다. 우리는 그 본래의 의도에 충실한 방향으로 움직일 겁니다. … 저는 우리가 누릴 수 있는 최상의 시간이 우리 앞에 놓여 있으며, 계속해서 애플을 지금과 같은 마법의 터전으로 함께 만들어나갈 것이라 믿어 의심치 않습니다.

직원과의 상호작용에 보다 직접적인 접근 방식을 취하는 쿡의 리더십은 잡스의 스타일과 사뭇 달랐다. 쿡의 첫 번째 이메일은 그의 리더십에 따라 사내에 새로운 문화가 형성되는 모종의 트렌드를 촉발시켰다. 쿡은 이메일과 타운홀 미팅Town Hall Meeting(격식을 차리지 않은 업무 및 행사 관련 회의 - 옮긴이) 등 다양한 사내 커뮤니케이션으로 자신의 가치관을 회사에 퍼뜨렸다. 또한 전임 리더와 후임 리더 사이의 연속성을 살리는 차원에서 잡스가 행한 일을 의식적으로 채택하는 노력을 기울였다. 잡스는 사람들이 자신에게 보다 쉽게 연락할 수 있도록 공개적인 이메일 주소를 마련해두었다. steve@apple.com 또는 sjobs@apple.com이 그것이다. 쿡은 잡스의 전통을 이어받아 CEO 취임과 동시에 날아든 수백 통의 이메일 중 일부에 직접 답장을 보냈다.

자신을 '저스틴 알Justin R'이라고 소개한 어떤 사람은 쿡에게 이렇게 썼다. "팀, 당신에게 최고의 행운이 있기를 빕니다. 기대감에 들뜬 채 애플의 행보를 지켜볼 사람이 많다는 사실을 알려주고 싶어요. 아, 그리고 한 가지 더, 워 이글War Eagle 파이팅!('워 이글'은 쿡의 모교인 오번대학Auburn University의 응원 구호다)" 물론 쿡은 답장을 보냈다. "고마워요 저스틴. 워 이글이여 영원하라!" 그는 단순히 '따분한 살림꾼'이 아니었다. 이메일에 대한 쿡의 답장은 사람들에게 그의 성격 일면을 엿보게 해주었을 뿐 아니라, 그가 회사는 물론이고 고객에게도 헌신적인 리더라는 사실을 보여주었다.

애플을 정의한 선지자적 리더가 이사회 의장이라는 새로운 직함으로 옮겨감에 따라, 쿡은 이렇게 차기 CEO로서 부드럽게 역할을 이행하기 시작했다. 그러나 불행히도 잡스는 애플 이사회 의장 자리에 그리 오래 머물지 못했다.

갑작스러운 죽음

2011년 10월 5일, 스티브 잡스의 사망 소식이 전 세계를 뒤흔들었다. 쿡이 CEO직을 넘겨받은 지 한 달 남짓 지난 시점에 잡스는 56세를 일기로 세상을 떠났다. 처음 췌장암 진단을 받고 8년이 지나서였다. 그는 1년 생존율 20퍼센트에 5년 생존율 7퍼센트에 불과한 질병을 안고 모든 확률에 저항하며 거의 10년을 살았다. 그러는 동안 사람들은 잡스와 애플을 거의 불멸의 존재처럼 여겼다. 애플은 언제나 불가능을 가능으로 바꾸는 회사였다. 거의 파산 직전에 이르렀다가 1990년대 말 놀라운 성공을 거두며 극적인 반전을 이뤘을 때도 그랬다. 아이팟과 아이폰으로 비교를 불허하는 공학적 위업을 달성했을 때도 그랬고, 아이튠즈iTunes로 음악 산업을 재창조했을 때도 그랬다. 그리고 이 모든 것은 잡스의 영향력에 기인한 성과였다. 애플은 어느새 흠잡을 수 없는 존재로 여겨졌고, 리더는 가히 신화적 인물이 되어 있었다. 그 역시 언젠가는 '죽는다'는 사실을 생각하는 사람이 거의 없는 듯 보였다.

샌프란시스코 예르바부에나 아트센터Yerba Buena Center for the Art에서 애플이 아이폰 4S의 베일을 벗긴 다음 날, 잡스는 생을 마감했다. 아이폰 4S가 갖춘 가장 주목할 만한 특징은 인공지능 음성인식 기능인 '시리Siri'였다. 이는 잡스가 애플에서 적극적으로 참여한 마지막 프로젝트였다. 발표장의 객석에는 잡스의 자리가 '예약'이라고 표시된 채 주인 없이 비어 있었다. 몸은 보이지 않았지만 그의 존재감은 행사장 곳곳에서 느껴졌다. 그의 자리가 따로 마련되었다는 사실이 바로 다음 날 발생할 슬픈 역사의 전조라도 되는 양 애잔함을 자아냈다.

잡스의 사망 소식은 세계 곳곳에 충격과 애도의 물결을 일으켰다. 기업 경영인의 죽음이 일반 대중에게 그토록 강렬하게 영향을 미친 적은 결코 없었다. 그의 사망은 실로 전례 없는 반향을 일으켰다. 세계에서 가장 가치가 높은 기업을 이끌며 종종 전제적인 리더십을 드러냈음에도 그는 대외적으로 긍정적인 이미지를 유지해왔다. 그는 대중의 사랑을 받는 스타였다. 그의 사망 시점은 부의 불평등과 상위 1퍼센트에 대한 반발로 벌어진 '월가점령 운동Occupy Wall Street Movement'의 개시일로부터 두어 주 지난 때였다. 하지만 그는 대중에게 상위 1퍼센트 그룹에 속한 사람으로 인식되지 않았다. 사람들은 일상을 함께 하는 사랑스러운 아이팟과 아이폰, 잠재적으로 세상을 변화시킬 새로운 도구에 가까운 맥북^{MacBook}과 아이맥으로 그를 떠올렸다. 그가 사망하자 애플의 숙적이던 마이크로소프트마저 사옥에 조기를 게양했다. 버락 오바마^{Barack Obama} 대통령은 "다른 것을 생각할 정도로 용감하고, 세상을 바꿀 수 있다고 믿을 만큼 대담하며, 실제로 그렇게 해낼 정도로 재능이 있던 가장 위대한 미국의 혁신가 한 명을 잃었다"라고 애도했다. 세상 사람들 역시 그의 말에 동의했다.

세계 곳곳의 애플스토어는 잡스를 추모하는 성지가 되었다. 팬들은 동질감을 느끼던 CEO의 사망을 애도하며 표지판과 카드를 만들어 애플스토어 창에 붙였다. 스토어 밖 인도에는 꽃과 촛불이 놓이고 창의 여백에는 진심 어린 헌사를 적은 포스트잇이 붙기 시작했다. 잡스의 집이 있는 팰로앨토 애플스토어에는 양쪽 창이 모두 헌사가 적힌 포스트잇으로 완전히 도배되었다. 기업의 리더를 향한 이토록 대중적인 애도는 전대미문의 일이었다.

그 후로 수개월은 잡스를 알고 사랑했던 사람들, 그리고 쿡에게 가슴 아픈 시간이었을지 모른다. 하지만 애플 제품은 변함없는 인기를 누렸다. 아이폰 4S는 선주문이나 출시 수량에서 이전의 모든 아이폰을 압도하며 첫 주말에만 400만 대 이상이 팔렸다. 월터 아이작슨의 공식 전기 『스티브 잡스』는 언제 나와도 잘 팔릴 책이었지만, 잡스의 사망 이후 선주문 수량이 4만 2000퍼센트나 증가하는 초유의 기록

스티브 잡스의 죽음

을 달성했다.

잡스의 회사를 경영하다

　세계 전역의 신문과 잡지, 블로그, 텔레비전, 라디오 등이 잡스를 추억하며 그에게 영원성을 부여하는 동안, 세상 사람들의 시선은 팀 쿡에게로 빠르게 옮겨갔다. 잡스에 대한 추모 기사는 칭찬 일색인 반면 신임 CEO에 대한 의심은 집요함을 더해갔다. 전문가들은 예지력 있는 리더를 잃은 애플이 과연 어떤 종류의 회사로 변할지 우려했고, 팬들은 애플의 미래를 걱정했다. 쿡의 CEO 인생이 축복이자 저주가 될 것임이 시작 단계에서부터 분명해졌다. 애플의 CEO 역할은 대부분의 사람이 감히 꿈도 꾸지 못하는 인생 최고의 지위였지만, 동시에 세계에서 가장 위험도가 높은 자리이기도 했다. 쿡을 후임자로 고른 잡스의 선택은 그의 능력과 적격성에 대한 강력한 보증이었으나, 세상의 압박과 주시 속에서 잡스의 발자취를 좇는 일은 주눅이 들 수밖에 없는 과업이었다. 애플을 경영하는 동안 쿡은 세계에서 가장 주목받는 CEO가 될 것이 분명했다. 아슬아슬한 외줄 타기가 전개되는 것이다.

　쿡에게는 실로 겁나는 순간이었다. 애플에 10여 년 이상 재직하며

COO로서 잡스의 수석 부관 자리에까지 오른 그는 이제 어마어마하고 무시무시한 직무를 맡게 되었다. 수백만의 광팬을 거느리고 미국의 비즈니스와 문화의 중심이 된 우상적 기업을 통솔하는 일은 그만큼 엄청난 부담이었다. 애플은 세계에서 가장 빠른 속도로 성장하며 사업망을 넓혀온 한편, 세계를 가히 혁명적으로 휩쓴 모바일 컴퓨팅 분야에서는 극심한 경쟁에 직면해 있기도 했다.

팀 쿡의 위험부담은 그 어느 때보다도 커져 있었다.

파멸이 예견되는 애플

목소리가 부드럽고 남에게 자기 얘기를 거의 하지 않는 쿡은 자신이 CEO가 될 것이라고 전혀 생각하지 않았다. 또한 스티브 잡스를 대신하게 되리라고도 결코 생각하지 않았다. 한번은 이렇게 말한 것으로도 유명하다. "뭐요? 스티브를 대신해요? 말도 안 돼요. 그는 누구도 대신할 수 없는 인물이에요. 그게 바로 우리가 극복해야 하는 무언가인 셈이지요. 스티브는 분명 머리가 허옇게 센 70대가 돼서도 여기를 지키고 있을 겁니다. 그때가 되면 나는 이미 오래전에 은퇴를 하고 없겠지요." 물론 상황은 그렇게 전개되지 않았다.

세상을 떠날 즈음, 잡스는 현대 미국에서 가장 추앙받는 CEO였다. 1990년대 말 다 죽어가던 애플을 회생시켰을 뿐 아니라 회사를 '거대한 히트작 제조기'로 변신시켰기 때문이다. 맥과 아이팟, 아이폰, 아이패드는 각각 시대를 정의하며 애플을 기술 업계 최대 기업으로 성장시켰고, 동시에 다른 회사에서 가장 많이 베끼는 기업으로 만들었다.

쿡은 잃을 것만 있지 얻을 게 없어 보였다. 애플은 안드로이드와 경쟁이 심화되는 탓에 시장의 지배적 지위를 상실할지도 모르는 위험에 처해 있었다. 게다가 많은 사람이 예지력 있는 리더를 잃은 애플이 불행한 결말을 맞을 것이라 생각했다. 쿡이 차기 CEO로서 어떻게 행동할 것인지 아는 사람이 없었던 탓도 크다. 그는 결코 대중에게 알려진 유명인사가 아니었다.

'사업 운영의 달인'이라는 쿡의 평판은 취임 초창기 그에게 불리하게 작용했다. 운영의 달인인 것은 맞지만 그만큼 무미건조하고 상상력이 부족한 보신주의자일 것이라 생각하는 사람이 많았다. 그에게는 전임자가 지녔던 카리스마와 맹렬한 추진력이 없었다. 문제는 사람들이 애플의 CEO라면 그런 것이 있어야 한다고 기대한다는 데 있었다. 더욱 나쁜 건 그에게 잡스가 과시했던 것과 같은 상상력이 없다는 사실이었다. 혼을 빼놓을 정도로 위대한 애플의 차세대 제품은 이제 어디에서 나온단 말인가? 잡스는 애플의 제품을 엄청난 성공작으로 만드는 데 여러 면에서 중요한 역할을 했다. 업계의 전문가들은 그가 없는 애플에서 과연 계속해서 히트작이 나올 수 있을지 의심했다.

심지어 잡스가 공식적으로 물러나기 전부터 전문가들은 잡스 없는 애플은 불행한 결말을 맞이하게 될 거라고 거리낌 없이 지적했다. 이는 결코 과장이 아니었다. 2011년 5월 어느 날《허핑턴포스트 Huffinton Post》의 사설 제목은 「왜 애플은 비운에 처할 운명인가?」였다. 해당 사설에서 타이 후지무라Ty Fujimura는 '잡스가 사망하면 애플이 그 여파를 극복해내지 못할 것'이라고 예측했다. 그는 이렇게 썼다. "잡스가 꾸린 경영진은 물론 심지어 그의 비전조차 교체할 수 있다. 하지만 애플의 성공을 이끌어낸 그 탁월한 취향과 감각만큼은 결코 차기 지도부가 재현하지도, 필적할 만한 수준으로 발휘하지도 못할 것이다. 잡스의 사망은 결국 애플을 평범한 조직으로 전락시킬 가능성이 높다. … 월등하게 우월한 제품이 없다면 누가 그들의 오만한 마케팅에 귀를 기울이겠는가? 소비자들은 기꺼이 대체 상품 쪽으로 고개를 돌릴 것이다."

다른 많은 사람도 이와 유사한 견해를 피력했다. 잡스가 그렇게 독보적인 리더였으며 애플의 제품이 그와 매우 밀접하게 결부되었던 탓에 그가 없는 애플은 상상하기조차 힘들었다. 연구조사 및 자문 전문회사 포레스터Forester의 CEO 조지 콜로니George F. Colony 역시 '잡스 없는 애플은 실패의 길을 걸을 수밖에 없다'고 진단했다. "스티브 잡스는 떠나면서 다음 세 가지도 가져갔다. 첫째, 회사를 결속시키고 직원들의 비범한 수행을 이끌어내는 특유의 카리스마적 리더십. 둘째,

대형 리스크도 감수할 줄 아는 용기. 셋째, 제품을 상상하고 설계하는 비길 데 없는 능력." 콜로니는 기존의 여세대로라면 애플이 기껏해야 2년에서 4년 정도 정상의 자리를 유지할 것으로 내다봤다. "새로운 카리스마형 리더가 영입되지 않는 한 애플은 위대한 회사에서 훌륭한 회사로 바뀔 것이고, 매출 성장 및 제품 혁신에서도 그에 걸맞은 하락과 저하를 경험하게 될 것이다."

쿡은 모두가 원하던 카리스마 넘치는 리더가 아니었다. 쿡이 그렇게나 잡스와 달랐던 까닭에 콜로니를 포함한 많은 분석가는 애플을 전설적인 공동창업자 모리타 아키오Morita Akio가 떠난 이후의 소니Sony 또는 에드윈 랜드Edwin Land가 떠난 이후의 폴라로이드Polaroid, 월트 디즈니Walt Disney 사후 20년간의 디즈니, 심지어는 1980년대 중반 잡스가 처음 떠난 후의 애플 자체에 비유하기도 했다. 비즈니스 역사서에는 핵심적인 창업자나 리더가 떠난 후 갈피를 잡지 못하고 휘청거린 회사의 이야기가 넘쳐난다. 포드와 월마트Walmart도 그런 식으로 하락세를 탔고, 애플의 라이벌이던 마이크로소프트 역시 전설적인 창업자 빌 게이츠Bill Gates의 후임으로 스티브 발머Steve Balmer가 지휘봉을 잡은 이래 내리막길을 걷기 시작했다.

수년이 지난 후에도 사람들은 계속 애플이 쿡의 지휘 아래에서 살아남을 수 있을지 의심했다. "쿡이 애플의 여세를 이어갈 수 있을지에 대한 의문이 그 어떤 의문보다도 머릿속에 빈번하게 떠오릅니다." 와튼스쿨 경영대학원의 교수이자 산하 리더십및변화경영센터의 소장 마이클 유심^{Michael Useem}은 잡스가 떠난 지 3년 반이 지난 2015년 3월《포천》에 이런 말을 남겼다. 쿡을 향한 우울한 분위기가 얼마나 널리 퍼졌는지, 잡스가 죽고 3년 후인 2014년에 가장 과대 선전된 도서 중 하나가《월스트리트저널》의 기자 유카리 케인^{Yukari Kane}이 쓴『불안한 제국^{Haunted Empire}』이었을 정도다. 책은 애플을 전임 리더의 부재로 고뇌에 시달리는 회사로 그렸다. "점점 거대해지는 애플 제국의 통치권을 확보했음에도 팀 쿡은 보스의 그림자에서 벗어날 수 없었다. 문제는 쿡이 아무리 애를 써도 그 그림자를 떨쳐낼 수 없다는 데 있었다. 대체 어느 누가 죽어서도 함께하는, 잊으려야 잊을 수 없는 탁월한 선지자와 겨룰 수 있단 말인가?"

사람들은 잡스가 애플을 위해 품었던 비전이 쿡의 치하에서 사라질까 봐 우려했다. 잡스는 1985년《플레이보이^{Playboy}》와의 인터뷰에서 '회사들이 수십억 달러 가치의 대기업으로 성장하고 나면 어떻게든 비전을 상실하는 실태'에 대해 한탄했다(얄궂게도 그는 얼마 후 애플에서 쫓겨나 10여 년을 밖으로 떠돈다). 잡스의 사망 당시 애플은 생각할 수 있는 그 어떤 기준으로 보아도 창사 이래 최고의 성공을 구가하는 대기업이었다. 잡스가 리더였던 만큼 그 비전도 여전히 살아 있었다. 하지만 쿡은 잡스가 그러했듯 제품에 대한 올바른 통찰력과 열정을 보유하고 있는가? 그에게 애플의 미래에 대한 비전이 있기는 한 것인가?

쿡과 함께 일하던 사람들은 그들의 COO가 얼마나 막중한 책무를 떠맡게 되었는지 잘 알았다. 그래서 일부는 처음에 불안해하기도 했다. "실로 벅찬 도전이 아닐 수 없었지요." 애플의 글로벌 제품 마케팅 부문 부사장 그레그 조스위악Greg Joswiak의 회상이다. 현재 애플에 30년 넘게 재직하고 있는 그는 쿡과 20년을 함께한 동료다. "그러니까 예를 들자면, 자전거를 타다가 갑자기 오토바이로 갈아타는 것과 같았지요. 그것도 할리데이비슨Harley-Davidson 바이크로 말이에요." 2018년 3월 19일 애플의 신사옥에서 이루어진 사적인 인터뷰에서 그는 이렇게 말했다. "물론 특별한 의미가 있는 도전이기도 했지요."

그러나 쿡은 설령 불안한 마음이 들었다 해도 겉으로 드러내는 사람이 아니었다. 조스위악과 같은 아주 가까운 동료에게도 마찬가지였다. "세상 사람들은 불안해했지요. 하지만 쿡은 어땠는지 모르겠어요. 그런 모습을 보이지 않았으니까요." 만약 쿡이 그런 중차대한 시기에 차분한 표정과 태도를 유지하지 않았다면, 애플은 잡스의 죽음이후 훨씬 더 일하기 힘든 직장이 되었을 것이다. 바깥세상 사람들은 그러지 않았지만, 애플의 직원들은 쿡의 운영 방식을 이해하고 있었다. 조스위악의 얘기를 계속 들어보자. "그는 초기에 부당한 비판을 너무 많이 받았어요. … 세상 사람들은 그를 스티브에 비유하고 싶어 했지요. 하지만 그는 스스로 스티브가 되려고 애쓰지 않았어요. 참으로 영리한 친구지요. 누구도 스티브가 될 수는 없는 거니까요. 대신에 그는 자신의 모습 그대로 자신이 회사에 기여할 수 있는 부분에 주력했습니다."

다수의 성공한 리더처럼 쿡은 자신의 고유한 강점을 최대한 활용해 회사 경영에 임했다. 2014년 9월 미국의 유명 언론인 찰리 로즈 Charlie Rose 와의 인터뷰에서 그는 잡스가 그에게 자신과 같은 방식으로 애플을 이끌 것이라 결코 기대하지 않았다고 설명했다. "그가 나를 선택할 때 내가 자신과 같지 않다는 것을, 내가 자신의 복사본이 아니라는 것을 모르고 그렇게 했을까요?" 쿡이 로즈에게 말했다. "또 그가 과연 애플을 맡길 후임자를 즉흥적으로 골랐을까요? 얼마나 오랜 시간 심사숙고했을지 안 봐도 알 수 있잖아요. 나는 항상 그렇게 선택된 데에 대해 막중한 책임감을 느낍니다." 쿡은 잡스의 유산을 보전하며 '내 안의 모든 것, 내가 가진 모든 것을 회사에 쏟아붓고자' 노력하겠지만 결코 잡스와 같아지는 것을 목표로 삼지는 않겠다고 말했다. "내가 될 수 있는 유일한 사람은 바로 나 자신일 뿐이라는 사실을 알고 있었지요. 그래서 내가 될 수 있는 최상의 팀 쿡이 되기 위해 노력해왔습니다."

실로 그는 지금도 그런 노력을 기울이고 있다.

2장

남부 시골 소년의
세계관

고향 앨라배마

티머시 도널드 쿡Timothy Donald Cook은 1960년 11월 1일, 멕시코만 연안의 항구 도시이자 앨라배마주에서 세 번째로 큰 도시인 모빌Mobile에서 태어났다. 그는 돈 쿡Don Cook과 제럴딘Geraldine 부부의 세 아들 중 둘째였다. 그의 부모 모두 앨라배마주 시골 지역의 토박이였다. 아버지 돈은 당시 모빌의 최대 고용주인 앨라배마 조선소Alabama Dry Dock and Shipbuilding에 근무하며 핀토Pinto 섬에서 군사용 선박을 건조하고 수리하는 일을 했다. 어머니 제럴딘은 동네 약국에서 파트타임 약사로 일하며 나머지 시간 동안은 아이들을 키우고 집안을 돌보았다.

성장하는 내내 팀 쿡은 효심이 지극한 아들로서 부모의 사랑을 받았다. 그러한 그의 효심은 오늘날까지도 계속되고 있다. "어디서 무슨 일을 하든 매주 일요일이면 집에 전화를 합니다." 쿡이 애플의

CEO가 되기 2년 전인 2009년 아버지가 텔레비전 인터뷰에서 한 말이다. "유럽이나 아시아에 출장을 가 있을 때도 일요일이면 어김없이 전화를 해서 집사람과 통화를 해요." 어머니는 2015년에 77세를 일기로 세상을 떠났지만, 쿡은 여전히 아버지를 챙기며 효도를 다하고 있다.

쿡 가족은 쿡이 초등학교에 다닐 때 차로 한 시간 정도 떨어진 플로리다주 펜서콜라Pensacola로 이사했다. 아버지가 그곳의 대규모 해군 기지에서 일하게 되었기 때문이다. 하지만 쿡이 중학교에 들어가던 1971년에 가족은 다시 앨라배마주로 돌아와 주에서 가장 면적이 큰 볼드윈Baldwin 카운티의 중심 소도시 로버츠데일Robertsdale 이스트실버힐 애비뉴East Silverhill Avenue에 정착했다. 부모가 로버츠데일에 정착하기로 한 이유는 가능한 한 세 아들이 최고 수준의 공립학교 시스템에서 교육받도록 하기 위해서였다.

학창 시절

로버츠데일은 전형적인 미국 남부 소도시다. 분류 기준상 도시일 뿐 면적이 겨우 13제곱킬로미터에 불과하고, 현재 인구 또한 애플의 본사가 있는 쿠퍼티노Cupertino의 10분의 1 정도로 5000명이 조금 넘는 수준이다. 쿡이 성장하던 시절에는 인구수가 지금의 절반 정도에 불과해 약 2300명이었다. 모든 거주민이 서로를 아는 도시였다.

그 도시는 20세기 초 비옥한 농경지 덕분에 조용하고 여유로운 삶의 터전이었다. 도시의 주요 소득원은 농업이었다. 그러다가 나중에 차로 40분 정도 떨어진 걸프쇼어스Gulf Shores 해변으로 가는 길 주변에 상업 지구가 조성되면서 또 하나의 수입원이 생겼다. 쿡이 자라던 시절 로버츠데일은 영화관이나 볼링장 같은 게 하나도 없는 소박한 도시였다. 가장 흥미로운 이벤트가 가을에 열리는 '볼드윈 카운티 축제' 정도였다. 제럴딘은 "그저 풍물 장터가 열리고 사람들이 모여 먹고 마시는 정도의 축제였다"라고 설명했다. 애정이 결여된 말투는 아니었다. 지난 30년 동안 시장도 쭉 한 사람이 역임했다.

부모가 신을 믿었기에 쿡 역시 자연스럽게 신앙심을 키웠다. 그는 사회적으로 커리어를 쌓아가는 내내 기회가 있을 때마다 자신의 기독교 신앙을 언급하곤 했다. "어린 시절 침례교 교회에서 세례를 받았다. 신앙은 예나 지금이나 내 삶에서 중요한 부분을 차지한다." 그가 2015년《워싱턴포스트Washington Post》에 기고한 글의 일부다. 그의 신앙심이 친절하고 관대한 리더의 페르소나(지혜와 자유의사를 갖는 독립된 인격적 실체)를 형성하는 데 기여했다고 볼 수 있다. 2014년《블룸버그》기고문을 통해 자신이 게이임을 밝혔을 때도 그는 신을 언급했다. "나는 내가 게이라는 사실이 신이 내게 준 큰 선물이라고 여긴다." 비록 요즘은 자신의 신앙에 대해 많은 말을 하진 않지만, 그것이 오늘날의 그를 있게 하는 데 막대한 역할을 한 것은 분명하다.

사람들의 말에 따르면 쿡은 어린 시절 로버츠데일에서의 생활에 아주 잘 적응한 것으로 보인다. 중·고등학교 6년 내내 '가장 학구적인 학생'으로 선정되었고, 1978년에는 전교 차석으로 고등학교 과정을 마치며 졸업식에서 내빈에 대한 환영사를 맡았다.

그의 수학 선생님이던 바버라 데이비스^{Barbara Davis}는 이렇게 회상한다. "신뢰가 가는 학생이었지요. 항상 꼼꼼하게 과제를 해왔거든요. 그래서 무엇을 맡기든 제대로 해낼 것이라 믿었습니다." 그와 함께 일한 적 있는 많은 동료와 전임 상사들도 모두 같은 얘기를 했다. 항상 무슨 일이든 믿고 맡길 수 있었다고 말이다. 일을 제대로 완수하는 자세는 그의 경력에서 품질보증 마크로 통했다.

쿡은 공부에만 몰두한 게 아니었다. 사교성이 좋아서 친구들과 잘 어울렸으며 인기도 많았다. "따분한 공붓벌레와는 거리가 멀었어요." 데이비스의 말이다. "친구들이 같이 어울리고 싶어 하는 그런 학생이었지요." 친구들 다수가 그의 지능과 따뜻한 품성에 대해 말을 하며, 동시에 놀기 좋아하는 일면도 있었다고 언급했다. 고등학교 졸업 당시에 쿡을 제치고 수석을 차지한(그래서 졸업생 대표로 고별사를 맡았던) 테레사 프로카스카 헌츠먼^{Teresa Prochaska Huntsman}은 이렇게 말했다. "그는 일차원적인 친구가 아니었어요. 선생님이건 학생이건 그를 좋아하지 않는 사람을 본 적이 없었어요. 정말 성격이 좋았거든요."

또 다른 급우이자 친구였던 클라리사 브래드스톡^{Clarissa Bradstock}은 이렇게 말했다. "정말 똑똑하고 책을 좋아하며 유머 감각이 탁월한 친구였어요. 우리는 함께 놀러 다니고 「새터데이 나이트 라이브^{Saturday}

렇게 말했다. "정말 똑똑하고 책을 좋아하며 유머 감각이 탁월한 친구였어요. 우리는 함께 놀러 다니고 「새터데이 나이트 라이브^{Saturday} $^{Night\ Live}$」도 같이 보고… 학교생활이나 갖가지 관심사를 놓고 얘기를 나누곤 했지요." 그러면서 이렇게 덧붙였다. "앨라배마 남부의 작은 시골 도시 출신이 그렇게 높은 성취를 이룰 수 있다는 사실 자체가 놀랍지 않나요. 미국이라는 나라의 정당성에 대한 증거이자… 팀 쿡이라는 인물의 정당성에 대한 증거인 셈이지요." 분명 그의 고등학교 친구들은 그가 성취한 바를 자랑스러워하고 있었다.

남보다 빠른 비즈니스 경험

쿡은 학업 성적이 우수했을 뿐만 아니라 정규 교과 이외의 특별활동에서도 돋보였으며, 일찍부터 사업가적인 감각을 드러내기도 했다. 교내 밴드부에서 트롬본을 불던 그는 라이브 오케스트라가 필요한 교내외 댄스파티나 풋볼 시합, 퍼레이드, 지역 행사 등에 정기적으로 불려 다닐 정도였다. 용돈 벌이를 위해 모빌의 지역 신문《프레스레지스터$^{Press-Register}$》를 배달하기도 했고 레스토랑에서 아르바이트를 하기도 했으며 어머니가 일하는 약국인 리드럭스$^{Lee\ Drugs}$에서 파트타임으로 일을 돕기도 했다. 그 약국은 로버츠데일의 중심가에 위치한 스페이스웨이Spaceway 쇼핑센터에 있었다. 지금도 그곳에서 영업을 하고 있는 그 약국은 황량해 보이거나 셔터를 굳게 내린 여타의 상점들과 달리 장사가 잘되는 것으로 보인다. 쇼핑센터에서 현재 성업 중인 가게는 약국 외에 간이식당 두어 곳과 트랙터 대여점 정도이며, 로버츠데일의 상권 대부분은 도시 외곽에 새롭게 형성된 번화가로 옮겨간 상태다. 새로운 번화가에는 다양한 패스트푸드 가게와 달러제너럴Dollar General, 패밀리달러Family Dollar, 월마트슈퍼센터Walmart Supercenter 등이 즐비하고, 이곳에서 가끔 팀 쿡을 볼 수 있다는 것이 2018년 6월 로버츠데일 주민들의 증언이다.

쿡은 학교에서 졸업앨범 제작에도 참여했다. 고등학교 3학년 때 졸업앨범 제작 비즈니스 매니저라는 매우 잘 어울리는 역할을 수행한 것이다. 그의 일은 졸업앨범 제작 비용을 충당할 수 있을 만큼 광고를 유치하고 회계를 관리하는 것이었다. 앨범에 실린 사진 중 한 장에는 제작에 참여한 학생들 전체가 셔츠를 맞춰 입고 포즈를 취하고 있다(쿡은 맨 앞줄 한가운데에서 무언가를 보며 웃고 있다). 셔츠에는 '당신의 것은 확보해두었나요?Have you got yours?'라는 문구가 선명히 새겨져 있다. 추측컨대 학생들에게 졸업앨범 구매를 독려하기 위한 판매 전술 중 하나였을 것이다. 쿡의 노력 덕분에 그해의 졸업앨범 판매 수량과 광고비 수입은 신기록을 달성했다. 앨범 편집 후기에 그렇게 적혀 있다. 바버라 데이비스는 "쿡이 그런 종류의 일에 꼭 필요한 적임자였다"라고 설명했다. 이런저런 아르바이트를 하고 학교 프로젝트에 비즈니스 매니저로 참여하면서 쿡은 요긴한 비즈니스 경험을 쌓았다. 그리고 이것은 그가 훗날 발휘할 날카로운 사업 감각과 가차 없는 직업윤리의 든든한 토대가 되어 주었다. 그는 졸업앨범으로 신기록을 세웠듯이 훗날 애플에서도 신기록을 달성한다.

졸업앨범과 관련한 또 다른 에피소드도 애플에서 펼쳐질 그의 미래를 엿보게 한다. 그의 중학교 졸업앨범에 실린 한 사진에는 그가 급우 한 명과 함께 당대의 흥미로운 신기술인 커다란 헤드폰과 전동 타자기를 자랑하는 모습이 담겨 있다. 거기에 달린 설명은 이렇다. "테레사와 팀이 학업을 돕는 현대적인 두 가지 방식을 이용하고 있다." 과연 그때 그는 언젠가 자신이 역사상 가장 큰 기술 기업을 이끌게 되리라고 짐작이나 했을까?

세계관에 영향을 미친 중대한 사건

로버츠데일에는 미국 남부 도시의 전형인 고풍스러운 매력과 친절이 넘쳤지만, 인종차별주의라는 불쾌한 저류도 흐르고 있었다. 쿡이 어린 시절 로버츠데일에서 겪은 인종차별 경험은 그의 세계관에 중대한 영향을 끼쳤다. 오늘날 평등을 특히 강조하는 그의 태도도 여기에서 기인하는 바가 크다.

쿡의 부모는 아이들을 가능한 한 최상의 학교에서 가르치고자 펜서콜라에서 로버츠데일로 이사했다. 하지만 그들의 거주지 이전은 주변의 기류와도 무관치 않은 움직임이었다. 당시 펜서콜라에서는 관내 공립학교의 인종차별 폐지 문제로 인해 인종 간 긴장이 고조됐다. 펜서콜라에 거주하던 많은 백인 가족이 근처의 앨라배마주로 거주지를 옮긴 이유다. 이미 앨라배마주의 공립학교들도 1963년에 인종차별을 철폐한 상태였지만, 인구도 적은 데다가 백인이 압도적으로 많은 로버츠데일 같은 소도시에 있는 게 인종이 복잡하게 뒤섞인 펜서콜라 같은 대도시에 있는 것보다 갈등이 덜 두드러져 보였다(인구조사에 따르면 로버츠데일은 지금도 백인 비율이 85퍼센트다).

"학교에 아프리카계 미국인이 거의 없었어요." 쿡의 급우였던 클라리사 브래드스톡의 말이다. "볼드윈 카운티는… 당시 석유 덕분에 부유한 축에 속했지요. 그런데 우리가 다니던 학교는 크기가 작았어요. 나는 공공연한 인종차별 같은 건 한 번도 본 적이 없었어요. 하지만 앨라배마는 여전히 인종 분리와 관련한 여러 문제를 풀어나가는 중이었지요. 아프리카계 미국인들이 있는 데서 인종차별적인 농담을 하는 사람도 종종 볼 수 있었거든요. 당시는 그런 과도기였어요."

실제로 쿡의 가족이 로버츠데일로 이사하기 몇 년 전까지만 해도 시내 쇼핑센터의 피글리위글리Piggly Wiggly 식료품점에는 백인과 흑인의 음용수대가 따로 마련되어 있었다. 익명을 요구한 볼드윈 카운티 주민 한 명은 그 시절 그 지역에서 자신이 목격한 노골적인 인종차별을 이렇게 증언했다. "백인인 우리 형이 1966년에 젊은 흑인 여성과 은밀하게 데이트를 하다가 백인들 눈에 띠어 된통 당한 일이 있었지요. 여성에게 햄버거를 사주려고 카페 앞에 차를 세웠다가 거기 있던 백인 남자들에게 걸린 거예요. 만약을 대비해 흑인 여성은 차에서 내리지 않고 기다리고 있었는데요. 형이 카페를 나서자마자 픽업트럭 운전사인 그 백인 놈들이 쫓아와서는 형을 붙들었대요. 그러고는 형을 이리저리 끌고 다니며 흠씬 두들겨 패고 인근 숲속에 버리고 가버렸어요. 그냥 죽으라고 내버려둔 거죠. 형은 일주일 동안 수프만, 그것도 빨대로 먹었어요." 불행히도 당시 앨라배마주에서는 인종차별주의자들의 이런 행동이 빈번하게 일어났다.

쿡 역시 인종차별주의에 대한 그 나름의 경험이 있다. 앞서 밝혔듯이 그 경험은 그의 생애 전반에 걸쳐 적잖은 영향을 끼쳤다. 1970년대 초 그러니까 중학교에 다니던 어느 날, 그는 밤늦은 시각에 새로 장만한 10단 기어 자전거를 타고 로버츠데일 외곽의 외딴 길을 달리고 있었다. 그런데 길옆 깊숙한 곳에서 어떤 불길이 타오르는 게 보였다. 무슨 일인가 싶어 페달을 세게 밟고 다가가자 불이 붙은 십자가와 흰색 후드에 가운 차림으로 그 주위를 에워싸는 KKK(남북 전쟁 후에 미국 남부의 여러 주에서 조직된 극우적 성향의 백인 비밀 결사) 단원들이 눈에 들어왔다. 400만 명으로 정점을 찍던 KKK 단원의 수는 1925년 이후 꾸준히 감소해 1970년대 초에는 2000여 명 수준으로 떨어졌지만, 당시만 해도 일부 남부 지역에서는 그들의 회합이 드물지 않게 목격되었다. 그날 쿡이 목격한 KKK 단원들은 그 지역에 살던 한 흑인 가족의 사유지에서 십자가 화형식을 거행하고 있었다. 쿡은 아무 생각 없이 소리쳤다. "그만두세요!" 거기에 모인 KKK 단원 모두가 그를 쳐다보았다. 그리고 한 명이 후드를 벗더니 자신을 로버츠데일에 있는 가톨릭교회의 부제라고 소개했다. 그는 쿡에게 얼른 가던 길이나 가라고 경고했다. 어린 쿡에게는 충격적인 경험이 아닐 수 없었다.

쿡은 2013년 모교인 오번대학에서 IQLA 공로상을 받으며 이 경험을 회상했다. "그 이미지가 저의 뇌에 영구히 각인되었고 이후 제 삶을 영원히 바꿔놓았습니다. 저는 십자가 화형이 무지와 증오, 그리고 다수와 다른 존재에 대한 두려움을 상징하는 것과 다르지 않다고 믿게 되었습니다. 도저히 이해할 수 없는 행태였으니까요." 인종차별을 직접 경험한 일은 어린 쿡의 사고방식에 영향을 미쳤을 뿐만 아니라 궁극적으로 그가 사업을 수행할 때 토대로 삼는 일부가 되었다.

그러나 쿡이 해당 이야기의 진실성을 강조하고 있음에도 로버츠데일의 일부 주민은 그의 증언에 이의를 제기한다. 일례로 쿡의 학우였던 테드 프랫Ted Pratt은 이렇게 말한다. "아직도 로버츠데일에 우리 가족과 친구들이 살고 있는데요. 그런 것은 물론이고 비슷한 어떤 일도 봤다는 사람이 없어요. 그 이야기는… 로버츠데일을 고향이라고 생각하는 사람들을 정말로 열 받게 만들었어요." 당연히 예전 주민이든 현재 주민이든 로버츠데일 사람들은 KKK단과 공개적으로 연관되는 것을 반기지 않는다. 그들의 작은 고향 마을이 그토록 세간의 이목을 끄는 인물에 의해 추하게 투영되었다는 사실에 화가 날 법도 하다.

'로버츠데일, 과거와 현재'라는 페이스북 페이지의 한 기다란 글타래(인터넷 용어 스레드Thread의 우리말 표현으로, 인터넷 게시판에서 어떤 글과 그에 대한 답신으로 쓰여진 게시글의 모임)에서 로버츠데일의 과거와 현재 주민 수십 명은 쿡의 기억에 의문을 제기했다. "팀 쿡이 완전히 거짓말을 하고 있다. 그런 일은 결코 없었다." 로드 저킨스Rod Jerkins라는 이름의 유저가 쓴 글이다(그의 글에는 여섯 개의 '좋아요'가 붙었는데 해당 글타래에서 가장 많은 '좋아요'가 붙은 글에 속한다. 여기서 사람들의 전반적인 정서를 느낄 수 있다). 실제로 쿡을 옹호하는 코멘트는 찾아볼 수 없다. 거기에 올라온 143개의 코멘트 중 거의 모두가 쿡의 기억에 반론을 제기했다. 또 다른 유저인 마빈 존슨Marvin Johnson은 이렇게 덧붙였다. "나보다 훨씬 오래 여기서 살고 있는 친척들, 50년이 넘게 살고 있는 친척들에게 물어봤는데 다들 그런 일은 결코 없었다고 말한다." 또 다른 글은 이랬다. "그의 말은 새빨간 거짓말이다. 끝."

그러나 이 페이스북 글타래를 보면 로버츠데일 주민 중 상당수가 인종차별 관련 문제를 부인하고 싶어 하는 심리 상태임을 알 수 있다. 당연히 페이스북의 공개 토론회는 KKK단의 활동을 인정하기에 좋은 공간이 아니다. 수십 년 전에 발생한 일이라고 해도 그렇다. 거기에 글을 올린 두어 명은 '불타는' 십자가는 본 적 없지만 '다 타버린' 십자가는 본 적이 있다고 말했다. 또 한 사람은 인근 도시의 크리스마스 퍼레이드 행렬에 불타는 십자가가 끼어 있는 것을 본 적이 있다고 기억했다. 불편한 진실은, 실제로 로버츠데일에서 그와 비슷한 KKK단 활동이 벌어졌을 가능성이 높다는 것이다.

앨라배마주 하원의원 퍼트리샤 토드Patricia Todd는 쿡이 어린 나이였던 그 시절에 KKK단이 활발하게 활동했을 뿐 아니라, 요즘에도 암암리에 움직이고 있다고 말했다. "지난 2년간 앨라배마 북부 도시인 버밍햄Birmingham의 여러 공동체에서 불안감을 조성하는 전단이 나돌았어요." 그녀의 말이다. "흑인 시민권 운동을 떼어놓고 앨라배마의 역사를 논할 수 없다는 것은 여러 사람이 두루 아는 사실이지요. 결코 아름다운 역사가 아니라는 것도요. … 하지만 인종차별주의는 앨라배마에서 여전히 살아 숨 쉬고 있어요. … 대놓고 얘기하지는 않지만 여전히 많은 사람이 그들과 다른 사람들을 증오하고 있다는 얘깁니다."

KKK단을 목격하고 수년이 지난 후 쿡은 또 한 번 인종차별주의를 의미심장하게 체험한다. 16세 때 쿡은 지역의 공익사업체인 앨라배마루럴일렉트릭어소시에이션Alabama Rural Electric Association이 주최한 글짓기 경진대회에 참가해 최우수상을 받았다. 주제는 '지방 전기 협동조합 - 어제와 오늘 그리고 내일의 도전'이었다. 쿡은 손글씨로 에세이를 작성해 제출했다. 타자기를 장만할 만큼 집안 형편이 넉넉하지는 못했기 때문이다.

부상은 비용 일체를 지원받아 수도 워싱턴을 견학하는 것이었다. 쿡은 워싱턴에서 인상적인 연회에 참석하고 백악관에서 지미 카터 Jimmy Carter 대통령의 연설도 듣는 등 뜻깊은 시간을 보냈다. 하지만 이 견학에는 당시의 앨라배마주 주지사 조지 월리스George Wallace를 만나는 일정도 포함되어 있었다. 옥에 티가 아닐 수 없었다. 완고한 분리주의자인 월리스는 1960년대 당시 공립학교의 인종 통합을 추진하던 연방정부에 헛되이 저항하던 인물이었다. 쿡은 월리스와 악수를 나누며 모종의 수치심을 느꼈다. "주지사를 만나는 일이 전혀 영광스럽지 않았지요." 쿡의 말이다. "그와 악수하는 것이 내 자신의 신념에 대한 배신행위처럼 느껴졌어요. 마치 내 영혼의 일부를 파헤치는 것과 같은, 잘못된 일이라는 느낌이 든 겁니다." 다행히도 그는 이 경험을 통해 교훈을 배울 수 있었다. 오늘날 그는 인종차별이라면 그 어떤 형태도 절대 용인하지 않는다. 그리고 아직 진행 중이기는 하지만 그는 애플을 보다 포괄적인 직장으로 만들기 위해 노력을 기울이고 있다. 그의 지침에 따라 애플은 실리콘밸리의 여타 기업보다 월등히 많은 비율의 소수집단 근로자를 채용하는 한편, 소수집단 학생들이 STEM(과학·기술·공학·수학 융합교육)을 받도록 독려하기 위해 과거 흑인 전용으로 설립된 대학과 자선 단체, 재단 등에 후원을 확대하고 있다.

쿡이 애플에 구현한 가치의 상당 부분은 어린 시절 차별을 목도한 경험의 직접적인 결과로 보인다. 2013년 쿡은 듀크대학 후쿠아경영대학원 학생들을 대상으로 한 강연에서 청소년 시절 두 영웅을 본받기 위해 노력했다고 이야기했다(쿡은 이 대학원에서 MBA를 취득했다). 그가 자신의 영웅으로 여기는 두 인물은 마틴 루서 킹^{Martin Luther King Jr.} 목사와 로버트 F. 케네디다. "저는 남부에서 태어나 자라면서 차별과 관련된 최악의 행동 방식을 목격하곤 했습니다. 어떤 것은 정말 역겨울 정도로 심했지요." 그가 킹 목사와 로버트 F. 케네디를 특히 존경하는 이유는 목숨을 걸고 차별과 맞서 싸운 인물이기 때문이다. "그래서 제 사무실에는 세 장의 사진이 걸려 있습니다. 케네디 사진 두 장과 킹 목사 사진 한 장. 제 사무실 벽에는 이 사진밖에 없습니다. 제가 매일 이 사진을 본다는 얘깁니다. 저는 이분들이 우리 모두의 훌륭한 롤모델이라고 생각합니다. … 이것은 정치적인 얘기가 아닙니다. 그저 사람들을 공정하게 대하는 것에 대한 얘기일 뿐입니다."

쿡이 성장기에 목격한 인종차별과 증오는 평생 그와 함께하며 삶과 사업 방식에 영향을 미쳤다. 아프리카계 미국인 여성 최초로 환경청장을 지낸 리사 잭슨^{Lisa Jackson}은 쿡의 제안으로 2013년 애플의 환경보호 프로젝트를 지휘한 바 있다. 그는 쿡의 인생관이 남부라는 성장 배경에 큰 영향을 받았다고 말한다. "그것이 그라는 존재의 일부거든요. 그 시절에 남부에서 자란 사람은 누구든 추한 꼴도 목격하고 가능성과 기회도 엿보고 그랬습니다. 적어도 나는 그것이 나라는 존재의 일부라는 사실을 부인할 수 없습니다. 팀도 그런 얘기를 한 적이 있고요."

행동주의의 뿌리

쿡은 다른 곳에서나 애플에서 경력을 쌓는 내내 그 나름의 원칙을 고수했다. 그는 2015년 조지워싱턴대학 졸업식 축사에서 사람은 '선을 행하는 것'과 '잘하는 것'을 구분해서는 안 된다는 신념을 피력했다. 비록 수차례 시험을 거치긴 했지만, 자신의 가치관과 타협하기를 거부하는 그의 태도는 애플의 성공에 결정적인 기여를 했다고 볼 수 있다. 2014년 5월, 보수 성향의 싱크탱크인 전미공공정책연구센터National Center for Public Policy Research, NCPPR의 한 연구원은 쿡에게 지속가능성 지향 프로그램이 애플의 수익에 어떤 영향을 미치는지 고려해달라고 요구했다. 그러나 쿡은 거부하며 이렇게 말했다. "앞을 못 보는 사람들도 우리의 장치를 이용할 수 있도록 만드는 방안을 고민할 때, 나는 빌어먹을 투자자본수익률Return On Investment, ROI 같은 것은 고려하지 않습니다." 이와 같은 사고방식은 애플의 환경 구상이나 근로자 안전 등의 정책에도 그대로 적용된다. "내가 오직 ROI만을 보고 일을 진행해주길 원하는 사람은 우리 회사 주식을 투자 대상에서 제외하면 됩니다." 그는 이렇게 단호한 어조로 딱 잘라 말했다. 이후 NCPPR은 쿡의 입장을 매도하는 성명을 발표했다. "오늘의 회합 이후 투자자들은 애플이 실로 엄청나게 많은 주주의 돈을 이른바 기후변화와 싸우는 데 낭비할 것임을 확신해도 좋다." 하지만 평소와 마찬가지로 쿡은 조금의 흔들림도 없이 자신의 원칙을 고수했다.

어린 시절에 구축된 쿡의 이러한 도덕적 기준은 공적인 페르소나에서 잡스와 가장 큰 차이를 보이는 부분이다. 잡스는 자선 기부를 기피했고 지속가능성에는 거의 신경 쓰지 않는 것처럼 보였으며 사회적 현안에 대해서도 좀처럼 견해를 밝히지 않았다. 잡스에게는 자신이 기꺼이 출시하는 제품이 세상에 대한 충분한 기여였다. 멋진 그래픽유저인터페이스Graphical User Interface, GUI를 갖춘 매킨토시는 우주에 흠집을 내고도 남을 무엇이었다. 잡스는 애플에서 수행하는 자신의 일이 그 어떤 자선 활동보다도 세상에 더 중요하다고 믿었다. 이에 비해 쿡이 생각하는 사회에 대한 기여는 보다 복합적이며 미묘하다. 그는 애플의 제품에 대한 자부심을 언제든 기꺼이 피력하는 것은 물론, 세계에서 가장 가치가 높은 기업의 CEO라는 자신의 지위를 이용해 애플을 '선의의 힘Force for Good'으로 만드는 것에 대해 늘 거리낌이 없었다.

뒤에서 자세히 살펴보겠지만, 쿡이 CEO로 재직하며 선의의 힘을 강화하기 위해 취한 조치를 요약하면 다음과 같다. 첫째, 애플의 자선 활동을 크게 늘렸다. 둘째, 회사를 재생에너지 지향의 주요 세력으로 만들었다. 셋째, 제품의 유해성은 줄이고 재활용성은 높이도록 제조 기준을 강화했다. 넷째, 공급망의 안전을 높이고 노동 착취를 없애도록 조처했다. 다섯째, 회사를 보다 다양한 인종을 수용하는 포괄적인 직장으로 만들기 위해 막대한 노력을 기울였다.

쿡의 도덕관념은 앞서도 말했듯이 기독교식 가정 교육과 남부의 예의범절, 그리고 마틴 루서 킹 목사와 로버트 F. 케네디라는 두 영웅에 뿌리를 두고 있다. "저는 집에서 그리고 교회에서 도덕관념을 배웠고 늘 마음의 소리에 귀를 기울였습니다. 그렇게 배운 바를 토대로 양심에 따라 행동하며 윤리의식을 키워나갔습니다." 그가 어느 연설에서 회상한 내용이다. 그는 독서를 통해서도 윤리의 기본을 배웠다. 전하는 바에 따르면 어린 쿡에게 강한 영향을 미친 책 중 하나는 하퍼 리Harper Lee의 『앵무새 죽이기』다. 로버츠데일의 도서관에서 빌려 읽은 책으로, 정의롭고 양심적인 변호사 애티커스 핀치Atticus Finch가 앨라배마주의 가상의 마을에서 인종차별주의와 의로운 싸움을 벌인 대목에 큰 감명을 받았을 게 분명하다.

사실 쿡이 사회적으로 무시되는 소수집단에 대해 지원하는 일은 남부에서 게이로 성장한 경험으로부터 비롯되었다. 그는 자신의 삶에서 중요한 부분을 이루는 이 측면에 대해 결코 공개적으로 얘기한 적이 없었다. 2015년 한 텔레비전 인터뷰에서 토크쇼 진행자인 스티븐 콜버트Stephen Colbert가 직접적으로 물어보기 전까지는 말이다. "당신의 성적 성향 때문에 앨라배마에서 일종의 아웃사이더로 성장한 그 경험이 어려움에 처한 전 세계 사람들을 돕는 행보에 어떤 식으로든 영향을 미쳤다고 볼 수 있습니까?" 쿡은 긍정으로 답하며 널리 퍼진 동성애 공포증에 대처하기 위해 무언가를 해야 할 필요성을 느꼈다고 설명했다. "아이들이 학교에서 왕따를 당하고 있었고 기본적으로 차별을 당하고 있었으며 부모에게도 거부를 당하고 있었습니다. 그런 걸 보며 가만히 있을 수 없었습니다. 나는 무언가를 해야 할 막대한 책임의식을 느꼈습니다." 이런 그의 응답은 여간해서는 자기 이야기를 잘 하지 않는 사람의 사적인 삶까지 엿볼 수 있게 하는 작은 단초를 제공했다.

쿡 자신의 동성애 성향과 진보적인 인권 문제에 대해 기꺼이 의견을 개진하도록 만든 콜버트의 진단을 보고 다른 많은 사람이 고개를 끄덕였다. "1960년대 앨라배마에서 자라며 특히 동성애자의 입장에서 이런저런 차별을 목격한 그로서는 가만히 침묵을 지키는 것이 얼마나 위험한 일인지 깨달았을 겁니다." 로버트 F. 케네디의 딸로서 인권 운동에 앞장서고 있는 케리 케네디^{Kerry Kennedy}의 말이다. "이제 그는 잘못된 무언가를 보았을 때 분연히 일어서는 것을 두려워하지 않습니다."

쿡은 지금까지 학창 시절 게이로서의 경험에 대해 별다른 얘기를 한 적이 없었다. 사람들의 말에 따르면 고등학교에서 그가 자신의 그런 성향을 드러냈을 가능성도 거의 없다. 그의 친구 클라리사 브래드스톡은 당시에 그가 게이인지 전혀 몰랐다고 말한다. 심지어 그녀는 그 시절 그에게 연정을 품기까지 했다. 그녀는 그들이 다니던 고등학교가 그런 성향을 받아들일 만한 환경은 아니었다고 설명했다. "당시 학교에 다른 성향을 가진 것으로 생각되는 학생들이 몇몇 있긴 했어요. 하지만 그것에 대해 말하는 학생은 없었지요. 그런 걸로 괴

롭힘을 당하는 학생도 없었고요. 물론 커밍아웃이 허용되는 분위기
는 전혀 아니었지요."

"로버츠데일이 자유주의의 보루라거나 뭐 그런 곳은 아니지요."
앨라배마주에서 유일하게 커밍아웃한 동성애자 의원 퍼트리샤 토드
는 이렇게 말했다. "만약 그가 어린 나이에 커밍아웃을 했다면, 분명
큰 어려움을 겪었을 거예요." 이러한 정서는 익명을 요구한 볼드윈
카운티 주민에 의해서도 확인되었다. "지역 주민들이 그가 동성애자
라는 것을 알았다면 그는 분명 따돌림을 당했을 겁니다. 게이들이 습
격당하고 구타당했다는 이야기가 많이 떠돌았거든요. 심지어 경찰
이 그렇게 했다는 소문도 나돌았어요. 그래 놓고 판사한테는 그 희생
자가 계단에서 굴렀다고 했다더군요." 쿡이 로버츠데일에 살던 시절
자신의 성 지향성을 드러내지 않기로 결심한 것은 당연한 일이었다.

그러나 요즘은 토드를 포함해 많은 사람이 쿡의 커밍아웃을 칭찬
한다. 토드는 그것이 다른 사람들로 하여금 그의 선례를 따르도록 용
기를 부여했고, 게이를 '정상'으로 생각하게 만드는 데 일조했다고
말한다. "팀을 비롯해 공개적으로 동성애자임을 인정한 CEO들이
정말 큰 변화를 이끌어냈다고 생각해요." 그녀의 말이다. "그들이 사
람들로 하여금 우리 사회는 실로 다양하며 동성애자가 도처에 있다
는 것을 깨닫게 만들고 있습니다. 성이나 인종 또는 민족 등에 관한
여타의 사회운동과 달리 우리는 얼마든지 지향성을 숨길 수 있지요.
그러나 지금은 우리 같은 사람들이 성 지향성을 드러낼 힘을 부여받

았다고 느끼고 있습니다. 팀 쿡이 거기에 기여한 바가 크다고 할 수 있지요. … 세계에서 가장 성공한 회사의 CEO가 커밍아웃을 하면 사람들은 그에 대해 주목하고 생각해보지 않을 수 없는 겁니다." 그 것이 바로《블룸버그》에 「커밍아웃」이라는 제목의 글을 기고했을 때 쿡이 의도한 바였다. "만약 애플의 CEO가 게이라는 소식이 자신의 성 지향성과 관련해 고민하는 누군가에게 또는 혼자라고 느끼는 누군가에게 어떤 식으로든 도움이나 위로가 될 수 있다면, 혹은 자신의 평등성을 주장하는 누군가에게 영감을 불어넣을 수 있다면, 이것은 내 자신의 프라이버시를 희생하더라도 충분히 밝힐 만한 가치가 있는 일이다."

영웅답지 않은 영웅

로버츠데일의 많은 주민이 쿡의 성취에 대해 잘 알고 있지만, 오늘날 그가 고향에서 공공연하게 칭송받는 모습은 찾아보기 힘들다. 그의 옛날 친구나 급우 중 일부는 분명 그가 이룬 일을 드러내놓고 자랑스러워한다. 하지만 그의 성취를 축하하는 명판이나 기념비 같은 것은 로버츠데일 그 어디에서도 찾아볼 수 없다. 그가 나온 고등학교 본관의 유리 진열장에도 1950년대에 졸업하고 미국프로풋볼연맹

National Football League, NFL의 러닝백으로 활약한 풋볼 스타 조 차일드리스Joe Childress 등의 기념물만 있을 뿐, 팀 쿡에 관한 것은 어떤 것도 보이지 않는다. 그가 운동선수가 아닌 사업가라서 그런 것 같기도 하다. 주민 한 명은 마을 사람 대다수가 의외로 쿡에 대해 잘 모른다고 말했다. 앨라배마주의 소도시에서 그런 글로벌 기업의 CEO에게 관심을 가질 사람이 몇이나 되겠느냐는 얘기다.

쿡을 잘 아는 사람 중 몇몇은 그가 고향의 지역 경제에 기대만큼 기여한 바가 없다고 생각한다. 페이스북 페이지 '로버츠데일, 과거와 현재'를 다시 들여다보면 그가 왜 애플을 통해 고향에 기여하지 않는지 토의한 내용이 기다랗게 이어져 있다. 한 게시자는 어째서 로버츠데일이 쿡의 고향인데도 앨라배마주의 기술 중심지가 되지 못하는지를 물었다. 이것은 공통적인 질문이다.

딜런 고스네이Dillan Gosnay라는 21세 주민은 로버츠데일이 요즘 일자리 부족에 시달리고 있다고 말한다. 본인도 간간이 일이 있을 때만 용접공으로 일할 뿐, 실질적으로는 실업 상태라고 했다. 고스네이만 그런 게 아니다. 미국의 다른 많은 시골 지역처럼 로버츠데일은 장기간에 걸친 실업 문제로 고통받고 있다. "불안한 일자리, 그것이 바로 이 지역에 사는 데 따르는 가장 큰 문제입니다. 생활이 어려우니까 거의 모든 사람이 일을 두세 개씩 합니다. … 이렇다 할 회사가 별로 없으니까요. 여기에 본사를 둔 대기업은 아예 하나도 없고요." 고스네이의 말이다. "정말 많은 사람이 팀 쿡이 무언가를 이곳에 가져와 일자리를 늘려주길 바란다고 보면 됩니다."

하지만 애플이 로버츠데일에 들어오려면 약간의 시간이 더 걸릴 것 같다. 현재 앨라배마주에는 인종이나 연령, 또는 성적 성향에 근거하여 차별을 금하는 명백한 법률이 없기 때문이다. 쿡은 2014년 앨라배마 명예학술원 회원으로 선정된 직후 사적인 자리에서 토드 의원에게 '앨라배마주가 반차별 법안을 통과시키지 않는 한 애플이 앨라배마에 투자할 일은 없을 것'이라고 못을 박았다. "앨라배마의 시민은 여전히 성 지향성을 이유로 직장에서 해고당할 수 있는 상황이잖아요. 우리는 과거를 바꿀 수는 없지만 과거에서 배우고 과거와 다른 미래를 창조할 수는 있지요." 당시 쿡이 한 말이다.

쿡의 방문에 고무된 토드 의원은 그 즉시 앨라배마주 입법부에 쿡의 이름을 딴 반차별 법안을 제출했다. "팀은 법안에 자신의 이름이 붙는 걸 영광스럽게 생각했어요." 그녀의 말이다. 하지만 그 법안은 불행히도 법률이 되지는 못했다. "물론 뜻대로 되진 않았지요. 나는 민주당인데 입법부는 공화당이 장악하고 있거든요. 압도적인 다수당이지요. … 그들은 반차별 법안을 통과시킬 사람들이 아니었어요. 다른 무엇보다도 많은 상징이 담긴 법안이거든요. 하지만 적어도 우리는 그에 대한 대화는 시작한 셈이에요." 실패했지만 올바른 방향으로 한 걸음 내딛는 성과는 있었다는 뜻이다.

또한 분명한 것은 쿡이 자신의 고향이나 출신 주에 무관심하지 않다는 사실이다. "그는 앨라배마에서 진행되는 일에 많은 관심을 갖고 있습니다." 토드 의원의 말이다. "상황이 어떻게 돌아가는지 계속 확인하는 걸 보면 알 수 있잖아요. … 그는 앨라배마가 미래로 나아가도록 도우려 애쓰고 있어요. 다만 앨라배마이다 보니까 그런 노력이 성과를 거두려면 시간이 걸릴 수밖에 없는 거지요." 2014년 12월, 쿡은 대외적으로는 밝히지 않은 채 워싱턴에 근거지를 둔 인권단체 휴먼라이츠캠페인Human Rights Campaign, HRC에 '꽤 많은' 금액을 기부했다. 그들은 그 돈으로 앨라배마주와 아칸소주, 미시시피주의 게이 인권을 신장하기 위한 850만 달러 규모의 3개년 캠페인을 출범시켰다. HRC의 '원아메리카프로젝트Project One America'는 이 3개 주 모두에 사무실과 상근 직원을 두고 지금도 활발하게 전개되고 있다. 해당 단체의 주장에 따르면 쿡의 기부 이후 HRC는 미국 최대의 'LGBTQ(레즈비언·게이·양성애자·트랜스젠더·퀴어)' 인권단체로 성장해 현재 300만 명이 넘는 회원과 후원자를 보유하고 있다. 또한 쿡은 유난히 검은 흙 때문에 '블랙벨트Black Belt'라는 이름으로 불리는 앨라배마주의 빈곤 지역 학교들에 아이패드를 기부하기도 했다. 토드 의원의 얘기를 계속 들어보자. "팀은 그렇게 기부를 하면서도 이곳의 선출직 공무원, 특히 입법 관계자에게 명확하게 자신의 입장을 밝혔지요. '여러분이 반차별 법안을 통과시키지 않는 한 나는 결코 앨라배마에서 사업을 확대하지 않을 겁니다.' 물론 여기 사람들은 아직 그럴 가능성이 별로 없어요. 앨라배마에 훌륭한 일자리를 가져오는 것보다 성서 해석이 더 중요하다고 여기는 사람들이니까요."

쿡은 지역 비즈니스 공동체에도 반차별 목소리를 높이도록 독려하고 있다. 현재의 법을 고수한 채 '화장실 법안Bathroom Bill(트랜스젠더의 공중화장실 이용을 금지하는 법안)'을 상정하는 등 분열을 계속 일으키려 하면 기업체를 유치하는 일이 힘들어질 수밖에 없다고 했다. "만약 누군가가 10년 전에 앞으로 반차별의 가장 큰 옹호 집단이 군대와 기업이 될 거라고 말했다면 나는 그냥 비웃고 말았을 거예요. 하지만 실제로 일이 그렇게 흘러가고 있어요." 토드 의원의 말이다. "과거에 머물며 차별을 허용하는 주에 어떤 인재가 들어와 살려고 하겠어요. 경제 발전을 주도하는 기업도 그런 주는 외면하기 마련이지요." 진보는 더디게 이뤄지고 있지만 쿡은 앨라배마주가 관련 법률을 바꿀 거라는 기대를 버리지 않고 있다. 어쨌든 그에게 특별한 의미가 있는 곳 아닌가. 그는 오번대학의 풋볼 경기를 관람하거나 가족을 만나기 위해 주기적으로 앨라배마주를 방문한다. 그는 태어나서 21년을 거기서 보냈고 또 거기서 영향을 받으며 삶의 가치관을 형성했다. 몇 년 전 앨라배마주 북부 도시 버밍햄을 방문했을 때 그는 한 무리의 젊은이에게 이렇게 말했다. "나라는 사람의 인격 대부분은 앨라배마에서 형성되었습니다." 그 젊은이들 가운데 일부도 그의 선례를 따라 앨라배마주를 더 나은 곳으로 변화시키는 데 일조하기를 바란다.

오번의 공학도

쿡은 1978년에 고등학교를 졸업한 후 로버츠데일을 떠나 오번대학에 입학했다. 그의 오랜 목표 중 하나인 산업공학 학사 학위를 취득하기 위해서였다. "중학교 1학년 때부터 '나는 오번에 들어가고 싶어요'라고 말하곤 했지요." 어머니의 회상이다. 오번대학은 쿡의 고향에서 자동차로 3시간 밖에 걸리지 않는 비교적 가까운 거리에 있다. 그에게는 앨라배마주를 벗어나지 않는 것이 중요했다. 그가 갈 수 있었던 또 다른 대학은 터스컬루사Tuscaloosa에 있는 앨라배마대학이었다. 하지만 그는 앨라배마대학이 너무 귀족적이고 사치스러운 분위기라고 느꼈다. "부유한 집안의 자녀들이 그 대학에 갔지요." 쿡의 설명이다. "그곳은 의학이나 법학을 전공하기에 적절한 대학입니다. 나는 항상 내 자신이 근로자 계층에 속한다고 생각했어요. 그런 생각을 하는 사람들은 오번대학에 가는 게 맞지요."

산업공학을 전공한 건 실로 영리한 선택이었다. 크라이슬러Chrysler의 CEO였던 리 아이어코카Lee Iacocca, 월마트의 CEO였던 마이크 듀크Mike Duke, UPS(유나이티드파슬서비스)의 CEO였던 마이클 에스큐Michael Eskew 모두 대학에서 산업공학을 전공한 인물들이다. 해당 학위를 취득하면 젊은 쿡 역시 같은 길을 걸을 수 있게 된다는 의미였다. 그의 감성과 기량에도 적합한 전공이었다. 산업공학은 복잡한 시스템을 최적화하는 방법, 그리고 낭비되는 지출을 최대한 없애며 자원을 최대로 활용하는 방법에 중점을 둔다. 이것이 바로 쿡이 대학에 들어가서 일찍부터 개발한 기술이었다. "그는 불필요한 모든 것을 제거하며 문제의 핵심을 빠르게 찾아내는 학생이었습니다." 그 시절 쿡을 가르쳤던 로버트 벌핀Robert Bulfin 교수의 회상이다.

쿡의 대학 생활은 화려하진 않았지만 견실했다. 그는 대학 4학년 말에 공학과 올해의 졸업생 후보로 지명되었지만, 그에 대해 그는 놀랍도록 겸손한 태도를 취했다고 전해진다. 당시 그는 이렇게 주장했다. "저는 그 상을 받을 자격이 없습니다. 저보다 더 훌륭한 학생이 많기 때문입니다."

쿡의 대학 시절 교수 중 한 명인 사이드 마흐수들루Saeed Maghsoodloo 는 그를 '견실한 B 플러스 내지는 A 마이너스 학생'으로 기억한다. 쿡이 애플의 CEO가 된 해에 마흐수들루는 《뉴욕타임스》와의 인터뷰에서 쿡을 "차분하고 겸손하며 학구적이면서도 매사에 열정적인 학생"으로 그렸다. 아울러 그는 고등학생 때와 마찬가지로 대학에서도 친근하게 교우 관계를 맺는 인기 있는 학생이었다. 그 시절 그의 사진을 보면 친구들과 어울려 웃고 장난치는 모습이 담겨 있다.

그는 오번대학에서 훗날 경력을 쌓는 데 도움이 되는 기술을 많이 습득했다. 그중 하나가 프로그래밍이다. 한번은 그가 프로그래밍 수업 시간에 대학 근처 신호등의 타이밍을 개선하는 시스템을 만들었다. "그 시절에는 신호등이 바뀌는 시간이 타이머에 맞춰져 있었거든요. 그것을 개선해서 교통 흐름을 최적화하려고 시도한 겁니다."
쿡의 설명이다. "사람들이 길을 건너기 위해 기다리는 시간을 줄이
는 한편 환경을 안전하게 유지하는 방안을 도출하고 싶었던 거지
요." 그가 만든 시스템은 의도대로 잘 작동했던 게 분명하다. 현지 경
찰에서 그것을 채택했기 때문이다. "당시에는 꽤나 멋진 시스템이었
지요. 효과가 좋아서 법 집행 기관에서 가져다 쓸 정도였으니까요."
오늘날 그의 코딩 능력은 일부 사라진 모양이다. 요즘에 그는 자신의
코딩 기술을 두고 "나쁘지는 않지만 애플에 워낙 나보다 잘하는 사
람이 많아서…"라고 농담한다.

오번대학에서의 생활은 쿡의 행동 방식과 접근 방식은 물론, 그의
세계관에도 중대한 영향을 미친 것으로 보인다. 대학의 첫 번째 풋볼
코치였던 조지 페트리George Petrie가 1943년에 작성한 '오번 신조Auburn
Creed'에는 다음과 같은 내용이 담겨 있다.

나는 내가 현실세계에 살며 내 스스로 얻은 것에만 의지할 수 있다고
믿는다. 따라서 나는 노동과 노력의 가치를 인정한다.
나는 교육의 가치를 믿는다. 교육은 내게 현명하게 일할 수 있는 지
식을 제공하고 능숙하게 일하도록 나의 정신과 손을 훈련시키기 때
문이다.
나는 정직과 진실을 믿는다. 그것이 없으면 내가 동료로부터 존중과
신뢰를 얻을 수 없기 때문이다.

2010년 오번대학 졸업식 연설에서 쿡은 이 신조를 개인적인 만트라(기도 또는 명상 때 외우는 주문이나 주술)로 여긴다고 밝혔다. "여기에 담긴 정서는 단순하지만 이 말들 속에서 나는 엄청난 위엄과 지혜를 느낍니다. 또한 세월의 시험을 이겨낸 신조라는 사실도 중요합니다." 쿡은 청중에게 말했다. "힘든 노력 없이 성공하려는 사람은 결국 자신을 속이는 것입니다. 그리고 더 나쁜 것은 다른 사람들도 속이는 것입니다." 쿡은 분명 어린 시절부터 힘든 노력의 가치를 믿었다. 또한 그가 애플을 경영하는 방식을 볼 때, 분명 직원들에 대해서도 그 점을 중요한 평가의 기준으로 삼고 있다.

대학 시절에 쿡은 기업 경영과 관련해 최초로 의미 있는 경험을 했다. 그 계기는 산학 연계 교육 프로그램에 등록한 것이었다. 그는 해당 프로그램에 따라 일정 기간 버지니아주 리치먼드Richmond에 있는 레이놀즈알루미늄Reynolds Aluminum에 출근해 일을 배웠다. 그것은 그에게 현실 직업 세계에서 받는 모종의 특강이었다. 프로그램이 시작되고 얼마 뒤 그 회사는 많은 수의 직원을 정리 해고할 수밖에 없었다. 하지만 회사의 그런 손실이 쿡에게는 이득이 되었다. 정리 해고된 직원을 대신해 사장을 보좌하며 업무를 돕는 임무가 주어졌기 때문이다. 이런 종류의 부사령관 역할은 이후 그가 애플의 최고위직에 오를 때까지 수십 년에 걸쳐 완성하게 되는 과업이다.

쿡은 1982년 5월에 오번대학을 졸업했다. 애플의 기업공개Initial Public Offering, IPO가 있고 약 18개월 후이자, 혁신적인 매킨토시의 출시까지 18개월이 남은 시점이었다. 그러나 아직 21세 청년의 레이더에는 애플이 잡히지 않은 상태였다. 그가 대학을 졸업했을 무렵, 자사 최초의 PC를 막 출시한 컴퓨팅 업계 최강 기업 IBM은 그에게 일자리를 제안했다. 그에게 손을 내민 곳은 IBM뿐만이 아니었다. 대부분의 졸업생이 매력적인 직장으로 생각하던 앤더슨컨설팅^{Andersen Consulting}과 GE(제너럴일렉트릭)에서도 그에게 입사를 제안했다. IBM에 합류하기로 결정한 것과 관련해 쿡은 이렇게 말했다. "사실 나는 컴퓨터에 대해 별로 생각해본 적이 없었어요. 만약 내가 거기에 들어가지 않았다면 상황이 지금과 많이 달라졌을까요? 나는 모르겠네요. 내가 분명히 아는 것은 누구의 인생에서든 그 사람을 정의하는 것은 불과 몇 개 안 된다는 사실이지요. IBM의 입사는 내게 그런 것 중 하나였어요." 이전에는 컴퓨팅 업계에서 일하는 것을 전혀 고려하지 않았음에도(해당 업계가 유아기를 거치고 있던 터라 많은 졸업생이 희망하는 직종 상위권에는 아직 올라 있지 않은 시절이었다), 쿡은 IBM의 일자리를 훌륭하다고 판단하고 제안을 받아들였다.

쿡은 전기공학 학위를 받자마자 당시 급성장세를 타고 있던 IBM PC 사업단에 합류한다. 노스캐롤라이나주의 리서치트라이앵글파크^{Research Triangle Park}에 자리한 그 컴퓨팅 대기업에서는 상대적으로 새로운 사업 부문이었다. 이후 쿡은 풋볼 경기 관람을 위해 가끔 오번을 찾는 경우를 제외하고는 결코 뒤를 돌아보지 않았다.

3장

'빅 블루'에서 사업을 배우다

PC 시장의 지평을 연 IBM

업계에서 '빅 블루Big Blue'라는 애칭으로 불리는 IBM에 입사한 일은 젊은 쿡에게 한마디로 크나큰 행운이었다. 컴퓨터 산업은 1980년대 초반부터 붐을 타기 시작한 흥미진진한 분야였을 뿐 아니라, 그와 같은 재능과 추진력의 소유자에게는 천문학적인 보상을 안겨줄 잠재력까지 보유한 분야였다. 가정용 컴퓨터 업계가 이제 막 걸음마를 떼기 시작한 시점이었다. 애플과 아타리Atari, 코모도어Comodore 등에서 내놓은 기계가 소기의 성과를 거두고 IBM PC에 대한 세간의 관심이 높아지고 있었지만, 집에 PC가 있는 가정은 여전히 미국 전체 가구 중 10퍼센트 미만에 불과했다. 시장에서 거대한 폭발이 일어날 조짐이 보였던 터라 가정용 컴퓨터 제조사들은 생애 첫 컴퓨터 장만을 앞둔 고객을 유치하기 위해 치열한 전투를 벌이고 있었다.

당시 IBM은 명실상부한 업계의 중심 세력이었다. 자사 최초의 PC를 출시하기 이전부터 기업이나 정부의 방 한 칸에 가득 채워진 거대한 메인프레임컴퓨터Main Frame Computer를 파는 회사로 이름을 날리고 있었다. 이미 세계 도처에 35만 명이 넘는 직원을 두고 있을 정도였다. 그런 거대 컴퓨팅 기업이 1981년 이제 막 태동기에 들어선 PC 사업에 발을 들이기로 결정한 것이다. 사실 그들의 그러한 결정은 스티브 잡스와 스티브 워즈니악Steve Wozniak이 만든 조그마한 컴퓨터 애플 II가 성공을 거두던 상황에 자극을 받은 결과였다.

IBM이 출시한 첫 번째 퍼스널컴퓨터Personal Computer는 오늘날 해당 업계에 이정표를 세웠다고 평가받을 만큼 실로 획기적인 기계였다. 상업적으로 크게 히트했을 뿐 아니라, 표준화한 부품을 사용했던 까닭에 수많은 복제품을 낳기도 했다. 그 이름 '퍼스널컴퓨터'는 'PC'로 축약되면서 작고 빠르고 저렴한 모든 컴퓨터를 통칭하는 일반명사로 자리 잡았다. 그리고 10년이 채 지나지 않아 IBM의 제품을 베낀 이른바 '클론Clone' 기계들이 수십억 달러 규모의 PC 시장을 지배하기 시작했다.

IBM의 1565달러짜리 퍼스널컴퓨터는 당시의 인기 프로그래밍 언어인 베이식BASIC을 탑재하고(마이크로소프트의 윈도Windows는 그로부터 몇 년 후인 1985년에 나온다) 유연성과 수행력, 사용의 편이성을 약속했다. 또한 16비트 마이크로프로세서Microprocessor에 16킬로바이트 램RAM 장착, 40킬로바이트의 저장용량은 당시로서는 거대한 규모였다. 물론 엄청난 처리 능력과 기가바이트 단위의 저장 공간을 보유한 지금의 컴퓨터에 비하면 턱없이 느리고 부족한 원시적인 기계였지만 말이다(예를 들면 애플워치 시리즈3은 손목에 차는 작은 장치인데도 저장용량이 16기가바이트로 1세대 IBM PC의 40만 배에 달한다). 그 퍼스널컴퓨터의 '고해상도' 디스플레이에는 25개의 줄이 들어갈 수 있었고, 각각의 줄에는 8개의 문자를 표시할 수 있었다. 1982년 당시 IBM의 제품 중 가장 가격이 저렴했던 퍼스널컴퓨터의 첫 번째 브로슈어 중 하나에는 다음과 같은 자랑이 쓰여 있었다. "고급스러운 디자인과 다양한 생산 프로그램 패키지로 당신만의 컴퓨터를 갖는 일에 만족과 즐거움을 더한다." 이 기계는 특히 비즈니스 세계에서 인기가 치솟았다. 기업들이 회계나 커뮤니케이션, 청구서 발부 등과 같은 일상적인 업무를 처리하고자 상대적으로 싸고 다루기 쉬운 컴퓨터를 원했기 때문이다. 그것은 빠른 시간 안에 세계 전역의 사무실에서 구비하는 표준 장비가 되었다. 한때는 아마추어 컴퓨터광을 위한 틈새시장에 불과했던 것이 그렇게 비즈니스 세계의 주류로 등극한 것이다.

그해 연말, IBM은 분당 한 대꼴로 퍼스널컴퓨터를 팔았다(회사는 애초에 5년에 걸쳐 25만 대를 팔 것이라 예상했지만, 몇 년도 채 지나지 않아 한 달에 그만큼 생산해서 판매하는 상황을 맞이한다). 그로 인해 퍼스널컴퓨터는 애플 II의 가장 강력한 라이벌로 부상했다. 1982년 한 해 동안 IBM과 경쟁사들(사실상 모방 제품을 출시한 '클론' 기업들)이 판매한 PC는 미국에서만 총 280만 대로, 1981년 전체 판매량의 두 배에 달했다.

그러한 컴퓨터의 급속 이륙은 1982년《타임Time》이 '올해의 인물'로 사람이 아닌 컴퓨터를 선정하는 영광으로 이어졌다.《타임》은 1983년 1월 3일 자 표지에「올해의 기계: 컴퓨터가 몰려온다」라는 제목으로 종이찰흙의 인물상이 일반적인 데스크톱이 놓인 책상 앞에 앉아 그것을 들여다보고 있는 모습의 사진을 실었다. "한 해의 뉴스 가운데 가장 의미 있는 영향력을 미친 주체가 어떤 개인이 아니라 특정한 프로세스가 되는 경우가 있다. 사회 전체에서 이 프로세스가 여타의 모든 프로세스를 바꾸고 있다고 널리 인식하는 까닭에…." 관련 기사의 내용 일부다. "그것이《타임》에서 1982년을 '컴퓨터의 해'로 결정한 이유다." IBM뿐 아니라 기술 산업 전체에 커다란 호재를 안겨준 사건이었다.

그리고 그 일은 애플에, 특히 스티브 잡스에게 영향을 미쳤다. 잡스는 본인이 '올해의 인물'로 뽑히지 못한 것에 크게 낙담했다. 그는 그 영예가 자신에게 돌아올 것으로 기대하고 있었다. 애플이 그해에 연매출 10억 달러를 초과한 최초의 컴퓨터 회사였기 때문이다. "그들은 그 잡지를 내게 페덱스FedEx로 보냈지요." 잡스가 세상을 뜨기 몇 년 전 자신의 전기 작가인 월터 아이작슨에게 털어놓은 내용이다. "소포를 풀면서 표지에 박힌 내 얼굴을 확인할 기대감으로 들떴던 기억이 납니다. 그런데 컴퓨터 조각상 사진이 턱 하니 눈에 들어오는 거예요. '이게 뭐야?'라는 생각이 들더군요." 그의 얘기를 계속 들어보자. "그러고 나서 기사를 읽는데 너무 기가 막혀서 눈물이 다 나오더라고요." 애플은 그렇게 타격을 입었지만, 어쨌든 쿡이 애플에서 일하는 것에 대해 생각조차 해본 적 없던 시절의 에피소드였다. 쿡은 IBM의 PC 사업단에서 즐거운 마음으로 경력을 쌓기 시작했다. 그곳에서 애플이 관심을 가질 정도의 인물로 성장하는 데 필요한 기술을 익혀나간 것이다.

리서치트라이앵글파크의 컨베이어벨트

IBM의 PC 사업단은 리서치트라이앵글파크에 위치한 대규모 공장에 본부가 있었다. 빠르게 성장하고 있던 터라 많은 신입사원을 필요로 했다. 당시 IBM의 인사 전략은 대학 졸업생 다수를 고용해 교육을 시킨 후 내부에서 승진 사다리를 오르도록 이끄는 것이었다. 그것이 바로 쿡이 경력 초기에 밟은 과정이었다. 쿡이 IBM에 입사했을 때 리서치트라이앵글파크 공장은 약 5만 6000제곱미터(약 1만 7000평)에 달하는 면적을 점유한, 실로 엄청나게 큰 시설이었다. 사실 공장이라기보다는 거대한 조립 및 시험 시설에 가까웠다. IBM은 당시 소수의 구성 요소, 예컨대 키보드만 자체 생산하고 여타의 컴퓨터 부품은 모두 인텔Intel 등의 외부 기업에서 조달했다.

시설에서는 6개의 생산라인이 월요일부터 금요일까지, 24시간 동안 3교대로 돌아갔다. 생산 일정이 뒤처지거나 대량 주문으로 어쩔 수 없는 상황이 발생하지 않는 한 주말에는 가동을 멈추는 게 원칙이었다. 근무일에는 늘 100대에 달하는 트레일러트럭이 부품을 실어 날랐다. 하지만 창고는 없었다. 한쪽으로 들어온 부품들은 두세 시간 후면 조립된 컴퓨터가 되어 곧장 시설을 떠났다(생산라인에서 1분마다 한 대의 컴퓨터가 완성되어 나오는 속도였다).

1만 2000명의 직원 가운데 절반이 조립 기술자였고, 거의 모든 조립 과정이 수작업으로 진행되었다. 당시 생산라인 공장장 중 한 명이자 IBM에서 36년간 근무한 베테랑인 진 아데소Gene Addesso는 매일 6000대에서 8000대 정도의 컴퓨터를 조립했으며 바쁠 때는 1만 대까지 뽑아냈다고 추산했다. 조립이 끝난 기계들은 컨베이어벨트에 실려 시험장으로 옮겨졌다. 그리고 시험장에서 몇 가지 테스트를 통과하면 그 시설에서 유일하게 고도의 자동화를 자랑하던 포장 설비로 옮겨졌다. 그렇게 포장까지 완료되면 트럭에 실려 유통업체나 고객에게 배달되는 방식이었다.

JIT로 재고 제로에 도달하다

리서치트라이앵글파크 공장은 저스트인타임Just In Time, JIT 제조 시스템을 채택해 군더더기 없이 효율적으로 돌아갔다. IBM에서는 이 JIT 생산 방식을 '연속 흐름 제조Continuous Flow Manufacturing, CFM'라고 불렀다. 아 데소는 이렇게 설명했다. "JIT 제조란 창고에 재고를 쌓아둘 필요가 없다는 것을 의미합니다. 만들어서 곧바로 실어 보내는 방식이니까요. … 그렇게 하면 많은 시간과 돈을 절약할 수 있지요." 부품이나 완제품을 보관할 필요가 없었고, 이에 따라 창고도 필요하지 않았다는 얘기다.

미국에서는 일반적으로 '린 제조 방식Lean Manufacturing'이라고 불리는 이 JIT 철학은 물품의 잉여를 최소화하면서 고객의 요구를 효과적으로 충족시키기 위해 고안되었다. 이 생산 방식은 주로 도요타Toyota에 의해 1960년대와 1970년대 전반에 걸쳐 일본에 널리 보급되었다. 도요타는 자동화와 JIT를 전체 생산 시스템의 두 가지 핵심축으로 삼아 제조 프로세스의 효율을 높이고 투자수익률을 증가시켰다.

"JIT 제조 시스템은 조립에 필요한 부품을 필요한 만큼만 적시에 조립라인으로 보내 만들어내는 유동 작업 방식이다." 도요타의 엔지니어 출신으로 도요타 생산 방식의 아버지로 통하는 오노 다이이치Ohno Taiichi가 자신의 저서 『도요타 생산 방식』에서 설명한 내용이다. "이 흐름을 구축하는 회사는 재고 제로 수준에 도달할 수 있다." 바로 이것이 IBM의 목표였다. 빠르게 움직이는 PC 업계에서는 제품이 6개월 만에 구식이 되어버리기 때문에 부품이나 완제품을 쌓아두는 데 따르는 비용을 최소화해야 했다.

항간에서는 오노와 도요타가 JIT의 아이디어를 미국 자동차 업계에서 얻은 것으로 잘못 알고 있다(미국 자동차 업계는 일종의 JIT를 그 나름대로 실행했다). 사실 이 프로세스는 미국식 셀프서비스 슈퍼마켓 현상에서 영감을 받아 도출된 것이었다. 오노는 그러한 대량 판매 점포가 고객의 구매 습관과 빈도에 맞추어 재고를 보충한다는 사실을 인식했다. 그들은 고객의 필요를 충족시킬 수 있을 만큼만 선반을 채우고, 그러한 사이클을 지속시킬 수 있을 만큼 재고를 비축했다. "물론 때로는 고객이 필요 이상으로 구입할 수도 있다. 그러나 원칙적으로 슈퍼마켓은 필요에 따라 고객이 구매를 행하는 곳이다." 오노의 설명이다. "슈퍼마켓 운영자는 고객이 언제든 필요한 것을 구입할 수 있도록 반드시 조치해야 한다."

도요타가 JIT를 개척한 기업이며 다른 기업들도 빠르게 그들의 선례를 따른 건 맞지만, 그와 유사한 생산 프로세스에 대한 언급은 훨씬 오래전으로 거슬러 올라간다. 헨리 포드Henry Ford는 1923년 저서 『나의 삶과 일』에 다음과 같이 썼다. "우리는 자재를 구매할 때 즉각적으로 필요한 것 이외에는 구입할 가치가 없다는 사실을 깨달았다. 이후 우리는 운송 관련 사항까지 고려해서 생산 계획을 맞추기에 충분한 정도만 자재를 구매한다. 운송에 아무런 문제가 없고 자재의 수급이 원활한 상태에서는 어떤 것이든 쌓아둘 필요가 없다. 원자재가 계획된 순서와 주문량에 맞추어 제날짜에 도착하기만 하면 곧바로 수송 차량에서 내려 생산 시설에 투입할 수 있다. … 이렇게 하면 많은 돈이 절약된다. 회전율이 빨라져 그만큼 자재에 묶이는 돈이 줄어들기 때문이다."

　세계 최초로 PC를 개발한 기업 중 하나로서 IBM은 PC 제조에 선구적으로 JIT 제조 시스템을 적용했다. IBM은 1985년 1월 광학 저장장치와 레이저 프린터, 인쇄회로기판 등을 제조하는 애리조나주 투손Tucson 공장에 CFM 프로그램을 도입하기 시작했다. 당시 인쇄회로기판의 자재 회전 주기는 17.5일이었지만, CFM이 완전 가동 상태에 도달한 1987년 12월에는 거의 절반으로 줄어들었다. 결과적으로 품질이 유의미하게 개선되었으며 공간 활용도 역시 100퍼센트 향상되었고 직원들의 사기도 21퍼센트 진작되었다.

생산 프로세스의 기반을 닦다

　쿡이 IBM에 들어가 제일 처음에 한 일은 JIT 방식의 복잡한 모든 내용을 속속들이 배우는 것이었다(그는 훗날 이 지식을 활용해 애플의 생산 프로세스 전반을 정비한다). 그에게 맡겨진 첫 번째 직무는 제품 조립라인에서 쓸 부품의 조달을 관리하는 일이었다. PC를 만들기에 충분한 부품이 공장에 항상 구비되어 있도록 관리하는 그 일은 생각보다 까다롭고 힘든 직무였다.

쿡은 제작되고 있는 모든 제품에 들어갈 정확한 수의 부품이 언제든 공장에 있도록 조처해야 했다. 항상 세세한 부분까지 파악해 정확성을 기해야 하는, 극심한 스트레스가 따르는 직무였다. 이 PC 사업단의 부품 조달 관리는 한마디로 복잡하고도 막중한 업무였다. "많은 수의 납품업체를 상대하면서 항상 적절한 부품 세트가 적시적기에 조달되도록 조처해야 했으니 정말 쉬운 일이 아니었지요." 리서치트라이앵글파크 공장의 부사장 겸 본부장이었던 리처드 도허티 Richard Daugherty의 설명이다. "그 일을 제대로 하지 못하면 제품을 제때 출하하지 못하거나 재고가 과도하게 쌓이는 사태가 벌어지는 겁니다. 두 가지 경우 모두 치명적 결과를 초래하니까 막중한 임무가 아닐 수 없지요. 내 기억으로는 팀 쿡이 가장 많이 맡아서 실력을 발휘한 직무가 바로 그것이었어요."

공장 관리자들은 모든 기록이 전산화되는 가운데 무엇이 어느 날 몇 시에 어디로 들어오는지 정확히 알아야 했다. 모든 내용을 면밀히 추적해 항상 공장에 적정 수의 재고만 있게 해야 했다는 얘기다. 당시 IBM이 6개월마다 새로운 PC를 출시하던 상황도 재고관리팀에 심각한 압박으로 작용했다. 도허티의 얘기를 더 들어보자. "일정에 차질이 생기면 쿡을 비롯해 몇몇 친구가 나서서 즉각적인 조치를 취했던 것으로 기억합니다." 얼마 지나지 않아 쿡은 맡겨진 직무를 탁월하게 수행하며 군계일학의 면모를 보이기 시작했다.

급이 다른 잠재력

IBM에 입사하고 2년 후, 쿡은 높은 잠재력을 지닌 사원으로 평가 받았다. IBM 내부에서는 이에 해당하는 인적 자원을 '하이포^HiPo(High Potential의 약어)'라 칭했다. 하이포 프로그램은 IBM에서 대단히 중요한 의미를 갖는 제도였다. 장차 회사의 리더로 성장할 인재에 대한 인사관리 시스템이었기 때문이다. 매년 공장의 상급 관리자들은 가장 유망한 젊은 직원 25명의 리스트를 작성하곤 했다. 성과와 책임감, 리더로서의 잠재력 등을 평가해 순위를 매긴 리스트였다. 쿡은 여기서 1위를 차지했다.

"내가 그를 나의 하이포 리스트에 1위로 올렸지요." 도허티의 말이다. "그래서 일찍부터 올스타 직원으로 주목받게 된 겁니다. 생각해보세요. 내가 그의 능력을 알아보고 1위에 올려놓은 게 얼마나 다행스러운 일이었는지. 덕분에 그는 윗선의 절대적인 신임을 받았지요." 그를 하이포 리스트에 들게 하고 나아가 IBM의 승진 사다리를 오르게 만든 것은 그가 고등학교와 대학 시절에 계발한 그의 노동 윤리 덕분이었다. PC 생산라인 관리자로서 한때 쿡의 상사였던 레이 메이스^Ray Mays 역시 쿡이 무리에서 단연 돋보였다는 데 동의하며 이렇게 말했다. "내 생각에 가장 인상적이었던 부분은… 그의 노동 윤리였어요. 언제 잠을 자는지 알 수가 없을 정도였으니까요. 한번은 그가 중국에 출장을 갔을 때였어요. 거기 시간으로 새벽 두세 시쯤에 내가 이메일을 보냈는데 5분도 안 돼서 답장이 오더라고요. 함께 일해본 직원 가운데 가장 영리한 친구였던 것으로 기억해요. 그의 모든 면모와 모든 행동이 주도면밀한 사고 끝에 나오는 것 같았어요."

IBM의 철학 중 하나가 외부 인사의 영입을 배제하고 내부 승진으로 간부직을 맡기는 것이었다. 따라서 인사고과에서 순위가 높은 직원에게 우선적으로 리더 역할을 준비할 기회가 주어졌다. 다른 부서로 순환 배치하거나 새로운 직무를 부여하는 방법을 통해 고성과자들이 사업 전반을 보다 폭넓게 경험하고 종합적인 사고를 키울 수 있도록 조치한 것이다. 메이스의 설명을 들어보자. "회사에서는 그런 친구들에게 번갈아 다른 임무를 맡기며 사업 전반에 대한 지식을 넓히게 만들었지요." 하이포 직원으로서 쿡은 제조부 관리자로 일하기도 했고 공장장의 보좌역을 수행하기도 했다.

쿡과 동료들은 공장을 관리하는 일과 함께 종종 공급업체를 방문해 점검하는 일도 했다. 그들이 품질 기준을 준수하고 있는지 혹은 제때에 납품할 수 있는지 등을 확인하는 업무였다. 그들은 공급업체들이 물류에 어려움을 겪고 있으면 기꺼이 돕기도 했다. "그런 출장을 마치고 돌아오면 누가 IBM의 공장 경영진에게 프레젠테이션하도록 뽑혔을까요?" 도허티의 말이다. "항상 쿡에게 보고 임무가 맡겨졌지요." 아테소도 같은 말을 했다. "누구든 그 친구를 보면 리더가 될 재목이라는 것을 알 수 있었어요. 사람을 다룰 줄 알았고 무리에서도 두드러졌어요. 동료들도 그를 높이 평가하는 분위기였고요."
학창 시절에는 항상 강인했지만 조용한 면모를 유지했던 그가 사회
생활에서는 리더로서 탁월함을 발휘하고 주변에서도 그것을 알아봤
다는 의미다. 리더의 자질을 타고난 쿡은 IBM에서 더욱 성장하는 한
편, 경영대학원에 등록해 학식과 기술을 두루 넓히며 실력을 키워나
갔다.

비즈니스 감각이 남다른 공학도

하이포에 해당하는 직원들은 추가적인 경영 리더십 수업을 받도
록 일정 기간 각지의 제휴 대학에 보내졌다. 하이포 직원이었던 메이
스 역시 뉴욕의 참스쿨Charm School(젊은이 대상 예의범절 교육기관 - 옮긴이)에
다녔다. "당시 뉴욕시에 있던 홍보부에서 나를 거기에 보내 일주일
동안 모든 행동거지와 말씨의 품격을 높이는 교육을 받게 한 거죠."
하지만 쿡은 그 이상을 원했고, 그래서 듀크대학 후쿠아경영대학
원의 야간반에 등록했다. 이후 18개월에 걸친 주경야독 끝에 1988
년 MBA(경영학 석사) 학위를 취득했다. MBA 과정을 밟겠다는 것은
쿡의 자발적인 아이디어였지만, 학비는 IBM에서 지불했다. "MBA를
따고 싶은데 회사의 지원 프로그램을 이용하지 않는다면 바보가 따

로 없는 거죠." 메이스의 설명이다. 그의 부인인 제니Jenny도 쿡과 같은 시기에 그 프로그램을 이용해 MBA 과정을 밟았다. 후쿠아경영대학원의 18개월 야간 경영자 코스는 쿡뿐만 아니라 직장 근무와 학업을 병행하던 모두에게 힘겨운 과정이었다. 메이스는 이렇게 말한다. "회사에서 하루 종일 일하고… 저녁 때 학교에 가서 서너 시간을 공부하는 거잖아요. 게다가 과제까지 해가야 하니까 힘들 수밖에요." 하지만 쿡에게는 충분히 가치 있는 고생이었다.

MBA 학위는 쿡이 IBM에서 경력을 발전시키는 데 큰 도움이 되었다. 회사에서 경영과 리더십 역량을 갖춘 엔지니어를 필요로 했기 때문이다. 2016년 유타테크투어Utah Tech Tour에 참가한 쿡은 그 시절 자신의 공학사 학위만으로는 충분치 않으리라는 것을 알았다고 했다. 엔지니어들도 도전할 가치가 있는 문제를 해결하기 위해 포괄적인 시각으로 경영 전문 지식을 보완할 필요가 있음을 알았다는 뜻이다. 물론 쿡은 MBA 과정을 밟으며 그런 시각을 키웠다. 쿡이 훗날 애플의 동료들에게 깊은 인상을 준 것 중 하나가 바로 특유의 비즈니스 감각과 지식이었다. 쿡의 동료 그레그 조스위악은 이렇게 말한다. "일머리가 탁월한 사람이에요. 잡스는 리더의 자질로 그 점을 중시했지요. 비즈니스 감각이 남달라야 한다! 잡스가 팀한테서 그 점을 본 겁니다."

기업이 '선한 힘'이 된다는 신념

쿡은 경영대학원에서 윤리 과목도 수강했다. 엔지니어가 윤리 과목을 수강하는 것은 흔치 않은 일이었지만, 쿡은 시야를 넓히고 엔지니어링과 비즈니스에 대한 보다 전체적인 시각을 개발하길 원했다. 그는 경력을 시작한 초기 시절부터 '기업이 세상을 이롭게 하는 선한 힘이 될 수 있다'는 개념에 관심을 가졌다. 이러한 그의 사고방식은 꽤 독특한 편에 속했다. 과학이나 기술 교육에 대부분 윤리 수업은 포함되지 않기 때문이다. 해당 업계는 언제나 전문적인 기술만을 강조했을 뿐, 사회적 기술에는 그다지 관심을 두지 않았다. 대형 기술 기업의 행위에 내포된 윤리적 속성이 오늘날 면밀한 조사의 대상이 되는 것과 달리, 당시에는 기업 윤리라는 것이 애매모호한 선을 넘나들던 시절이었다. 페이스북의 사생활 침해나 우버Uber의 직원 학대 등과 같은 기술 업계의 비윤리적 행태가 뜨거운 이슈로 부상한 것도 불과 얼마 전부터 일어난 일이다. 2016년에 들어서면서 실리콘밸리는 기술 업계의 속도 경쟁 행보와 결과를 고려하지 않은 파괴적 행태에 대한 엄청난 규모의 대중적 반발을 목도하기 시작했다.

기술 업계 전체의 윤리관이 도마 위에 오른 작금의 상황에서, 쿡의 애플이 견지하는 윤리적인 자세는 단연 돋보인다. "비즈니스에 종사하는 사람들은 대개 윤리에 대해 생각할 때 회계 부정이나 내부 거래 등을 떠올립니다. 하지만 제가 떠올리는 것은 그런 게 아닙니다."
2013년 듀크대학의 동창회 행사장 연단에 올라 그가 한 말이다. "저
는 모든 것을 접했을 때보다 더 낫게 만들어놓고 떠나는 것이 기업
윤리라고 생각합니다. 환경은 물론이고 노동 문제를 야기하는 공급
업체와 협력해 일하는 방식, 제품이 남기는 탄소 발자국(상품의 생산·
소비 과정에서 발생하는 이산화탄소의 총량), 지원하기로 선택한 대상, 직원
을 대하는 방식 등 모든 것이 여기에 해당합니다. 당신의 모든 페르
소나가 이 우산 아래에 들어가야 윤리적인 것입니다."

쿡은 윤리 수업을 받으면서 대부분의 업계 관계자와는 다른 관점
으로 비즈니스를 보게 되었다. 그는 환경을 돌보고 직원을 존중하
는 등의 방식에서 '모든 것을 접할 때보다 더 낫게 만들어놓고 떠난
다'라는 교훈을 배웠다. 그의 청소년기 신념이 그렇게 보강되어 훗날
CEO 재임 기간에 품질보증 마크가 된 것이다. 그는 IBM 시절에 장
차 수행할 리더 역할의 기반이 되는 초석을 다지기 시작했다. 여기에
는 동료와의 상호작용도 포함돼있었다.

IBM 시절의 사교 생활

다른 사람과 잘 어울리지 않고 거리를 두는 사람, 이것이 커밍아웃

한 쿡을 바라보는 세간의 인식이다. 하지만 도허티와 아데소는 IBM 시절 쿡은 전혀 그렇지 않았다고 입을 모은다. "나는 결코 그가 고독을 즐기는 유형이라고 생각하지 않습니다." 도허티의 말이다. "동료들과 협력해서 일하고 팀도 이끄는 사람이잖아요." 그는 종종 모든 사안의 중심에서 일했고, 일을 떠나서도 동료들과 잘 어울렸다. 특히 입사 동기와 하이포 직원들과의 친분이 두터웠다. 도허티는 말한다. "대개 입사 동기들끼리는 잘 어울려서 놀잖아요. 퇴근 후에 같이 술도 마시고… 쿡은 그 시절 남자 직원뿐 아니라 아주 친한 여자도 몇 명 있었어요. 그들과 종종 어울려서 맥주도 마시러 가고 그랬지요. 그런 면에서는 다른 직원들과 별다를 바 없는 친구였어요."

쿡은 이렇게 IBM 시절 매우 사교적이었고 유머 감각도 풍부했던 것으로 기억되고 있다. 다만 오늘날 그의 공적인 페르소나가 보다 신중하고 사려 깊게 표출되는 것뿐이다. 충분히 이해할 수 있는 부분이다. 그의 프레젠테이션과 인터뷰는 진지한 면모를 부각하는 경향이 있다. 그는 농담이나 허튼소리와는 거리가 먼 냉철한 인물로 통한다. 그러나 과거와 현재의 동료들은 그가 사적인 측면에서는 위트도 넘치고, 자신이 처한 곤경에서 유머를 찾아내는 자조의 센스도 탁월하다고 말한다. 다시 도허티의 회상이다. "매사에 신중하고 빈틈없고 열심히 일하는 스타일이었지만… 유머 감각도 훌륭했지요."

메이스는 이에 대해 약간은 다르게 기억한다. "사람들은 그와 함께 일하는 것을 좋아했어요. 어느 누구보다 똑똑했고 누구보다 긍정적이었으며 누구보다 열심히 일했으니까요." 모든 직원이 열심히 일했지만 생산라인이 중심을 이루던 환경이었기에 사교 문화에는 블루칼라식 분위기가 지배적이었다. 메이스의 얘기를 계속 들어보자. "당시는 낮에 빡세게 일하고 퇴근 후에는 밤새 퍼마시는 그런 종류의 사교 문화가 주를 이뤘거든요. 하지만 팀은 그런 밤 문화엔 끼지 않았어요. 그의 사교 생활에 대해서 드릴 말씀이 별로 없는 게, 내 기억으로는 그가 깨어 있는 대부분의 시간을 일하는 데 쓴 거 같거든요." 모든 사항을 고려하건대 쿡은 퇴근 후 소수의 친구들과 주로 어울렸고, 먹고 마시며 노는 것보다는 야근하는 모습을 자주 보였던 것 같다.

IBM 시절 가깝게 지내는 친구가 있었는데도 쿡은 개인적인 생활에서는 프라이버시를 유지했다. 당시 누구도 그가 게이라는 것을 알지 못했기에 하는 말이다. 아데소는 그가 성생활을 매우 사적으로 유지했다고 말한다. 보수적인 성향이 강한 노스캐롤라이나에서, 그리고 엄격한 복장 규정과 절차를 중시하던 IBM과 같은 조직에서는 어쨌거나 직원들이 자신의 게이 성향을 드러내는 게 일반적인 일은 아니었다.

"그의 성 지향성에 대해… 나는 전혀 몰랐어요." 아데소의 말이다. "그가 떠나고 좀 시간이 지난 후에 그와 함께 일했던 몇몇이 모여서 골프를 친 적이 있는데요. 이런저런 얘기 중에 그 내용이 나왔어요. … 근데 다들 별로 개의치 않더라고요. 모두 팀 쿡에 대해 좋게 생각했어요. 그 친구는 그런 내색을 하거나 그런 것과 관련해 옹호론을 펼친 적도 전혀 없었고요. 그 부분에 대해 매우 은밀한 자세를 취한 것이지요." 쿡은 사적인 삶은 철저히 사적으로만 유지하며 일에 집중했다. 이제 그는 커밍아웃을 했지만, 여전히 그 부분과 관련해서는 스포트라이트를 피해 개인적인 삶을 이끌어나가고 있다.

책임감으로 이루어낸 승진

IBM에서 재직하는 12년 동안 쿡은 몇 차례 승진해 PC 사업단에서 2단계 관리자를 거친 후 본사의 임원 자리에까지 오른다. IBM PC 사업단의 조직도에 따르면 현장 직원들은 1단계 관리자에게 보고하고, 그런 1단계 관리자 서너 명이 2단계 관리자에게 보고하도록 되어 있다. 3단계 관리자는 각 공장장에게 보고하고 공장장은 도허티와 같은 본부장에게 보고하는 체계다.

입사 8년 차에서 9년 차가 된 해의 크리스마스 휴가 시즌에는 쿡이 휴일 내내 공장의 책임자 역할을 수행한 적도 있다. 공장의 상급 관리자 대부분은 크리스마스에서 신년에 이르는 일주일 동안을 휴가로 쓰길 원한다. 하지만 그해는 연말까지 다량의 컴퓨터를 출하해야 하는 상황이었다. 도허티는 말했다. "최대한 서둘렀는데도 연말까지 맞춰야 할 할당량에 한참 모자랐지요. 내가 자리를 비우면 일주일 동안 생산이 중단되는 터라 매번 그랬듯이 대신 공장을 돌아가게 할 사람이 필요했어요. … 그때 팀이 자원해서 그 일주일 동안 정말 환상적으로 제조에서 선적까지 전체를 관리했어요. 아무런 문제 없이 할당량을 채운 겁니다. … 압박감이 만만치 않았을 텐데 훌륭하게 해냈어요."

12월에 급증한 수요를 맞추는 문제는 실로 쉬운 일이 아니었다. 레이 메이스는 말한다. "동원 가능한 모든 트레일러트럭으로 동부 해안에 있는 우리의 선착장까지 제품을 실어 날라서 선적해야 했습니다. 팀은 정오부터 자정까지 그곳에 나가서 선적이 제대로 이뤄지도록 관리 감독하곤 했지요. … 그 특유의 차분하고 침착한 자세로 모든 일을 잘 처리했어요. 부담감이나 스트레스가 만만치 않은 일이라 다른 사람은 대개 머리를 쥐어뜯고 미쳐 날뛰기 십상이거든요. 팀은 정말 성격이 온화하고 태도가 훌륭한 친구였어요."

경영진은 쿡의 노동 윤리에 대해 높이 평가했다. 하이포 직원 대다수와 마찬가지로 그는 결국 IBM의 본사로 자리를 옮긴다. IBM에서의 재직이 끝나갈 무렵, 그는 북미 지역의 고객주문 담당 책임자로 승진했다.

IE로 이직하다

쿡은 1994년 10월 10일까지 IBM에서 12년간 일한 후, 덴버^{Denver}에 있는 IE(인텔리전트일렉트로닉스)의 컴퓨터 전매 부문 COO직 제의를 받아들였다. 이 회사는 쿡이 합류하고 몇 년 후에 사라졌지만, 당시에는 마이크로컴퓨터^{Microcomputers}나 워크스테이션^{Workstations} 등과 같은 기술 제품의 선도적인 공급업체였다. 쿡이 자리를 옮겨 온전히 한 해를 일한 1995년, IE의 가치는 32억 달러에 달했다. 그렇게 쿡은 33세의 나이에 IE의 모든 제품과 서비스의 유통 책임자가 되었다.

그가 왜 IBM을 떠나 규모도 작고 지명도도 떨어지는 회사로 직장을 옮겼는지 그 이유는 명확하게 알려진 바 없다. 하지만 작은 연못에서 큰 물고기가 될 수 있으리라는 전망과 대폭 오른 연봉이 주요 요인으로 작용했을 가능성이 크다. IE가 1996년 증권거래위원회 Securities and Exchange Commission, SEC에 제출한 자료에 따르면, 1995년 쿡은 기본 연봉 25만 달러에 보너스 6만 7500달러, 스톡옵션 10만 주를 받았다. '대박'까진 아니더라도 '중박'은 충분히 되고도 남았다. "돈이 되니까 움직인 겁니다. 팀으로선 거부할 수 없는 제안이었지요." 메이스의 분석이다.

그러나 이직 후 모든 일이 순조롭게 전개되지는 않았다. IE에 재직하는 동안 쿡은 심각한 건강상의 위협에 직면했다. 1996년에 그는 피로와 욱신거림, 신체 동작의 조정력 상실을 경험하기 시작했다. 처음에 그의 증상은 다발성경화증으로 오진되었다. "의사가 이렇게 말했어요. '쿡 씨, 혹시 뇌졸중을 일으킨 적이 있나요? 아니면 다발성경화증입니다.'" 쿡이 오번대학 동문회 잡지와의 인터뷰에서 회상한 내용이다. 이 소식은 그로 하여금 '다른 방식으로 세상을 보게' 만들었다. 다발성경화증 연구기금을 마련하기 위해 그는 이틀 일정의 조지아주 자전거 횡단 기금 모금 행사 등에 참여하기 시작했다. 결국 그의 증상은 '엄청난 무게의 짐을 떠안고 일하던' 결과로 밝혀졌지만, 오늘날에도 그는 다발성경화증의 연구기금 행사에 적극적으로 동참하고 있다.

오진 사건 이후 쿡은 다시 본연의 모습으로 돌아와 IE의 주요한 변화에 따르는 핵심 업무를 수행했다. 그가 재직하는 동안 IE는 패커드벨Packard Bell과 새로운 유통 계약을 맺었고 새로운 가격 모델을 도입했으며, 운영을 간소화하는 한편 자사 유통망을 통해 애플 제품의 판매를 늘리고자 특별히 고안한 파워코PowerCorps 프로그램을 출범시켰다. IE의 매출은 1994회계연도에 21퍼센트 증가해 32억 달러에 이르렀고, 1995회계연도에는 다시 36억 달러로 증가했다. 회사는 몇 차례 소송에 휘말리면서도 꾸준히 성장세를 이어갔다. 대표적인 소송두 가지가 전직 직원이 제기한 부적절한 상행위에 관한 소송과 회사의 시장 관행에 대한 정보를 부당하게 감춰 주가 상승을 부추겼다는 혐의로 주주들에 의해 제기된 집단소송이었다. 1997년 쿡은 회사를

GE에 매각하자고 제안했고, IE는 1억 3600만 달러에 팔린다.

잡스의 눈길을 끈 컴팩에서의 활약

IE가 매각된 직후 쿡을 낚아챈 곳은 IE의 공급업체 중 한 곳이었던 컴팩Compaq이다. 쿡은 휴스턴Houston에 있는 그 회사의 자재 조달 담당 부사장직을 받아들였다. 당시 컴팩은 애플은 물론이고 심지어 IBM까지 제치며 세계 최대의 PC 제조사로 성장해, 논스톱 서버 제품군으로 유명한 탠덤컴퓨터Tandem Computers와 모뎀의 선도적 판매회사인 마이크로콤Microcom을 막 인수한 상태였다.

1997년 2월 컴팩은 자사 최초의 1000달러짜리 이하 데스크톱인 프레사리오2000Presario2000 시리즈를 출시했다. 그때까지 PC를 가져본 적이 없는 60퍼센트의 미국 가정을 대상으로 한 보급형 제품이었다. 윈도 95를 탑재한 이 초보자용 컴퓨터는 컴팩의 입장에서는 일종의 도박이었다. 친숙한 인텔 칩 대신 사이릭스코퍼레이션Cyrix Corporation이라는 스타트업의 색다르고 저렴한 미디어GX 프로세서를 선택했기 때문이다. 지금도 그렇지만 인텔 칩은 당시 대부분의 PC에서 표준으로 통했다. 사이릭스 칩은 그때까지 알려진 바 없는 회사에서 나온 제품이라 리스크가 따를 수밖에 없었다. 하지만 이 도박은 크게 성공했다. 컴팩은 프레사리오2000 제품군 덕분에 큰 이익을 거두며 1997년 직원을 3만 2000명까지 늘리고 18억 6000만 달러에 달하는 이익을 올렸다.

미디어GX 프로세서는 '컴퓨터 가격의 합리화'라는 트렌드를 촉발시키며 보다 많은 컴퓨터가 가정에 보급되도록 했다. 이에 자극을 받은 인텔도 1998년 4월 셀레론Celeron이라는 이름의 저렴한 중앙처리장치Central Processing Unit, CPU 브랜드를 출범시켰고, 또 다른 기술 기업인 AMD(어드밴스트마이크로디바이스) 역시 이들을 따라 더 저렴한 칩을 출시했다. 결과적으로 PC 가격은 꾸준히 하락했고, 애플은 끔찍한 결과를 맞게 되었다. PC는 점점 저렴해지는데 애플의 컴퓨터는 그렇지 않았던 탓에 막대한 재고로 심각한 곤경에 빠진 것이다.

컴팩에서 근무한 6개월이라는 짧은 기간 동안 쿡은 JIT의 또 다른 파생물인 주문생산Build To Order, BTO 제조 모델의 도입을 도왔다. 컴팩에서는 거기에 '유통 최적화 모델Optimized Distribution Model, ODM'이라는 이름을 붙였다. 수요를 예상해 제품을 제조한 뒤 쌓아두던 기존의 방식에서 벗어나, 주문이 접수된 후 제품을 제조해 곧바로 유통시키는 방식으로 전환한 것이다. 델Dell이나 게이트웨이Gateway 같은 경쟁사에서는 이미 채택해 실행하고 있던 모델이었다. 컴팩은 ODM의 도입으로 보다 융통성 있게 제도를 운영하면서 낭비를 줄였다. 그와 동시에 회사는 수요에 빠르고 비용효율적으로 대처하기 위해 공급업체를 보다 효과적으로 관리해야 했다. 당시 컴팩의 CEO였던 에커드 파이퍼

Eckhard Pfeiffer는 이렇게 말했다. "우리가 업계 전체에 충격파를 던지는 겁니다. 이 새로운 모델은 컴팩 제품의 설계와 제조, 유통, 주문, 서비스, 업그레이드 등은 물론이고 우리가 고객과 관계를 맺는 방식, 전매 파트너들과 일하는 방식도 새롭게 변모시킬 겁니다."

컴팩은 효율성을 높이고 생산 비용을 획기적으로 낮추도록 돕는 ODM 방식으로 1997년 가을 가장 인기 있는 일부 컴퓨터의 가격을 낮출 수 있었다. 몇 달 후인 1998년 2월 컴팩이 데스크프로Deskpro 제품군의 전체 가격을 18퍼센트까지 인하하자, IBM과 델을 비롯해 여타 업체에서도 제품의 가격을 낮출 수밖에 없었다. "ODM을 지속적으로 가다듬어 효율성을 높인 덕분에 이제 우리는 데스크프로 플랫폼 전체에 선도적인 기술을 적용하고, 보다 높은 가치를 제공할 수 있게 되었습니다." 당시 PC 제품 담당 부사장이자 그룹 총괄 본부장이던 마이클 윙클러Michael Winkler의 말이다.

컴팩은 또한 ODM을 통해 제조 파트너들에 재고 비용을 이전할 수 있었다. 제조 파트너는 주문을 접수한 후에만 완성 제품을 배송할 수 있었기 때문이다. 덕분에 컴팩은 팔려나갈 때까지 오랜 시간 제품을 쌓아둬야 하는 대형 창고를 더 이상 필요로 하지 않게 되었다. 피터 초Peter C. Y. Chow와 베이츠 길Bates Gill은 공저 『폭풍우를 헤치며Weathering the Storm』에서 컴팩이 그렇게 절약한 돈을 보다 나은 용도에 사용했다고 설명했다. "ODM을 채택함으로써 컴팩은 연구 개발과 마케팅 같은 핵심 역량에 집중하고, 가치사슬의 나머지는 대만의 하청업체와 각지의 판매회사들에 맡길 수 있게 되었다." 쿡은 나중에 본질적으로 이와 동일한 모델을 애플에 도입한다.

쿡은 컴팩의 ODM 채택 과정에서 중요한 역할을 수행했으며, 그런 그의 노력은 얼마 지나지 않아 잡스의 레이더에 포착되었다. 쿡은 컴팩과 위탁생산업체들 사이에서 중재자로 뛰며 ODM 체계로의 전환을 성공시켰다. 당시 애플은 자사의 혼란스러운 제조 공정을 정비해야 할 절박한 상황에 놓여 있었다. 잡스는 솔루션을 찾기 시작했고 얼마 후 그 일에 딱 맞는 인물을 발견했다. "팀 쿡은 조달 업무에 빠삭했지요. 그것이 당시 우리가 필요로 하던 적합한 배경이었어요." 잡스가 훗날 월터 아이작슨을 만나 회상한 내용이다. "나는 그가 나와 같은 방식으로 상황을 보는 인물임을 알 수 있었지요. 나 역시 전에 일본을 방문해서 JIT 공장을 둘러보고 매킨토시를 개발할 때와 넥스트NeXT에서 일할 때 그런 시스템을 구축해본 적이 있었거든요. 내가 원하는 게 무엇인지 잘 알았기에 팀을 만났지요. 대화를 해보니 그 친구도 나와 생각이 같더군요." 성격이 판이한 두 리더가 그렇게 JIT 제조 시스템으로 하나가 된 것이다.

쿡은 컴팩에 있는 동안 사람들과 잘 어울리지 않았지만, IBM 시절과 마찬가지로 그를 싫어하는 동료는 거의 없었다. 그는 휴스턴 교외 지역에 가정을 꾸려 정착하던 대부분의 동료와 달리 시내에서 혼자 살았다. 어쨌든 주변 사람들이 그를 진정으로 알 기회를 갖기도 전에 쿡은 컴팩의 안전하고 보장된 일자리를 떠나 애플에 합류한다. 그리고 그곳에서 그동안 습득한 모든 기술과 지식을 총동원해 애플의 컴퓨터 제조와 판매 방식을 완전히 새롭게 정비한다.

4장

파산 직전 회사에서 맞이한 일생일대의 기회

망망대해 위 다시 키를 쥔 잡스

1998년 3월 11일 쿡이 합류할 당시 애플은 많은 사람이 일하고 싶어 하던 직장이 아니었다. 회사는 파산 직전에 이르렀고, 더불어 직원들의 사기도 바닥을 기고 있었다.

당시는 스티브 잡스가 임시 CEO, 즉 'iCEO'로 애플에 복귀한 지 얼마 지나지 않은 시점으로(그는 2000년에 직위에서 '임시'를 떼어낸다), 그의 복귀로 인해 낙관적인 전망을 가질 이유는 생겼지만 아직 그는 어떤 것도 팔지 못하고 있었다. 당시 애플에서 나온 유일하게 훌륭한 것은 그 유명한 광고 캠페인 '다르게 생각하라Think Different'뿐이었다. 애플의 고객과 수익이 추풍낙엽처럼 떨어져나가는 가운데, 잡스는 사내에서 죽은 나무를 제거하고 변화를 꾀하며 바삐 움직였다.

애플의 몰락은 실로 급속히 진행되었다. 불과 4년 전만 해도 컴퓨터 업계에서 2위를 달리며 IBM을 바짝 추격하던 회사였다. 1980년 대 중반에 태동한 데스크톱 출판 혁명을 주도하며 돈을 긁어모았던 것이다. 다채로운 서체와 다양한 편집 기능을 갖추고, 나아가 사용하기도 쉬운 매킨토시는 출판사와 잡지사, 신문사 등 출판업계 전반에 날개 돋친 듯 팔려나갔다. 활자와 사진식자에 의존하던 기존의 출판 방식에 혁명적인 변화를 일으키면서 말이다. 이 덕분에 애플은 캘리포니아주와 아일랜드, 싱가포르에 있는 3개의 초대형 공장을 하루 24시간 연중무휴로 가동시키며 미국과 유럽, 아시아 시장에 제품을 실어 날랐다. 직원 수는 1만 3000명이 넘었고 연매출은 90억 달러 이상에 달했다.

문제는 1995년 8월 24일 마이크로소프트가 윈도 95를 출시하면서 시작되었다. IBM과 호환되는 PC를 위한 OS(운영체계)인 윈도 95는 컴퓨팅 세계에 가히 충격적인 지각 변동을 일으켰다. 사실상 맥OS를 노골적으로 베낀 아류에 불과했지만, 델과 컴팩, 게이트웨이 등의 저렴한 IBM 클론 제품들을 유저 친화적으로 만드는 장점을 지니고 있었다. 윈도 95는 출시 첫해에만 4000만 카피가 팔려나가며 마이크로소프트에 엄청난 성공을 안겨주었다. 윈도를 탑재한 PC는 애플의 기계만큼 광이 나진 않았지만, 가격이 비교도 할 수 없을 만큼 저렴했다. 날개 돋친 듯 팔려나가는 컴퓨터는 이제 애플 제품이 아니었다.

애플은 즉각적으로 타격을 입었다. 1995년 4억 달러가 넘는 이익을 기록하던 회사는 1996년 일사분기에 6900만 달러의 손실을 보고했다. 그리고 이사분기에는 손실이 엄청나게 불어나 7억 달러에 이르렀다. 그때까지 실리콘밸리 역사상 한 분기에 기록된 최대의 손실이었다. 그 결과 애플은 직원을 정리 해고하며 불운한 CEO 마이클 스핀들러Michael Spindler를 내보낼 수밖에 없었다. 이어서 CEO로 영입한 인물은 '회생경영의 귀재'로 명성을 날리던 길버트 아멜리오 Gilbert Amelio 박사였다. 당연히 회사를 살릴 거라는 기대감이 그를 향했다. 하지만 애플의 내리막길은 계속 이어졌다. 이후 18개월 동안 애플의 컴퓨팅 시장점유율은 10퍼센트에서 3퍼센트로 축소되며 활기 없는 수준으로 떨어졌다. 주가도 곤두박질쳤다. 아멜리오가 재임한 18개월간 애플은 도합 16억 달러의 손실을 기록했다. 이제 남은 과정은 청산 절차를 밟는 것밖에 없어 보일 정도였다. 그러나 그런 아멜리오도 한 가지만은 제대로 했으니, 바로 당시 잡스의 회사 넥스트를 4억 달러에 인수하며 그를 다시 애플로 불러들인 일이었다. 애초에 애플이 넥스트를 인수한 목적은 그 회사의 차세대 OS를 손에 넣기 위해서였다. 잡스를 불러들인 이유도 처음에는 아멜리오의 자문역을 맡기고자 함이었다. 하지만 잡스는 곧 아멜리오를 축출하는 작업에 들어갔다. 결국 잡스는 오래전 그가 공동창업한 회사에 돌아와 달라는 이사회의 요청을 받아들이면서 스스로 직함을 iCEO로 정하고 애플에 복귀했다.

잡스는 애플을 살리기 위해 더 이상 깎아낼 수 없는 수준까지 회사의 군살을 제거해야 했다. 아멜리오가 정반대로 회사를 움직이고 있었기에 더더욱 그랬다. 아멜리오는 시장에 나온 각양각색의 저렴한 윈도 PC에 대항하기 위하여 애플의 제품라인을 서로 다른 40여 개의 모델로 확대했다. 파워맥Power Mac, 파워북Power Book, 쿼드라Quadra, 퍼포마Performa라는 네 가지 주요 제품라인을 다시 수십 개의 각기 다른 모델로 쪼갠 것이다. 고객들은 각각의 모델이 서로 어떻게 다른지 쉽사리 알아챌 수 없었다. 게다가 퍼포마 5400CD, 퍼포마 5400/160, 퍼포마 5400/180(DE) 등과 같은 이해할 수 없는 모델명을 달고 있어 혼란만 가중시켰다. 회사는 정교하게 만든 흐름도를 제시하며 고객의 결정을 유도하는 방법에만 의존하고 있었다. 이러한 상황에 대해 잡스는 이렇게 말했다. "나도 뭐가 뭔지 모르겠는데… 우리의 고객들이 어떻게 이해한단 말이오?" 모든 요점이 담긴 지적이었다.

잡스는 초기 포켓용 컴퓨터 중 하나인 뉴턴Newton을 비롯해 이익이 나지 않는 제품라인을 차례로 없앴다. 그러고는 해당 제품을 전담한 엔지니어링팀과 마케팅팀을 해체하고 팀원 상당수를 집으로 돌려보냈다(물론 최상의 팀원들은 남겨 다른 프로젝트에 재배치됐다). 그리고 애플이 수년 전 다른 제조사들과 맺었던 맥 OS 라이선스 계약도 모두 폐기하는 절차를 밟았다. 그것 때문에 맥의 클론 제품이 속출하며 재난과 같은 상황이 연출되고 있던 터였다.

또한 잡스는 애플의 제품을 단 네 가지 모델로 한정하는, 그 유명한 조치도 단행했다. 이제 애플은 일반용 데스크톱과 전문가용 데스크톱, 일반용 노트북과 전문가용 노트북, 이렇게 네 가지 모델만 만들어 팔겠다는 선언이었다. 그는 화이트보드에 가로와 세로 각 두 칸으로 구성된 간단한 사분면을 그려놓고 자신의 계획을 설명했다. 애플 이사회 임원들은 뼈대만 남긴다는 그의 계획에 아연실색했다. 경쟁사들은 수십 종에 달하는 제품을 출시하고 있는 마당에 잡스의 전략은 애플의 모든 달걀을 고작 네 바구니에 나눠 담겠다는 의미였기 때문이다. 그 네 가지 컴퓨터 중 어느 한 가지라도 실패하는 날에는 회사 전체가 무너질지도 모르는 판국이었다. 임원 중 한 명은 그의 계획에 자살행위나 마찬가지라는 반응을 보였다.

애플을 탈바꿈시키겠다는 잡스의 열정은 광기에 가까웠다. 팰로 앨토의 이웃 주민들은 야밤에 산책이나 조깅을 하며 잡스의 집 앞을 지날 때마다 거의 예외 없이 불 켜진 창을 통해 그가 컴퓨터 앞에 앉아 열심히 자판을 두드리는 모습을 볼 수 있었다. 애플에 복귀할 무렵, 잡스는 두어 해 전 성공적으로 이뤄진 픽사Pixar의 IPO 덕분에 억만장자가 되어 있었다. 하지만 스스로 입증해야 할 것 또한 많은 상태였다. 일단 그는 10여 년 전 자신을 내쫓은 회사에 돌아가야 했다. 게다가 1990년대 기술 관련 매체들은 상당 기간 그의 실패에 초점을 맞추며 그를 일회성 성공을 향유한 후 사라진 인물, 즉 '원히트원더One Hit Wonder'의 대표 사례로 포장해놓았다. 특히 넥스트에 쏟은 그의 노력이 그가 바라던 상업적 성과로 이어지지 않았던 탓에 더욱 그랬다. 잡스는 애플에 들어가 그런 인식을 바꿔놓을 필요가 있었다. 그리고 그는 실로 그 뜻을 이루기 위해 부단히 노력했다.

잡스가 돌아와 CEO 자리에 앉은 직후, 한 짓궂은 직원이 잡스가 보내는 형식을 취해 사내에 가짜 이메일을 돌렸다. "애플의 직원들이 게을러서 현 상황이 초래된 측면도 있다"라는 잡스의 견해를 패러디한 장난질이었다. 그 이메일에는 "여러분은 앞으로 물값을 내고 사내의 음용수대를 이용해야 하며 여덟 시간 근무를 하면서 소비하는 산소에 대한 비용은 급여에서 차감될 것"이라는 내용이 담겨 있었다. 잡스는 가짜 이메일이 돌고 채 30분이 지나지 않아 진짜 이메일을 전 직원에게 발송했다. "저도 웃고 즐기는 일이라면 어느 누구 못지않게 좋아합니다. 하지만 우리는 지금 회사를 더 나은 곳으로 이끌기 위해 미래에 집중할 필요가 있습니다. 건투를 빕니다. 스티브." 첫 번째 이메일을 보낸 그 짓궂은 직원은 짐을 꾸려야 했다.

잡스는 애플의 문화를 속속들이 바꿔놓으려 애썼다. 하지만 세세한 부분까지 일일이 간섭하며 회사를 개혁하려는 그의 방식은 종종 교만으로 비쳤다. 일부 직원은 잡스가 자신의 생활 방식까지 모두에게 강요한다고 인식했다. 직원들은 녹초가 될 때까지 일할 것으로 기대되었고, 원인피니트루프One Infinite Loop 캠퍼스(쿠퍼티노에 위치한 애플컴퓨터 본사)는 전체 금연 구역으로 지정되었으며, 두부 위주로 구성된 의심할 나위 없는 잡스 스타일의 식단이 구내식당에 정기적으로 등장하기 시작했다.

잡스는 애플의 제품을 단순화하고 사내 문화를 바꾸는 것과 동시에 사업 운영 부문의 정비와 효율성 강화가 앞으로의 성공을 위한 핵심 과제임을 깨달았다. 그동안 제조 관리 부문에서 계속 문제가 발생해왔다는 사실을 제대로 인식하고 있던 것이다. 애플은 심지어 새로운 컴퓨터를 출시할 때마다 수요를 제대로 예측하지 못해 곤경에 빠지곤 했다. 대표적인 두 가지 경우만 짚고 넘어가보자. 1993년 애플은 파워북 랩톱을 출시하며 인기를 끌 것으로 예상했다. 이에 대비해 제품을 넉넉히 준비해두었지만, 예상과 다른 실적에 재고가 과도하게 쌓이는 몸살을 앓았다. 그보다 더 처참한 일은 1995년에 발생했다. 자사의 차세대 파워맥에 대한 수요를 부적절할 정도로 너무 적게 잡아 보수적으로 생산 주문을 넣은 것이다. 그 결과 공급망의 유연성을 충분히 확보하지 못했고, 최종적으로 제때 고객에게 제품을 제공하지 못했다.

새로운 1995 파워맥에 대한 고객들의 선주문은 인상적이었다. 고객의 책상에 단 한 대도 놓여 있지 않은 상태에서 15만 대에 달하는 매출이 이루어졌다. 그 기계는 고객뿐 아니라 비평가들에게도 찬사를 받으며 히트를 쳤다. 업계 전문잡지 《맥월드Macworld》는 파워맥 6100/60에 별 4개 평점을 부여하며 이렇게 묘사했다. "8년 전 애플이 인텔의 80386 CPU를 탑재한 PC들에 빼앗겼던 성능 면의 우위를 마침내 되찾았을 뿐 아니라 한참 앞선 자리까지 차지하게 되었다." 윈도 95가 PC 시장을 휩쓸기 시작한 바로 그해의 일이라, 맥이 경쟁 상대를 물리칠 수 있다는 분석은 고군분투하던 애플에 희소식이 아닐 수 없었다. 판매 역시 인상적으로 전개되었다. 출시 첫해에 파워맥은 멀티미디어 PC 시장에서 베스트셀러 1위를 달성했다. 3월부터 시작해 12개월 동안 120만 대의 파워맥이 팔린 것이다. 《샌프란시스코크로니클San Francisco Chronicle》은 새로운 제품라인의 '대성공적인 첫해'라고 특필했다.

하지만 애플은 파워맥을 훨씬 더 많이 팔았어야 마땅했다. 열악한 예측력 때문에 생산이 수요를 따르지 못했고, 고객들은 종종 제품을 손에 넣기까지 두어 달을 기다려야 했다. 비즈니스 전문학자인 로버트 핸드필드Robert B. Handfield와 어니스트 니컬스Ernest L. Nichols는 공동 집필한 책 『공급망 재설계Supply Chain Redesign』에서 그 문제를 이렇게 설명했다. "애플은 모뎀과 맞춤형 칩 같은 주요 부품을 때맞춰 수급할 수 없었다. 결과적으로 제품에 대한 수요를 충분히 이용할 기회를 놓치고 말았다." 애플로서는 사상 최악의 해가 아닐 수 없었다. 될 수 있는 대로 많이 팔아야 할 절박한 시기에 필요한 재고량을 맞추지 못해 시스템에 기록된 '주문 미처리'로만 결손금이 10억 달러에 달했다. 업계 전문지 《서플라이체인다이제스트Supply Chain Digest》는 이를 '사상 최대의 공급망 재난'이라고 기록했다.

당시 애플은 자사 제품의 부품 상당수에 '맞춤 설계 방식'을 고집하고 있었다. 또한 그런 부품은 단일 공급업체로 아웃소싱하는 원칙을 준수했다. 일이 순조롭게만 진행된다면 맞춤 설계 방식은 기술 기업에 큰 이익이 될 수 있다. 그런 고성능 맞춤 부품은 경쟁사들이 쉽게 손에 넣을 수 없을뿐더러 쉽게 베끼지도 못하기 때문이다(오늘날에도 애플은 정확히 같은 이유로 자체 설계 칩 등과 같은 맞춤형 부품에 대한 투자를 늘리고 있다). 하지만 이 방식에는 유연성이 떨어진다는 불리한 면도 따른다. 사전에 주문 수량을 적절히 추산하지 못하면 재난과도 같은 결과를 초래할 수 있다. 핸드필드와 니컬스가 책에서 밝혔듯이 파워맥의 수요는 25퍼센트나 증가했지만, 애플의 경영진은 고작 15퍼센트의 증가를 예측했다. 그 10퍼센트의 차이가 단순히 '기다리기 싫어하는' 고객들을 멀어지게 만든 것이다.

투자자들이 애플의 실수를 깨달음과 동시에 주가는 곤두박질쳤다. 당시 애플의 CEO였던 마이클 스핀들러는 런던 출장길에 이루어진 기자 간담회를 통해 파워맥의 판매를 '다소 소심하게' 예상했음을 인정했다. 그러면서 결과적으로는 "약간의 돈을 거두지 못한 것이 사실"이라고 덧붙였다. 주가가 8퍼센트나 빠져 주당 35달러가 된 마당에 이런 식의 지나치게 절제된 인정은 책임 회피나 다름없었다. 결국 스핀들러는 1996년 초 애플의 CEO 자리에서 쫓겨났다.《샌프란시스코크로니클》은 이 대실패를 설명하면서 이렇게 적었다. "투자자들은 이런 종류의 일이 발생하는 것을 끔찍이 싫어한다. 인기 제품을 내놓고도 소비자의 손에 쥐어주지 못하는 것보다 더 멍청한 행태는 없다." 애플은 분명 이 교훈을 고생스럽게 배웠을 것이다. 1997년 잡스가 애플로 돌아왔을 때 그는 같은 실수를 절대 반복하지 않겠다고 다짐했다. 그래서 사업 운영의 모든 측면에 개혁의 칼을 들이대기 시작한 것이다.

1997년 당시 애플은 캘리포니아주 새크라멘토Sacramento와 아일랜드의 코크Cork, 그리고 싱가포르에 공장을 두고 있었다. 이론적으로는 이 세 공장이 동일한 머더보드Motherboard(주회로기판)를 생산하고 동일한 애플 제품을 조립해 각자의 시장, 즉 미국과 유럽, 아시아에서 판매하면 되는 것이었다. 그러나 실제로는 그렇게 깔끔하게 돌아가지 못했다. 어떤 경우에는 파워북과 같은 제품이 일부 싱가포르에서 조립된 뒤 코크로 보내져 2단계 조립 단계를 밟았고, 다시 최종 조립을 위해 싱가포르로 옮겨졌다가 판매 단계에서는 미국으로 보내지기도 했다. 한마디로 엉망진창이었다.

시간과 돈을 절약하기 위해 점차 애플은 제조의 단계를 한국이나 중국 같은 나라에도 아웃소싱하기 시작했다. 이것은 중대한 변화였다. 회사 설립 이래 제조 공장을 직접 운영하는 일은 애플의 정체성을 구성하는 핵심 요소였다. 잡스는 하드웨어와 소프트웨어, 두 가지 모두를 철저한 통제권 아래에 두는 것을 좋아했다. 제조 공장을 자체적으로 운영하는 것이야말로 그러한 통제권을 유지하는 데 필수였다. 잡스는 회사의 핵심 부분을 아웃소싱한다는 아이디어에 펄쩍 뛸 인물이었다. 그는 늘 공장에 매료되곤 했으며 두 차례에 걸쳐 최신식 JIT 조립 시설을 구축해 긍정적인 결과와 부정적인 결과를 모두 맛본 바 있었다. 그렇게 끝과 끝을 잇는 철두철미한 통제에 집착하는 잡스였지만, 이제는 효율성을 위해 기꺼이 타협할 준비가 되어 있었다. 애플은 1996년 처음으로 콜로라도주 파운틴Fountain에 있던 회로기판 공장을 SCI에 매각하면서 회로기판 제작을 SCI에 아웃소싱하는 계약을 맺었다. 1년 후에는 네덜란드의 회로기판 공장을 냇스틸일렉트로닉스NatSteel Electronics라는 전자제품 하청업체에 매각하고 마찬가지의 아웃소싱 계약을 맺었으며, 쿡이 합류한 1998년에는 파워북의 생산을 대만의 전자제품 하청업체인 쿠안타Quanta에 아웃소싱했다. 여기까지는 시작에 불과했다. 쿡이 다음 몇 년에 걸쳐 아웃소싱 프로세스를 가속화했기 때문이다.

기꺼이 아웃소싱을 단행하고 경영수지를 개선하고자 애쓰는 잡스의 태도는 그를 대차대조표의 흑자보다 '우주에 흠집을 남기는 데' 더 관심이 많은 충동적인 젊은이로 기억하던 많은 사람에게 깊은 인상을 주었다. "경영자가 된 겁니다. 경영자는 기업가나 선지자와는 다른 것이지요. 그의 그런 변화가 나를 놀라고도 기쁘게 만들었어요." 당시 애플 이사회의 의장으로서 잡스의 애플 복귀를 도운 에드 울러드Ed Woolard의 말이다.

잡스는 넥스트와 픽사의 소유주 및 CEO로 활동해온 10년 사이, 애플에 몸담았던 20대 때와는 비교할 수 없을 정도로 효율적이고 실용적인 경영자로 변모해 있었다. 그런데도 그는 여전히 도움을 필요로 했다. 특히 사업 운영 측면의 개혁을 믿고 맡겨 애플을 다시 승자로 만들어줄 인재가 필요했다. 잡스는 그런 인물을 자신이 넥스트에서 데려온 간부들이나 애플에 남아 있던 간부들로 구성된 기존의 참모진에서 찾을 수 없다고 결론지었다. 또한 그러한 적임자가 외부에서 쉽게 발견되지도 않았다. 운영의 책임자로 처음 고용된 인물은 마찰을 피하지 않는 잡스의 스타일을 견디지 못하고 두어 달 만에 그만두었다. 하지만 잡스는 곧바로 후임을 앉히지 않고 자신이 직접 운영 업무를 수행했다. 그 자리에 '구시대적인 제조 관리자'를 고용하는 우를 피하기 위해서였다.

그는 델 컴퓨터의 CEO인 마이클 델Michael Dell과 같은 수준의 전문적인 지식을 갖춘 인물을 원했다. 1997년 델은 만약 자신에게 애플의 경영권을 준다면 "회사의 문을 닫고 주주들에게 돈을 돌려주겠다"라는 재담으로 세간의 주목을 받은 바 있다. 잡스는 그의 '무례한' 촌평을 공개적으로 나무랐지만, JIT 생산 및 공급망을 구축한 그의 능력만큼은 높이 평가했다. 그러나 그런 전문성을 갖춘 후보자는 인력 시장에서 그리 흔치 않았다. 애플이 직접 쿡에게 접근한 것도 바로 이 시점이었다.

쿡과 잡스의 운명적 만남

당시 팀 쿡은 이미 애플의 인재 영입 관계자들의 요청을 수차례

거절한 상태였다. 하지만 그들의 끈질긴 시도에 최소한 스티브 잡스만큼은 한 번 만나보기로 결심한다. "어쨌든 스티브는 내가 속한 업계를 창출한 인물이 아닙니까." 쿡이 2014년 찰리 로즈와의 인터뷰에서 밝힌 내용이다. "나는 그를 만나보고 싶었습니다." 쿡은 컴팩에서 만족스러운 나날을 보내고 있었다. 그러나 그는 잡스와 만난 자리에서 그의 신선하고 흥미로운 관점에 빠져들었다. "스티브는 실로 다른 무언가를 추진하고 있었지요." 쿡의 회상이다. 쿡은 첫 만남에서부터 잡스가 꿈꾸던 애플에 대한 전략과 비전에 귀를 기울이며, 자신도 그의 사명에 동참해 가치 있는 기여를 할 수 있겠다는 생각을 했다. '그럴 수 있다'는 잡스의 권유에 그 자리에서 설복당한 셈이다. 잡스는 곧 컴퓨팅 세계를 뒤흔들 제품에 대해 설명하며, 특히 디자인 개념이 기존의 그 어떤 컴퓨터와도 다르다고 강조했다. 그 제품이 바로 1998년 출시되며 엄청난 성공을 거둔 아이맥 G3였다. 디자이너 조너선 아이브를 유명인 반열에 올려놓은, 그 다채로운 색상의 둥글 납작한 매킨토시 데스크톱 말이다. 쿡은 실로 흥미가 동했다. "그는 내게 디자인에 대해 그리 많은 이야기를 하진 않았지만, 나의 관심을 끌기에는 충분했지요. 나중에 알고 보니 그게 바로 아이맥이더군요." 미팅을 마치자마자 쿡은 잡스와 같은 실리콘밸리의 전설과 함께 일하게 되는 것이 '일생일대의 특권'이라고 확신했다.

그의 마음 한구석에는 의구심이 일기도 했지만 잡스의 제의를 거절할 만큼 강력하지는 않았다. "순전히 이성적으로 비용 대비 편익을 따져보면 컴팩에 머물러 있는 게 백번 옳았습니다. 게다가 저를 잘 아는 사람 모두가 그냥 컴팩에 충실하라고 조언하는 상황이었고요." 쿡은 2010년 오번대학 졸업식 연설에서 이렇게 밝혔다. "제가 조언을 구한 한 CEO는 펄쩍 뛰면서 만약 컴팩을 떠나 애플에 들어간다면 바보 중에서도 상바보가 되는 것이라고 말했습니다." 쿡은 찰리 로즈와의 인터뷰에서도 "그렇게 하라고 권한 사람은 말 그대로 주변에 단 한 명도 없었노라"라고 재차 인정했다.

하지만 그는 이미 잡스에게 설득당한 상태였다. 그는 애플의 일자리를 거부하는 것이 곧 특별한 무언가의 일부가 되는 기회를 내팽개치는 일이라고 느꼈다. "무리를 따르는 것은 좋은 게 아니라는 것, 그것이야말로 가급적 피해야 할 끔찍한 짓거리라는 게 나의 평소 지론이었지요." 쿡의 회상이다. "그가 말하는 방식, 그와 나 둘만 앉은 방안에서 형성된 모종의 케미, 그런 걸 느끼면서 이 사람이라면 함께 일할 수 있겠다는 걸 알았지요. 당시 애플에 쌓여 있던 문제점들을 보며 내가 기여할 부분이 있겠다는 생각부터 들었습니다. 그래서 불현듯 '한번 해보자' 이런 마음이 든 겁니다. 그땐 젊은 나이였으니까요. 따지고 보면 말도 안 되는 일이었지만 나의 직감은 '부딪쳐보라'고 말하고 있었어요. 나는 직감을 따르기로 했습니다."

쿡은 본래 분석적 사고의 소유자였을지 모르지만 잡스의 열정과 오라는 처음부터 매료되기에 충분했다. "첫 면접 자리에서 나는 채 5분도 지나지 않아 경계심이나 논리 따위는 바람에 날려 보내고 애플에 합류하고픈 마음에 휩싸였지요." 쿡의 말이다. "나는 직감적으로 애플에 합류하는 것이 창의적인 천재와 일할 수 있는 일생일대의 기회라는 것을 알았어요." 그의 직감은 더 이상 정확할 수 없었다. 2010년 오번대학 졸업식 연설에서 그는 말했다. "애플에서 일하는 것은 제 스스로 짜보았던 어떤 계획에도 들어 있지 않았습니다. 하지만 그것은 의심할 여지 없이 제가 내린 최고의 결정이었습니다."

조달 업무에 잔뼈가 굵었던 쿡은 당시 애플에 최고로 적합한 사람이었다. 개인적으로 잡스에게도 아주 잘 어울렸다. 쿡을 만나자마자 잡스는 제조를 보는 둘의 눈이 일치한다는 사실을 즉각적으로 알아차렸다. "우리는 서로 시각이 같아서 고도로 전략적인 수준에서 상호작용할 수 있었지요." 잡스가 생전에 한 말이다. 잡스는 많은 부분을 믿고 맡길 수 있는 파트너를 얻은 셈이었다. "내가 이런저런 것을 놓치거나 잊을 때마다 팀이 와서 지적해주곤 했어요."

사업 운영의 새로운 리더

잡스는 1998년 3월, 37세의 팀 쿡을 기본 연봉 40만 달러와 특별 보너스 50만 달러에 세계 전역의 사업 운영 부문 수석 부사장으로 영입했다. 쿡에게는 제조와 유통을 총체적으로 정비하는 막중한 임무가 주어졌다. 그러고 얼마 지나지 않아 쿡의 채용은 잡스가 결정한 최상의 영입이라는 사실이 드러났다.

출근 첫날부터 그가 사업 운영에 탁월하다는 점이 명백해졌다. 애플에서 30년간 근무한 베테랑인 그레그 조스위악은 쿡이 입사 이전부터 그런 면모를 보여주었다고 말한다. "스티브가 팀의 면접을 보던 시절이 기억나는데요. 스티브는 회사로 돌아와 운영에 관해 놀라운 이야기를 늘어놓곤 했어요. 팀을 면접하면서 배운 내용이라는 걸 다들 눈치챘지요." 조스위악은 애플파크Apple Park에서 이루어진 인터뷰에서 이렇게 말했다. "그는 그렇게 입사하기도 전에 우리에게 영향을 미치면서 운영에 관한 기존의 사고방식을 일부 바꿔놓았어요."

조스위악은 당시 애플이 '파산 직전'의 위기 상황에 몰려 있던 터라 쿡이 혼돈의 도가니를 물려받은 셈이라고 설명했다. 그중에서도 사업 운영 부문이 최악이었다고 덧붙였다. "정말 개판도 그런 개판이 없었어요. 비용관리도 안 되고 재고관리도 엉망이고 고객 계정관리도 제때 이뤄지지 않고…." 자신이 인계받은 어처구니없는 시스템을 되돌아보며 쿡은 이렇게 말했다. "짐작하시겠지만 비용관리 쪽이 별로 좋지 않았고 사이클 관리도 그다지 좋지 않았지요." 하지만 그런 상황은 오래 지속되지 않았다. 다시 조스위악의 얘기를 들어보자. "이 친구가 들어오자마자… 전형적인 스티브 스타일로 최고의 팀을 꾸리더군요. 애플이 어려움을 겪고 있는 상황인데도 최상의 인재를 끌어들이는 능력을 보였어요. … 아주 영리한 친구였지요. 세세한 부분까지 꼼꼼히 챙기는 살림꾼이었을 뿐 아니라 일을 제대로 돌아가게 만들 줄 아는 리더이기도 했어요." 더욱이 잡스가 애플의 모든 간부에게 요구한 사업 감각까지 갖춘 인물이었다. 이렇게 시작 단계에서부터 쿡은 맡은 역할의 완벽한 적임자로 활약했다.

애플에서 30년 동안 근무한 또 한 명의 베테랑인 디어드러 오브라이언Deirdre O'brien은 다음과 같이 말한다. "지금까지도 팀을 처음 만난 날이 기억나요." 그녀는 쿡이 합류하던 당시에 애플의 수요공급팀을 이끌고 있었다. "보자마자 집중력이 대단한 사람이라는 느낌을 받았어요. 애플에서 일하게 된 것에 대해서도 아주 신이 나 있었고요. … 중차대한 임무를 수행해야 할 상황이라는 것을 본인도 잘 알고 있는 눈치였어요."

오브라이언은 오리지널 매킨토시가 출시되고 4년 후인 1980년대 말 애플에 입사했다. 그녀의 첫 직무는 당시 매킨토시 SE를 생산하던 프리몬트Fremont 공장에서 생산 계획을 짜는 일이었다. 이후에는 주로 사업 운영 부문에서 경력을 쌓으며 오늘에 이르기까지 쿡이 COO였을 때도, 후임 COO인 제프 윌리엄스Jeff Williams 체제에서도 부하직원으로 일한 바 있다. 그녀가 오늘날까지 보좌한 CEO는 존 스컬리John Sculley와 마이클 스핀들러, 길버트 아멜리오, 스티브 잡스, 팀 쿡 이렇게 다섯 명이다. 그녀는 현재 애플의 홍보 책임자로 일하며, 사내에서는 '대중 담당 부사장Veep of Peeps'으로 불린다. 그녀는 이 직함이 쿡의 아이디어라고 말했다. 오브라이언은 쿡이 사업운영팀원들과 회의실에서 가진 상견례 자리에서 그를 처음 만났다. 미팅은 간략하게 진행되었다. 쿡은 자신을 소개한 후 운영팀의 도전이 얼마나 막중한지 강조했다. 그러면서 앞으로 많은 변화가 있을 것이며, 거기에는 직원들에 대한 정리 해고가 포함될 수도 있다고 덧붙였다.

하지만 오브라이언은 그가 보인, 잠재적으로 부정적인 이 입장에 대해서도 실망하지 않았다. 그녀는 오히려 정반대로 메시지를 받아들였다. 쿡이 취할 변화가 애플을 다시 본래의 궤도에 올려놓으면서, 궁극적으로는 몸집 줄이기가 아닌 성장을 이끌어낼 동력으로 보였기 때문이다. "생각해보세요. 당시 그런 상황에서 과연 그가 자신에게 맡겨질 일이 기업을 회생시키는 막중한 임무라는 것을 모르고 그 자리에 덥석 앉았을까요? 나는 팀이 그때 그렇게 신이 나 있었던 게 그 일을 해낼 자신이 있어서 그랬던 게 아닌가 하는 생각이 들어요." 거대한 우주선이 내려앉은 모양의 애플 신사옥에서 그녀는 이렇게 말했다. "당시 우리 모두는 이제 정말로 리더다운 리더에게 사업 운영이 맡겨진 것 같아 아주 기뻐했어요. 그동안 이런저런 인물이 오가는 가운데 혼란만 가중되고 있었거든요. … 회사가 어려웠던 시기라 대단한 인재를 영입하는 것 자체가 힘들었는데 소문 그대로 정말 훌륭한 리더가 왔다고 느꼈지요. 나는 팀을 처음 본 그날부터 우리가 배울 게 아주 많은 사람이라는 것을 확신할 수 있었어요."

쿡은 상견례 이후 팀원 한 명 한 명을 개별적으로 만나 각자의 장단점을 파악했다. "그는 곧바로 팀원을 평가하기 시작했어요. 현재 어떻게 구성되어 있고 앞으로 바람직한 성과를 일궈내기 위해 어떻게 바꾸는 것이 좋을지 방법을 찾으려 한 거죠."

그녀의 말에 따르면 당시는 많은 직원이 자발적으로 애플을 떠나던 시절이었다. 실리콘밸리에는 일자리가 넘쳤고 애플 출신이라면 많은 회사가 환영해줬다. "어떤 직원은 본인이 참여를 원치 않아서, 또 어떤 직원은 팀이 구상하는 팀에 적합하지 않다는 판단에 따라 많은 사람이 회사를 떠났고 또 적정 수의 새 얼굴이 영입되었지요."

쿡은 사업 운영상의 문제점을 해결하기에 적합한 팀을 꾸리고자 실로 많은 노력을 기울였다. 오브라이언은 운영팀의 핵심 팀원이 되어 수요 예측을 담당했다. 제프 윌리엄스를 포함해 IBM 출신이 몇 명 합류한 것도 그 시점이었다(윌리엄스는 쿡의 오른팔 역할을 수행하다가 지금은 COO로 일하고 있다). 쿡은 물류관리 전문가인 빌 프레더릭^{Bill Frederick}에게 고객 지원을 맡기고, 사비 칸^{Sabih Khan}에게는 노트북 사업 운영을 책임지게 했다. 쿡이 그렇게 엄선해서 구성한 팀이 상황을 호전시키는 것은 이제 시간문제일 뿐이었다.

굿바이 U.S, 헬로 아시아!

쿡은 애플에 합류하고 고작 7개월 만에 재고를 30일치에서 단 6

일치 물량으로 줄였다. 생산 공정의 모든 세부사항에 주의를 기울이면서 그렇게 짧은 시간에 애플의 사업 운영 시스템을 완전히 정비한 것이다.

애플의 제품라인을 딱 네 가지 모델로 한정하겠다는 잡스의 결정도 사업 운영상의 문제를 단순화하는 데 도움이 되었다. 잡스가 가로세로 두 칸으로 구성된 사분면에 펼쳐놓은 컴퓨터들은 이제 다수의 부품을 공유하고 가능한 경우 산업표준 부품을 사용하는 것까지 의도되어 제작되었다. 이전의 애플은 다른 시스템과 호환이 되지 않는, 난해한 기술을 창출하는 것으로 악명이 높았다. 그러나 이제 애플의 전용 ADB 키보드와 마우스는 모두 업계 친화적이며 윈도 친화적인 장치로 대체되었다. 이런 변화는 사업 운영에 도움이 되었을 뿐 아니라 애플 제품이 호환성 확대로 보다 폭넓은 컴퓨터 시장에서 사랑받게 되는 이점까지 안겨주었다.

쿡은 잡스가 제품을 줄이기 위해 이용한 '선택과 집중' 방식을 차용해 함께 일할 소수의 공급업체를 선별했다. 그는 모든 공급업체를 일일이 방문해 유리한 거래를 끌어내는 한편, 상대방이 매력적으로 느낄 만한 당근도 제공했다. 그런 행보를 통해 이룬 두드러진 성과는 애플의 회로기판 제조 하청업체인 냇스틸일렉트로닉스의 생산 시설을 아일랜드와 캘리포니아, 싱가포르 등지의 애플 자체 공장 근처로 옮겨온 일이다. 그렇게 조립 공장과 공급업체 사이의 거리가 가까워지자, 애플의 부품 조달 속도와 빈도가 늘어 JIT 프로세스를 훨씬 더 수월하게 운용할 수 있었다.

쿡은 가능한 한 모든 부분에서 아웃소싱을 단행했다. 예를 들어 아이맥 G3는 처음에는 거의 전 부분이 애플의 자체 공장에서 제조되었다(케이스와 모니터만 한국의 LG전자에서 조달했다). 쿡은 얼마 지나지 않아 이 제품의 생산 대부분을 LG전자에 위탁했다. 그는 또한 랩톱의 생산도 대만의 두 기업에 위탁했다. 전문가용 파워북은 쿠안타에, 소비자 지향 아이북iBook은 알파톱코퍼레이션Alpha Top Corporation에 말이다.

쿡은 외부의 파트너 기업에 생산을 위탁함으로써 애플의 가장 큰 문제점 가운데 하나를 해결했다. 바로 '재고 누적 문제'다. 그동안 회사는 한쪽 끝에는 부품을, 다른 한쪽 끝에는 팔리지 않은 컴퓨터를 쌓아두어야 했으며 그런 부품과 컴퓨터를 쌓아두는 창고로 수년에 걸쳐 수백만 달러에 달하는 재고관리 비용을 지출해야 했다. 1996년 애플을 파산 직전으로 몰고 간 주요 원인 중 하나가 바로 그 팔리지 않은 컴퓨터의 엄청난 재고이지 않았는가. 하지만 쿡이 장악한 새로운 체제의 만트라는 '재고는 적을수록 좋다'였다. "창고가 있으면 재고가 쌓이기 마련이지요." 쿡이 한 말이다. "우리는 제조 공장에서 고객에게 곧바로 배송하는 방식을 취하기 시작했어요."

잡스가 조잡한 디자인을 경멸하는 것 못지않게 쿡은 과도한 재고를 증오했다. 심지어 그는 과도한 재고가 회사의 재정을 좀먹는다는 이유로 그것을 도덕적 관점에 투영해 '근본적으로 악하다'고 묘사하기도 했다. 시골의 낙농 지대에서 성장한 배경에 영감을 받은 듯 "재고는 낙농 사업처럼 관리해야 합니다. 신선도 보증 기간이 지나는 순간 문제가 발생하기 때문이지요"라는 비유를 들기도 했다.

재고관리가 이상적으로 이뤄지려면 판매량에 대한 사전 예측 능력이 뒷받침되어야 한다. 하지만 애플은 그 부분과 관련해 그리 자랑스럽지 못했다. 각기 다른 시점에 판매량을 너무 적게 또는 너무 많게 예상해 낭패를 본 길고도 슬픈 역사가 있었다. 예를 들면 잡스의 매킨토시가 처음 세상의 빛을 보던 시절, 캘리포니아주의 프리몬트 공장은 컴퓨터 업계 최고라는 명성에 힘입어 '미래의 공장Factory of the Future'이라는 별칭으로 불렸다. 그러나 그 공장은 불과 2~3년도 지나지 않아 문을 닫고 말았다. 애플이 그 공장을 돌리기에 충분할 만큼 컴퓨터를 팔지 못했기 때문이다.

쿡은 예측의 정확성을 높이기 위해 SAP에서 개발한 최첨단 전사적 자원관리Enterprise Resource Planning, ERP 시스템을 도입해 애플의 부품 공급업체와 조립 공장, 그리고 전매업체의 IT 시스템을 서로 연결시켰다. 이 복합 시스템 덕분에 쿡의 운영팀은 원자재에서부터 얼마 전 신설한 온라인 스토어의 고객 주문에 이르기까지 전체 공급망에 대한 극도로 상세한 조감도를 확보할 수 있었다. 이 R/3 ERP가 애플의 새로운 린 방식인 JIT 생산의 중추 신경망이 된 것이다. 부품은 필요할 때만 공급업체에 주문했고 제품은 즉각적인 수요를 충족시킬 정도만 생산했다.

다량의 데이터로 무장한 애플의 운영팀은 상세한 주간 판매 예측과 소매 채널의 정확한 비축량을 토대로 주문을 발주하며 일 단위로 생산량을 조정하기 시작했다. 쿡의 팀은 그렇게 컴프USA^{CompUSA}(미국 대규모 컴퓨터 전문 체인)에 아이북이 바닥나고 있는지 또는 아이맥이 넘쳐나고 있는지 등을 상세히 파악할 수 있었다.

애플의 재고가 회사의 대차대조표에 머무르는 시간은 쿡의 지휘 아래 수개월에서 수일로 단축되었다. 쿡이 애플에서 일을 시작하고 7개월 만에 재고 회전주기는 30일에서 6일로 줄어들었고, 판매되지 않은 맥의 재고량도 4억 달러어치에서 7800만 달러어치로 감소했다. 1998년 쿡은 애플이 회생 노력을 기울이기 이전부터 방치된 채 쌓아온 수만 대의 미판매 맥을 매립지로 보내 없애버렸다. 애플은 당연히 이 일을 은밀히 진행했으며, 그래서 이 에피소드의 전말은 지금까지도 미스터리로 남아 있다. 쿡이 오늘날 애플에 주입하고 있는 환경 친화적인 원칙과는 정면으로 배치되는 조치였음이 분명하다.

그러나 당시에는 매우 효과적인 조치였다. 1999년 애플의 재고는 단 2일치로 줄어들었고, 그에 따라 해당 부분에서 델을 앞지르기 시작했다. 델이 업계의 '황금 표준'으로 통하던 시절에 이룬 실로 놀라운 성과였다.

사업 운영이 크게 개선되면서 쿡은 애플의 흑자 전환에 기여하는 핵심 인물로 부상했다. 쿡이 만든 시스템은 애플이 이후 수년에 걸쳐 향유하는 기록적인 성장의 촉진제로 작용했다. 쿡의 탁월한 사업 운영이 없었다면 과연 애플이 그렇게 크게 성장하며 지배적인 지위를 확보할 수 있었을지 의문이 들 정도다. 조너선 아이브의 산업디자인 팀이 훌륭한 제품을 만들어냈듯이 쿡의 운영팀은 그것들을 빈틈없는 보안 속에서 대량으로 생산해 지체 없이 세계 전역의 매장에 배포하는 최적의 방법을 찾아냈다. 애플은 신제품을 출시할 때 철저히 비밀에 부치다가 판매 시점에 이르러서야 발표하는 것으로 유명하다. 수백만 대의 기계가 은밀히 제작되어 세계 전역의 매장으로 운송되는 그 쉽지 않은 과업을 쿡의 팀은 훌륭히 해내곤 했다.

그러나 쿡은 단지 생산 프로세스를 능률적으로 바꿔 효율을 높여 놓은 것만은 아니다. 그는 실로 애플의 모든 업무를 혁신했다. 그가 초기에 이룩한 최고 업적 중 하나는 아이맥 G3의 선적과 관련해 업계의 허를 찌르는 조치를 취한 일이었다(이것은 그가 자신의 부서에도 '다르게 생각하라'는 지시의 확실한 표시이기도 했다). 당시 애플은 아이맥을 주력 상품으로 만들려고 애썼다. 회사는 그러기 위해 가능한 한 신속하게 많은 사람의 책상 위에 그것이 놓이도록 만들 필요가 있었다. 쿡은 추수감사절에서 신년 초에 이르는 그 중요한 축제 시즌에 고객에게 컴퓨터가 시기적절하게 배송되도록 1억 달러 상당의 항공화물 공간을 수개월 앞서 미리 예약했다. 이 전례 없던 조치는 애플에 큰 성과를 안겨주었다. 덕분에 애플은 제품을 빠른 속도로 고객에게 제공하는 한편, 컴팩과 같은 경쟁사는 갑작스러운 선적 공간 부족에 시달려야 했다. 선적 공간을 예약하는 애플의 새로운 접근은 여타 기업에게도 자체의 사업 운영 전략을 재고하도록 이끌었다. 쿡은 그렇게 애플의 사업 운영을 개선했을 뿐 아니라 기술 업계 전반의 생산 프로세스 관리와 해당 프로세스에 대한 인식까지도 바꿔놓았다.

쿡이 애플에 합류한 그 시절에는 수요를 예측하고 공급망을 개선하는 업무가 형형색색의 컴퓨터를 생산하는 일만큼이나 멋지게 여겨지지 않았다. 애플이 운영 시스템을 어떻게 정비하는지 커버스토리로 다루기 위해 줄을 서는 기자도 없었다. 일반적인 고객들 또한 약속된 일자에 제품이 도착하지 않는 경우에만 기업의 공급망에 대해 생각할 뿐이었다. 하지만 쿡은 그 모든 역경과 무관심을 극복하고 사업 운영을 멋진 무언가로 탈바꿈시켰다. 애플의 제품 디자인 엔지니어로 일한 바 있는 고탐 바크시Gautam Baksi는 "애플이 아이맥을 개발하던 초기에 직원들이 중국 출장을 가면 조너선 아이브와 대니 코스터Danny Coster를 비롯한 디자이너, 그리고 엔지니어와 여타 직원 모두 같은 호텔에 투숙하고 같은 수준의 식사를 했다"라고 말한다. 그런데 쿡이 애플에 합류한 시점에는 산업디자인팀만 픽업 나온 스트레치리무진에 올라 5성 호텔로 향했고 다른 팀 직원들은 모두 택시를 타고 3성 호텔로 갔다는 것이다. 이는 그 시절 운영 부문이 그다지 중요하게 여겨지지 않았고 매력적으로 보이지도 않았다는 걸 방증한다. 그러나 쿡의 시대에 이르러서는 모든 것이 달라졌다. 이제는 운영팀이 스트레치리무진에 올라 5성 호텔로 향한다.

5장

아웃소싱으로
애플을 구하다

하이브리드 아웃소싱 모델

쿡이 입사한 첫해가 다 지나기도 전에 애플은 극적으로 변화했다. 1997년 10억 달러가 넘는 순손실을 보고한 회사가 1998년 연말에 벌써 이익을 기록하고 있었다. 첫 번째 아이맥이 이룬 순식간의 성공은 애플 자체의 기대치는 물론이고 월스트리트 분석가들의 예상도 훌쩍 뛰어넘었다. 애플은 1998년 사사분기에 1억 600만 달러의 이익을 올렸고 회계연도 전체로는 3억 900만 달러의 이익을 기록했다. "애플이 이번 분기에 업계보다 더 빠르게 성장했습니다. 거의 5년 만에 처음 있는 일이지요." 당시 잡스가 언론에 자랑한 내용이다. 잡스는 새로 출시한 아이맥과 간소화한 비즈니스 초점 덕분에 그런 성과를 올릴 수 있었다고 설명했다.

하지만 그런 이익에도 회사는 여전히 자갈길을 걷고 있었다. 가능한 한 모든 영역에서 비용을 줄이기 위해 애썼다. 쿡은 제품별로 애플의 역량을 하나하나 짚어보고 아웃소싱을 늘리기 시작했다. 자체 공장을 운영하는 것은 비용이 많이 들뿐만 아니라, 대차대조표에 부채로 기록되는 항목이었다. 품질과 생산성에 손상이 가지 않는 한 외부 공급업체에 가급적 많이 떠넘기는 것이 합리적이었다.

애플의 대중 담당 부사장인 디어드러 오브라이언은 당시 수요공급 관리를 책임지고 있었다. 그녀는 쿡과 운영팀이 "놀라운 제품을 만들도록 돕고 고객을 제대로 지원하는 시스템을 구축하기 위해 정말 열심히 일했다"라고 말한다. 그들은 자사의 강점은 물론 함께 일하는 공급업체들의 강점을 철저히 검토했다. 쿡과 그의 공급관리팀은 애플의 제조를 단지 외부 공급업체에 대량으로 아웃소싱하는 데 그치지 않고, 자신들만의 독특한 '하이브리드 아웃소싱' 모델을 추구했다. "전통적인 아웃소싱 모델은 그저 누군가와 계약을 맺고 계획안을 던져주거나 아니면 계획도 그들이 세우게 하고 그냥 자기네들 이름만 올리는 방식이잖아요. 우리가 취한 방식은 그게 아니었다는 얘기지요."

애플은 아이맥을 생산하면서 처음에는 일부분만 LG전자에 아웃소싱했다. 컴퓨터의 브라운관 스크린과 몇 개의 부품만 LG전자에 위탁생산한 것이다. 하지만 1999년 애플은 아이맥의 생산 공정 전체를 LG전자에 넘겼다. 이어 주문과 수요가 증가하자 당시 애플의 경쟁사인 델의 파트너 업체로 잘 알려졌던 대만의 기업 홍하이

정밀공업Hon Hai Precision Industry Co., Ltd.과 위탁생산 계약을 맺었다. '폭스콘 Foxconn'이라는 이름으로 더 유명한 이 회사는 이후 팀 쿡 시대의 제조를 정의하게 된다. 이전에도 애플은 폭스콘에 애플 II의 조립을 위탁한 적이 있었지만, 업계의 혁신을 주도하는 두 회사의 공조 관계는 아이맥의 아웃소싱 계약으로 시작되었다고 보는 게 옳다. 물론 그 과정을 진두지휘한 인물은 팀 쿡이었다.

불가능이 없는 공장, 폭스콘

폭스콘은 지구 반대편으로 9600킬로미터가량 떨어진 곳에서 애플과 거의 같은 시기에 설립되었다. 1974년 19세의 스티브 잡스가 아타리에서 일하고 있을 때, 24세의 테리 고우Terry Gou(궈타이밍)는 어머니에게 7500달러(오늘날의 가치로 3만 7000달러)를 빌려 사업을 시작했다.

고우는 둘째가라면 서러워할 정도로 엄격한 노동 윤리를 지닌 인물이다. 직원들에게도 자신과 같은 수준의 헌신을 요구했다. 그래서 폭스콘의 문화는 종종 군대와 비견되기도 한다. 작업 지시는 문서로 하는 게 원칙이고, 실수나 비효율은 결코 용인되지 않는다. 만약 직원이 실수를 하면 다른 직원들 앞에서 질책을 받고, 그 직원이 같은 실수를 또 저지르면 해고를 당할 수도 있다. 근무 시간은 길고도 고되며 근무 교대는 통상 12시간이나 14시간 단위로 이뤄진다. 주당 근로 일수는 종종 6일이고 때로는 7일이 되기도 한다.

애플의 모든 제품을 포함해 소비자 전자제품 대부분은 거의 전부 수작업으로 조립된다. 많은 기계와 로봇이 동원되는 것으로 알고 있다면 오해다. 물론 일부 부품은, 예컨대 아이폰의 주 논리기판과 같은 부품은 고도로 자동화된 프로세스로 제작되지만 조립 과정의 대부분과 특히 최종 조립은 수작업으로 진행된다. 애플의 제품 디자인 엔지니어 출신인 안나카트리나 쉐들렛스키Anna-Katrina Shedletsky는 이렇게 말했다. "애플이든 삼성이든 구글이든 모든 스마트폰이 수백 개의 손을 거친다고 보면 됩니다. 그런 복잡하고 고도로 소형화된 기기의 조립에서는 수작업이 최첨단 기술입니다."

쉐들렛스키에 따르면 폭스콘 조립 공장은 여타의 조립 공장과 비슷하게 표준 조립라인의 길이가 축구장보다 조금 더 긴 110미터다. 이는 대개 60개에서 70개의 스테이션으로 나뉘며, 각 스테이션의 폭은 일반적인 성인의 어깨너비보다 조금 더 긴 60센티미터 정도다. 각각의 스테이션은 조립 공정의 특정 단계나 작업을 전담한다. 한 스테이션의 근로자가 스크린을 장착하면 다음 스테이션의 근로자가 스크린에 묻은 먼지와 기름을 용제로 제거하고 그다음 근로자가 보호 필름을 부착하는 식이다. 조립라인 간의 간격은 대개 6미터를 유지하는데, 부품 상자를 쌓아둔 팰릿을 지게차로 옮겨 각 스테이션에 부품을 보충하기 위해서다.

폭스콘의 공장 규모는 대부분의 사람이 상상하기 힘들 정도로 크다. 숙소와 식당, 병원, 슈퍼마켓, 수영장 등을 완비한 대규모 복합단지이기 때문이다. 중국 선전深圳 공장의 경우 2.3평방킬로미터에 달하는 면적을 점유하고 있다. 공장이라기보다는 '공장 타운'이라는 표현이 더 적합한 규모다. 이를 두고 CNN은 '보안이 철저한' 대학 캠퍼스 같다고 묘사하기도 했다. 1990년대 말에서 2000년대 초에 걸쳐 폭스콘 선전 공장의 관리자로 일한 바 있는 두에인 오베리Duane O'very는 당시 근로자 수가 가히 폭발적으로 늘어나 불과 2~3년 사이에 4만 5000명에서 25만 명이 되었다고 말한다. 폭스콘은 현재 중국에서만 12개의 공장을 가동하며 130만 명에 달하는 직원을 고용하는 것으로 추정된다. 또한 폭스콘은 아시아의 다른 지역과 남미, 그리고 유럽에도 공장을 두고 있다.

애플이나 여타 기업에서 중국에 제품 조립을 맡기는 이유는 값싼 노동력 때문일 거라는 게 일반적인 추론이다. 하지만 실제로 인건비는 아이폰 제작에 들어가는 비용 중 극히 일부에 불과하다. 조립 공정의 노동력에 들어가는 돈보다 맞춤형 칩과 복잡하고 정교한 카메라, 아름다운 스크린에 쓰이는 돈이 훨씬 더 많다는 얘기다.

폭스콘이 누리는 성공의 열쇠는 값싼 노동력이 아니라 그 기업 특유의 유연성이다. 폭스콘 복합단지에는 수십만 명의 근로자가 거주하기 때문에 회사는 언제든 수많은 근로자를 '밤샘 작업'에 동원할 수 있다. 또한 폭스콘은 임시직 근로자를 수만 명까지 신속하게 고용할 수 있고, 필요가 다하면 또 신속하게 해고할 수 있다. 그곳의 젊은 근로자들은 상당수가 일거리를 찾아 멀리 떨어진 시골에서 몰려온 입장이기에, 심지어는 영혼까지 짓밟힐 만큼 근무 여건이 열악할지라도 쉽사리 그만두고 고향으로 돌아갈 수 없다.

폭스콘은 과거 첫 번째 아이폰을 생산할 때도 그런 유연성을 여실히 보여준 바 있다. 2007년 출시 예정일을 고작 2~3주 앞두고 아이폰의 주요 디자인이 바뀌는 일이 벌어졌다. 플라스틱으로 만들기로 한 아이폰 스크린을 잡스가 마지막 순간에 유리로 교체해야겠다고 결정했기 때문이다. 그가 아이폰 시제품을 주머니에 넣고 다닌 동안 주머니 속 열쇠들이 플라스틱 스크린에 심한 긁힘 자국을 남긴 것이다. 잡스는 아이폰이 그런 상태로 고객의 손에 들어가면 문제가 될 것이라고 생각했다. 보다 내구성 있는 유리로 스크린을 교체하라고 지시한 이유다.

그 뒤로 거의 2주가 지나 새로운 유리 스크린이 폭스콘에 도착했다. 그것도 한밤중에 말이다. 폭스콘은 8000명이 넘는 직원을 즉시 잠자리에서 불러내 차 한 잔과 비스킷을 주고는 곧바로 새로운 스크린으로 장착하는 12시간 교대 근무에 돌입시켰다. 이는 《뉴욕타임스》에 보도된 내용이기도 하다. 공장은 2~3일도 채 지나지 않아 하루에 1만 대 이상의 아이폰을 만들어내기 시작했다(하지만 폭스콘 측에서는 관련 내용을 부인했다는 사실을 짚고 넘어갈 필요가 있다. 그들은 중국의 노동법 때문에 그런 일이 일어나는 것 자체가 불가능하다고 주장했다).

폭스콘이 애플의 첫 번째 아이맥을 위탁생산할 때는 이런 일도 있었다. 밤늦은 시각, 애플의 디자인 엔지니어들이 해당 기계에 들어갈 새로운 버튼 하나를 간신히 완성해냈다. 버튼에 대한 테스트까지 할 시간은 없던 터라 그것이 반복적으로 사용될 경우 망가지지는 않을까 걱정이 됐다. 그래서 그들은 어떤 방법을 택했을까. 폭스콘의 근로자 수십 명을 잠에서 깨워 밤새도록 그 버튼을 눌러보라고 지시했다. "폭스콘에서는 그런 일을 아주 쉽게 처리할 수 있어요." 전 제품 디자인 엔지니어 고탐 바크시의 말이다. "다른 공장이라면 분명 지속적으로 버튼을 누르는 기계를 설계해 테스트하는 방법을 택할 겁니다. 하지만 최소임금 근로자들에게 밤새 버튼을 누르라고 시키는 건 별다른 어려움이 따르지 않지요. 거기서는 그런 일이 수시로 일어납니다. 사실 이 사례는 심한 경우에 해당하지도 않아요."

애플은 종종 마지막 순간에 제품의 디자인을 변경했고, 막대한 수량이 움직이는 소비자 전자제품 시장에서는 극심하게 수요가 변동되기도 했다. 출시 2~3개월 만에 5500만 대가 팔린 아이폰 X의 경우, 바쁠 때는 하루 100만 대까지 생산할 공장이 필요했다. 그러려면 근로자는 75만 명이 필요하다. 애플에서 세계 전역의 수요공급 관리자로 일했던 제니퍼 리고니Jennifer Rigoni는 이렇게 설명했다. "그들(폭스콘)은 하룻밤 사이에 3000명을 고용할 수 있었어요. 미국의 어떤 공장이 하룻밤 새 3000명을 찾아내고 기숙사에 들어와서 살라고 설득할 수 있을까요?"

애플은 분명 그럴 수 없을 것이다. 1980년대 애플은 고도로 자동화된 공장을 보유한 적도 있었다. 하지만 그 공장은 잡스에게 쓰라린 교훈을 안겨주었다. 당시 잡스는 첫 번째 매킨토시를 생산하기 위해 캘리포니아주 베이에어리어Bay Area에 공장을 설립했다. 색상까지 고려해 배열한 기계류와 자동 생산라인을 갖춘, 보석 같이 빛나는 공장이었다.

공장의 생산라인은 매킨토시를 집어 들고 포장해 이동시키는 이국적인 기계들과 자동 컨베이어벨트로 구성되었다. 그러나 불행히도 맥의 판매는 공장의 가동비용을 대기에 충분할 만큼 이뤄지지 않았다. 판매가 저조한 탓에 공장은 늘 생산 역량에 한참 미치지 못하는 수준으로 돌아갔고, 오로지 한 종류의 제품만 생산하도록 설계된 까닭에 다른 제품을 제조할 수도 없었다. 결국 그 멋진 공장은 1992년에 문을 닫았다. 잡스의 공장은 수요 변동에 따라 아이폰이나 아이패드, 아이맥과 같은 다른 제품을 생산할 유연성을 발휘할 수 없었던 것이다. 반면 쿡의 획기적인 아웃소싱 이니셔티브는 국내에 공장을 보유할 필요성을 감소시키며 애플의 회생과 성장에 크게 기여했다. 제품 생산 대다수를 아웃소싱하고 폭스콘과 파트너십을 강화하면서 그는 이전에 행해진 바 없는 무언가로 놀라운 결과를 도출하고 있었다. 애플의 경영진 중에서, 특히 잡스가 그 사실을 놓칠 리 없었다.

애플의 승진 사다리를 오르다

쿡이 사업 운영 방식에 단행한 개혁과 모든 비즈니스 측면을 향한 깊은 이해는 애플이 극적으로 회생하는 데 중추적인 역할을 했다. 애플의 사업 운영 부문을 이끈 그의 경험은 나중에 COO, 그리고 CEO로 이어져 회사 전체를 지휘하기 위한 일종의 준비 과정이 되었다. 디어드러 오브라이언은 그의 잠재된 리더십이 즉각적으로 드러났다고 말한다. "그가 장차 우리의 CEO가 될 것이라는 사실이 분명해졌지요." 애플파크에서 가진 인터뷰에서 그녀가 한 말이다. "회사에 들어온 순간부터… 그는 운영을 최적화하는 방법에만 신경 쓴 게 아니라 회사의 모든 측면에 관심을 기울였어요." 그는 엔지니어링팀이나 영업팀과 긴밀히 공조하며 제품과 고객에 대한 이해를 넓혀갔다.

쿡은 애플에 입사하고 첫 2년 동안 둥글납작한 아이맥 G3와 청색과 백색이 조화를 이루는 파워맥 G3, 변기 뚜껑 모양의 아이북 랩톱 등 인상적인 제품의 제조와 출시를 관리 감독했다. 이들 제품은 모두 상업적 성공을 거두었을 뿐 아니라 비평가들의 찬사도 받았다. 1999년 9월, 잡스가 돌아온 뒤 2년 만에 애플의 주식(AAPL)은 주당 73달러라는 역대 최고가를 기록하며 1991년에 세운 68달러 기록을 갈아치웠다. 팀 쿡이 박차를 가한 애플의 화려한 컴백은 그렇게 진행되고 있었다.

쿡이 애플에 합류한 지 4년이 지난 2002년, 그에게 운영팀과 더불어 영업팀도 이끄는 임무가 주어졌다. 그러면서 직함도 '세계 전역의 영업 및 운영 담당 부사장'으로 바뀌었다. 이후 2004년 잡스는 쿡을 매킨토시 하드웨어 부문의 책임자로 임명했고, 2005년 다시 COO로 전격 승진시켰다. "그동안 팀이 이런저런 업무를 잘 수행해오지 않았습니까. 지금이 이런 승진으로 그의 공로를 공식적으로 인정해줘야 할 최적기라고 생각합니다." 당시 잡스가 한 말이다. "팀과 함께 일한 지 벌써 7년이 넘었네요. 나는 앞으로 우리가 더욱 밀접하게 협력하며, 그가 계속 애플을 흥미진진한 목표에 도달하도록 도울 것이라 기대합니다."

잡스는 그런 승진 과정을 통해 쿡을 후계자로 준비시키고 있었다. 애플에서는 모두가 특정 영역의 전문가지만, 이제 쿡도 잡스와 함께 예외가 되는 것이었다. 애플은 기능 위주의 조직으로, 모든 직원이 암호 프로그래밍, 산업디자인, 안테나 엔지니어링 등 저마다 특정 영역을 전문적으로 맡는다. 쿡 역시 처음에는 사업 운영 전문가였다. 그런 전문 영역이 없는 유일한 인물이 스티브 잡스였다. 그가 쿡에게 보다 많은 책무를 부과하기 전까지는 말이다. 잡스는 그를 영업 담당 부사장에 이어 사내에서 가장 큰 하드웨어 부문(매킨토시 부문)의 책임자로 승진시키며 회사의 모든 부분에서 훈련을 시켰다. 쿡의 거듭된 승진은 결국 CEO직을 위한 수습 과정인 셈이었다. 일련의 과정은 2005년 COO로 승진하면서, 다시 말해 잡스의 공식적인 오른팔이 되면서 종료되었다.

쿡에게는 일반적인 기업의 COO보다 훨씬 더 많은 책무가 주어졌다. 사실 애플에는 단일 운영 부서가 존재하지 않는다. 애플에서 사업 운영 부문이라는 용어는 제조와 유통, 서비스를 전담하며 각기 다른 일단의 그룹을 총괄하는 우산이라는 의미다. 그 우산 아래서 가장 큰 그룹이 애플의 방대한 위탁 제조를 관리하는 교차기능 조직 '수요공급팀'이다.

그리고 이 팀에는 생산 프로세스의 서로 다른 측면을 책임지는 많은 소그룹이 존재한다. 그중 하나가 제품이 적합한 규모로 생산되게끔 관리하는 제조설계팀이다. 이 팀은 제조 엔지니어와 프로세스 엔지니어, 품질 엔지니어 등으로 구성된다. 수익관리팀도 있다. 조립라인에서 나오는 제품이나 부품의 품질 유지를 책임지는 팀이다. 공급이 수요를 원활히 충족시키기 위해 예상 판매량을 예측하는 계획부서에서는 제품의 포장을 위한 재생지부터 아이폰 카메라 모듈에 이르기까지 필요한 모든 자원의 분량을 파악하는 작업을 돕는다.

사업 운영 부문은 분명 애플에서 가장 큰 조직일 테지만, 그 규모를 정확히 추산하기란 어렵다. 애플이 내부적으로든 외부적으로든 조직도를 발표하지 않기에 더욱 그렇다. 사업운영팀에서 일한 바 있는 한 전직 직원은 그 부문에 속한 인원이 3만 명에서 4만 명 정도라고 추정했다. 애플이 캘리포니아주 쿠퍼티노 안팎에 배치한 5만 명의 임직원 중 절대다수를 차지한다는 의미다. 이제 막 COO로서 4

만 명의 임직원을 휘하에 둔 쿡은 회사 전체의 문화에 막대한 영향력을 행사하게 된다.

세부지향적인 경영자의 길

잡스와 쿡은 수년간 긴밀히 협력했지만, 특히 경영자 역할의 측면에서는 그 방식과 기질이 매우 달랐다. 물론 쿡의 접근 방식이 잡스의 그것과 다르다고 해서 성과가 나오지 않은 것은 아니었다. 잡스는 애플 칩 제조업체에서 제시간에 충분한 양의 칩을 제공하지 못할 경우 관계자들의 면전에 대고 "엿 같은 멍청이 고자 자식들"이라고 욕을 할 수 있는 인물이었다. 실제로 그는 종종 사람들에게 고함을 지르거나 격렬하게 비난하며 제대로 일할 줄 모르는 "똥개"라고 모욕하곤 했다.

반면 쿡의 전술은 현저하게 달랐다. 그는 좀처럼 목소리를 높이지 않았지만 문제를 지적할 때는 가차 없었으며, 끝없는 질문 공세로 상대를 녹초가 되게 만들었다. "그는 아주 조용한 리더입니다." 조스위악의 말이다. "소리를 지르는 사람도, 고함을 치는 사람도 아니지요. … 그렇게 차분하고 침착하지만 질문 공세로 상대방을 조각낼 수는 있습니다. 그의 부하직원이라면 자기 일을 잘 알아야 합니다. 모르면 여지없이 당하거든요." 쿡은 질문을 통해 어떤 문제든 자세히 파악하는 한편, 직원이 자신이 하는 일을 제대로 알고 있는지 확인했다. 그것은 직원들이 늘 빈틈없는 자세로 책임을 다하도록 만드는 데 효과적이었다. 그들은 언제든 호출되어 설명하게 될 순간이 오리라는 걸 알고 있었다. "그는 10개의 질문을 던집니다." 1998년 12월 쿡의 운영 그룹에 합류한 스티브 도일Steve Doil의 설명이다. "그 10개에 대답을 잘하면 열 번 더 물어봅니다. 한 1년 동안 그렇게 하면 9개의 질문을 던지기 시작합니다. 단, 하나라도 대답을 못하거나 틀리게 답하면 질문 수가 20개 내지는 30개로 늘어납니다."

쿡은 직원들에게 엄청난 양의 세부사항을 요구했다. "직원들은 그와 미팅하는 순간을 두려워했어요." 당시부터 쿡의 운영 그룹을 속속들이 알았다는 한 관계자는 이렇게 말한다. "그는 'D열의 514행에 적힌 이 변화량은 무엇인가요? 그런 변화가 생기는 근원이 무엇인가요?' 이런 식으로 질문합니다. 만약 담당자가 세부사항을 모르면 바로 그 자리에서 신랄한 비난을 받게 됩니다." 애플의 하드웨어 그룹에 속한 한 관리자는 쿡이 주도하는 회의를 우연히 엿들었다가 충격을 받은 적이 있다고 고백했다. 순간 직원 한 명이 쿡이 알고 있던 수치 하나를 틀리게 제시하자, "그 숫자가 맞아요? 여기서 나가세요"라고 말하더라는 것이다.

COO로서 쿡은 팀원들이 열심히 일하고 적극적으로 대응하며 모든 세부사항에 주의를 기울이길 기대했다. 간부들은 그가 이끄는 대로 그의 리더십 기술을 차용해 부하직원들에게 똑같은 자세를 기대했다. 전 글로벌 공급 관리자였던 헬렌 왕Helen Wang은 운영 그룹의 많은 선임 간부가 쿡과 마찬가지로 세부지향적이며 수치를 파악하는 데 묘한 재주를 갖고 있었다고 말한다. 왕은 그들이 전체 스프레드시트를 암기하거나 비정상적인 숫자가 적힌 부분에 집중하는 모습을 종종 보았다. 그들은 숫자의 바다에서 쉽사리 간과할 수 있는 문제점을 찾아내는 데 기이한 능력을 발휘했다. 간부들은 회의 때 언급된 수치를 모두 기억했다가 하나라도 달라지면 공급 관리자들에게 질문을 던지곤 했다. 간부들도 그렇게 질문 공세를 퍼붓는 쿡의 습관을 답습하고 있었다는 의미다.

그녀의 얘기를 더 들어보자. "그들은 담당자가 문제를 이해하는지 알고 싶은 겁니다. 만약 세부지향적인 성격이 아니라면 그 회사에서 살아남을 수 없습니다. 쿡은 회사의 문화와 규범만 창출한 게 아니라 문제에 대해 생각하는 방식을 연습하는 많은 프로세스까지 만들어놓은 겁니다. 직원들은 '그게 우리가 그것을 하는 방식이야'라는 말을 자주 합니다. 그것 역시 쿡에게서 영향을 받았거나 영감을 얻은 거지요. 사고방식과 행동 방식 모두 말입니다."

쿡은 세부사항에 주의를 기울여 문제를 해결하는 것의 중요성을 강조하면서도, 팀원을 신뢰하고 직접 결정을 내릴 수 있도록 권한도 부여했다. "그는 모든 게 가능하다, 더 열심히 해보자, 창의성을 발휘하자, 문제 해결에 도전하자, 우리는 할 수 있다는 것을 알고 있다, 이런 식으로 '할 수 있다'는 정신과 태도를 고취시켰지요. … 그 밑의 간부들 역시 직원들에게 창의적으로 생각할 것을 지속적으로 상기시켰고요. '그 문제는 어떻게 해결할 것인가?' 이런 질문을 던지면서 말이에요." 왕의 말이다. 당시 그녀는 경력이 부족한 나이였음에도 (그녀는 30대 초반이었다), 애플의 경영진이 그녀나 여타의 직원들을 믿고 문제의 상당 부분을 알아서 처리하도록 맡겨준 데에 고마움을 느낀다고 말했다.

"고위 간부들은 직원들에게 많은 권한을 부여했습니다." 계속 왕의 얘기다. "어린 직원과 평사원까지 맡은 역할이 무엇이든 항상 최상의 이익을 위해 자신이 결정을 내리고 있다는 느낌, 회사가 나를 믿고 있다는 느낌을 가질 수 있었지요. … 그런 식으로 팀과 제프(당시 운영 그룹의 부사장)는 직원들을 이끌며 우리를 얼마나 많이 신뢰하는지 알게 해주었어요."

쿡에게 인정과 존중을 받으려면 직원들은 언제나 질문에 제대로 대답하는 한편, 필요한 경우 언제든 더 뛸 의지가 있음을 보여줘야 했다. 때로는 말 그대로 더 뛰어야 했다는 얘기다. 무엇이든 확실하게 처리하는 쿡의 접근 방식을 알 수 있는 전형적인 사례 하나가 그 점을 여실히 보여준다. 공급팀 회의 자리에서 있었던 일화다. 중국의 한 제조업체와 관련해서 문제가 대두되었다. "이대로 놔두면 문제가 아주 심각해지겠는데요." 쿡이 이렇게 말했다. "누가 중국에 가서 이 것 좀 처리해야 되겠어요." 그리고 회의가 30분 정도 더 진행된 상황에서 쿡이 운영 그룹의 핵심 간부이던 사비 칸을 쳐다보며 극도로 진지하게 물었다. "당신, 왜 아직도 여기에 앉아 있는 거죠?" 칸은 그 즉시 일어나 공항으로 차를 몰았다. 그리고 귀국 일자를 특정하지 않은 중국행 비행기 표를 끊었다. 그는 집에 들러 갈아입을 옷을 챙기는 일조차 생략했다.

쿡은 다수의 동료와 달리 애플 밖에서의 삶은 거의 없는 것처럼 보였다. 그는 스스로 모범을 보이며 팀을 이끌었지만, 그것은 특히 집에 아내와 아이가 있는 사람들에게는 따르기가 쉽지 않은 모범이었다. 그는 일요일 밤에도 전화 회의에 응했고, 오전 3시 45분에 이메일 답장을 보냈으며, 매일 아침 6시에 사무실 책상 앞에 가 앉곤 했다. 또한 사무실에서 12시간 내지 13시간 근무한 다음 집으로 돌아가 낮에 보낸 것보다 더 많은 이메일에 답장을 보내기도 했다.

애플에서 법무 자문위원으로 일한 바 있는 예전 동료 브루스 슈얼 Bruce Sewell은 "대략 새벽 3시 45분에서 4시 15분 사이에 팀의 이메일을 두세 통씩 받곤 했다"라고 말했다. "하지만 4시 40분에서 6시 사이에는 조용합니다. 그것은 그가 집에서 아침을 먹고 일어나 헬스장에 갈 준비를 하고 있다는 의미였지요." 그러고 나서 그는 6시 15분부터 회사에서 업무를 보곤 했다.

쿡은 종종 중국으로 단숨에 날아가 16시간의 시차도 무시한 채 3일 내내 일을 본 뒤, 다시 오전 7시에 귀국해 8시 30분 회의에 참석하는 살인적인 출장 스케줄도 소화했다. 그는 이렇게 공급업체를 만나기 위해 중국으로 출장을 가지 않는 한 거의 캘리포니아주를 벗어나지 않았다. 언제든 연락만 취하면 회사로 달려올 수 있었다. 그가 주관하는 회의는 마라톤 같은 경우가 많았다. 에너지 바를 간식으로 먹으면서 회의를 진행하곤 했다는 사실이 이 비유의 적절성을 입증하고도 남는다. 사무실을 떠나 휴식을 취할 때면 헬스장을 찾거나 암벽등반을 하러 가는 게 그의 습관이었다. 그는 또한 열렬한 사이클리스트여서 토요일과 일요일에는 종종 자전거를 탔다. 그럼으로써 동료들에게는 드물고 귀한 '이메일 휴식 시간'을 제공한 셈이다. "정말 운동을 많이 하는 사람이에요." 슈얼의 언급이다. "건강에 아주 많이 신경을 쓰거든요. 그래서 일찍 일어나 사람들로 북적거리기 전에 헬스장에 가고 그러는 겁니다."

쿡은 애플 역시 스포츠처럼 대한다. 지금도 그렇지만 그에게 일은 지구력으로 버텨야 하는 일종의 인내 스포츠였다. 그 점은 그가 행하는 모든 일에서 명백히 드러났다. 심지어는 짧게 깎은 머리조차 그의 스포츠 영웅이던 랜스 암스트롱Lance Armstrong을 연상시킨다. 한번은 운영팀 회의에서 암스트롱이 한 말을 슬라이드에 담아 띄우기도 했다. "나는 지는 것을 싫어한다. 그저 패배를 경멸한다." 그는 또한 애플의 CEO가 되기 한 해 전인 2010년 오번대학 졸업식 연설에서도 일과 스포츠를 동일시했다. "스포츠에서와 마찬가지로 비즈니스에서도 승리의 대다수는 게임이 시작되기 전에 결정됩니다. 기회가 오는 타이밍을 제어하기는 매우 힘들지만 우리는 준비에 있어서만큼은 얼마든지 통제권을 행사할 수 있습니다." 준비에 대한 바로 이러한 집착이 애플에서 쿡이 거둔 성공의 열쇠였다.

쿡은 애플에 입사해서 12년 동안은 비교적 조용히 경력을 쌓았다. 잡스는 항상 홍보의 전면에 나섰고 조너선 아이브를 비롯한 주요 인물은 그 나름대로 대중적 이미지를 관리했지만, 쿡은 익명성에 감사하며 애플의 비밀스러운 커튼 뒤에 숨어 지냈다. 그런 쿡의 상황은 잡스가 간 이식 수술로 어쩔 수 없이 6개월간 병가를 내면서, 처음으로 임시 CEO 역할을 맡았던 2009년 1월에도 별로 달라지지 않았다. 잡스는 CEO직을 그대로 유지한 채 여전히 '주요한 전략적 결정'에는 자신이 참여한다는 내용의 메모를 돌려 직원들을 안심시켰다. 하지만 애플의 일상적 경영에 대한 책임은 쿡이 맡았다. "저는 팀과 나머지 경영팀이 훌륭하게 일을 수행할 것임을 잘 알고 있습니다." 잡스가 메모에 마저 쓴 글이다.

잡스가 그렇게 자리를 비운 동안 쿡은 아이폰 3GS의 출시를 감독했다. 아이폰 3GS는 출시 주말에만 100만 대 이상 팔리면서 그때까지 애플이 내놓은 스마트폰 중에서 가장 빠른 속도로 판매되었다. 잡스는 예정대로 돌아와 2009년 9월 애플의 키노트Keynote(신제품발표회)를 주관했다. 그리고 기조연설에서 회사의 경영팀, 그중에서도 특히 "위기 상황에서 중책을 맡아 회사를 능숙하게 경영한 쿡"에게 감사의 인사를 전했다. 실제로 그토록 훌륭하게 직무를 수행했기에 쿡은 2011년 1월 잡스가 또 한 번 병가로 자리를 비웠을 때도 임시적으로 애플의 경영을 맡게 되었다.

　잡스의 병세가 악화되어 쿡이 CEO 자리를 물려받았을 때조차 그는 뭇사람의 시선에서 벗어나 있었다. 어쨌거나 잡스가 여전히 회사의 얼굴 역할을 수행하리란 기대가 있었기 때문이다. 하지만 얼마 지나지 않아 마침내 그 모든 것이 조금씩 바뀌기 시작했다.

6장

스티브 잡스를
대체하다

취임 1년

쿡의 CEO 직무 개시일은 2011년 8월 24일 수요일이었다. 당시 CEO로서 그가 취한 조치 몇 가지는 거의 주목을 받지 못했지만, 이후에 전개될 커다란 변화를 암시하고 있었다. 그 변화는 쿡을 전임자의 그늘에서 벗어나게 해주었을 뿐 아니라, 오늘날 애플이 누리는 어마어마한 성공의 토대까지 마련해주었다.

쿡은 애플의 막후 경영에서는 전문적인 역량을 발휘했지만 스포트라이트를 받는 일에는 별 경험이 없었다. CEO 취임 이후 1년간이 고난과 역경으로 점철된 이유다. 그는 대중 앞에서 경직된 모습을 보였고, 고위 임원 두 명을 해고하면서 경영진을 재편해야 했으며, 기대에 미치지 못하는 제품을 출시하며 비난에 시달려야 했다. 이런 상황은 애플이 장기적이고 점진적으로 쇠퇴할 것이라 예측하는 비평가들의 진단에 힘을 실어주었다.

무대에 오른 피노키오

2012년 처음 몇 달은 쿡에게 더 많은 두통거리를 안겨주었다. 그 해 3월 쿡은 잡스 사후에 열린 첫 키노트에서 주역을 맡아 아이패드 3와 애플TV를 소개했다. "이 자리에 서니 매우 신이 나는군요." 무대에 서자마자 이렇게 말을 하긴 했지만 그의 표정은 전혀 그렇게 보이지 않았다. 그는 적당히 구김이 간 셔츠 차림으로 특유의 겸손하고 느릿느릿한 남부 말투를 쓰며 프레젠테이션의 각 단계를 애써 밟아나갔다. 잡스의 다이내믹한 프레젠테이션에서 느껴지던 카리스마나 매력은 전혀 보여주지 못한 채 그저 불편해 보이기만 했다. 지나치다 싶을 정도로 리허설을 많이 한 것 같았다. 본인도 그 자리를 즐기지 못했다. 이마에 주름이 깊게 팼고 전달하는 태도 역시 너무나도 진지했다. 그렇게 그는 애플의 제품발표회에서 늘상 감도는 흥분감을 제거해내는 그 어려운 일을 해냈다.

새로운 아이패드는 대단한 사양을 자랑했다. 새로운 고해상도 레티나 디스플레이와 쿼드코어 그래픽 프로세서를 갖춘 애플의 새로운 A5X 칩, 업그레이드된 5메가픽셀 카메라와 HD 1080p 동영상

녹화, 음성 받아쓰기, LTE 네트워크 지원 등 많은 부분이 업데이트되고 몇몇 기능이 추가된 제품이었다. 이에 대해 전문가들은 긍정적인 평가를 내놓은 반면, 팬들은 이전 제품과 너무 밀접하게 닮아 '전혀 감동스럽지 않은' 업데이트 제품에 불과하다고 생각했다. 진화했다고는 볼 수 있어도 혁명적이라고는 할 수 없다는 이야기였다. 쿡의 지휘 아래 출시된 첫 번째 주요 제품이 결코 좋은 출발이라고는 할 수 없었다.

예견된 고난

어떤 기업이든 신임 CEO는 처음 몇 개월간 어려움을 겪기 마련이다. 선구적인 창업자가 안타깝게 세상을 떠나며 세계에서 가장 주목받는 기업의 실질적 경영권을 물려받은 팀 쿡이 처음부터 아무런 도전에 직면하지 않고 탄탄대로를 걸었다면 그게 더 이상했을지 모른다.

게다가 미국 사법당국이 때마침 애플을 기소하며 그렇지 않아도 신경 쓸 게 많았던 신임 CEO를 더욱 힘들게 만들었다. 미 법무부는 2012년 4월 애플이 다수의 출판사와 전자책 가격의 담합을 모의했다는 혐의를 제기했다(소송은 이후 수년에 걸친 법정 공방 끝에 애플이 벌금을 내고 법원에서 지명하는 반독점 감시위원을 고용하는 것으로 결론이 난다). 해당 사건은 동시에 애플이 이제 반독점 규제당국의 관심을 한 몸에 받을 만큼 커졌다는 사실을 부각시켰다. 반독점 소송은 원래 그 지배적 지위를 남용하는 것으로 여겨지는 가장 큰 기업, 그러니까 가장 강력한 기업에 고삐를 채우려는 의도로 제기돼 왔다. 대표적인 경우가 바로 2001년에 타결한 마이크로소프트의 반독점 소송 건이다. 소송 결과 마이크로소프트는 기술 업계를 지배하던 자리에서 내려올 수밖에 없었다. 이 같은 소송이 애플에도 제기되었으니 실로 심각하게 우려할 만한 상황이었다.

이어 7월에는 애플의 주가가 급락했다. 예상보다 아이폰의 판매가 저조했다는, 실망스러운 삼사분기 실적 보고가 나온 직후였다(미국의 회계연도는 10월 1일부터 이듬해 9월 30일까지다 - 옮긴이). 분석가들은 2890만 개의 아이폰이 판매될 것으로 예상했지만, 2600만 개만이 판매된 것으로 보고되며 주가가 떨어진 것이다. 판매 수량 자체만 놓고 봤을 때는 큰 문제가 아니었다. 판매량이 전년도에 비해 거의 30퍼센트나 증가했기 때문이다. 문제는 애플이 지난 10년간 월스트리트의 기대에 미치지 못한 적이 별로 없다는 데 있었다(이번 경우를 포함해 딱 두 번뿐이었다).

실망스러운 아이폰 판매 실적 부진은 상당 부분 안드로이드와의 치열해진 경쟁에서 기인했다. 애플은 여전히 정상을 지켰지만, 삼성이 급격하게 뒤따라오며 강력한 위협으로 대두되고 있었다. 애플에 관한 기사에 '삼성'이라는 이름이 갈수록 많이 등장하는 것만 봐도 그 점을 알 수 있었다. 2012년 5월 애플은 마케팅 회사 밀워드 브라운Millward Brown의 기업평가 기관인 브랜즈BrandZ에 의해 2년 연속 세계에서 가장 가치가 높은 브랜드로 선정되었다. "애플은 혁신을 거듭하며 계속해서 '럭셔리' 브랜드의 지위를 유지하고 있다. 하지만 앞으로 삼성과 치열한 경쟁을 벌여야 할 입장이다." 브랜즈의 연구 보고서 내용이다. "부분적으로 갤럭시Galaxy의 성공에 힘입어 기업가치가 141억 달러 이상으로 평가되는 삼성은 이제 유비쿼터스 아이폰에 대한 멋지고 가성비 높은 대안으로 자리매김하며 상당수 시장에서 애플을 앞서 나가고 있다." 2012년 10월 쿡은 애플의 한국 사업 부문 총괄사장인 도미니크 오Dominique Oh를 해고했다. 삼성의 본고장인 한국에서 애플 제품의 판매가 부진한 책임을 물은 것이다. 도미니크 오의 재임 기간은 고작 17개월이었다.

애플의 주가 하락은 신제품 두어 가지의 시원찮은 행보에서 비롯되기도 했다. 2012년 7월 애플은 마침내 모바일미MobileMe의 플러그를 뽑아버렸다. 애플의 클라우드 서비스인 모바일미는 출범 첫날부터 불운한 종말을 예고했다. 2011년 10월에 이미 아이클라우드iCloud로 대체되었음에도 2012년 중반까지 목숨을 부지하고 있던 터였다. 또한 애플은 9월 말에 핑Ping을 공식적으로 폐쇄했다. 핑은 2년 전 아이튠즈 10의 일부로 출범된 음악 중심 소셜 네트워크 서비스였다. 핑의 핵심 아이디어는 유저가 아티스트나 친구를 팔로우해 인기 있는 노래를 파악하고 좋은 작품을 추천받는 것이었다. 그러나 이 네트워크는 출범 초기부터 갖가지 문제로 몸살을 앓았다. 페이스북과 통합을 약속했지만 결국 이행되지 않았으며, 일부 유저의 계정에는 스팸이 넘쳐났고 다른 사람의 이름으로 가짜 계정을 개설하는 사기꾼도 속출했다. 하지만 가장 큰 문제는 '이륙'에 실패했다는 사실이다. 아이튠즈의 유저 가운데 극히 일부만이 이를 이용했다. 그해 올싱즈 디지털콘퍼런스All Things Digital Conference의 연단에 선 쿡은 "애플이 소셜 네트워크를 보유할 필요가 없다"라고 인정했다. "일부 고객은 이 네트워크를 무척 좋아합니다만 그런 고객이 충분히 많지 않다는 사실이 문제입니다. 폐쇄해야 마땅하지 않을까요?" 그리고 얼마 지나지 않아 애플은 핑을 없애버렸다.

뼈아픈 고용과 해고

쿡은 2012년 두 명의 고위 임원을 해고해 세간의 이목을 끌었다. 첫 번째 인물은 애플스토어를 책임지는 소매 부문 수석 부사장 존 브로윗John Browet이었다. 그는 그해 1월, 당시 소매 부문 책임자였던 론 존슨Ron Johnson의 대체 인물로 애플에 공식 합류했다. 이력서만 봐도 그만한 적임자가 없었다. 브로윗은 직원 4만 명을 둔 유럽 최대의 소비재 소매업체 중 하나인 딕슨스리테일Dixons Retail 출신이었다. 그는 케임브리지대학을 나와 와튼스쿨에서 MBA를 취득했다. 숫자에 밝은 그는 그간의 경력에서 쿡과 많은 유사점을 보였다. 영국 대형 마트인 테스코Tesco의 온라인 사업 책임자로 일할 때 기자에게 이렇게 말한 것으로도 유명하다. "나는 점심시간이 없어요. 회의도 하지 않고요. 할 일이 너무 많아 그런 데 쓸 시간이 없기 때문이지요." 그는 일에서 만큼은 어떤 허튼짓도 용인하지 않았다. 쿡의 '플레이북Play Book'에서 나 나올 법한 전술이었다. 이렇게 그는 쿡의 밑에서 애플스토어를 운영하기에 딱 알맞아 보였다.

애플스토어가 문을 연 지 10여 년이 지난 2012년, 이런저런 회의론에 부딪히며 출범한 2001년 당시와 달리 애플스토어는 이제 세계 주요 도시 곳곳에서 400개의 매장을 거느릴 만큼 성장한 상태였다. 그 가운데 3분의 1은 미국 밖에 위치했다. 단위 면적당 수익 면에서도 럭셔리 브랜드인 티파니앤드컴퍼니Tiffany & Company를 포함해 다른 모든 미국 소매업체의 수익을 앞지를 만큼 성과를 올리고 있었다. 애플스토어는 컴퓨터와 여타 전자제품의 판매 방식을 바꾸어놓았을 뿐 아니라, 애플의 경영진이 무척이나 바라던 엔드투엔드End-to-End 통제권, 즉 제조부터 고객 구매 경험까지 하나로 아우르는 완전한 통제권을 창출했다.

이런 오프라인 매장은 애플의 사업에서 매우 중요한 영역이었으며, 브로윗은 쿡이 CEO로서 처음 영입한 고위 임원이었다. 그러나 쿡은 거의 즉각적으로 문제에 봉착했다. 처음부터 브로윗이 애플 문화에 적합하지 않은 인물로 보였기 때문이다. 브로윗의 고용을 알린 바로 그날부터 쿡은 고객에게 우려 섞인 이메일을 받았다. 고객들은 브로윗으로 인해 애플스토어의 품격이 떨어질 것이라 걱정했다. 그의 전 직장인 딕슨스가 고객 서비스를 최소화하고 가격 경쟁력 강화에만 주력하는 전자제품 특가 판매점으로 유명했기 때문이다. 미국의 유명 할인매장 베스트바이Best Buy의 유럽판인 셈이었다. 그러나 쿡은 걱정하지 않았다. "많은 사람과 이야기를 나눠보고 존이 최고의 적임자라는 결론을 내린 겁니다." 그가 한 고객의 이메일에 답장한 내용이다. "고객님 역시 저처럼 곧 만족하게 되실 거라고 생각합니다. 그의 역할은 딕슨스를 애플에 가져오는 것이 아니라 애플을 보다 높은 수준의 고객 서비스와 고객 만족으로 올려놓는 겁니다."

하지만 고객의 우려는 결국 옳은 것으로 드러났다. 브로윗은 탁월한 고객 서비스로 쌓아온 애플스토어의 명성을 외면한 채 취임 즉시 고용 인원과 근무 시간을 줄임으로써 비용을 절감하기 시작했다. 그는 판매 목표를 달성하는 데에만 주력했다. 하지만 애플은 그러한 가치를 최우선 순위에 둔 적이 없었다. 그러한 변화에 거의 모든 고객의 불만과 경멸이 야기됐다. 결국 쿡은 브로윗을 영입한 지 6개월 만에 내보낼 수밖에 없었다. 좀처럼 실수를 인정하지 않던 애플이었지만 이번에는 대변인인 크리스틴 휴겟Kristin Huguet을 기자들 앞에 세웠다. "애플은 애플스토어와 관련한 그간의 변화가 실수였음을 인지하고 다시 원래 상태로 돌려놓기로 결정했습니다. 고객 여러분은 애플의 가장 중요한 자산이며 고객이 누려야 마땅한 세계 정상급 서비스를 제공하는 우리의 직원 역시 가장 중요한 자산임을 다시금 확인합니다."

브로윗은 애플에 맞지 않았다. 그는 애플스토어의 여유롭고 부드러운 철학에 녹아들 수 없는, 판매와 이익을 우선시하는 경영인이었다. 쿡은 사업에 대한 접근 방식이 수익에 맞춰져 있는 인물을 선택함으로써 그답지 않은 판단 오류를 범했다. 브로윗도 깊은 회한을 토로했다. "내가 그저 그들의 사업 운영 방식에 어울리지 않았던 겁니다." 그가 나중에 회상한 내용이다. "유능하지 않다는 게 아니라 어울리지 않는다는 이유로 조직에서 거부당하면 아무래도 충격이 좀 클 수밖에요."

브로윗의 중도 하차는 쿡에게 당혹스러운 멍 자국을 남겼다. 특히 CEO로서 첫해를 보내는 그가 갈피를 못 잡고 있는 것은 아닌지 의심이 들게 만들었다. 잡스 역시 과거 두어 차례 사람을 잘못 뽑은 적이 있지만 어쨌든 훌륭한 조력자를 확보할 줄 아는 것으로 더 잘 알려져 있었다. 애플의 스티브 워즈니악과 조너선 아이브가 그랬고, 픽사의 존 래시터John Lasseter와 에드 캣멀Ed Catmull이 그랬다. 쿡은 그러한 놀라운 협력자를 경영진에 두지 못했으며 애플에 대한 비전도 잡스의 그것과는 크게 달랐다. 쿡에게는 추가적인 압박도 따랐기에 브로윗의 고용과 해고는 그에게 숙제를 제대로 하지 않았거나 더 나쁘게는 판단력이 부족한 인물로 보이게 만들었다. 대체 무슨 생각을 하고 있는지 의문을 품게 했다는 뜻이다.

브로윗의 해고보다 더 큰 파장을 일으킨 것은 스콧 포스톨의 퇴출이었다. 한때 잡스 이후 CEO직을 물려받을 가장 유력한 후보로 거론되던 바로 그 인물이다. 포스톨은 넥스트에서 경력을 쌓기 시작해 급성장했다. 그는 잡스를 따라 애플에 들어온 뒤 맥 OS X을 크게 성공시킨 주역으로 활약했다. 그는 이 공로로 아이폰용 소프트웨어 개발도 맡게 되었고, 까다로운 그 임무 역시 훌륭하게 소화해냈다. 그의 뛰어난 성과는 높은 대중적 인지도로 이어졌다. 쿡은 아이폰 4S 키노트에서 그에게 애플의 새로운 인공지능 비서 기능인 '시리'를 소개하는 중책을 맡겼을 정도다. 넥스트에서와 마찬가지로 그는 애플에서도 급속히 위상을 높여갔다. 2011년 잡스의 사망 직후 《블룸버그비즈니스위크Bloomberg Businessweek》는 '마법사의 견습생', '미니 스티브', '애플에 남은 최고의 잡스 대리인'이라는 표현을 동원하며 포스톨을 소개했다. 《포천》의 기자 애덤 라신스키는 자신의 책 『인사이드 애플』에서 포스톨을 "팀 쿡 시대가 끝나면 CEO직을 인수할 준비가 돼 있는 잠재적 후보 중 한 명"이라고 못 박았다. 애플에서의 급성장을 보면 영락없이 그는 잡스의 계보를 이을 유력한 후보였다. 그러나 2012년 말, 그는 돌연 애플을 떠났다.

잡스의 경영팀에서 포스톨은 동료로서 가장 인기가 없었다. 게다가 공동창업자와의 친분이 그에게 보호막 역할을 해주었다. 라신스키에 따르면, 포스톨의 단점은 자신의 야심을 너무 공공연히 드러낸다는 점이었다. 회사에서 끊임없이 권력과 영향력을 행사하려는 그의 행태는 동료 간부와 직원들에게 짜증을 유발했다. 어쨌든 잡스는 그의 추진력과 능력을 높이 사며 그를 총애했다. 하지만 잡스의 사망과 함께 포스톨을 보호하던 안전망도 사라졌다. 2012년 그의 퇴사는 주요 소프트웨어 두 종이 기대에 못 미치는 수준으로 출시된 게 계기가 되었다. 첫 번째는 시리의 실망스러운 출시, 두 번째는 애플맵Apple Maps의 처참한 출시였다. 시리는 애초에 SRI 국제인공지능센터가 미 국방성의 고등연구기획국 자금을 지원받아 벤처 사업으로 출범한 AI 프로젝트였다. 2010년 세상의 빛을 볼 때만 해도 그것은 제3자 iOS 앱이었다. 애플은 그 잠재력을 간파했고 잽싸게 시리 벤처회사를 인수하며 해당 앱을 자사의 이미지에 맞춰 개조하는 작업에 착수했다.

포스톨이 아이폰 4S 키노트에서 시리를 소개했을 때, 그것은 단연 그날의 메인 이벤트였다. 시리는 애플이 1987년 '지식 내비게이터 Knowledge Navigator'라는 이름으로 선보인 디지털 개인비서의 콘셉트를 계승한 역작이었다. 그러나 실제로 그것을 사용한 유저들은 엇갈린 평가를 내놓기 시작했다. 애플의 공동창업자인 스티브 워즈니악은 애플이 내놓은 그 버전을 공개적으로 비판했다. 그는 당초 제3자 앱에 관해서는 열렬한 찬사를 보낸 바 있다. 그가 처음 시리에 반했던 이유는 '캘리포니아의 5대 호수는?' 또는 '87보다 큰 소수는?'과 같은 질문을 제대로 이해했기 때문이라고 했다. 그런데 애플 버전에서 시리는 '호수'에 관한 질문에 '호반의 부동산'과 연결되는 링크를 불러내고, '소수Prime Number'에 대한 질문에는 '최상등급 소갈비Prime Rib'와 연관된 답을 내놓는다는 것이 워즈니악의 지적이었다. 애플에서 시리를 선보이고 채 1년이 지나지 않아, 오리지널 시리 앱을 개발한 두 명의 임원(즉, 애덤 체이어Adam Cheyer와 시리 벤처회사의 전 CEO 대그 키틀러스Dag Kittlaus)은 애플을 떠나 새로운 프로젝트를 출범시켰다. 비브Viv라는 또 다른 AI 스타트업을 창업한 것이다. 비브는 나중에 삼성이 2억 1500만 달러에 사들인다.

시리는 아까운 기회를 놓친 것으로 간주됐지만, 애플맵의 '폭망'에 비하면 그래도 양호한 편이었다. 애플의 매핑 소프트웨어는 2012년 6월 11일에 열린 애플 세계개발자회의Worldwide Developers Conference, WWDC에서 출시 계획이 발표되었다. iOS 6와 함께 제공되는 아이폰의 디폴트Default(기본 설정) 매핑 서비스로, 구글맵Google Maps을 대체할 것으로 전망됐다. 당시에 매핑은 아직 유아기에 머물렀지만 장차 스마트폰의 킬러 앱으로 부상할 것이 명백해지고 있었다. 지도와 길 찾기 기능만 제대로 갖추면 모바일 광고에 버금가는 수익의 보고가 될 가능성이 농후했다. 애플은 그 중요성을 잘 알고 있었기에 주도권을 구글에 양보할 수 없었다. 자체 서비스를 개발하기로 결정한 것이다. 애플맵은 턴바이턴 내비게이션(목적지까지 가는 길을 수시로 업데이트하는 기능)과 3차원 지도, 입체 교차로 표시, 시리 등을 특징으로 개발되었다. 특히 애플은 시리를 통합시킴으로써 당시 인기를 누리던 구글맵과는 차별화를 이룰 것으로 예상했다.

그렇게 9월 19일에 전격 출시된 애플맵은 유감스럽게도 얼마 지나지 않아 유저들에게 '불량품'이라고 낙인찍혔다. 온갖 종류의 문제가 노출된 탓이었다. 뒤틀린 풍경은 살바도르 달리Salvador Dali의 그림처럼 보였고, 영국에서 '런던'을 검색하면 그 나라의 수도 런던이 아닌 캐나다 온타리오주의 런던을 띄웠다. 또한 알래스카의 페어뱅크스국제공항Fairbanks International Airport에 가려는 유저에게 활주로를 가로지르는 경로로 안내하는 등 위험하기 짝이 없는 안전상의 허점도 드러냈다. 《뉴욕타임스》는 애플맵을 "애플이 지금까지 내놓은 소프트웨어 가운데 가장 당혹스럽고 가장 사용하기 어려운 제품"이라고 비판했다. 어떤 매체는 애플맵이 엉뚱한 장소로 안내하는 바람에 애플의 한 중역이 중요한 미팅에 30분이나 늦은 일화를 보도하기도 했다. 이러한 사태의 원인은 애플이 너무 과욕을 부린 데 있었다. 보다 간단하게 만들었다면 바라는 대로 작동했을 가능성이 높았다는 뜻이다. 구글맵을 대체하려는 욕심에 가급적 많은 기능을 넣으려다가 화를 입은 것이다. 7년 전 세상에 나와 성능을 가다듬어온 구글맵과 단번에 승부를 보려다 보니 의욕이 도를 넘고 말았다. 결국 애플은 과욕의 대가를 톡톡히 치렀다.

애플맵의 실패는 궁극적으로 그 앱을 개발한 임원 포스톨에게 책임이 돌아갔다. 《비즈니스인사이더Business Insider》의 저널리스트 제이

야로^{Jay Yarow}는 「애플맵 재앙, 애플의 차기 CEO 후보에게 크나큰 악재」라는 제목의 기사에서 "포스톨이 iOS 소프트웨어로 두 번 연속 큰 실수를 저질렀다"라고 강조했다. 기사는 전년도에도 그가 시리를 iOS에 탑재하도록 밀어붙여 실망스러운 결과를 낳았다고 상기시켰다. 보도에 따르면 쿡이 포스톨에게 공개적으로 사과할 것을 요구했지만 포스톨은 그에 따르지 않았다. 지금까지 쿡과 포스톨 모두 관련 내용을 언급한 적은 없다.

고객들의 거센 항의가 빗발친 가운데 이틀이 지나도 포스톨이 사과할 기미를 보이지 않자 쿡은 직접 나설 수밖에 없었다. 그는 애플의 유저들에게 공개적으로 사과 편지를 띄웠다. 애플맵의 일부 문제점을 소상히 밝히고 개선을 약속한다는 내용이었다.

애플은 가능한 한 최고의 경험을 고객에게 제공하는 세계 정상급의 제품을 만들기 위해 노력하고 있습니다. 지난주에 출시한 우리의 새로운 맵 서비스가 그러한 수준에 미치지 못했음을 통감합니다. 그 때문에 크게 실망했을 모든 고객에게 깊이 사죄드립니다. 지금 우리는 애플맵을 개선하기 위해 할 수 있는 모든 조치를 다하고 있습니다. 애플의 모든 일은 우리의 제품을 세계 최고로 만드는 데 초점이 맞춰져 있습니다. 우리는 여러분이 우리에게 그런 기대를 갖고 있다는 사실을 잘 알고 있습니다. 우리는 애플맵이 그와 같은 놀랍도록 높은 기준에 부응하는 날까지 부단한 노력을 경주할 것입니다.

누군가에게는 쿡의 사과가 약점으로 비치기도 했다. 시사주간지 《더위크The Week》는 쿡의 사과를 두고 "일각에서는 '스티브 잡스가 살아 있었다면 결코 일어날 수 없는 일'이라고 말하며 일종의 굴욕으로 인식하고 있다"라고 썼다. 계속해서 기사는 다음과 같이 물었다. "쿡의 사과는 결국 그가 스티브 잡스에 미칠 수 없다는 증거인가?"

잡스는 단 한 번도 애플의 실수에 대해 사과한 적이 없었다. 아이폰 4가 출시되었을 때, 외부 안테나에 손가락이 닿으면 통화가 끊어진다는 유저들의 불만이 있었다. 이른바 '안테나게이트 스캔들 Antennagate Scandal'이었다. 잡스는 어이없게도 "유저들이 전화기를 잘못 잡아서 그렇다"라고 응수했다(잡스는 결국 안테나게이트 관련 기자회견을 열어 해당 문제를 해결할 수 있는 완충 케이스를 유저에게 무료로 제공하겠다고 밝혔지만 명백한 사과를 입에 올리지는 않았다).

그러나 쿡은 자신의 방식대로 일을 처리하기 원했던 것으로 보인다. 쿡은 포스톨을 '팀에 파괴적인 영향을 미치고 책임을 지지 않는 말썽꾼'으로 판단했다. 그가 내린 결론은 포스톨의 해고였다. 쿡의 동료 그레그 조스위악은 쿡이 포스톨의 실수를 공론화하거나 사적으로 비난하는 일 없이 애플맵팀에 변화를 가하는 조치를 결단력 있게 취한 것이라고 말했다. 해당 조치에 대해 간접적으로 찬사를 보낸 셈이다. 조스위악은 쿡을 "모든 면에서 대담하고 단호한 리더"라고 평가하며 "그는 오로지 조직의 항로를 올바르게 잡기 위해 우리가 해야 할 일이 무엇인지에 대해서만 관심을 기울였다"라고 덧붙였다.

동료 임원들은 포스톨의 해임에 아무런 불만도, 항의도 표하지 않았던 것 같다. 적어도 공개적으로는 그랬다. 보도에 의하면 포스톨의 퇴사는 내부 직원들의 '환호'를 이끌었다. 익명을 요구한 전직 애플 직원은 포스톨이 사내에서 정치 행위를 일삼으며 종종 다른 이의 공로를 가로채고 저 혼자 앞서 나가겠다고 동료를 옆으로 밀쳐내는 등 많은 마찰을 일으켰다고 말했다. 또한 포스톨은 노골적으로 야심을 드러내는 바람에 동료로부터 따돌림을 당했다. "그는 너무도 빈번하게 본인과 관계없는 일에까지 개입하려 했어요. 그런 걸 좋아할 직원이 어디 있겠어요. … 그의 그런 행태에 신물이 난 직원이 너무 많았던 게 아닌가 싶네요."

애플의 아이팟 부문 수석 부사장 출신으로 '아이팟의 아버지'로 통하는 토니 퍼델Tony Fadell은 BBC와의 인터뷰에서 "포스톨이 마땅한 대가를 치른 것"이라고 말했다. 포스톨과 퍼델이 견원지간이라는 것은 널리 퍼진 소문이었다. 두 사람은 아이폰 개발에 몰두하던 시절 끊임없이 충돌한 것으로 알려졌다(포스톨은 소프트웨어 책임자였고 퍼델은 엔지니어링 책임자였다). 2008년 퍼델이 애플을 그만둘 때까지 둘은 재원과 인력, 공로 등을 놓고 틈만 나면 다툼을 벌였다. 같은 인터뷰에서 퍼델은 쿡이 단행한 포스톨의 해고와 경영진 재편을 두고 훌륭한 조치라고 평가했다. "그러니까 위대한 제품과 놀라운 인재들이 있는 애플이 사내 분위기까지도 훌륭해진 것이라 볼 수 있습니다. 저는 이제 애플이 확고한 토대 위에서 스티브의 유산을 계속 발전시켜 나갈 진정한 기회를 잡은 것이라고 생각합니다."

많은 직원은 포스톨이 해고당한 주된 사유가 그의 빈번한 정치질 때문이라고 생각했다. 그는 아이폰에 생명력을 제공하는 소프트웨어의 담당 책임자였다. 아이폰이 날아오르면 그의 별도 함께 떠올랐다. 사내에서 파워가 막강해진 것은 물론이다. 애플 전문 분석가 호러스 데듀Horace Dediu는 당시 포스톨이 자신만의 프로젝트를 추진하기 시작하면서 쿡이나 여타 임원에게 알리지도 않고 하드웨어 엔지니어들을 끌어다가 자신의 프로젝트에 배치한다는 소문을 들은 적이 있다고 말했다. "기여하는 부분도 많았고 제대로 하는 일도 많았지만, 지휘 계통을 무시하고 명령에 불복종하며 자신의 영역 밖으로 발을 뻗으면 사형당할 수밖에 없는 거지요."

데듀는 포스톨이 단순히 새로운 애플맵 사업을 망쳐놓았다는 이유 하나만으로 해고당한 것은 아니라고 분석했다. 애플의 문화에는 실수를 용인하는 경향이 있기 때문이다. 실제로 포스톨이 공개적으로 사과하라는 쿡의 직접적인 지시를 무시했다면, 그의 명을 재촉한 것은 그런 식의 반항과 도전이었을 가능성이 높다. 데듀의 분석을 계속 들어보자. "팀은 분명 '뭐야, 지금 나를 시험하는 거야? 이 친구들이 이제 하나둘 파워 게임을 벌이기 시작했네. 그냥 놔두면 안 되겠는걸' 이런 식으로 느꼈을 겁니다. 제 생각에는 일정 부분 시범 케이스로 본때를 보여주면서 다른 사람이 자신을 가볍게 여기지 못하도록 만들겠다는 의도가 깔려 있었던 것 같습니다. 이후로 그는 분명 내부적인 골칫거리로 골머리를 앓는 일이 크게 줄어들었을 겁니다."

포스톨이 퇴사하고 몇 달 후, 쿡은 《블룸버그비즈니스위크》와의 인터뷰에서 해당 에피소드에 얽힌 내용을 간략하게 언급했다. 그러면서 본인의 리더십 스타일도 일정 부분 드러냈다. 그는 경영진을 개편한 일이 사내의 협력을 증진시키기 위한 판단이었다고 말했다. 여기까지는 당시의 보도자료 내용과 다를 바 없었다. "우리 애플은 높은 수준의 협력을 자랑하는 조직입니다. 하지만 우리는 그것을 한 차원 더 높여야 한다고 판단했습니다. 잘 아시겠지만 우리가 잘하는 일은 많습니다. 그러나 유독 잘하는 것, 다른 회사는 못하지만 우리는 할 수 있다고 생각하는 것, 그것은 바로 하드웨어와 소프트웨어, 그리고 서비스의 통합입니다. 그것을 소비자가 굳이 구별해서 의식할 필요가 없도록 해내는 겁니다. 소비자에게 단지 애플 제품은 환상적인 경험을 안겨준다고 느끼게 말입니다. 그런 장점을 계속 유지하고 나아가 한 차원 높은 수준으로 끌어올리려면 어떻게 해야 할까요? A급 협력만으로는 부족합니다. A플러스급 협력이 필요한 것이지요."

쿡은 포스톨과 브로윗의 해고를 직접적으로 언급하지는 않았지만, 다음의 말을 통해 경영진의 협력 방식과 책임의식에 대한 자신의 생각을 드러냈다. "우리 모두를 하나로 묶는 것은 우리가 함께 정립하는 가치관입니다. 우리는 옳은 일을 하기 원하고 정직함과 솔직함을 추구합니다. 우리는 실수를 인정하고 고쳐나가는 용기를 중시합니다. 그리고 사내 정치는 용납하지 않습니다. 저는 정치 행위를 경멸합니다. 회사라는 조직에는 그런 게 들어설 여지가 생겨서는 안 됩니다. 저는 그런 것까지 다룰 수 있을 만큼 저의 삶이 길다고 생각하지 않습니다. 관료주의도 용인할 수 없습니다. 회사가 사내 정치나 사적인 어젠다에 발목 잡혀선 안 된다는 것이 저의 지론입니다. 그러면 빠르게 움직이는 조직이 될 수 없습니다." 결국 행간을 읽어보면 쿡이 포스톨을 해고한 것은 그가 정치 행위를 일삼으며 자신의 사적인 어젠다를 추구했기 때문이다. 그는 잘못을 인정하지도 않았고 사과하려 하지도 않았으며 변화에 기꺼이 동참하려 하지도 않았다. 쿡의 리더십 교본에는 그런 것들이 가장 큰 죄악이었다.

삼성에 지위를 빼앗긴 애플?

물론 포스톨의 해고에 모든 사람이 박수를 친 것은 아니었다. 댄 크로Dan Crow는 2012년 말 《가디언The Guardian》에 이렇게 썼다. "애플은 정점을 찍었다. 이제부터는 계속 내리막길이다. 구글맵을 버리고 자체 맵을 개발하기로 한 결정과 스콧 포스톨, 존 브로윗을 내쫓으며 최고경영진에 가한 변화가 바로 그러한 내리막길의 시작을 시사한다." 재정 면에서 애플은 지극히 훌륭한 성과를 올리고 있었지만 (2012년 1565억 달러 수입에 463억 3000만 달러라는 엄청난 이익을 기록했다),

전문가 다수는 그것을 팀 쿡의 성과가 아닌 잡스와 그의 유산 덕으로 돌렸다. 애플이 무수한 공격에 시달리고 있어 조만간 쓰러질 수밖에 없다는 내러티브였고, 사람들은 이에 마냥 저항하기 힘들었다.

심지어 애플의 광고 에이전시인 TBWA\미디어아츠랩^{TBWA\Media Arts Lab}도 그런 내러티브에 말려든 것처럼 보였다. 2013년 1월《월스트리트저널》은「애플은 결국 삼성에 '멋'을 빼앗겼는가?」라는 제목의 기사를 실었다. 기사는 당시 새로 나온 갤럭시 S3 스마트폰으로 공격적인 마케팅을 펼치던 삼성이 슬럼프에 빠진 애플을 따라잡았다고 진단했다. TBWA는 애플의 중역에게 개인적으로 이메일을 보내 그런 상황에 대한 우려를 표명했다(해당 이메일의 내용은 훗날 삼성 대 애플의 특허권 분쟁 과정에서 공개된다). "우리는 지금이 1997년과 흡사하다고 생각합니다. 애플이 이 순간을 이겨내도록 모종의 조치를 취할 필요가 있다는 점에서 그렇습니다." 1997년 애플에 돌아온 잡스는 TBWA와 손잡고 그 유명한(나중에는 상까지 받은) '다르게 생각하라' 광고 캠페인을 시작했다. 당장은 애플이 재정적 곤경에 처했지만 곧 다시 부상할 수 있는 위대한 기업이라는 점을 세상에 상기시키기 위해서였다. 그 캠페인은 눈부신 효과를 거두며 어려움에 처한 회사에 새로운 생명력을 불어넣었다. 다만 2012년에는 상황이 역전된 듯 보였다. 재정적으로 탄탄한 애플이 대중의 인식 속에서 심각한 곤경을 겪고 있었다. 많은 사람이 애플은 이제 내리막길에 들어섰다며 걱정했다.

하지만 애플의 직원들은 흔들림 없는 신념을 갖고 있었다. 마케팅 책임자인 필 실러Phil Schiller는 TBWA의 우려 섞인 제안에 반박하는 답장을 보냈다. "지금은 1997년이 아닙니다. … 1997년의 애플은 시장에 내놓을 이렇다 할 제품이 없었습니다. 매출이 저조해서 6개월 동안이나 반은 폐업 상태로 손을 놓고 있던 회사였지요. … 그때는 스마트폰과 태블릿의 형태 인자를 창출하고, 콘텐츠 유통과 소프트웨어 시장을 주도하며, 세계 최정상급의 제품을 만드는, 세상에서 가장 성공한 기술 기업이 아니었지요. 다른 모든 기업이 모방하며 따라잡고 싶어 하는 기업이 아니었다고요."

말할 것도 없이 TBWA는 팀 쿡이 이끄는 애플에서 '다르게 생각하라'와 같은 부류의 광고 캠페인을 따낼 수 없었다.

변화에 시동을 걸다

경영진 재편과 협력 증진이라는 주요한 내부적 조정이 있었음에도, 애플은 아직 밖에서 보면 별다른 변화가 없는 것처럼 보였다. 대체로 쿡은 계속해서 전임자의 유지를 받들어나가는 것 같았다. 하지만 그가 앞으로 애플을 어떻게 이끌어나갈지, 그 방법에 대한 힌트가 이미 여기저기서 노출되고 있었다.

쿡이 CEO로서 결정한 첫 번째 큰 변화는 취임 5개월 만인 2012

년 1월에 일어났다. 그는 지난 분기에 대한 애플의 블록버스터급 수익보고서가 발표된 직후 사내 타운홀 미팅을 열었다. 미팅에 앞서 그는 직원들에게 '흥미진진한 새로운 것들'을 논하게 될 것이라고 예고했다. 그 가운데 하나가 바로 '애플의 자선 활동 확대 계획'이었다. 이것은 잡스가 애플에 세운 비전에서 벗어나는, 의미심장한 결별이었다. 잡스는 자선 활동에 인색한 것으로 유명했다. 그는 자신이 할 수 있는 가장 큰 자선 활동이 애플의 가치를 높이는 것이고, 주주들이 스스로 선택한 대의에 맞춰 자선을 베풀도록 더 많이 돈을 가져다주는 것이라고 주장했다. 잡스의 시대에 애플은 자선 활동에 그다지 의미 있는 기여를 하지 못했다. 애플이 참여한 유일한 공개적인 자선 활동은 록그룹 U2의 리더 보노^{Bono} 등이 주도한 '프로덕트 레드_{(PRODUCT)RED}' 프로젝트였다. 인기 제품에 프로덕트 레드 브랜드를 찍어 판매하는 방식으로, HIV/AIDS(후천성면역결핍증후군)의 퇴치 기금을 마련하는 자선 사업이었다. 2006년 이래 애플은 아이팟과 아이폰의 각기 다른 RED 브랜드 여섯 가지를 판매하며 1억 6000만 달러 이상을 모금했다.

쿡은 잡스와 다른 시각을 견지했다. 그는 조카가 대학 교육을 마칠 때까지 학비를 지원한 뒤, 자신의 모든 재산을 자선 사업에 기부할 계획이다. CEO로서 그는 임직원이 기부하는 금액과 동일한 금액을 1인당 연간 최대 1만 달러까지 회사에서 추가로 기부하는 자선 매칭 프로그램을 마련했다. 임직원들은 쌍수를 들어 환영했다. 프로그램이 출범하고 두 달 만에 회사와 임직원은 도합 260만 달러를 기부했다. 쿡은 그날 타운홀 미팅에서 애플이 스탠퍼드대학 병원에 5000만 달러를 기부했다는 사실 또한 밝혔다. 스탠퍼드를 선택한 이유에 대해서는 굳이 설명하지 않았지만, 회사와 스티브 잡스가 그 대학 및 의료 시설과 오랜 시간 인연을 맺어온 것은 공공연한 사실이었다. 잡스는 2005년 스탠퍼드대학에서 그 유명한 졸업식 연설을 했으며, 스탠퍼드암센터에서 치료를 받기도 했다. 애플은 2011년부터 지금까지 허리케인 피해 구호와 산불 피해 복구, 중국의 홍수 피해 구제 등을 포함한 다양한 교육·환경 이니셔티브에 수억 달러를 기부했다.

또한 애플은 교육 기관에 투자하며 인재 양성에 기여하는 한편, 보건과 인권에 초점을 맞춘 자선단체에도 상당한 금액을 기부하고 있다. 쿡은 CEO에 취임한 지 1년 반 정도 지난 시점에 채러티버즈Charitybuzz에서 주관한 자선 경매에 자발적으로 참여했다. 그가 경매에 내놓은 물건은 자신의 '시간'이었다. 낙찰자는 그와 애플 본사에서 커피 타임을 가질 기회를 갖고, 로버트케네디인권센터는 해당 경매로 61만 달러를 확보하는 성과를 얻었다. 이는 그보다 두 달 전 람보르기니 아벤타도르 LP 700-4 로드스터Lamborghini Aventador LP 700-4 Roadster가 세운 채러티버즈 경매 기록에 필적하는 성과였다. 또한 해당 낙찰가는 로버트케네디인권센터를 위해 진행된 기존 경매 최고가의 두 배, 몇 주 전 경매 개시 시점에 제시된 예상 낙찰가의 열두 배에 달하는 금액이었다. 입찰에는 앱 개발자와 액세서리 제조업사, 기업가 등이 참여했으며 낙찰자는 공개되지 않았다.

2014년이 끝나갈 무렵, 회사는 에이즈 퇴치 기금 조성을 위해 프로덕트 레드에 2000만 달러라는 거금을 기부했다. 이 돈은 앱 결제에서 발생하는 수익금 가운데 일부를 포기한 앱 개발자들과의 파트너십을 통해, 그리고 연중 최대 쇼핑 시즌인 블랙프라이데이Black Friday와 사이버먼데이Cyber Monday 기간에 판매된 애플 제품의 수익을 통해 마련되었다. "이번 분기에 우리가 기부하는 총금액이 2000만 달러 이상이라는 것을 기쁜 마음으로 알립니다. 분기 기부액으로는 역대 최대치가 되는 것이지요. 이로써 애플이 프로덕트 레드에 기여한 전체 금액 또한 1억 달러를 넘어서는 겁니다." 쿡이 직원들에게 돌린 이메일 내용이다. "우리가 모금한 기금은 생명을 구하고 곤경에 처한 사람에게 희망을 안겨줍니다. 이것이야말로 우리 모두가 자랑스럽게 지지할 수 있는 대의라고 생각합니다."

이후 애플은 직원의 기부와 관련하여 새로운 수치는 공개하지 않았다. 이로써 지금껏 쿡이 출범한 매칭 프로그램으로 조성된 기금이 총 얼마인지는 알려지지 않은 상태다. 하지만 2018년 트럼프Trump 행정부가 2500억 달러에 달하는 애플의 해외 수익금을 본국으로 송금하도록 세법을 조정해주자, 쿡은 한시적으로 매칭 프로그램의 기부금을 기존의 1대 1에서 2대 1 비율로 늘렸다. 그는 직원들의 자선 기부금을 두 배로 늘려 매칭한다는 내용(연간 최대 1인당 1만 달러라는 내용에는 변함이 없다)의 메모를 직원들에게도 돌렸다. 또한 직원들이 봉사에 기부하는 시간 역시 두 배로 늘려 매칭할 것이라고 했다.

쿡의 주도로 정립된 자선에 관한 애플의 새로운 입장은 전반적으로 환영받았다. 하지만 일각에서는 기부금이 아직 새 발의 피에 불과하며, 애플이 자체 공급망에서 직면한 노동 문제도 새로운 기조와 다소 상충한다고 지적했다. 《벤처비트VentureBeat》의 기자 세라 미트로프Sarah Mitroff는 이렇게 썼다. "애플의 자선 활동은 현재 현금 보유고가 977억 달러에 달한다는 점을 감안하면 미흡한 수준이라 할 수 있다. 애플이 내놓은 돈은 2012년 일사분기에 벌어들인 463억 3000만 달러의 수입과 비교해도 조족지혈에 불과하다. 게다가 아이폰을 비롯해 애플의 여타 주요 제품을 제조하는 폭스콘에서 불거진 노동 문제는 그들이 새롭게 구축한 자선적 이미지에 손상을 가할 뿐이다." 어쨌든 그럼에도 쿡은 험난한 취임 초기에 보다 긍정적인 변화를 예고하는 작은 바람을 일으키고 있었다.

공급망 개선과 책임의식

쿡이 취한 공급망 관리 방식의 변화도 애플의 새로운 시도 중 하나였다. 2012년 2월 ABC 방송은 「나이트라인Nightline」 특집 프로그램으로 애플의 최대 위탁 제조업체인 폭스콘에 관한 내용을 방영했다. 애플의 취재 승인을 받아 제작된 프로그램이었음에도, 애플의 제품을 생산하는 폭스콘의 노동 환경을 보다 심층적으로 예민한 부분까지 조명했다. 시청자의 관심을 끈 부분은 아이패드 하나를 완성하는 데 5일 동안 325차례의 수작업이 동원된다는 내용이었다. 물론 그보다 더 눈길을 끈 것은 폭스콘 노동자들의 처우였다. 그들은 시급으로 1.78달러를 받는 가운데 식비로 끼니당 0.70달러를 지불하고, 방 한 칸에 6인에서 8인을 수용하는 비좁은 기숙사에 머물며 월세로 17.50달러를 내고 있었다.

《뉴욕타임스》도 이에 가세해 폭스콘의 노동 환경에 관한 탐사보도 시리즈를 마련했다(이 시리즈는 나중에 퓰리처상까지 받는다). 쿡은 그답지 않게 격노에 찬 반응을 보이면서도, 잡스와는 사뭇 다른 방식으로 자기 생각을 직원들에게 전했다. 이런 일에 대해 잡스는 무신경한 행태를 보이며 비난받지 않았던가. 쿡은 직원들에게 보낸 이메일에서 "해당 보도를 접하고 불쾌감과 동시에 격분을 느끼지 않을 수 없었다"라고 밝혔다. 그는 직원들에게 단도직입적이면서도 투명하게 자신의 생각을 전했다. "우리는 세계 전역의 공급망에서 일하고 있는 모든 근로자에게 신경을 쓰고 있습니다. 모든 사고를 심각하게 받아들이며, 노동 환경과 관련한 어떤 문제든 우려의 대상으로 삼고 있습니다. 우리가 신경 쓰지 않는 게 있다면, 그것은 명백한 허위 보도와 우리에 대한 공격성 비난일 뿐입니다. 여러분이 누구보다도 잘 알다시피 그러한 비난은 우리의 가치에 반하는 것입니다. 그것은 우리의 참모습이 아닙니다." 이렇게 쿡은 애플이 그동안 수십만 근로자의 노동 환경을 개선해왔다는 사실을 강조하면서 관련 기록을 바로잡기로 결심했다.

이러한 보도 이후 그 즉시 애플은 전 세계 노동 착취 공장을 척결하기 위해 활동하는 워싱턴 D.C. 기반의 공정노동협회Fair Labor Association, FLA와 고용 계약을 체결했다. 그리고 FLA에 중국 선전과 청두成都의 폭스콘 공장을 감사해달라는 임무를 부과했다. 그러한 조치는 애플의 공급망에 대한 개선과 책임의식을 확대하는 의미 있는 발걸음으로 인식되었다. 이것이야말로 애플의 웹사이트에 명시된 여섯 가지 가치 중 하나가 아니던가. 애플은 식품과 의류 업계의 공급망을 개혁하여 평판을 쌓은 FLA를 고용한 '최초의 기술 기업'이었다. 2016년 10월 FLA와의 협업이 종결된 시점까지 그런 노력을 기울인 기술 기업 역시 애플뿐이었다.

FLA를 고용하고 얼마 지나지 않아 쿡은 골드만삭스Goldman Sachs가 주관한 콘퍼런스 기조연설에서 '공급망에 불거진 노동자 학대 혐의'를 직설적으로 언급했다. 그는 '모든 근로자가 차별 없이 경쟁력 있는 급여를 받으며 안전한 노동 환경을 보장받는 그날까지 애플은 결코 안주하지 않을 것'이라고 말했다. 그러면서 근로자를 돌보지 않는 공급업체는 어떤 곳이든 애플과 계약 해지 수순을 밟게 될 것이라고 강조했다. "애플은 이미 오래전부터 근무 여건에 매우 진지한 관심을 기울여왔습니다. 유럽이든 아시아든 미국이든 근무 지역에 상관

없이 우리는 모든 근로자에게 신경을 쓰고 있습니다." 그는 블루칼라로 일한 자신의 개인적인 경험도 피력했다. "저는 경영 간부가 아닌 현장 근로자로 공장 일을 하며 많은 시간을 보냈습니다. 앨라배마의 제지 공장에서도 일했고, 펜실베이니아의 알루미늄 공장에서도 일한 적이 있습니다. 그런 제가 어떻게 신경을 쓰지 않을 수 있겠습니까. 또한 우리 공장에 파견된 수백 명의 상근 직원이 눈을 부릅뜨고 지켜보고 있습니다. 우리는 세밀한 수준으로 노동 환경에 개입하고 있습니다."

의미 있는 개혁에 대한 쿡의 약속은 전반적으로 좋게 인식되었다. 캘리포니아주립대학 버클리캠퍼스의 환경 및 노동 정책 담당 부교수인 다라 오로크Dara O'Rourke는《뉴욕타임스》보도를 통해 쿡이 문제를 덮는 데 급급하지 않고 목소리를 높여 공론화한 부분은 칭찬받아야 마땅하다고 말했다. "나는 그 점에 대해 팀 쿡을 높이 평가하고 싶습니다. 문제가 있다는 사실을 인정하고 있는 것이니까요." 평판 관리 전문가인 노스웨스턴대학 교수 대니얼 디어메이어Daniel Diermeier도 이에 동의했다. 그는 물론 언론의 비난이 쿡에게 행동하도록 자극한 것은 분명하지만, 그는 이에 대해 자신의 지위를 적절히 활용해 긍정적인 변화를 갖는 기회로 삼았다고 진단했다. "그는 필경 이런 문제를 보다 깊이 이해할 수 있는 인물일 것으로 생각됩니다. 여타의 경영인보다는 더욱 사적인 감정으로 이 문제를 받아들였을 겁니다."

하지만 쿡의 다짐을 의심하는 사람도 있었다. 노동운동가이자 노동 문제 연구원인 제프 밸린저Jeff Ballinger는 쿡의 개혁 약속이 그대로 이행될지 의문이라고 말했다. "전에 내가 본 적이 있는 패턴과 흡사합니다. 그저 비난 여론을 잠재우기 위해 그러는 것일 수도 있습니다. 그다지 설득력이 없습니다."

그러나 쿡의 개혁 의지는 결연했다. 그는 정기적으로 애플의 공장을 방문해 노동자들과 대화를 나누는 등 노동 환경 개선에 실질적인 시간과 노력을 투자했다. 그해 3월 말 그는 중국 정저우鄭州로 직접 날아갔다. 12만 명의 직원이 있는 신설 폭스콘 조립 공장을 둘러보기 위해서였다. 많은 직원이 아이폰 조립에 투입된 공장이었다. 애플은 조립라인을 시찰하는 쿡의 사진을 언론에 공개했다. 그 사진은 곧 세계 전역으로 퍼져나갔다. 쿡이 공급망 관리에 그렇게 깊이 관여하는 건 사소한 사건이 아니었다. 잡스는 조립라인에서 사진을 찍은 적이 한 번도 없었다. 그러나 냉소적인 블로거 다수는 이미지 관리용 촬영일 뿐이라고 일축했다.

노동 환경을 개선하겠다는 쿡의 맹세에도 폭스콘 청두 공장에서는 사소한 일이 발화점이 되어 2000명이 넘는 근로자가 폭동을 일으킨 사건이 발생했다. 보도에 따르면 공장 기숙사에서 발생한 도난 사건이 발단이었다. 근무 여건과 임금 수준을 놓고 고조되던 불만이 마침내 폭발한 것이다. 폭동이 가라앉고 얼마 지나지 않아 같은 공장에서는 23세 근로자가 숙소로 쓰던 아파트에서 뛰어내려 자살한 사건이 벌어졌다. 그는 폭스콘에서 고작 한 달을 일한 뒤 죽음을 선택했다. 애플의 개혁 약속 뒤에 벌어진 일들인지라 세간의 이목이 쏠릴 수밖에 없었다.

사실 이는 폭스콘에서 일어난 최초의 자살 사건이 아니었다. 2007년과 2009년에도 한 차례씩 있었고, 2010년에는 갑자기 자살자가 급증하기도 했다. 2010년 한 해에만 18명의 직원이 자살 시도를 해 적어도 14명이 사망한 것으로 추산되었다. 그 가운데 첫 번째는 2010년 1월에 발생한 젊은 직원 마 샹첸Ma Xiangqian의 자살이었다. 그는 그 일이 있기 얼마 전 실수로 공장 장비를 파손하여 화장실 청소부로 강등된 상태였다. 합법적인 초과근무 한도의 세 배나 되는 시간을 일하던 직원이었다. 뒤이어 마의 여동생이 "우리 노동자의 삶은 너무 고되다"라는 말을 남기고 오빠를 따랐다. "우리를 기계가 되도록 훈련시키고 있는 것 같다." 이것은 아파트에서 투신한 후 2009년 7월 사망한 22세 폭스콘 직원 순 단용Sun Dan-yong이 남긴 말이다. 그는 아이폰 시제품을 갖고 다니다 분실한 뒤 투신했다. 숨을 거두기 전 그는 그 일로 폭스콘 직원들에게 두들겨 맞았고, 숙소를 수색당했다고 주장했다.

폭스콘의 테리 고우 회장은 "혹독한 환경은 좋은 것"이라 믿는 등 무관심한 태도를 보여 사람들을 경악케 했다. 하지만 2010년 5월, 14번째 직원이 투신자살하자 자살 예방 조치를 취하기 시작했다. 회사가 취한 첫 번째 조치는 직원들이 거주하는 아파트 둘레에 도합 300만 평방미터에 달하는 그물망을 설치하는 것이었다. 투신하는 사람을 그물로 받아서 살리겠다는, 문제의 근원을 해결하는 것과는 거리가 먼 발상이었다. 물론 거기서 그치지는 않았다. 폭스콘은 선전 공장의 근로자 임금을 30퍼센트 인상하는 조치도 단행했다. 월급을 1200위안, 즉 176달러로 올려준 것이다. 그리고 6개월 후에 또 한 차례 인상해주겠다는 약속도 내걸었다. 그들이 취한 마지막 조치는 훈련된 직원 100명이 교대로 상주하는 24시간 상담 센터를 개설하고 특별한 스트레스 해소방을 설치하는 것이었다. 스트레스 해소방은 야구방망이를 이용해 노동자들이 분노와 좌절감을 마네킹에 쏟아부을 수 있는 공간이었다.

폭스콘 노동자들의 자살 사건은 곧바로 애플에 직접적인 파장을 미쳤다. 애플이 폭스콘과 거래하는 유일한 대기업은 아니었지만 가장 크고 잘 알려진 회사였기에 그랬다. 해당 스캔들은 애플의 진보적인 이미지와 가장 극명하게 대비되는 것으로 비쳤다. 애플과 잡스를 상당히 긍정적인 시각으로 조명한 책 『비커밍 스티브 잡스』의 저자 브렌트 슐렌더Brent Schlender도 훗날 이와 관련해 다음과 같은 질문으로 문제성을 적시했다. "어떻게 천사의 얼굴을 내세운 애플이 열 명이 넘는 조립라인의 노동자가 자살할 정도로 작업 환경이 열악하고 힘겨운 중국 폭스콘 공장에서 제품을 생산할 수 있는가?" 이것이 바로 당시 많은 소비자가 품은 의문의 핵심이었다.

그러나 잡스는 이런 주제에 목소리를 높일 인물이 아니었다. 테리 고우와 마찬가지로 잡스 역시 힘든 환경이 꼭 나쁜 것만은 아니라는 입장이었다. 잡스는 2010년 연쇄 자살 사건으로 인한 폭스콘의 조치 이후, 해당 공장은 사실 '노동 착취 공장'이 아니라 '꽤 멋진 곳'이라며 폭스콘을 옹호하기도 했다. 문제는 그다음에 나온 그의 발언이었다. "어쨌든 이제 다 지난 일입니다." 너무 무정하고 무신경하다고 느낄 수밖에 없는 대목이다.

그럼에도 애플은 실질적인 변화를 꾀했고, 쿡의 CEO 취임 이후 그런 노력은 가속되었다. FLA는 2012년 8월 첫 번째 보고서를 발표하며 먼저 근로자의 안전과 임금, 근무 환경과 관련해 고칠 필요가 있는 360가지 '개선 조치 항목'을 파악했다. 개선 조치 항목에는 임금과 근무 시간, 초과근무, 보건, 안전 교육, 실업 보험, 아동 노동, 인턴 프로그램 등이 포함되었다.

애플이 FLA과 협업 관계를 맺은 이래로 7개월이 지나는 동안 몇 가지 문제는 여전히 해결의 실마리가 잡히지 않았다. FLA의 보고서에 따르면 미해결 상태의 대표적인 항목에는 노조 대표 관련 문제와 중국의 노동법에 따른 근무 시간 단축 문제 등이 있었다. 그러나 근무 시간이나 초과근무를 줄이는 문제의 경우, 많은 근로자가 원치 않는다는 게 더 큰 문제였다. 그들은 종종 보다 오랜 시간 일하는 것을 선호했다. 그래야 더 많은 보수를 받을 수 있고, 돈을 모으거나 고향에 송금할 수 있기 때문이었다.

하지만 전반적으로는 애플과 폭스콘이 노동 환경 개혁에서 상당 부분 진전을 이루었다는 것이 FLA 보고서의 골자였다. FLA는 몇몇 항목의 경우 마감 시한이 15개월로 늘었지만, 이미 애플과 폭스콘이 권장 개선책 가운데 284가지 항목을 예정보다 이른 시간에 구현했다고 보고했다. FLA의 오렛 밴 히어든Auret van Heerden CEO는 성명서에서 "보건 및 안전의 개선 등 시급한 조치가 필요했던 변화는 충분히 이뤄졌다는 것이 우리의 검증 결과"라고 밝혔다. "우리는 애플이 폭스콘에 인턴 프로그램을 개혁하겠다는 약속 이행을 포함하여 행동 계획을 책임감 있게 준수하도록 실사를 수행해왔다는 사실에 만족합니다." 이렇게 쿡은 CEO로 재임한 지 1년도 되지 않아 공급업체의 책임의식 측면에서 잡스가 재임한 전체 기간에 이룬 것보다 더 많은 개선을 이끌어냈다. 그는 2012년 초 직원들에게 보낸 이메일에 이렇게 썼다. "오늘날 우리 업계에서 애플처럼 근로자를 위해 환경 개선에 열중하는 기업은 단 한 곳도 없습니다."

그로부터 지금껏 애플은 공급망을 개선하기 위해 부단한 노력을 기울여왔다. 하지만 이따금씩 발생하는 노동운동가들과 관련 단체로부터의 비판을 피할 순 없었다. 많은 사람이 애플 정도의 파워와 이윤을 보유한 기업이라면 더 많은 일을 할 수 있거니와 마땅히 그래야 한다고 주장했기 때문이다. 공급업체 공장들의 노동 환경이 여전히 비참한 수준을 벗어나지 못하고 있기에 더더욱 그랬다. 뉴욕에 본부를 두고 중국 노동자들의 인권 보호를 위해 활동하는 비정부기구 차이나레이버워치China Labor Watch의 책임자 리 치앙Li Qiang은 애플이 공급업체의 이윤을 낮게 잡는 것이 문제의 핵심이라고 비판했다. 이로 인해 근로자들이 저임금에 시달릴 수밖에 없다는 얘기였다. 그는 애플의 공급업체가 챙기는 이윤이 고작 5~10퍼센트로, 근로자의 임금을 올려주기에는 충분치 않은 수준이라고 말했다. "애플이 정말로 노동 환경을 개선해주고 싶다면, 공급업체에 더 많은 이윤을 안겨줘야 합니다. 결국 공급망이나 공장 자체가 아니라, 더 많이 지불하기를 거부하는 애플이 문제인 겁니다."

또한 그는 공장의 90퍼센트가 중국의 노동법을 준수하여 주당 근무시간을 60시간으로 제한한다는 애플의 주장에 의문을 제기했다. 그는 저임금 때문에 어떻게든 한 푼이라도 더 벌어야 하는 노동자들로서는 사실상 초과근무를 '강요'당하고 있는 셈이라고 말했다. 차이나레이버워치의 대표단은 상하이에 있는 페가트론Pegatron 공장에 가서 약 1000건의 급여 명세서를 직접 조사했다. 그들이 파악한 결과리 치앙은 주당 60시간 이상 일한 근로자가 70~80퍼센트에 달한다고 주장했다. "그런 조사 결과를 애플에 보고하니까 애플에서는 샘플의 크기가 너무 작다는 이유를 들어 우리의 우려를 무시해버리더군요."

많은 운동가가 제조 시스템 자체에 문제가 있다고 평가했다. 실리콘밸리의 유독물질연합 창립자이자 전 전무이사 겸 전자제품 회수연합 회장인 테드 스미스Ted Smith는 애플이 자체 공장을 설립해 생산라인 관리자와 직원을 직접 고용하는 것이 솔루션이라고 주장했다. "그들이 하고 있는 일의 규모나 하려는 일의 규모는… 쉽사리 이해할 수 있는 수준이 아닙니다. 그들이 아무리 본사에 세계 최고의 인재를 두고 책임과 영향력과 권한을 준다고 해도 말 그대로 수백만 명의 노동자가 일하는 세계 곳곳의 756개 공장을 관리한다는 것은 실로 상상을 초월할 만큼 버거운 일이지요."

스미스는 자기가 속한 그룹이 잡스가 사망하기 직전부터 애플에 로비를 벌이기 시작했다고 말했다. 그는 잡스 치하에서는 애플이 그런 부류의 변화에 신경 쓰거나 노력을 기울이는 데 인색하다고 느꼈다. 하지만 쿡의 시대는 달랐다. 그는 쿡이 관련 분야의 최고 인재를 들이는 것을 보며 "이전과 확연히 달라진 분위기를 느낄 수 있었다" 라고 했다. 특히 쿡이 환경청장 출신의 리사 잭슨을 영입한 부분에 대해서는 무척 인상적이라고 칭찬했다. 또한 그는 애플이 노동 문제를 연구하기 위해 학계 자문위원회(6장 뒷부분 참조)를 구성하고 매년 공급업체 책임 보고서를 통해 기꺼이 문제를 밝히며 공론화하는 부분에 대해서도 찬사를 보냈다. "엄청나게 개선된 것이지요. … 나는 그런 변화 대부분이 팀 쿡의 리더십에 기인한다고 봅니다."

착취공장 척결 운동가이자 작가 겸 정치학자인 제프 밸린저도 '시스템 자체가 문제'라는 견해에 동의했다. 애초에 해외 기업에 제조를 위탁하지 않았다면 공급망에서 그렇게 많은 문제를 겪을 필요가 있었겠냐는 얘기였다. "수직적 재통합을 보고 싶습니다. 어째서 이들 기업은 자체적으로 제품을 생산할 수 없을까요? 노동 학대가 왜 발생하는지 한번 생각해보세요. 다수의 공급업체가 입찰에 뛰어들어 그중 가장 낮은 가격을 제시하는 업체를 택하는 것이 업계의 패러다임이기 때문입니다. 따라서 애플이 공급업체를 찾아가 '휴식 시간도 좀 주고 보너스도 좀 주고 그러세요' 이런 얘기를 할 수가 없는 겁니다." 그는 감시 같은 것도 효과가 없다고 말했다. "진짜 문제는 시스템입니다. 감시니 뭐니 하는 것들은 그저 술수에 불과하지요."

『아이폰에 죽고 못 살아Dying for an iPhone』의 저자이자 홍콩이공대 교수로서 SACOM(기업의 악행에 저항하는 학생 및 교수 연대)을 조직한 제니 찬Jenny Chan은 애플이 많은 안전 문제를 알고 있으면서도 충분한 조치를 취하지 않았을뿐더러 때로는 아무것도 하지 않는다고 지적했다. 그녀는 노동자들에게 권한을 주는 노동조합이 밑바닥에서부터 더욱더 많이 형성되어야 한다고 생각했다. "노동자들이 노조 선거에 더욱 많이 참여해야 할 뿐 아니라, 노동자 대표가 산업 안전 및 보건 위원회에도 참여해야 합니다. 그래야 노동자들이 목소리를 내고 견해를 밝힐 수 있으며 그들의 결정과 논의가 보다 진지하게 받아들여질 수 있습니다. 중국에서는 아직 그런 구조가 정립되지 않아서 안타깝습니다."

애플 공급망의 끔찍한 노동 환경을 담은 다큐멘터리 영화 「반도체 하나의 목숨 값을 구하라」의 제작자로 뉴욕에서 활동한 헤더 화이트Heather White는 가장 혹독하게 정곡을 찔렀다. 그녀는 도대체 애플이 왜 중국에 있는지에 대해 의문을 제기했다. 중국은 공정한 노동 관행과는 거리가 먼 전력으로 악명이 높은 데다, 억압적이고 부패한 정권이

지배하는 나라가 아니냐는 것이다. "전자제품 업계에 종사하는 기업 가운데 단 한 곳이라도 자신들이 웹사이트에 올린 자사의 윤리강령을 진지하게 생각한다면, 또 실로 주주들에게 책무를 다하고 있다고 주장하고 싶다면 중국을 떠나는 것에 대해 논의를 시작해야 마땅합니다." 물론 그녀는 이것이 현실적이지 않다는 점에 동의했다. 그럼에도 애플과 쿡이 그들의 윤리강령을 진정으로 준수하고자 한다면 적어도 결사의 자유와 노동권을 보장하도록 독려하고 보건과 안전 기준 위반을 엄중히 단속해야 한다고 주장했다.

애플의 사업운영팀에서 수년간 쿡과 긴밀하게 협력한 대중 담당 부사장 디어드러 오브라이언은 노동권의 증진 측면에서 회사가 이룬 진전에 옹호론을 펼쳤다. "나는 노동권을 증진한 것이 우리의 현 CEO가 지금껏 해낸 일 가운데 최상의 성과라고 생각합니다. 애플이 공급망 개선에서 이룬 진전은 정말로 이례적입니다. 우리는 이 영역에서 진정한 리더가 되기 위해 노력을 기울이고 있습니다. 팀은 문제를 무시하거나 다른 기업의 현안으로 돌리지 않았습니다. 팀은 앞으로 나서서 '우리가 주도적으로 뛰어봅시다. 문제에 대해 논의하고 해결책을 찾아봅시다'라고 말했지요. … 우리는 노동자들의 웰빙을 보장하는 방안에 초점을 맞추고 있습니다. 교육받을 기회도 제공하고 안전 문제도 신경 쓰면서 관련한 모든 일에 실로 놀랍도록 진지하게 임하고 있습니다."

쿡은 애플이 올바른 방향으로 움직이게끔 새로운 이니셔티브도 창출했다. WWDC 직후인 2013년 7월, 공급업체 책임 프로그램을 감독하는 학계 자문위원회를 구성한 것이다. 위원회의 구성은 공급망을 개혁하겠다는 그의 약속을 자연스럽게 확대하는 일이었다. 미국 내 대학을 대표하는 8명의 교수가 참여했고 브라운대학의 리처드 로크Richard Locke 교수가 의장을 맡았다. 쿡은 공급망의 노동 관행을 개선하는 과업에 실로 진지하게 임했다. 위원회의 목적은 애플 공급망의 노동 표준에 관한 연구조사를 실시하거나 위임하여 관행과 정책을 개선할 수 있는 기존의 연구 결과를 공유하는 것, 또한 애플이 취할 수 있는 긍정적인 조치를 권고하는 것이었다. "우리는 애플과 공급업체가 바람직한 관행을 형성하도록 돕고, 나아가 공급망에 속한 모든 근로자가 적정 수준의 급여를 받기 바란다. 안전한 환경에서 법이 정한 근무 시간을 지킨 채 시민으로서 자신의 권리를 표현할 수 있기를 원하는 바다." 로크가 성명서를 통해 밝힌 내용이다.

또한 애플은 2005년 공급업체 행동강령과 함께 「연례 공급업체 책임 보고서」에 들어갈 대상을 매년 확대했다. 2007년에는 애플이 39개 시설만 감사했으나, 2009년에는 102개, 2017년에는 30개국 756개로 수를 늘린 것이다. 기숙사와 청소년 근로자 보호, 의료 차별 금지, 임신 차별 금지, 비자발적 노동 방지, 임금과 복리후생, 근무 시간 등의 영역에 대한 지침도 마련했다.

쿡이 이끄는 애플은 2017년 인도와 중국 등 공급업체에서 근무하는 여성을 대상으로 새로운 건강 인식 프로그램을 출범시키며 근로자를 대상으로 한 이니셔티브 출범에 보다 실질적인 역할을 수행했다. 해당 프로그램은 암의 조기 발견과 균형 잡힌 영양, 개인 건강 관리, 모성 보건 등을 위한 자가 진단 교육과 서비스를 제공했다. 제프 윌리엄스는 2020년에 이르면 해당 프로그램의 혜택을 받는 여성이 100만 명에 달할 것이라고 예상했다.

애플의 막강한 재정은 거래의 자격 요건 또한 강제할 수 있음을 의미했다. 2018년 애플은 필리핀의 한 공급업체에 일자리에 대한 지원료로 거둔 100만 달러의 돈을 노동자들에게 되돌려주라고 지시했다. 애플과 같은 영향력을 보유한 회사만이 취할 수 있는 이러한 조치는 실로 결정적인 것이라 간주된다. 많은 기업이 해외의 제조업체나 공급업체를 이용하지만, 애플처럼 누구나 즉시 인지할 수 있는 기업은 흔치 않다. 그리고 폭스콘 노동자의 자살 사건에서 확인했듯이 대부분의 소비자는 애플이 고용한 공급회사와 애플을 별개의 조직으로 인식하지 않는다.

파트너 기업들에 적절한 행동 방식을 취하도록 요구하는 애플의 접근 방식은 1차 공급업체에 그치지 않는다. 2012년 IT 전문매체 《엔게짓Engadget》의 보도에 따르면, 애플은 아이폰 전용(MFi) 액세서리의 공식 제조업체들에도 유사한 윤리적 행동 방식을 요구했다. 당시 《엔게짓》의 저널리스트가 쓴 것처럼 이는 "애플이 소비자 전자제품 세계에서 누리는 거대한 고릴라 지위를 이용해 보다 많은 회사가 노동권과 환경 문제에서 윤리적으로 행동하도록 영향을 미친 구체적 사례"였다.

쿡의 지휘 아래 애플은 자사의 공급망에 대한 부정적인 보도 일부를 무효화할 수 있었다. 2014년 5월 국제구호단체인 침례교 세계원조 오스트레일리아는 그해의 「전자제품 업계 동향 보고서」에서 애플을 '노동 환경 개선' 부문에서 세계 2위 자리에 올려놓았다. 애플은 B플러스의 평점을 받고 노키아 바로 아래에 위치했다. "폭스콘이나 페가트론과 같은 중국 공급업체의 열악한 근로 조건과 아동 노동 등으로 세간의 주목을 받은 애플이 최상위권에 포함됐다는 사실에 놀랄 수도 있다. 하지만⋯." 이어서 보고서는 애플이 보여주고 있는 긍정적 변화를 집중 조명했다.

마침내 떠오른 성공의 별

쿡의 CEO 재임 첫해는 그야말로 '도전'이었다. 근로 여건이 끔찍한 폭스콘과의 관계는 한때 애플에 치명상을 입힐 만큼 비판을 모으기도 했다. 여기에 인사 문제에 대한 그의 대담한 결정은 도마에 올랐으며, 기대에 미치지 못하는 신제품은 고스란히 비난이 되어 돌아왔다. 그러나 폭스콘 문제에서만큼은 전반적으로 훌륭히 대응했다는 게 세간의 평가다. 공급망을 개선하는 데 갈수록 많은 재원을 투여했기 때문이다. '패스Path 스캔들(패스 앱이 비밀리에 유저의 데이터를 업로드한 사건)' 이후 애플의 프라이버시 보호 강화 정책도 크게 인정받았고, 갈수록 애플의 신제품은 이류로 전락할 거라는 초기의 우려도 깨끗이 불식시켰다. 새로운 아이폰 출시가 초대형 흥행을 연출한 것이다.

2012년 9월, 애플은 아이폰 5를 출시했다. 잡스 사후 처음으로 출시한 아이폰이었다. 유리 몸체와 길어진 화면, 기존의 30핀 커넥터를 대체하는 콤팩트 독인 라이트닝이 디자인 측면에서 주요한 변화를 보였다. 이 같은 시도는 도입 당시 큰 논쟁을 불러왔지만, 아이폰 5의 대히트로 시비의 여지 자체가 없어져버렸다.

9월 14일, 아이폰 5가 선주문을 받기 시작한 지 24시간 만에 200만 대 이상이 팔리는 진기록이 수립됐다. 아이폰 4S가 세운 기존의 최고 기록인 100만 건의 두 배를 넘긴 수치다. 이후 단말기는 첫 주말 3일간 500만 대 이상이 팔리며 아이폰 4S가 전년도에 세운 주말 판매 기록(400만 대)을 갈아치웠다. 그때도 여전히 애플의 미래를 걱정한 사람이 있었지만, 판매에는 그런 우려가 전혀 반영되지 않았다. 오히려 쿡의 지휘 아래에서 아이폰 판매량은 늘기만 했다.

10월은 잡스가 타계한 지 1주년이 되는 달이었다. 쿡은 애플 홈페이지에 이런 메시지를 게시했다. "고객이 사랑하는 제품을 제공하고 계속해서 고객이 만족할 새로운 제품을 꿈꾸는 우리의 일이 놀랍도록 자랑스럽습니다. 이것이 스티브를 추모하고 그가 상징했던 모든 것에 경의를 표하는 훌륭한 헌사라고 생각합니다." 쿡은 잡스의 유산을 계속 살려나가고 있었다. 적잖은 우려와 달리 애플은 잡스가 떠난 후에도 실패의 길로 들어서지 않았다. 오히려 쿡은 회사를 새로운 차원으로 올려놓았다. 세상은 바로 그 점에 주목했다. 2012년 12월, 쿡은《타임》이 선정한 '세계에서 가장 영향력 있는 100인'에 포함되었다. 다음은 2003년부터 애플 이사회에서 활동한 앨 고어^{Al Gore} 전 부통령의 기고문이다.

> 전설적인 스티브 잡스의 뒤를 이어 애플의 CEO를 맡는 일보다 더 어려운 도전은 상상하기조차 어렵다. 그러나 앨라배마의 조선소 노동자와 전업주부의 아들인 팀 쿡은 특유의 부드럽고 겸손하며 차분하면서도 강렬한 태도로 단 하나의 박자도 놓치지 않았다. 이제 50세를 갓 넘긴 쿡은 잡스의 유산을 강력히 보호하고 애플의 문화에 깊이 심취하는 한편, 주요한 정책적 변화를 부드럽고 탁월하게 구현하며 세계에서 가장 가치 있고 혁신적인 회사를 새로운 차원으로 끌어올렸다. 그는 애플의 복잡한 내부 작용을 관리하는 일부터 혼을 빼놓을 만큼 위대한 기술과 새로운 디자인을 제품 설계로 안내하는 일까지 모든 영역에 자신의 리더십을 영원히 지울 수 없도록 각인시켰다.

고어는 실로 정곡을 찔렀다. 그는 누구보다 쿡을 잘 알았고 그가 환상적인 리더가 될 것임을 믿어 의심치 않았다.《타임》100인에 선정된 것이야말로 기존의 유산을 온전하게 보존한 쿡이 애플의 미래를 이끌어갈 적임자라는 사실을 증명해주었다.

아이폰의 기록적인 판매에 힘입어 애플의 주가는 가파르게 상승했다. 사실 이전에도 잡스의 사망 이후 한 달도 채 지나지 않아 애플의 주가는 주당 413달러로 역대 최고 기록을 수립했다. 시가총액은 3900억 달러였다. 그것이 바로 쿡이 이끄는 시대의 '현기증 나는 주가 상승의 서막'이다. 애널리스트들은 조금의 운만 따라주면 애플의 주가가 곧 구글과 마이크로소프트의 주가를 합친 것보다 더 높아질 것이라고 진단했다. 2012년 1월 말, AAPL이 주당 447.61달러를 기록하며 엑손모빌ExxonMobil을 제치면서 애플은 세계에서 가장 가치가 높은 상장기업으로 등극했다.

2012년 2월에도 해당 분기의 강력한 실적으로 주가는 주당 500달러를 넘었다. 한 달도 안 되는 기간에 주당 75달러나 뛴 것이다. 거의 18퍼센트에 달하는 상승이었다. 그리고 또 한 달 후에는 주당 600달러에 도달했다. 쿡이 CEO로 취임한 지 정확히 만 1년이 된 8월, 주가는 역대 최고치인 665.15달러를 기록하며 시가총액 6229억 8000만 달러가 되었다. 1999년 마이크로소프트가 세운 기록을 뛰어넘은 것은 물론, 그때까지의 상장기업 가운데 최고로 높은 시가총액이었다. 아이폰의 질주는 미친 듯이 지속될 가능성이 농후했고, 월스트리트가 그 점을 놓칠 리 없었다. 애플이 역사상 최대 상장기업이 된 순간이었다.

7장

신제품 대히트로
의구심을 떨쳐내다

정면돌파형 리더

2012년에 애플과 쿡은 높이 날아올랐지만, 2013년은 시작부터 악재가 잇따랐다. 아이폰과 아이패드의 인기로 130억 6000만 달러라는 기록적인 이익을 거뒀음에도(미국 기업이 올린 당기 이익으로는 역대 두 번째다), 애플의 주가는 12퍼센트나 떨어졌다. 안드로이드와 경쟁이 갈수록 심해지면서 투자자들의 경계심이 높아진 한편, 애플의 성장 전망에 대해서도 비관론이 일었기 때문이다.

아무래도 애플 정도 규모의 기업에서는 성장하는 것 자체가 어려운 일이다. 대수의 법칙(모집단을 대규모로 관찰하게 되면 일정한 법칙이 보인다는 것)에 따라 애플이 한 분기에 단 2~3퍼센트라도 성장하려면 매출이 수백억 달러씩 늘어야 한다. 그보다 훨씬 규모가 작은 기업에서는 수백만 달러의 매출만 증가해도 충분히 기록할 수 있는 성장률인

데 말이다.

불과 4개월 만에 애플의 시가총액은 4240억 달러로 미끄러졌다. 엑손모빌을 제치고 세계 최대의 상장기업이 된 지 거의 1년 만의 일이었다. "저 역시 이런 상황이 마음에 들지 않습니다." 애플의 주가가 5개월 만에 30퍼센트나 떨어진 직후, 그러니까 2013년 2월에 열린 애플의 연례 주주총회에서 쿡은 실망한 주주들을 향해 이렇게 말했다. "이사회에서도, 경영진에서도 이런 상황에 실망하고 있습니다. … 하지만 중요한 것은 우리가 장기적으로 바라보고 있다는 사실입니다."

쿡은 이러한 상황을 극복하기 위해선 애플이 계속해서 혁신에 앞장서고, 새로운 시장과 새로운 파트너십에서 기회를 찾아야 한다고 판단했다. 당시에도 애플은 여전히 세계에서 가장 가치가 높은 기업이었다. 그의 계획은 세계에서 가장 빠르게 성장하는 '중국의 스마트폰 시장'에 집중해 우위를 확보하는 것이었다. 쿡의 지휘 아래 애플은 중국에 대한 투자를 대폭 늘리기 시작했다. 새로운 온라인 스토어를 출범시키고, 중국의 이동통신사업자와 계약을 맺으며 새로운 매장을 여는 것 등이 이에 해당한다.

그해 1월 초 쿡은 정부 관계자를 비롯해 비즈니스 파트너와 애플의 직원들을 데리고 중국에 방문했다. 그러고는 《신화통신新華通訊》을 통해 중국에 더 많은 애플스토어를 열 계획이라고 밝혔다. 당시 중국의 애플스토어는 2008년 베이징에서 문을 연 1호점과 2010년 상하이에서 문을 연 2호점 단 두 곳뿐이었다. "우리에게 매우 중요한 나라인 중국에 이미 아주 훌륭한 터를 확보해놓았습니다. 제조 기반 도 여기에 있고 탁월한 파트너들도 이곳에 있는 우리로서는 당연한 조치입니다."

또한 쿡은 이 출장길에서 세계 최대의 이동통신사업자인 차이나 모바일China Mobile의 시궈화奚國華 회장도 만났다. 잡스도 세상을 뜨기 전 비밀리에 차이나모바일과 수차례 접촉한 바 있다. 하지만 그때까지 도 아이폰의 유통 계약은 체결하지 못한 상태였다. 물론 차이나모바 일의 경쟁업체인 차이나유니콤China Unicom을 통해 이미 중국에서도 아 이폰이 유통되고 있긴 했지만, 7억 명 이상의 가입자를 둔 차이나모 바일이 보다 넓은 활로를 열어줄 것이 분명했다.

쿡의 노력으로 2013년 12월 애플은 마침내 차이나모바일과 유통 계약을 체결했다. 그리고 한 달 뒤 차이나모바일은 아이폰 5S와 아 이폰 5C의 판매를 시작했다. 이는 실로 엄청난 성과가 아닐 수 없다. 잡스가 CEO로 활동한 2010회계연도에서 중국의 매출 비중은 총수 입의 2퍼센트에 불과했지만, 쿡의 지휘 아래 2년간 600퍼센트나 증 가하며 12퍼센트를 차지하게 되었다. 2010회계연도와 2012회계연 도 사이에는 중국에서만 200억 달러의 새로운 수입이 생겼다. 하지 만 쿡은 여기에 그치지 않았다. 새롭게 유통 계약을 맺고 매장을 확 대함으로써 앞으로 이 수치를 더욱 크게 늘릴 수 있음을, 나아가 중 국이 애플에 가상 큰 시장이 되어줄 것임을 확신했다.

그러나 얼마 지나지 않아 애플은 중국의 소비자에게 공식 사과문을 발표한다. 품질보증 조건을 두고 몇 달간 부정적인 언론 보도가 끊이지 않았기 때문이다. 고장 난 아이폰을 새로운 제품이나 리퍼 제품(반품이거나 전시 상품일 뿐 품질에는 하자가 없는 정상 제품 – 옮긴이)으로 교환해주는 대신, 품질보증 기간 안에 수리만 해준다는 방침이 불만을 산 것이다. 다른 나라에서는 교체해주면서 중국에서는 그러지 않는다는 것이 골자였다.

또한 애플은 부품을 교체하는 데 필요한 품질보증 기간을 90일로 한정하며 언론의 집중포화에 시달렸다. 중국 법에 따르면 전자제품의 품질보증 기간은 1년이다. 중국 공산당 중앙기관지인《인민일보人民日報》는 비난 기사를 통해 애플을 '자화자찬만 늘어놓는 실없는 기업'이라고 칭하며 불편한 심기를 드러냈다. 이런 비난에는 중국 언론을 무시하는 듯한 애플의 태도에 대한 지적도 포함돼 있었다. 결국 쿡은 4월 초 문제를 인정하고 시정하겠다는 내용의 사과문을 발표했다. "애플은 커뮤니케이션의 부족으로 인해… 우리의 태도가 교만해 보이거나 고객의 피드백을 경시하는 것처럼 여겨질 수 있다는 사실을 잘 알고 있습니다. 고객 여러분의 오해와 걱정을 사게 되어 심심한 사과의 말씀을 올립니다."

애플은 결함이 있는 아이폰을 수리하는 것이 아니라 교체해주는 방향으로 품질보증 조건을 수정했다. 동시에 각 지역의 판매 담당자를 철저히 교육하여 분란의 소지를 없애겠다고 약속했다. 문제를 책임지고 사과할 줄 아는 쿡의 자세를 보여준 또 하나의 사례였다. 그는 그렇게 실수를 인정하며 존경할 만한 리더의 자질을 행동으로 보여주었다. 잡스뿐만 아니라 다른 기업의 리더에게서도 쉽게 찾아보기 힘든 모습이었다.

탈세 의혹에 대한 방어

2013년 상반기에 애플은 중국에서만 비판에 시달린 게 아니었다. 2013년 5월, 미 상원의 한 소위원회는 애플이 해외에 모아둔 엄청난 양의 현금에 의문을 제기했다. 동시에 애플의 세금 납부 관행에 대해서도 이목이 집중됐다. 애플은 지난 4년간 해외에서 거둔 440억 달러의 수입 중 수십억 달러에 달하는 세금을 '회피'하고자 이익의 상당 부분을 역외 자회사로 돌렸다는 비난을 받았다. 2011년에만 거의 60억 달러에 가까운 세금을 미국에 냈지만, 2012년에는 360억 달러의 과세 소득을 해외로 빼돌려 세금 90억 달러를 포탈했다는 비난이었다. 해당 소위원회의 위원장인 칼 레빈Carl Levin은 "애플은 이미 수십억 달러의 세금을 냈다는 사실에 초점을 맞추고 싶어 하지만, 진짜 중요한 문제는 그들이 내지 않은 수십억 달러이지요"라며 사안의 심각성을 강조했다.

당시 애플은 1450억 달러가량의 현금 보유고 가운데 1020억 달러를 해외에 두고 있었다. 축적한 자금의 대부분을 해외에 챙겨두었다는 사실이 다분히 탈세의 의도로 비쳐졌다. 입법부 의원들로서는 크게 문제 삼을 수밖에 없는 부분이었다.

쿡은 상원 소위원회의 청문회에 출석해 증언했다. "애플은 내야 할 세금이라면 단 1달러도 어김없이 내고 있습니다." 쿡의 주장이다. "애플은 세금과 관련해 어떠한 술책도 부리지 않습니다. 우리는 세금 납부를 피하기 위해 지적재산권을 해외로 이전한 다음 이를 이용해 미국에 제품을 팔고 있지 않습니다. 우리는 카리브해의 이름 모를 섬에 수익금을 챙겨두고 있지 않으며, 세금을 피하려고 해외의 자회사가 보유한 돈으로 본국의 사업 자금을 대고 있지도 않습니다."

애플은 "실제 장소에 실제 직원을 두고 실제 고객에게 실제 제품을 판매하며 실제 사업을 하고 있다"라는 것이 쿡의 요지였다. 쿡은 해외 자회사에 축적돼 있는 현금에 대해서는 이렇게 설명했다. "우리가 벌인 국제 사업이 급속도로 성장한 덕분에 현금 보유고의 70 퍼센트를 해외 자회사에서 갖게 되었습니다. 우리는 이 수익을 해외 사업 자금으로 사용하고… 애플 제품을 만드는 데 필요한 장비를 구입하면서 세계 전역에 매장을 세우는 방법 등으로 투자하고 있습니다." 그는 미국의 세법이 구식이라는 데에 의견을 보탰다. 특히 다른 국가들에 비해 뒤떨어진다는 얘기였다. "미국으로 현금을 들여오는 데 너무 많은 돈이 든다고 말하지 않을 수 없습니다." 이로 인해 애플과 여타의 미국 기업이 해외 경쟁업체들보다 더 큰 고충을 겪는다는 얘기였다.

소위원회는 애플이 어떤 법률도 어기지 않았다는 것은 인정하면서도 마이크로소프트나 구글, 오러클^{Oracle} 등 미국의 많은 다른 기업처럼 애플이 현재의 세법('디지털 시대의 도래와 급격히 변화하는 글로벌 경제에 보조를 맞추지 못하고 있다'는 비난을 받는 세법)을 자사에 유리한 방식으로 이용하고 있다고 주장했다. 당시의 세법에 따르면 애플과 같이 큰 규모의 기업은 해외에서 본국으로 현금을 송환할 때 원금의 35퍼센트까지 세금을 내야 했다(2017년 12월 트럼프 행정부는 현금에는 15.5퍼센트, 다른 자산에는 8퍼센트로 세금을 줄이는 일회성 조치를 취했다).

그날 청문회에는 당시 애플의 CFO(최고재무책임자)였던 피터 오펜하이머^{Peter Oppenheimer}가 동행했다. 그는 모두 발언에서 미국 경제에 애플이 기여한 바를 강조했다. 애플은 미국에 60만 개의 일자리를 창출했고, 2013년 말 텍사스에 맥 조립 시설을 세울 계획이며, 그곳이 문을 열면 켄터키주와 미시건주에서 생산한 장비에 일리노이주와 플로리다주에서 제조한 부품이 들어갈 거라는 내용이었다. 요컨대 애플이 미국에서 중요한 일을 수행하고 있다는 걸 위원회가 알아줘야 한다는 의미였다.

애플이 그렇게 극단적인 조사를 받게 되자 일부 위원은 불공평한 대우에 문제를 제기했다. 상원의원인 랜드 폴^{Rand Paul}은 동료 위원이 애플을 비방하기 위해 애쓴다고 비난했다. 아이폰 제조사를 '여론 조

작용 재판대'에 강제로 세운 것을 사과해야 한다고도 했다. 그는 '기괴하고 복잡 미묘한 세법'으로 고충을 겪는 애플에 공감했다. "미국에서 가장 큰 성공 사례를 정부가 나서서 질책하고 못살게 구는, 이 4조 달러짜리 괴롭힘에 화가 나지 않을 수 없다."

그해 5월 말 쿡은 두 번째로 참석한 올싱즈디지털콘퍼런스에서 다시 한번 애플을 둘러싼 세금 관련 문제를 언급했다. 그는 애플이 미국의 어느 기업보다 많은, 60억 달러 이상의 세금을 냈다는 사실을 상기시켰다. 하지만 허술한 조치가 보완된다면 '더 많은 세금을 내게 될 수 있다'는 사실도 인정했다. 청문회 당시 증언했던 내용에 관한 질문이 나오자 그는 "우리가 하고 싶은 이야기를 나서서 하고, 이를 골칫거리가 아닌 모종의 기회로 보는 게 아주 중요하다고 생각했습니다"라고 말했다.

이 자리에서는 애플의 주식 가격이 하락한 사태에 대한 문제도 언급됐다. 쿡은 주가가 떨어진 것을 두고 "투자자와 우리 모두에게 큰 실망을 안겨주었다"라고 인정했다. 얼마나 실망했던지, 그는 2013년 본인이 받아야 할 급여에서 400만 달러를 공제했다. CEO의 급여는 회사의 성과와 연계되어야 마땅하다는 생각으로 이러한 결정을 내린 것이다.

그는 증권거래위원회에 제출한 프락시스테이트먼트Proxy Statement(임원봉급계산표)에서 자신의 결정을 "CEO에 대한 보상과 관리 차원에서 리더십의 한 사례를 만들려는 강한 열망을 보여주고 싶었고, 향후 애플의 임원 성과급에도 수행 기준을 포함하겠다는 의지의 결과다"라고 썼다. 기업을 운영하는 CEO의 보기 드문 윤리적 리더십이라고 할 수 있다. 자신의 권력을 이용해 자기 것부터 챙기는 CEO가 적지 않기에 하는 말이다. 물론 쿡은 크게 아쉬울 것이 없었다. 자발적인 급여 삭감에도 그는 여전히 기본급 140만 달러에 보너스 280만 달러로 적잖은 현금을 받고 있었다.

주식 가격을 둘러싼 외부 견해가 부정적이었음에도, 쿡은 긍정적인 전망을 유지했다. 그는 올싱즈디지털콘퍼런스에서도 애플의 주가 하락이 '전례가 없는 일은 아니라는 사실'을 짚고 넘어가려 했다. "일을 오래 할수록 얻게 되는 경력의 아름다움은 여러 부분에서 많은 사이클을 확인하게 된다는 것에 있습니다." 그는 대중이 애플의 도약을 확신할 수 있도록 '놀랄 만큼' 새로운 장치를 계획하고 있고, 몇 가지의 '게임 체인저'도 보유하고 있다는 점을 되풀이해 강조했다. 또한 그는 잡스와 자신이 많이 다르기 때문에 몇몇 부분에서는 중요한 변화를 단행하긴 했지만, 애플의 핵심 문화는 이전과 같다고 말했다. 그렇게 그는 아이폰과 아이패드, 아이팟과 맥을 우리에게 안긴 잡스와 주요 인물들의 문화가 애플에 여전히 건재하다는 점으로 고객과 투자자를 안심시켰다.

언론은 쿡의 이러한 태도를 높이 평가했다. 《가디언》은 "그의 초자연적인 차분함이 감탄할 만한 수준"이라고 보도했다. 그러나 2013년 8월, 애플의 주가를 5.6퍼센트나 급등시킨 주역은 정작 다른 이였다. 바로 억만장자 투자자인 칼 아이컨Carl Icahn이다. 그는 트위터에 쿡과 함께 보다 큰 규모의 자기주식 취득 프로그램을 논의하는 등 '좋은 대화'를 나눴다고 올렸다. 그러면서 다시 자신의 투자회사가 취한 입장을 트윗으로 날렸다. "우리는 현재 애플에 큰 투자를 진행하고 있습니다. 이 회사가 극단적으로 저평가되어 있다고 믿기 때문입니다." 이 트윗만으로 애플의 시장가치는 단 100분 만에 125억 달러나 치솟았다.

맥프로와 iOS 7

주가 하락과 탈세 혐의로 어수선한 외중에도 쿡의 팀은 새로운 제품과 소프트웨어 개발에 박차를 가했다. 2013년 6월에 샌프란시스코 모스콘웨스트Moscone West에서 열린 WWDC는 쿡이 CEO에 취임한 이후 두 번째로 열린 세계개발자회의였다. 그는 무대에 올라 맥북에어MacBook Air의 향상된 기능과 운영체제 OS X 10.9 매버릭스Mavericks를 처음 선보였다.

이날 쿡의 발표는 잡스가 떠나고 열린 첫 발표회 때보다 조금 더 편안해 보였지만, 정작 공개된 제품은 엇갈린 평가를 받았다. 소형 알루미늄 실린더에 고급 부품을 빼곡히 채워 넣으며 완전히 새로운 모습으로 출시된 맥프로Mac Pro는 일부 팬에게 '휴지통 맥'이라는 별명까지 얻었다. 그 디자인은 애플 커뮤니티의 여론을 둘로 갈라놓았다. 많은 사람이 엔지니어링에는 경이로워했지만, 또 다른 한편에서는 확장성이 없다고 비판했던 것이다. 특이한 원통형 몸체 때문에 내장 하드드라이브를 추가하거나 확장형 비디오카드로 업그레이드하기가 어렵다는 불만이었다.

WWDC 2013에 참석한 팬들은 iOS 7의 첫 번째 시연도 함께 감상할 수 있었다. iOS 7은 스콧 포스톨이 퇴사한 후 조너선 아이브가 맡은 맥의 재편 과정에서 필수적으로 따라야 할 소프트웨어 업데이트였다. 잡스가 그렇게 좋아하던 '형태 차용 디자인(앱 아이콘을 실제 사물처럼 보이게 한 디자인)'은 보다 깔끔하고 평면적이며 현대적인 비주얼로 바뀌었다. iOS 7이 대중에게 공개된 뒤 아이브는 《USA투데이USA Today》와 인터뷰에서 이렇게 설명했다. "우리는 이미 많은 사람이 유리에 터치하는 것을 익숙하게 느낀다는 걸 이해했습니다. 물리적인 세계를 있는 그대로 암시할 필요가 없다는, 실로 놀라운 자유를 누리게 된 셈이죠." 그러면서 이렇게 덧붙였다. "우리는 이전보다 덜 구체적인 환경을 구현하려고 노력했고, 그 결과 이런 디자인이 나온 겁니다."

쿡은 iOS 7을 "깜짝 놀랄 새로운 유저 인터페이스"라고 소개했지만, 모든 유저가 그의 의견에 공감한 것은 아니었다. 어떤 사람은 iOS 7이 '추하고 혼란스럽다'고 했고, 또 어떤 사람은 비주얼을 두고

'충격적일 만큼 기본적이고 유치하다'고 비판했다. 하지만 쿡과 아이 브는 세간의 평에 흔들리지 않기로 했다. iOS 7이 닦아놓은 새로운 디자인 기반은 오늘날에도 원래의 앱 아이콘과 함께 모바일 운영체 제에 그대로 남아 숨 쉬고 있다.

아이폰 5S의 신기록

그해 가을에 쿡은 새로운 하드웨어와 소프트웨어로 또 한 번의 호 평을 이끌어낸다. 9월에 애플은 대중에게도 iOS 7을 공개했다. 그러 고 딱 일주일이 지나 아이폰 5S를 출시했다. 크게 사랑받았던 아이 폰 5 디자인에 완전히 새로운 기술을 결합한 제품이었다. 여기에는 iOS 기기의 보안 방법을 바꿔놓을 지문 인식 시스템인 터치 ID^{Touch ID} 와 데스크톱급의 64비트 아키텍처 기반 모바일 칩 세트인 A7 프로 세서가 포함되었다.

A7은 경쟁사를 놀라게 했다. 특히 애플과 경쟁 관계로 안드로이 드 모바일 기기의 칩을 제조하던 퀄컴^{Qualcomm}을 충격에 빠뜨렸다(세계 최대 모바일 칩 제조업체인 퀄컴은 거의 2년이 지나서야 자사 최초의 64비트 스냅 드래곤^{Snapdragon} 프로세서를 출시한다). 새로이 설계된 A7 아키텍처는 스마트 폰에 전례 없는 성능을 부여했고, 당연히 벤치마크 점수(컴퓨터 부품 등

의 성능을 비교·평가하여 낸 점수) 면에서도 삼성이나 모토로라 등의 경쟁 기기를 훨씬 능가했다.

이 같은 성능의 향상으로 아이폰 5S는 쿡의 애플이 그때까지 출시한 스마트폰 가운데 가장 흥미진진한 스마트폰이 되었다. 이것은 판매 실적에도 그대로 반영되었다. 애플은 출시 주말에만 900만 대를 판매하며 앞선 '출시 주말 판매 기록'을 모조리 갈아치웠다. 이러한 기록에는 아이폰 5S의 저렴한 대체품으로, 다채로운 플라스틱 디자인에 약간의 구식 사양을 탑재한 아이폰 5C가 어느 정도 도움이 되었다. 물론 그럼에도 아이폰 5S는 5C보다 세 배 이상 팔렸고, 초기 공급 물량을 훨씬 앞지르는 수요를 창출하며 누군가는 주문한 제품을 받기까지 한 달 이상을 기다려야 했다. 아이폰 5S가 출시되고 6개월이 지나 애플은 아이폰 브랜드의 총판매량이 5억 대를 돌파했다고 발표했다. 아이폰 5S는 2014년 5월 삼성에서 출시한 갤럭시 S5보다도 40퍼센트가량 많은 판매량을 기록했다. 출시된 지 8개월이 지난 시점이었는데도 말이다.

연말의 성과

2013년 애플은 연초부터 주가 하락으로 인해 험난한 시작을 열었지만, 같은 해 연말 휴가 시즌에는 576억 달러라는 기록적인 판매고를 올리며 131억 달러의 순수익을 남겼다. 이 기간 동안 5100만 대의 아이폰과 2600만 대의 아이패드, 480만 대의 맥이 팔렸고 애플의 여타 제품도 꾸준하게 인상적인 성장세를 이어갔다. "우리는 아이폰과 아이패드의 기록적인 판매와 맥 제품들의 견실한 판매 실적, 그리고 아이튠즈와 소프트웨어, 서비스 부문의 지속적인 성장세에 대단히 만족합니다." 쿡이 성명서에서 밝힌 내용이다.

쿡은 2013년을 떠나보내는 시점에서 애플이 지난 1년 동안 거둔 성과를 직원들에게 상기시키며 노고를 치하하는 내용의 메모를 돌렸다. "여러분 모두 사랑하는 가족과 연말연시를 보낼 계획을 세우느라 바쁘겠지만, 저는 잠시 짬을 내어 우리가 지난 1년 동안 달성한 모든 성과를 음미하는 시간을 갖자고 제안합니다. 우리는 2013년 주요한 제품 카테고리 각각에 업계를 선도하는 신제품을 내며 혁신의 깊이와 폭을 보여주었습니다. … 애플의 혁신이 단지 제품에만 그치지 않고, 사업을 행하는 방식과 그로 인한 이익을 사회에 환원하는 방식에도 이른다는 사실을 우리가 함께 힘을 모아 세상에 보여준 겁니다."

그는 2013년 애플이 중요한 자선·구호 기금 마련 활동에 수천만 달러를 기부했다고 밝히면서, 조너선 아이브가 빨간색으로 디자인을 통일한 프로덕트 레드에 대한 지원도 계속되고 있음을 강조했다. "우리는 또한 우리의 고객이 매우 좋아하리라 예상하는 몇 가지 큰 계획을 포함해 많은 일을 추진할 2014년을 기대하고 있습니다. …
저는 인류의 가장 깊은 가치와 가장 높은 열망에 이바지할 혁신 과
업을 여러분과 함께 수행하는 데 무한한 자부심을 느낍니다. 이 경이
로운 회사에서 여러분 모두와 함께 뛸 수 있는 기회를 잡은 저는 분
명 세상에서 가장 운이 좋은 사람입니다."

iOS 8과 헬스키트

WWDC 2014에서 애플은 모바일 운영체계를 상당 부분 개선한
iOS 8을 출시하며 건강 관리 앱인 헬스키트HealthKit를 소개했다(이 앱
은 앞으로 1조 달러 규모의 건강 관리 산업에서 중요한 추진력으로 작용한다). 쿡은
헬스키트가 '절박하게 주의를 기울여야 할 세계의 거대한 문제'를 해
결하는 데 도움이 될 수 있다고 설명했다. "건강 관리 분야에는 실로
상당하게 공헌할 수 있는 공간이 널리 열려 있습니다." 그가 2014년
9월 찰리 로즈와의 인터뷰에서 한 말이다. "헬스키트는 사람들이 자
기의 삶에 포괄적인 시각을 갖도록 돕는 또 하나의 방법입니다. 자신
의 건강을 장기적으로 관리할 힘을 주니까요. 또 만약 도움이 필요한
상황이 생긴다면 그동안의 데이터를 의사에게 보여줄 수 있어 보다
적절한 치료가 가능합니다." 피트니스 마니아인 쿡에게 건강 관리는

분명 특별하고도 중요한 의미였다. 그런 그의 감독 아래서 애플은 건강과 웰빙 분야에 총력을 기울였다.

WWDC 2014를 통해 발표된 다른 주요한 내용은 OS X 요세미티^{Yosemite} 공개와 아이팟 터치의 새로운 색상과 가격 인하, 899달러라는 저렴한 가격표를 단 아이맥 등이었다. 또한 애플은 오래되고 복잡한 오브젝티브-C$^{Objective-C}$보다 맥과 iOS 앱을 위해 배우기도 쉽고 사용하기도 간편한 자체 프로그래밍 언어인 스위프트^{Swift}를 공개했다. 애플은 나중에 스위프트를 오픈소스로 만들어 누구나(심지어 경쟁사들도) 이를 지원하고 발전시키는 데 기여하도록 했다.

대학에서 코딩을 배운 쿡은 기회만 되면 아이들에게 프로그래밍을 가르쳐야 한다고 열변을 토했다. "둘 중 하나를 선택해야만 한다면 나는 외국어보다 코딩을 배우는 것이 더 중요하다고 생각합니다. 나는 이러한 내 생각에 대해 다른 의견을 가진 사람이 많다는 것을 잘 알고 있습니다. 그러나 코딩은 글로벌 언어입니다. 이를 통해 전 세계 70억 명과 대화를 나눌 수 있다는 뜻이지요." 또 한 번은 이렇게도 말했다. "코딩은 사람들에게 세상을 바꿀 능력을 줍니다. 내 생각에 코딩은 가장 중요한 제2의 언어이자 유일한 글로벌 언어라고 할 수 있지요."

실제로 쿡은 사람들에게 코드 작성 방법을 배울 수 있도록 길을 열어주었다. 머지않아 출범한 '누구나 코딩을 할 수 있다$^{Everyone\ Can\ Code}$'라는 교육 프로그램이 그 노력의 결과다(10장 참조). "우리는 하드웨어 측면뿐만 아니라 개발자의 도구로서도 더 많은 일을 하기 위해 끊임없이 노력하고 있습니다. 도구가 훌륭해야 그들이 최상의 방법으로 하드웨어를 활용할 수 있으니까요." 2017년 초 《인디펜던트 Independent》와의 인터뷰에서 2014년 당시 스위프트 도입과 관련해 그가 한 말이다. "그것이 바로 코딩 소프트웨어인 스위프트의 핵심적인 존재 이유입니다. 이 언어를 만든 우리는 가급적 많은 사람이 코딩을 배워 최신의 하드웨어를 보다 잘 활용하기를 희망합니다."

코딩을 이렇게 강조하는 그의 태도는 애플에도 일면 도움이 됐다. 스위프트는 애플의 플랫폼용 앱 개발자들 사이에서 갈수록 인기가 높아졌고, iOS와 맥을 위한 앱이 많아질수록 그만큼 애플에는 더 이로워지기 때문이다.

안젤라 아렌츠의 영입

2013년 10월 쿡은 브로윗을 축출하고 1년째 공석이던 소매 부문 수석 부사장 자리에 안젤라 아렌츠 Angela Ahrendts를 앉혔다. 버버리 Burberry CEO 출신인 아렌츠는 애플의 경영진에 합류한 최초의 여성이었다. 쿡과 면접 자리에서 아렌츠는 자신이 '기술통'은 아니라고 밝혔다. 그런데도 그녀가 뽑힌 이유는 무엇이었을까? 쿡은 애플 직원들에게 보낸 이메일에서 그녀가 "애플의 가치관을 공유하고 우리와 마찬가지로 혁신에 초점을 맞추기 때문"이라고 썼다. "소매 부문의 새로운 수석 부사장 안젤라는 고객 경험을 중시하는 우리의 문화를 중요하게 생각했습니다. 그녀는 우리 직원들이 애플의 가장 귀중한 자원이자 영혼이라는 견해에 공감합니다. 그녀는 다른 사람의 삶을 풍요롭게 만드는 일의 가치를 믿습니다. 그녀는 끝내주게 영리합니다." 쿡은 계속해서 이렇게 결론 내렸다. "안젤라는 그녀가 쌓아온 경력 전반에서 탁월한 리더의 자질을 보여주었으며, 또한 그것을 실적으로 입증하기도 했습니다." 애플에 소매 매장과 지니어스 바Genius Bar(고객 지원 서비스 데스크) 개념을 도입시킨 소매 부문의 전임 책임자 론 존슨은 《블룸버그》와의 인터뷰에서 쿡의 아렌츠 영입을 "탁월한 선택"으로 평가했다.

아렌츠는 2014년 봄 버버리에서 애플로 이직한 후 보다 매끄러운 고객 경험을 제공하고자 물리적 소매 사업과 디지털 소매 사업을 통합하는 일에 곧바로 착수했다. 그녀는 또한 방문자의 삶을 풍요롭게 하는 데 초점을 맞추고, 지역사회와 교류를 넓히면서 세계 전역의 애플스토어에 새로운 생명력을 불어넣기 시작했다. 그 매장들은 이미 큰 성공을 거두고 있었지만, 아렌츠의 지휘 아래 예전보다 훨씬 많은 행사와 강습을 열게 되었다. 사람들이 만나고 머무르며 즐기는 곳으로 애플 매장이 변했다는 뜻이다. 그녀는 영업 경험이 아닌 공감과 측은지심의 깊이로 직원을 고용한다는 방침도 세웠다. 또한 매장에 크리에이티브프로Creative Pro를 놓아 연간 5억 명에 달하는 애플스토어 방문자가 자신의 기기를 최대한 활용해 새로운 기술을 배우도록 도왔다.

아렌츠가 애플 키노트 무대에 처음으로 오른 건 2017년 9월이었다. 그 자리에서 그녀는 "애플스토어는 애플에서 판매하는 가장 큰 제품"이라는 자신의 생각을 밝혔다. "재밌는 것은 이제 더 이상 애플스토어를 '매장'이나 '상점'으로 부르지 않는다는 겁니다. 실제로 우리는 '마을 광장'이라고 부릅니다. 그만큼 모든 사람이 편하게 모일 수 있고 또 환영받는 곳으로 바뀌고 있다는 얘깁니다." 쿡은 같은 무대에서 이렇게 덧붙였다. "애플 매장은 항상 판매 그 이상의 것을 추구해왔습니다. 학습과 영감을 제공하고 사람들을 연결시키는 것이 우리의 목표입니다."

쿡은 애플스토어를 통해 애플과 고객 사이의 거리를 좁히고, 모든 사람이 애플의 제품을 보다 수월하게 사용할 수 있도록 만들고 싶어했다. 그가 아렌츠를 영입한 일은 바로 그런 노력의 일환이었고, 기대 이상의 성과를 얻었다.

'팀 쿡의 팀 쿡'

쿡이 내린 또 다른 인사 결정도 애플의 성공에 꾸준히 기여했다. 2015년 12월 쿡은 오랜 시간 운영팀에서 자신을 보좌했던 제프 윌리엄스를 COO로 승진시켰다. 잡스가 CEO로 재직하던 시절 자신이 맡았던 그 일을 결국 '팀 쿡의 팀 쿡'이라 불리는 자신의 심복에게 물려준 셈이다. 실제로 쿡과 윌리엄스는 묘하게 유사한 점이 많다.

잡스와 쿡이 어떤 부분에서는 무척 판이해서 좋은 파트너십을 이뤘다면, 윌리엄스와 쿡은 매우 비슷해서 좋은 파트너가 되었다. "윌리엄스는 여러 면에서 쿡의 도플갱어라고 할 수 있다." 《포천》의 기자 애덤 라신스키는 자신의 저서 『인사이드 애플』에 이렇게 썼다. "키가 크고 마른 체형의 둘은 회색 머리칼마저 닮아서 애플의 임원들조차 뒤에서 볼 때면 종종 헷갈려 한다고 말한다."

철학적으로도 윌리엄스는 쿡과 잘 어울렸다. 둘 다 자전거 타기를 즐기는 피트니스 마니아이면서 애플 밖에서는 극도로 베일에 싸인 삶을 영위한다. 또한 윌리엄스는 검소하기까지 하다. 애플에서 임원으로 승진하고 몇 해가 지날 때까지도 조수석 문이 찌그러진 낡은 도요타 자동차를 몰고 다녔다. 임원에게는 수백만 달러의 스톡옵션을 주는데도 말이다.

부하직원에게는 문제 해결을 위해 해야 할 일이 무엇인지를 단도

직입적이지만 공정하게 말하는 것으로 유명하다. 언성을 높이며 힐난하는 경우도 없다고 한다. 노스캐롤라이나주립대학 콜드웰펠로 Caldwell Fellows 프로그램의 명예위원장이자 윌리엄스의 친구인 제럴드 호킨스Gerald Hawkins는 이렇게 말한다. "제프는 보이는 그대로가 진짜인 친구입니다. 만약 그가 무언가를 할 거라고 말한다면 그렇게 할 것으로 알고 있으면 됩니다."

쿡은 장차 그에게 맡길 일을 염두에 두고 꾸준히 그를 훈련시켜 왔다. 그래서인지 윌리엄스에 대해 이야기할 때면 쿡은 늘 막힘없이 열변을 토한다. 쿡은 윌리엄스를 COO로 승진시키고 칭찬 일색의 성명서를 발표했다. "사업 운영 경험이 풍부한 제프는 지금껏 제가 함께 일한 간부 중에서 운영에 대해 가장 잘 아는 최고의 인재입니다." 쿡이 그랬던 것처럼 윌리엄스도 앞에 나서기를 자제하며 애플의 막후에서 맡은 임무를 충실히 수행하고 있다. 그는 2011년 월터 아이작슨이 쓴 스티브 잡스의 공식 전기에 단 한 차례도 언급되지 않았지만, 현재로서는 그가 애플의 차기 CEO로 이어질 가능성이 가장 큰 경로를 밟고 있다.

윌리엄스는 2010년 이후 애플의 전체 공급망과 서비스·지원 부문, 사회적 책임 이니셔티브 등을 관리 감독해왔다. 특히 사회적 책임 이니셔티브는 쿡이 경영을 맡고부터 애플에서 중요하게 여기는 부분이다. 아이팟 공급망에서 윌리엄스는 아이팟 나노iPod Nano의 플래시메모리를 안정적으로 확보하고자 한국의 하이닉스 같은 공급업체에 약 12억 5000만 달러의 선불 계약을 체결했다(공급업체가 요구하는 경우에 한한 것으로, 이는 언론에 보도된 내용이다). 그는 또한 아이팟 배송 프로세스에 속도를 올려 온라인에서 아이팟을 주문하고 각인 서비스까지 요청한 고객에게 영업일 기준 3일 안에 제품을 받아볼 수 있도록 했다. 고객을 감동시키는 이 같은 솜씨는 순전히 '쿠퍼티노의 마법'이라고 할 수 있다(잡스 사후에 완공한 신사옥인 애플파크가 쿠퍼티노에 있다). 만약 이런 서비스에 감동했다면 윌리엄스에게 고마워해야 한다. 이 밖에도 윌리엄스는 공급업체인 폭스콘과 애플 사이에서 핵심적인 채널 역할을 하는 것으로 알려져 있다.

"제프 윌리엄스는 경이로운 일을 해내고 있다." 애플의 전문 분석가인 닐 사이바트Neil Cybart는 이렇게 얘기했다. "COO로서 윌리엄스는 애플이라는 기계에 기름칠을 하고 최상의 상태로 돌아가도록 책임지는 임무를 맡고 있다. 이렇게 그는 시스템의 유연성을 높여 분기당 1억 대 이상의 iOS 기기를 생산하고, 많은 하드웨어 기업을 두려움에 떨게 만드는 하드웨어 업데이트를 매년 돕고 있다. … 그는 타의 추종을 불허하는 과업을 완수하고 있다." 윌리엄스는 1세대 아이폰의 개발 과정에서 중요한 역할을 수행했다. 이어 지금까지 아이폰과 아이팟의 글로벌 사업을 이끌어왔다. 그리고 이제 애플워치의 개발 과정에 관리 감독을 맡게 되었다.

비츠뮤직과 파트너십: 애플뮤직의 길을 열다

쿡은 회사가 계속해서 최고의 속도로 전진하도록 새로운 회사들과 혁신적인 파트너십을 맺었다. 2014년 5월 애플은 비츠뮤직Beats Music과 비츠일렉트로닉스Beats Electronics를 30억 달러에 인수한다고 밝혔다. "우리의 삶에서 그토록 중요한 부분을 차지하는 음악은 애플의 마음속에서도 특별한 자리를 잡고 있습니다." 쿡이 언론에 돌린 보도자료의 내용이다. "그것이 바로 우리가 음악에 계속해서 투자하는 이유이며, 세계에서 가장 혁신적인 음악 관련 제품과 서비스를 만들고자 이 특별한 팀을 구성한 이유입니다."

2014년 9월에 이루어진 찰리 로즈와의 인터뷰에서 쿡은 비츠뮤직 인수 과정에 얽힌 비하인드 스토리를 들려주었다. 비츠뮤직의 공동창업자인 지미 아이오빈Jimmy Iovine은 비츠뮤직이 얼마나 대단한지 쿡에게 자랑한 적이 있었다. "그래서 어느 날 밤 제가 거실에 앉아 그들의 서비스와 다른 업체의 서비스를 비교해가며 음악을 들어보았지요. 불현듯 비츠의 선곡이 확연히 다르다는 점을 느꼈습니다. 그리고 그 이유가 그들의 주장대로 휴먼큐레이션Human Curation에 있다는 걸 알 수 있었지요. 비츠에서는 휴먼큐레이션의 중요성을 인지하고 그것을 가입자 서비스에 적용하고 있었습니다." 휴먼큐레이션이란 곡의 선별과 배열을 알고리즘에 의존하지 않고, 사람이 직접 하는 것을 말한다. 다른 업체에서는 이전 청취 목록을 토대로 컴퓨터의 알고리즘을 이용해 음악을 추천하지만, 비츠뮤직만이 거의 유일하게 그 과정에 편집자의 판단을 개입시키고 있었다. "설명하기는 어렵지만 누구든 느낌으로 그 차이를 알 수 있습니다." 쿡은 이렇게 덧붙였다. 그래서 비츠뮤직을 인수하기로 결심했다는 얘기였다. "이 회사와 손을 잡아야 한다는 확신이 강하게 밀려들었습니다. 거의 잠을 이룰 수 없을 정도로 흥분되더군요." 그는 곧바로 인수 계획을 추진하는 데 이른다.

오늘날까지도 이 계약은 애플의 가장 큰 인수 거래로 남아 있다. 계약 조건에 따라 비츠의 공동창업자인 아이오빈과 닥터 드레Dr. Dre는 비츠의 사장인 루크 우드Luke Wood와 마케팅 책임자 보조마 세인트 존Bozoma Saint John, CCO(최고크리에이티브책임자) 트렌트 레즈노Trent Reznor와 이언 로저스Ian Rogers, COO 매튜 코스텔로Matthew Costello를 모두 대동하고 애플에 합류했다. "사실 비츠가 애플에 안겨준 것은 희귀한 기술을 지닌 인재들입니다." 나중에 쿡이 기술 분야의 뉴스 웹사이트 '리코드Recode'에 남긴 말이다. "이런 사람들은 일상적으로 태어나지 않습니다. 정말 드문 인재들이지요. 음악에 조예가 깊은 그들이 합류하면서 애플은 또 다른 활력을 얻었습니다."

지미 아이오빈과 닥터 드레가 애플에 합류해 무슨 역할을 했는지는 불분명하다. 닥터 드레는 회사에 모습을 드러내는 경우가 별로 없었다. 아이오빈은 2015년 6월 한 행사장에서 애플뮤직Apple Music을 길고 장황하게 소개하며 주목받았던 정도다. 항간에서는 그가 지닌 음악계의 넓은 인맥을 배경 삼아 애플이 영입을 추진했다고 판단하기도 한다. 그 점에서는 그가 자신의 역할을 성공적으로 수행한 것으로 보인다.

비츠의 마케팅 책임자였던 보조마 세인트 존은 애플의 고위 임원이 되었다. 애플에서 몇 명 되지 않는 아프리카계 미국인 여성 중역으로, 그녀는 업계의 행사나 애플의 키노트에 정기적으로 모습을 드러냈다. 그녀는 애플의 경영진에 부족했던 성별과 인종의 다양성을 채워주었다. 그녀는 애플에 합류하고 몇 년이 지난 2017년 6월 우버의 CBO(최고브랜드책임자)로 자리를 옮겼고, 다시 1년 후에 영화·스포츠·패션계 에이전시인 인데버Endeavor의 CMO(최고마케팅책임자)로 배를 갈아탔다.

애플은 비츠를 인수하기 이전부터 온라인과 오프라인 매장을 통해 비츠의 헤드폰과 스피커를 직접 판매했다. 애플은 비츠를 인수하고 애플뮤직이 베일을 벗기 전까지 약 1년간 비츠뮤직의 스트리밍 서비스를 유지했다. 애플뮤직은 당연히 비츠가 깔아놓은 토대 위에서 구축되었고, 또 당연히 비츠의 가입자가 그토록 사랑했던 휴먼큐레이션을 계속 이끌어가고 있다. 또한 애플뮤직은 테일러 스위프트Taylor Swift, 프랭크 오션Frank Ocean, 드레이크Drake, 찬스 더 래퍼Chance the Rapper 등 유명 팝아티스트들과 배타적 파트너십을 맺으며 회원가입률을 끌어올렸다. 2018년 3월을 기준으로 3800만 명의 회원을 확보한 애플뮤직은 실로 놀라울 만큼 순항하고 있으며, 2018년 여름 미국 시장에서 세계 1위 음악 스트리밍 서비스인 스포티파이^{Spotify}를 넘어선 것으로 추정된다.

IBM과 파트너십: 기업 영역으로 진입하다

2014년 7월 맥북프로를 레티나 디스플레이로 업데이트한 직후, 애플은 놀라운 뉴스를 발표했다. 바로 IBM과 새로운 파트너십 계약을 체결했다는 소식이었다. IBM이 어떤 회사인가? 두 회사 간에 커다란 경쟁 구도가 생긴 1980년대 초부터 잡스는 늘 대놓고 IBM을 타도의 대상으로 삼고 적대시했다. 그런 애플이 돌연 IBM과 손을 잡은 것이다.

애플은 항상 일반 소비자에게 초점을 맞추고 사업을 벌였다. 예외적으로 학교나 대학이 중심이 되기도 했지만, 대체로 기업 고객은 무시해왔다. 특히 애플은 IBM에서 중점을 둔 글로벌 대기업과 거래를 터놓지 않았다. 즉, 이 파트너십은 외부 파트너와 협력해 기업 영역에 진출하려는 쿡의 의지를 보여준 셈이다. '시장을 선도하는 강점'이 결합한 두 회사의 제휴는 100여 가지 새로운 수준의 업종별 솔루션으로 기업의 비즈니스 방식과 기동성에 혁신을 일으키겠다고 약속했다. "아이폰과 아이패드는 세계 최고의 모바일 기기로 오늘날《포천》이 선정한 500대 기업의 98퍼센트,《파이낸셜타임스Financial Times》가 선정한 글로벌 500대 기업의 92퍼센트에 해당하는 기업들의 비즈니스 방식을 바꿔놓고 있습니다." 쿡이 보도자료에서 강조한 내용이다. "이번 조치는 오직 애플과 IBM만이 취할 수 있는 기막히게 멋진 행보입니다."

쿡은 IBM이 금융업과 제조업, 항공우주 산업 등 다양한 분야에서 활용할 여러 종류의 앱을 설계하고 있으며, 그 가운데 열 가지가 2014년 연말 이전에 출시될 거라고 설명했다. "모두가 승자가 될 수 있는 영역이라고 생각합니다. 우리도 승자가 될 것이고 IBM도 승자가 될 것이며, 그보다 더 중요한 것은 고객도 승자가 될 것이라는 점입니다." 쿡이 찰리 로즈 앞에서 설명한 내용이다. 실제로 애플과 IBM은 승리를 거뒀다. 적어도 주식 시장에서의 반응은 그랬다. 해당 파트너십이 발표된 날 애플의 주가는 개장 전 거래보다 2.59퍼센트 상승했고, IBM의 주가는 2퍼센트 가까이 올랐다. 반면에 당시 기업용 솔루션을 자체적으로 만들어 시장점유율을 되찾기 위해 총력을 기울이던 블랙베리BlackBerry는 나스닥과 토론토 증권거래소에서 주가가 거의 10퍼센트나 폭락했다.

서로 어울리지 않는 두 대기업 간의 이 이상야릇한 결합은 지금도 큰 성과를 거두고 있다. 두 회사가 파트너십을 맺은 지 3주년이 된 2017년 7월, 이들은 15개 산업에 걸쳐 100여 종의 기업용 iOS 앱을 개발했다고 발표했다. 누구나 이용할 수 있는 병원·의료기관용 건강 관리 프로그램만 6개였고, 특정 고객을 위한 맞춤형 앱도 수십 종 개발했다. iOS 솔루션을 전담하는 IBM 모바일퍼스트 사업단의 부사장 수 밀러 실비아Sue Miller-Sylvia는 현재 병원과 의료기관을 포함해 3800개 이상의 조직에서 iOS 앱용 모바일퍼스트를 사용하고 있다고 밝혔다.

두 회사의 파트너십은 'BYOD(Bring Your Own Device, 개인이 소유한 스마트기기를 회사의 업무에 활용하는 걸 선호하는 행동 방식)' 시대에 발맞춰 쿡에게 커다란 승리를 안겨주었다. 20년 전에는 마이크로소프트나 델 같은 회사가 크고 작은 회사들에 막대한 양의 컴퓨터를 판매하며 기업 영역을 지배했지만, BYOD 시대에 접어들면서 많은 것이 달라졌다. 이제는 시간과 공간에 구애받지 않고 업무를 수행할 수 있는 효율성이 중요해졌다. BYOD 트렌드를 수용하는 자가 이기는 시대이며, 쿡은 IBM과 한 팀을 이루는 등의 대형 파트너십을 통해 그러한 변화를 주도하고 있다.

아이폰 6와 벤드게이트

애플 최초의 대화면 스마트폰인 아이폰 6와 아이폰 6 플러스는

"아이폰 역사상 최대의 진보"라는 쿡의 설명과 함께 대대적으로 발표되었다. 확연히 커진 레티나 HD 디스플레이와 보다 빨라진 LTE 연결성, 그리고 최신 A8 칩세트를 갖추며 근본적인 부분부터 재설계된 이 시리즈는 그때껏 쿡의 지휘 아래 출시된 제품 가운데 가장 큰 성공작이었다. 아이폰 6와 아이폰 6 플러스는 출시한 지 24시간 만에 400만 대가 팔렸고, 출시 주말에만 1000만 대 이상이 팔려나갔다. 업그레이드된 사양에는 애플페이Apple Pay도 최초로 포함되었다. 호환되는 NFC 단말기에 기기를 갖다 대기만 하면 값을 치를 수 있는 기능이었다.

아이폰 6와 아이폰 6 플러스는 압도적일 만큼 긍정적인 평가를 받으며 많은 매체에서 '돈으로 살 수 있는 최고의 스마트폰'이라는 찬사를 받았다. 특히 구동성과 디자인, 향상된 카메라와 더 선명하고 화려해진 디스플레이가 높이 평가되었다. 그러나 아이폰 6와 아이폰 6 플러스가 반전된 여론으로 언론의 헤드라인을 장식하는 데는 그리 오랜 시간이 걸리지 않았다. 시작은 아이폰 6가 휘어진다는 주장에서 비롯된 '벤드게이트Bendgate'였다.

유저들은 새로운 휴대전화를 꽉 죄는 주머니에 넣고 다닐 때 휘어지는 경향을 발견했다. IT 전문 유튜브YouTube 채널인 언박스테라피Unbox Therapy의 루이스 힐젠테거Lewis Hilsenteger는 이와 관련한 영상으로 단 2~3일 만에 수천만 건의 조회수를 모았다. 아이폰의 새로운 알루미늄 유니바디Unibody 뒷면에 압력이 가해질 경우 쉽게 뒤틀릴 수 있다고 폭로한 것이다. 상대적으로 몸체가 큰 아이폰 6 플러스가 아이폰 6보다 해당 문제에 더 취약하다고도 했다. 애플은 그것이 절대 보편적인 문제가 아니라고 주장하며 출시한 뒤 6일 동안 수백만 대의 기기가 판매됐지만 단 아홉 대만이 휘어지는 문제로 반품되었다고 항변했다. 정밀 공학으로 양극 산화 처리(금속에 양극을 가해 전기화학적으로 산화 피막을 만드는 방법)한 알루미늄 몸체에 스테인리스 스틸과 티타늄 재질로 삽입부를 갖춘 이 새로운 시리즈는 일상 생활에서 발생하는 상황에 대비할 내구성 테스트에서 애플의 높은 품질 기준을 충족했거나 초과했다는 주장이었다.

애플은 그런 '극히 드문' 문제를 경험할 경우 고객지원팀인 애플 서포트Apple Support에 연락하도록 소비자를 독려했다. 한편 기자들을 실험실로 초청해 아이폰 6와 아이폰 6 플러스의 내구성 테스트를 시연하기도 했다.

고객지원팀 직원들은 변형된 기기를 들고 온 고객들을 지니어스 바로 안내해 외관 검사를 받도록 도왔다. 상황을 악용하려는 의도가 보이지 않고, 애플이 설정한 '가이드라인' 안에서 손상이 일어난 경우 고객은 무상으로 기기를 교환할 수 있었다.

당혹스러운 iOS 8.0.1 버그

벤드게이트가 채 사그라들기도 전에, 애플은 업데이트한 iOS 8.0.1의 버그 문제로 또 한 번 홍역을 치렀다. 기기가 출시되고 몇 주 지나지 않았는데도 약 4만 명의 유저가 버그로 전화를 걸지 못했던 것이다. 버그가 생긴 기기들은 셀룰러 네트워크에 접속조차 할 수 없었다. 여기에 더해 지문 인식에 사용되는 터치 ID 센서에도 버그가 발생하며 혼란은 가중되었다. "우리는 관련 내용을 적극적으로 조사하고 있으며 가능한 한 조속히 정보를 제공할 것입니다." 9월 24일 발표한 애플 성명서의 내용이다. "일단 우리는 iOS 8.0.1의 업데이트를 철회합니다." 아직 업데이트 버전을 설치하지 않은 유저의 접속을 차단하는 조치였다. 일찍이 업데이트를 마친 유저들은 iOS 8.0.2가 배포된 9월 26일까지 버그에 시달리며 기다릴 수밖에 없었다. 8.0.1이 공개되고 이틀 동안 벌어진 소동이었다.

초기에 불거진 이런 몇 가지 문제에도 아이폰 6는 여전히 애플에서 가장 주목할 만큼 개선을 일궈낸 사례로 꼽힌다. 먼저 스마트폰에 대한, 특히 디스플레이에 대한 회사의 접근 방식에서 주요한 변화를 알렸다. 이전의 애플은 스마트폰이 한 손으로 작동하기에 충분할 만큼 작아야 한다고 믿었다. 하지만 대화면의 안드로이드 기기에 고객들을 빼앗기면서 마침내 보다 큰 화면을 요구하는 목소리에 귀 기울인 것이다. 광고·마케팅 전문회사인 칸타월드패널콤테크^{Kantar Worldpanel} ComTech가 수집한 자료에 따르면, 2014년 2월부터 3개월 동안 삼성의 스마트폰을 구입한 사람 중 26퍼센트가 바로 직전까지 아이폰 유저 였던 것으로 나타났다(1년 전 12퍼센트의 두 배를 훌쩍 뛰어넘었다). 미국을 비롯한 전 세계 주요 시장에서 안드로이드가 각광받으며 아이폰의 시장점유율은 떨어지고 있었다.

그러나 아이폰 6 시리즈가 대화면을 도입하며 상황은 곧 달라졌 다. 아이폰 6 시리즈는 아이폰 5와 5S보다 훨씬 빠른 속도로 판매되 었고, 출시한 지 1년이 되지 않아 애플의 전체 시장점유율 중 40퍼 센트를 차지하며 당시에 가장 인기 있는 아이폰 시리즈로 등극했다. 쿡은 2015년 4월 투자자와 화상통화를 하며 아이폰 6 시리즈가 애 플이 이전의 사이클에서 보지 못한 높은 수준의 전환율(안드로이드 기 기에서 아이폰 기기로의 변경)을 기록했다고 밝혔다.

애플페이

쿡은 아이폰 6 키노트에서 애플페이로 전 세계 신용카드와 현금 을 대체하겠다는 야심 찬 계획도 밝혔다. 당시 미국에서 매일 신용카 드와 직불카드로 쇼핑에 지출되는 돈만 120억 달러에 달했다. 애플은 그 시장의 일부를 갖기 원했다. 구글과 같은 경쟁업체도 이미 모바일 결제를 표준화하기 위해 노력했지만 성공의 문턱에도 다다르지 못한 상태였다. 쿡은 개인정보 보호에 중점을 둔 애플의 솔루션이 승자가 될 것이라고 확신했다.

"그동안 이 작업에 매달려온 대부분의 회사는 유저의 경험이 아닌 자기들의 관심사에 중점을 두고 비즈니스 모델을 구축해왔습니다." 쿡은 키노트 무대에서 청중에게 이렇게 설명했다. "우리는 이런 문제들을 환영합니다. 애플에서 가장 잘 해결할 수 있는 문제이지요." 다른 업체와 달리 애플은 결제 서비스를 이용해 데이터를 수집하지 않을 것이며 고객을 상품화하지도 않겠다는 얘기였다.

"여러분은 우리의 상품이 아닙니다." 쿡은 2015년 2월 골드만삭스가 주최한 기술 및 인터넷 콘퍼런스에서 이렇게 포문을 열었다. "누구도 여러분이 어디서 무엇을 사고 얼마나 지불했는지 알아야 할 이유가 없습니다. … 저는 그런 것을 알고 싶지도 않습니다. 솔직히 제 알 바가 아니기 때문입니다." 쿡은 그렇게 애플페이의 보안성을 강조하며, 더 이상 자신의 신용카드 정보가 엉뚱한 사람에게 넘어갈까 봐 걱정하지 않아도 된다고 안심시켰다.

쿡은 "애플페이가 우리 모두의 상품 구매 방식을 완전히 바꿔놓을 것"이라는 신념을 피력했다. 팬들은 한시라도 빨리 그 새로운 서비스를 이용해보고 싶어 안달이 났다. 서비스가 시작되고 일주일이 지난 시점에 쿡은 《월스트리트저널》이 주최한 기술 콘퍼런스에 참석했고, 그 자리에서 애플페이가 서비스를 개시한 지 72시간 만에 카드 등록 건수 100만 건을 돌파했다고 밝혔다. 쿡은 그 수치가 "다른 업체 서비스에 등록된 카드 수의 총합보다 크다"라는 사실을 놓치지 않고 강조했다.

이는 결국 애플의 모바일 결제 서비스가 이미 '비접촉 결제' 분야의 선두주자가 되었음을 의미했다. 얼리어답터들은 편의성에 초점을 둔 애플페이에 깊은 인상을 받았다. "고객 여러분의 이메일이 쇄도하고 있습니다." 쿡이 말했다. "일종의 감탄스러운 순간을 경험하게 됐다고들 하십니다. 전화기 하나로 결제를 할 수 있으니까요."

2015년 1월까지 750개 이상의 은행과 신용카드 조합에서 애플페이의 서비스 기능을 추가했다. 비접촉 결제 플랫폼으로 소비되는 돈 가운데 3분의 2 이상이 애플페이를 통해 이루어졌다. "휴가 시즌 동안 얼마나 많은 상인이 애플페이 결제 고객을 받았는지 보고받은 후 저는 충격에 휩싸였습니다. 기분 좋은 충격이었지요." 쿡이 애플의 분기 실적을 밝히는 화상회담에서 얘기한 내용이다. 그는 "2015년은 애플페이의 해가 될 것"이라고 선언했다.

지금까지 애플은 정확히 얼마나 많은 사람이 애플페이에 가입했고, 또 구체적으로 얼마나 많은 사람이 정기적으로 이용하고 있는지 밝히지 않았다. 하지만 간간이 인상적인 수치와 이정표는 공개하곤 했다. 2016년 6월에 애플은 매주 애플페이의 가입자 수가 100만 명에 달한다고 《포천》에 확인해줬다. 1년 전에 비해 다섯 배가 늘어난 수치였다. 2017년 5월 쿡은 애플의 이사분기 실적 발표 화상회담에서 애플페이를 통한 거래량이 전년도 같은 분기보다 450퍼센트 증가했다고도 자랑했다.

그즈음 애플페이는 북미와 유럽, 호주, 아시아를 통틀어 15개 경제 권역에 범위를 확대했지만, 그 채택률은 쿡의 기대치에 미치지 못하는 수준이었다. 2018년 2월 그는 주주들에게 애플페이가 개인적인 기대만큼이나 빠르게 날아오르지는 못했다고 인정했다. "몇 년 전 여기 앉은 저에게 전망을 물었다면 분명 저는 지금의 이륙 속도보다는 더 빠른 성장세를 예측했을 겁니다." 그렇다고 해도 애플의 CEO는 애플페이를 비롯한 유사 모바일 결제 서비스의 미래를 낙관했다.

2018년에 그는 애플의 주주총회에서 애플페이와 여타 비접촉 결제 시스템의 미래를 다시 한번 낙관적으로 전망했다. "저는 현금이 사라지는 날을 살아서 보게 되기를 희망하고 있습니다."

애플페이는 현재 추진력을 모으는 단계로 보인다. 2018년 7월 쿡은 애플의 분기 실적을 발표하는 화상회담에서 2018회계연도 삼사분기에 애플페이가 10억 건이 넘는 거래에 이용됐다고 밝혔다. 업계의 추종을 불허하는 엄청난 거래량이 아닐 수 없다. 그는 또한 세븐일레븐7-Eleven을 포함한 미국 전역의 편의점(CVS)에 해당 서비스를 도입할 것이며 연말까지 독일에도 진출할 계획이라고 밝혔다. 애플페이는 쿡의 바람보다 느리게 날아오르고 있을지 몰라도, 비접촉 결제에 대한 그의 꿈은 가속화되고 있는 것으로 보인다.

쿡의 첫 번째 주요 신제품, 애플워치

2014년 9월 밝고 화창한 어느 날, 쿡은 마침내 많은 기대를 모으던 애플워치의 베일을 벗겼다. 그는 애플워치를 '애플 스토리의 다음 장'이라고 칭하곤 했다. 애플워치는 심박수 모니터와 피트니스 추적 기능을 탑재해 자신의 운동을 모니터링하고 싶어 하는 건강 마니아의 관심을 끌었다. 내장된 액티비티Activity 앱은 유저를 일어서게 하고 운동시키며, 건강한 신체 상태를 유지하도록 독려하면서 하루 운동 목표를 달성하면 가상의 메달도 제공했다. 운동 마니아다운 쿡의 성향에 밀접히 부합하는 장치였다. 그는 애플워치에 대해서 "정확한 시계이자 새롭고 친밀하게 손목과 소통하는 하나의 방식, 그리고 포괄적인 건강과 피트니스용 기기"라고 설명했다.

팬들은 2015년 4월까지 기다려야 애플의 첫 번째 웨어러블 제품을 손에 넣을 수 있었다. 애플이 그렇게 애플워치의 출시 기간을 길게 잡은 건 개발자들에게 앱 개발 시간을 충분히 주기 위해서라고 했다. 그렇게 해야 초기의 구매자도 기기를 입수하자마자 바로 자신이 좋아하는 앱을 다운로드할 수 있기 때문이었다. 페이스북과 트위

터라는 거대한 기업도 이 워치OS^{WatchOS}용 앱을 개발하는 대열에 합류해 있었다. 워치OS는 애플이 자사의 웨어러블 운영체계에 붙인 이름으로 iOS의 맞춤형 버전이었다.

마침내 애플워치는 판매를 시작했고, 쿡은 얼리어답터들에게 '압도적으로 긍정적인' 피드백을 받았다고 했다. 하지만 애플은 현재까지 애플워치의 정확한 판매 수치를 밝히지 않았다. 그래서 우리는 제삼자의 추산치를 통해 애플워치가 삼성이나 모토로라, LG 등과 같은 경쟁사의 스마트워치 판매량을 쉽게 따돌렸을 거라고 추정만 할 뿐이다. 애플워치의 오리지널 모델이 해당 시점까지 판매된 안드로이드웨어^{Android Wear}의 총판매량(약 72만 대)을 넘어서는 데에 출시 후 24시간이 채 걸리지 않았을 것으로 보인다.

조너선 아이브는 고급 시계 전문 웹사이트인 '후딩키^{Hoodinkee}'와의 인터뷰에서 애플워치가 '스티브 잡스의 입김이 닿지 않은 최초의 주요 제품'이라고 밝혔다. "우리는 그와 시계에 대해 얘기를 나눈 적이 없었어요. 그러니 시계를 만드는 것에 대해서는 더더욱 대화를 한 적이 없었겠지요." 아이브가 잡스와 나눈 대화를 회상하면서 한 얘기다. "사실 저는 그가 시계를 찬 것조차 본 기억이 없습니다."

애플의 경영진은 잡스가 떠나고 한동안 애도의 시간을 보낸 다음 몇 주 동안 브레인스토밍 기간을 가졌다. 시계에 대한 아이디어가 잡스의 사망에서 간접적으로나마 영향을 받았다고 볼 수 있는 부분이다. "스티브가 세상을 떠나고 두어 달 지난 후인 2012년 초, 첫 번째

토론회가 열렸어요." 아이브의 말이다. "그의 타계 소식은 우리에게
잠시 멈춰서 시간을 갖고 우리가 가고 싶은 방향은 어디인지, 회사를
어느 궤적에 올려놓는 게 마땅한지, 우리에게 동기를 부여해주는 것
은 무엇인지 등을 생각하게 했지요." 그 과정에서 나온 답이 바로 애
플워치였다.

2013년과 2014년, 쿡은 애플의 신임 리더로서 역할을 더욱 굳히
기 위해 새로운 시장에서 기회를 찾고 흥미로운 파트너십을 모색하
는 한편 아이폰을 가차 없이 혁신하며 애플워치의 개발에 박차를 가
했다. 주가가 사상 최고치를 기록한 2014년 11월 말 애플의 시가총
액은 처음으로 7000억 달러를 돌파했다. 구글보다 두 배나 많았고
지구상에서 두 번째로 가치가 높은 기업인 엑손모빌을 3000억 달러
나 따돌린 액수였다. 쿡이 잡스를 대체하고 애플을 훨씬 더 대단한
성공 궤도에 올려놓을 수 있는 능력을 갖췄는지에 대한 의구심은 이
제 진정으로 땅속에 묻히고 있었다.

애플의 의미 있는 순간을
함께한 팀 쿡의 모습들

스티브 잡스 생전에 열린 애플 기자회견에서
그의 옆자리에 앉아 기자들의 질문을 경청하는 팀 쿡.
잡스는 이날 아이폰 4의 수신율 논란을 '안테나게이트'라 명명하며
"이 세상에 완벽한 전화기는 없다"라는 유명한 말을 남겼다.

2010년 7월 16일, AP Photo/Paul Sakuma, File

2011년 애플의 최고경영자가 된 팀 쿡이 쿠퍼티노 애플 본사에서
잡스의 삶을 추모하는 연설을 하고 있다.
잡스는 그해 10월 5일 췌장암으로 세상을 떠났다.

WWDC 2015에서 '애플뮤직'을 발표한 뒤
비츠뮤직의 공동창업자 지미 아이오빈과 포옹하는 팀 쿡.
팀 쿡은 애플뮤직의 성공적인 출시를 위해
비츠뮤직의 주요 경영진을 모두 유지한 채 회사를 인수했다.

2015년 6월 8일, AP Photo/Jeff Chiu

2015년 아이다호주 선밸리에서 열린
제33회 앨런앤코미디어콘퍼런스에서
팀 쿡과 핀터레스트의 CEO 벤 실버맨이 대화를 나누고 있다.

2015년 7월 9일, EPA/ANDREW GOMBERT

2015년 뉴욕 애플스토어에서
팀 쿡이 지켜보는 가운데 세계코드대회가 진행되고 있다.
쿡이 이끄는 애플은 '다양성'을 회사의 주요한 가치로 삼아
흑인을 위한 학교에 많은 돈과 시간을 투자하고 있다.

2015년 12월 9일, AP Photo/Mark Lennihan, File

2016년 쿠퍼티노 애플 본사에서
잡스의 입김이 닿지 않은 최초의 제품 '애플워치'를 소개하고 있다.

2016년 10월 27일, AP Photo/Marcio Jose Sanchez

같은 날 '애플워치'를 발표하고 무대에서 내려온 팀 쿡이
뇌성마비를 앓고 있는 애플의 동영상 제작자 새디 폴슨과 웃으며 대화하고 있다.

2016년 10월 27일, EPA/TONY AVELAR

8장

그린, 그린, 그린

환경친화적인 기술 기업

　오늘날 애플은 기술 업계에서 가장 환경친화적인 기업 중 하나로 손꼽힌다. 하지만 쿡이 CEO로 취임한 뒤 진심을 담아 환경을 지키기 위한 노력을 기울이기 전까지는 결코 그러한 기업이 아니었다.

　1999년부터 2005년까지 애플의 제품 디자인 부문 수석 엔지니어로 일했던 에이브러햄 패러그Abraham Farag는 "당시 우리에게 '지속가능성'이란 나중에 생각하는 부차적인 것"이었다고 말했다. 패러그에 따르면 그 시절 애플에서 환경을 위해 기울인 노력은 환경 운동가나 소비자를 달래기 위한 일종의 '립 서비스' 같은 형식적 절차에 불과했다. 애플이 환경에 미치는 영향을 평가하는 전담 직원은 달랑 한 명뿐이었고, 최고 경영진이 강력하게 지원하지 않는 한 그 한 명이 의미 있는 영향력을 행사할 방도도 없었다. 패러그는 이렇게 덧붙였다. "분명 그 나름대로 노력했지만 애초에 성과를 내기가 불가능한 상황이었지요."

패러그는 이런 일화도 들려줬다. "한번은 지속가능성을 목표로 활동하는 환경 단체에서 무게가 25그램 이상 나가는 모든 애플 제품에 재활용 마크를 찍으라고 요구했어요." 재활용 프로세스를 형상화한 그 마크 말이다. 애플은 그 재활용 마크가 '예쁘지 않다'는 이유로 그들의 요구를 묵살했다. "그 부분을 고려해서 디자인을 변경할 수 없다는 게 결론이었습니다. 순전히 제품의 외관에만 초점을 맞춰 지속가능성에 대한 책임의식을 내버린 겁니다." 잡스가 경영하는 애플은 환경친화적인 기업으로 보이기 위해 기본적인 조치는 취하는 듯했다. 하지만 회사가 환경에 남긴 흔적을 지우는 일은 결코 우선순위로 여기지 않았다. 2000년대 초·중반이라면 쿡이 애플에서 전 세계 사업 운영 부문의 수석 부사장을 맡고 있을 때였다. 즉, 당시에 그는 회사의 환경 정책과 관련해 책임을 질 만한 자리가 아니었다는 뜻이다.

잡스가 이끄는 애플은 때로 환경에 해로운 결정을 내리기도 했다. 이는 2000년대 후반 그린피스Greenpeace 보고서에 그대로 반영되어 애플이 환경에 미치는 파괴적 영향에 대해 비난의 목소리를 높였다. 2007년에 발표된 보고서「부재중 전화: 아이폰의 위험한 화학물질」은 아이폰 부품에 쓰인 몇 가지 해로운 물질에 관하여 소상히 밝히고 있다. 안티모니와 브롬, 크롬, 납 등을 포함해 EU가 규제하는 상당수의 유해 물질이 애플 제품에서 발견되었다는 것이다. 또한 그린피스는 애플이 부품의 재료로 쓰지 않겠다고 약속한 폴리염화비닐(PVC)을 그대로 사용한 증거도 확인했다. "애플이 2007년 6월 미국 시장에 새롭게 내놓은 제품에서도 여전히 PVC와 브롬계 난연제가 쓰인 사실이 발견되었다. 이는 애플이 기존의 제품은 물론 완전히 새로운 제품에서도 이러한 재료를 단계적으로 줄여나가, 2008년에는 완전히 쓰지 않겠다고 한 약속을 아직 구체적으로 이행하지 않았다는 것에 대한 방증이다." 보고서의 결론이다. "애플이 진정으로 다시 새로운 전화기를 발명하고 싶다면, 휴대전화와 주변 장치에 들어가는 모든 유해 물질을 없애는 일부터 서둘러야 한다."

그린피스가 질책성 보고서를 발표하자 잡스는 곧장 애플을 방어하기 위해 '환경친화적으로 변화한 애플'이라는 제목의 공개서한을 보냈다. 이 편지에서 그는 회사가 그동안 제품을 만들 때 환경에 해로운 부분을 줄이고자 노력했다는 점, 그리고 여전히 많은 일을 수행하고 있다는 점을 강조했다. 여기에는 2006년 제품에서 CRT 디스플레이를 완전히 빼버린 것과 2008년 말까지 PVC와 브롬계 난연제를 단계적으로 없애겠다는 노력 등이 포함돼 있었다. 또한 그는 맥과 아이팟을 판매하는 국가 중 82퍼센트에서 재활용 프로그램을 운영하고 있다고도 했다. "특히 이 부분에서 애플은 대부분의 경쟁사를 앞서거나 곧 앞지를 전망"이라는 게 그의 주장이었다. 그리고 얼마 후 애플은 회사의 그린 이니셔티브를 상세히 밝히는 환경 책무 보고서를 연례적으로 발표하기 시작했고, 이 관행은 지금까지도 계속되고 있다.

잡스의 서한에 그린피스는 애플의 노력을 인정하겠다고 발표했다. 그들은 특히 PVC와 브롬계 난연제를 없애겠다는 애플의 약속을 높이 평가하며, 경쟁업체인 에이서^Acer^와 델, HP(휴렛팩커드), 도시바^Toshiba^, 레노버^Lenovo^도 애플의 선례를 따르라고 독려했다. "이들 기업 중 어느 한 곳도 독성 화학물질을 제거하려는 애플의 본보기를 지금 당장 따르지 않을 이유가 없습니다."

2009년 애플은 아이폰 3GS를 출시하면서 '최초로 PVC와 브롬계 난연제를 쓰지 않았다'고 주장했다. 그러나 애플은 그 후로도 수년간 그린피스가 눈여겨보는 대상에서 벗어날 수 없었다. 특히 아이폰과 아이패드의 성공 덕분에 회사에 대한 관심은 더욱 커져갔다. 2009년 6월 그린피스는 분기별로 발간하는 「전자제품의 환경친화 가이드」에서 "PVC와 브롬계 난연제의 허용 한도를 부당하게 높게 잡아놓고는 제품에 그것들이 없다고 주장한다"라며 또 한 번 애플을 비난했다. 애플이 없앴다고 말한 물질이 실제로 제거되지 않아서인지, 아니면 공급업체가 그것을 제거하지 않아서인지는 명확하지 않다(오늘날 애플은 쿡의 지침에 따라 제품을 구성하고 있는 화학물질을 포함해 모든 부품과 부품의 하위 구성요소까지 엄격한 사양을 갖추도록 철저히 감사하고 있다). 또한 그린피스는 재활용 플라스틱과 재생에너지에 대한 애플의 노력에 낮은 점수를 주기도 했다. 다만 그해 12월에 발간한 그린피스 가이드에서는 애플의 순위를 몇 계단 올려주었다. 케이블을 제외한 모든 제품에서 PVC를 없애기 위해 공을 들인 점이 반영됐기 때문이다. 더불어 재생에너지의 사용을 늘린 점도 높은 점수를 받았다. 그러나 향후 그린피스는 환경을 둘러싼 애플의 고민 가운데 가장 미미한 걱정거리가 되고 만다.

오염과 중독

이러한 애플의 관행을 두고 중국에서는 보다 혹독한 비판이 날아왔다. 중국의 오염 방지 운동가들은 애플이 은밀하게 환경을 해치고 있으며, 공급업체의 근로자들을 유독 물질에 중독되도록 방치하고 있다고 비난했다. 2011년 1월 중국의 한 대표적인 환경단체연합은 29개 주요 기술 기업과 함께 애플을 최하위권에 올려놓으며 이러한 내용의 연구 조사 보고서를 발표했다. 중국의 일부 노동자들이 노멀 핵산에 노출되어 병원에 입원했다는 내용이 보도된 직후 불과 두세 달 만에 나온 보고서였다. 화학물질인 노멀 핵산은 아이폰의 스크린을 닦는 데 사용되던 용제였다.

"애플 제품은 세련된 이미지 뒤에 많은 사람이 알지 못하는 부작용을 숨기고 있다. 환경오염과 함께 근로자들이 독성 물질에 중독되고 있다." 그린초이스이니셔티브Green Choice Initiative가 발표한 보고서의 내용이다. "이 부분은 회사의 비밀스러운 공급망에 깊숙이 숨겨져 있다." 그들은 병원에 입원한 대만의 공장 근로자 62명이 잡스에게 설명을 요구하는 영상도 함께 발표했다. "우리는 당신이 선택한 공급업체에서 벌어진 문제에 당신이 책임질 수 있는지 묻고 싶습니다. 당신이 기기를 들여다보고 손에 쥐고 손가락으로 밀 때, 이제 그것은 더 이상 아름다운 스크린이 아니라는 걸, 우리와 같은 노동자들의 피와 목숨이라는 걸 느끼게 되는 날이 올지 궁금합니다."

중국 쑤저우苏州에 있는 윈테크Wintek 공장에서 벌어진 노멀 핵산 중독 사건은 또 다른 측면의 논란을 불러일으켰다. 보도에 따르면 용제로 사용하기로 한 것은 원래 알코올이었다. 하지만 공장의 경영진이 작업의 효율성을 핑계로 보다 빨리 마르는 노멀 핵산으로 용제를 교체한 것이다(노멀 핵산에 중독되면 최대 2년 동안 신경 손상에 시달릴 수 있다). 이 사건 이후 그린초이스이니셔티브는 애플에 수개월간 여러 차례에 걸쳐 윈테크 공장과의 관련 여부를 물었다. 애플은 이에 대해 인정도, 부정도 하지 않는 태도를 일관했다(당시 애플은 공급업체와 관련된 사항을 최대한 비밀에 부치고 있었다. 어떤 공급업체를 이용하는지 밝히기를 거부한다는 게 그들의 통상적인 입장이었다. 그에 반해 오늘날 쿡이 지휘하는 애플은 모든 공급업체의 목록을 포괄적으로 공개한다. 매년 업데이트를 해가면서 말이다).

중국의 환경 운동가이자 공공환경연구소의 소장인 마 준Ma Jun은 당시의 상황을 이렇게 설명했다. "애플이 보여주는 태도는 그들의 공급망을 공개적인 방법으로 절대 감독할 수 없다는 걸 의미합니다.

환경을 해친 사건으로 공론화된 마당에 하청 계약상의 비밀엄수 의무 조항을 근거로 침묵을 지키는 건 어불성설이지요. 다른 주요 브랜드에서는 그렇게 하지 않습니다." 노키아와 모토로라는 이미 윈테크와의 관계에 대해 답변을 마쳤지만, 애플은 개별적으로 의혹을 제기하는 문제에 대해서는 언급하지 않겠다는 입장을 고수했다.

탐사보도 기자 출신이기도 한 마 준은 이미 2011년 초 「애플의 이면」이라는 보고서를 발표한 적이 있다. 보고서에서 그는 애플의 공급망이 일부 근로자에게 끔찍한 영향을 미쳤다고 설명했다. 함께 발표한 영상에서 그는 병든 근로자들이 증상을 호소하는 장면 사이사이에 잡스가 신제품을 소개하는 모습을 담았다. 보고서는 당시에 사회적으로 상당한 파장을 일으켰지만 정작 애플의 관심은 거의 이끌어내지 못했다. 5개월 후 그는 「애플의 이면 2」를 발표하며 애플의 공급업체로 의심되는 곳에서 발생한 또 다른 환경 훼손 사례를 열 가지로 정리했다.

마 준과 공공환경연구소는 애플의 공급업체가 대중의 건강과 안전을 위태롭게 할 만큼 심각한 오염을 유발하고 있다고 비난했다. 단체는 애플과 관계가 있다고 확인되거나 추정되는 중국 전역의 공장을 일일이 방문 조사해 2011년 9월 46쪽짜리 보고서를 발표했다. 보고서에는 애플의 공급업체 수십 곳이 오염된 폐기물과 유독성 금속물질을 지역사회에 배출하는 것으로 의심되며, 27곳의 공장에서는 환경 문제를 유발하는 게 확인됐다고 밝혀져 있다.

이에 애플은 이미 공급업체에서 시행되고 있는 이니셔티브를 포함해 반박 성명을 발표했다. 애플의 대변인인 스티브 다울링Steve Dowling은 "애플은 가장 높은 수준의 사회적 책임을 다하기 위해 공급망 전반에 걸쳐 최선의 노력을 기울이고 있다"라고 밝혔다. "우리는 애플의 제품이 만들어지는 곳이면 그 어디든 안전한 작업 환경을 보장하고, 근로자를 존엄과 존중으로 대하며 환경에 책임을 다하는 제조 프로세스를 유지하도록 요구하고 있습니다." 또한 다울링은 애플이 공급망에 속한 공장들을 적극적으로 모니터링하며 정기적으로 감사에 나선다고 주장했다.

그러나 《월스트리트저널》의 기자 유카리 케인은 『불안한 제국』을 통해 애플이 마 준의 보고서를 인정하고 그를 조종하려 하는 대신, 서로 협력하는 관계를 맺고 싶어 했다고 밝혔다. "그렇게 마 준과 애플 사이에 미묘한 대화가 시작되었다." 마 준은 케인에게 초기의 미팅은 불안하고 불편했으며 진전의 속도가 더뎠다고 말했다. 그러나 잡스가 떠난 이후에 곧 '획기적인 돌파구'가 열렸다. 물론 그러한 진전은 쿡 덕분에 이뤄진 것이었다. 쿡은 계속해서 공급업체가 책무를 다하도록 보다 많은 자원을 투입하기 시작했다.

개선의 행보

환경에 대한 쿡의 지대한 관심은 그가 애플에서 취한 이니셔티브에도 고스란히 드러난다. 그는 애플의 환경 정책과 지속가능한 접근 방식을 하나둘 개선하기 시작했다. 쿡이 CEO가 되고 몇 주 뒤, 사업운영팀의 고위 간부인 빌 프레더릭Bill Frederick은 워싱턴 D.C.에 위치한 비영리단체 천연자원보호협의회Natural Resources Defense Council, NRDC의 소속 환경독성학자(인위적인 화학물질이 환경에 유입될 경우 그것이 생태계에 어떤 독성을 일으키는지 연구하는 학자)인 린다 그리어Linda Greer에게 개선책을 도모하자고 제안했다.

프레더릭은 잡스가 경영하던 시대에 애플은 환경을 최우선으로 여기는 기업이 아니었다고 인정했다. 하지만 이제는 "회사의 경영진이 공급업체를 보다 꼼꼼하게 감시하고 더 나은 환경을 만들고자 방법을 고민하고 있다"라고 확언했다. 애플은 NRDC에 미팅을 요청했고, NRDC는 함께 일하기 시작한 마 준도 참석하는 조건으로 그 제안을 수락했다.

"회의는 5시간 동안 계속되었다." 케인이 책에 쓴 내용이다. "일부 임원은 때때로 방어적인 자세를 취했고, 애플은 그들의 감사 결과와 마 준의 조사 결과 사이에서 발견된 차이점에 대해 세부적인 자료를 제공하는 것을 거부했다. 그러면서도 그들은 보다 투명해져야 할 필요성에 대해서는 인정했다. 결국 회사는 마 준의 조사 결과를 확인하기 위해 자체 조사를 실시하고 어떤 문제든 발견하는 즉시 해결하기로 약속했다."그리어는 애플이 시정 조치를 마련하는 데에 거의 모든 경쟁사보다 더 많은 일을 했다고 말했다. 마 준은 쿡이 지휘권을 잡고부터 한 달도 지나지 않아 애플이 개선책을 찾기 위해 애쓴다는 사실을 느꼈다. 잡스는 애플의 공급망이 환경에 끼치는 영향에 무관심했지만, 쿡은 그 문제에 정면 돌파하려는 자세를 취했다. 환경을 대하는 애플의 접근 방식이 180도 달라진 것이다.

당신의 데이터는 얼마나 더러운가?

환경에 많은 노력을 쏟겠다는 쿡의 의지는 분명했다. 하지만 시작하기 전부터 엉망인 상황을 개선하는 데는 적잖은 시간과 노고가 필요했다. 쿡이 CEO로 취임한 당시 애플의 제품당 오염 물질 배출량은 역대 최고 수준이었다. 회사가 클라우드를 기반으로 한 서비스를 계속 추진할수록 그린피스의 공격은 더욱 거세졌다. 2011년 '클라우드 컴퓨팅이 미치는 환경적 영향'에 관한 보고서에는 애플이 '친환경과 가장 거리가 먼' 기술 기업으로 분류되었다. 보고서는 물었다. "당신의 데이터는 얼마나 더러운가?" 당시 클라우드 컴퓨팅은 아마존부터 젠데스크^{Zendesk}에 이르는 모든 기술 기업이 앞다퉈 진출한 분야였다. 모두 온라인 서비스를 운영하기 위해 엄청난 전력을 잡아먹는 데이터센터에 투자를 늘려갔고, 그 무리에서 애플은 선두를 달리고 있었다.

애플은 그린피스 보고서의 '청정에너지 지수^{Clean Energy Index}'에서 가장 낮은 퍼센티지를, 반대로 '석탄 집중도^{Coal Intensity}'에서는 가장 높은 퍼센티지를 받았다. 얼마 전 애플이 노스캐롤라이나주에 아이클라우드데이터센터^{iCloudDataCenter}를 세운다고 결정한 게 큰 영향을 미쳤다. 노스캐롤라이나주는 석탄을 기반으로 한 값싼 에너지를 공급하는 곳으로, 미국에서 가장 '더러운' 전력망을 갖춘 곳으로 유명했다. "애플은 아이데이터센터^{iDataCenter}의 대체지 역시 매우 더러운 출처에서 전기가 공급되는 버지니아주를 택했다. 이는 세금 인센티브 말고도 애플이 부지를 선정할 때 저렴한 에너지와의 접근성을 핵심 요소로 본다는 걸 나타낸다." 그린피스 보고서의 내용이다.

그런 보고서가 나오고 몇 달이 지났는데도 애플이 아무런 반응을 보이지 않자 환경 운동가들은 세계 전역의 애플스토어에서 항의 시위를 벌였다. 뉴욕시에 있는 그린피스 활동가들은 애플스토어의 대표 격인 5번가 매장 안으로 진입해 천장에 다량의 검은색 헬륨 풍선을 띄웠다. 그 풍선들은 유리 천장을 통해 들어오는 햇볕을 차단했다. 2012년 5월에는 쿠퍼티노에 있는 애플의 본사 앞에 그린피스 활동가 두 명이 출동했다. 그들은 거대한 아이팟 모형을 세우고는 그

안으로 들어가 시위를 벌였다. 시위에 사용된 모형은 북극권에서의 석유 시추를 막기 위해 항의 용도로 제작된 높이 2미터 40센티미터, 길이 3미터의 반구형 생존 장치를 개조해 만들었다. 시위자들은 건물 입구로 들어가는 직원들에게 석탄 대신 재생에너지를 써달라는 전 세계 애플 팬들의 음성을 들려주었다. 나중에는 아이폰 모형을 몸에 걸친 운동가 네 명이 이들을 지원하고자 합류했고, 몸통에 묶어놓은 텔레비전을 틀어 그들의 활동을 응원하는 지지자들의 소셜미디어 메시지를 보여주었다.

"애플의 경영진은 그들의 영향력을 '선하게' 사용해 클라우드를 재생에너지로 돌아가게 하라는 수십만 명의 목소리를 아직도 무시하고 있습니다." 당시 그린피스USA의 전무이사 필 래드퍼드[Phil Radford]가 항의 시위와 관련해 언론에 한 말이다. "우리는 애플의 고객으로서 아이폰과 아이패드를 사랑합니다. 하지만 우리는 석탄의 더러운 스모그에 휩싸인 아이클라우드를 사용할 마음이 없습니다."

행동에 나선 쿡

잡스의 리더십 아래서 이런 종류의 시위는 가볍게 무시당했을 가능성이 크다. 하지만 쿡의 지휘로 의식과 자각을 일깨우던 애플은 빠르게 행동으로 보여주었다. 불과 이틀 만에 성명을 발표해 2012년 말까지 노스캐롤라이나주에 세울 데이터센터의 동력을 모두 재생에너지로 바꾸겠다고 약속한 것이다. 애플은 이미 100에이커 규모의 면적에 태양열 집열판을 설치하기 시작했지만, 여전히 상당한 양의 에너지는 석탄으로 전기를 만드는 듀크에너지Duke Energy에서 구입하고 있었다. 애플은 해당 지역의 재생에너지 공급업체로부터 대체에너지를 조달하겠다고 다짐하는 한편, 캘리포니아주 뉴어크Newark에 있는 다른 데이터센터에서도 2013년 초부터는 재생에너지를 쓰겠다고 약속했다.

그린피스는 애플의 노력을 칭찬하는 성명서를 발표했다. "오늘 애플의 발표는 청정에너지로 작동하는 아이클라우드에 대한 수십만 고객의 요청을 애플이 진지하게 생각했다는 커다란 신호다." 그런데도 그린피스는 모든 데이터센터에 재생에너지를 쓰겠다고 약속하는 날까지 관련 활동을 멈추지 않을 것이라고 했다. "그래야만 비로소 고객은 아이클라우드가 성장할수록 환경이 더 깨끗해질 거라는 확신을 갖게 될 것이다."

반면 중국에서 불어온 위기는 쉽게 사그라들지 않았다. 2013년 2월, 아이패드 공급망에 속한 리텡컴퓨터액세서리RiTeng Computer Accessory가 중국 환경 당국에 의해 기소되는 사건이 발생했다. 리텡에서 너무 많은 폐기물을 하천에 방출해 강물이 '유백색'으로 변했다는 것이었다. 강물 색깔에 놀란 주민들의 항의가 빗발쳤고, 조사 결과 강물에는 절삭유와 기름이 섞여 있던 것으로 드러났다. 그 출처는 리텡 소유의 빗물 배수관이었다. 리텡은 18개월 전에도 공장에서 폭발 사고가 발생해 61명의 직원이 병원 검사를 받은 적이 있었다. 관련한 모든 상황이 애플에 불리하게 돌아갔다.

환경청장의 영입

2013년 힘겨운 전투를 눈앞에 둔 쿡은 애플에 조력이 필요하다는 것을 인식하고, 오바마 행정부에서 4년간 미국 환경청의 수장을 지낸 리사 잭슨을 회사의 경영진에 합류시켰다. 전임 환경청장의 영입은 쿡이 애플의 행동 양식을 전면 개편하는 데에 진지하게 임한다는 신호와 다름없었다.

잭슨을 영입한 것은 애플을 보다 친환경적인 기업으로 만든다는 큰 계획의 첫발과 같았다. "잭슨은 애플의 영향력을 이용해 미국 내 모든 기업에서 당장 필요로 하는 청정에너지를 정부와 전력회사로부터 공급받도록 독려하면서, 우리 회사를 기술 업계의 친환경 리더로 만들 수 있습니다." 2013년 5월 쿡은 D11 기술 콘퍼런스에 참석해 이렇게 발표했다.

2018년 3월 잭슨은 애플파크에서 이루어진 인터뷰에서 쿡의 새로운 사명을 강조했다. "팀은 분명 환경 문제에 관심이 많습니다. 그 뿐만 아니라 환경 보존에 큰 가치를 부여합니다." 쿡은 여가의 대부분을 캘리포니아 요세미티국립공원에서 하이킹하거나 자전거를 타며 보낼 만큼 야외 활동을 사랑한다. 잭슨은 "그것이 바로 그라는 사람의 일부"라고 말했다. 그녀는 평소 자신의 지론도 밝혔다. "핵심은 자연입니다. 자연은 한번 파괴하면 되돌리기가 어렵습니다. 우리에게 마음의 평화를 주고 깨끗한 물과 공기 등 모든 것을 내주는 자연을 보존하는 일이 무엇보다 중요합니다. 그런 것이 없으면 어떤 분야에서든 우리가 인간으로 성공적인 삶을 누릴 수 없기 때문입니다."

잭슨은 50대 중반의 매력적이고 사교적인 아프리카계 미국인 여성이다. 그녀의 고향은 쿡의 고향과 그리 멀지 않은 뉴올리언스^{New Orleans}로, 쿡과 거의 같은 시대를 겪으며 성장했다. 그녀는 대학을 졸업하고 2~3년 후 환경청에 평사원급 엔지니어로 합류해 초고속으로 승진했다. 2008년 오바마 행정부에서 환경청장으로 임명된 그녀는 해당 직위를 맡은 최초의 아프리카계 미국인으로, 1만 7000명에 달하는 직원을 관리 감독하며 임무를 수행했다. 왕성하게 활동해오던 그녀는 '합의 도출의 귀재'로 명성을 쌓았지만, 어느 순간 제기된 정경유착 의혹으로 두통거리에 시달리더니 결국 2012년에 옷을 벗었다. 애플에 합류한 건 그로부터 1년이 채 지나지 않아서였다.

그녀가 애플에 첫 출근한 2013년 5월, 쿡은 그녀에게 이렇게 말했다. "애플이 지금 잘못하고 있는 것은 무엇이고 잘하고 있는 것은 무엇이며 더 잘할 수 있는 것은 무엇인가요? 비전을 세워서 우리가 거기에 도달할 수 있도록 도와주십시오." 쿡은 그녀에 대한 기대를 그렇게 피력했다. 잭슨을 스카우트한 건 비록 첫걸음마에 불과했지만 쿡은 가급적 신속하게 본격적으로 상황이 개선되기를 바랐다. 전임자인 잡스와는 달리 환경 이니셔티브에 적극적으로 임하겠다는 결의가 그만큼 단호했던 것이다.

쿡은 잭슨에게 자신의 사명이 "내가 왔을 때보다 더 나은 곳으로 만들어놓고 세상을 떠나는 것"이라고 말했다. 애플의 환경 보고서나 판촉 비디오, 사기를 진작하는 내용의 포스터에서 반복적으로 언급되는 바로 그 표현이었다. 애플은 세계에서 가장 강력한 기업 중 하나로, 그 엄청난 자원을 활용해 세상을 변화시킬 힘이 있었다. 잭슨의 얘기를 들어보자. "쿡이 지닌 원대한 비전의 핵심은 '어떻게 하면 이 큰 기업을 선한 힘으로 활용할 수 있는가? 어떻게 하면 기업이 가진 규모와 영향력으로 인류가 직면한 문제를 해결할 수 있는가?'였습니다." 쿡은 궁극적으로 세 가지 영역에 초점을 맞췄다. 기후변화를 해결하는 노력에 동참하고, 친환경 재료를 제품에 사용하며, 지구의 자원을 보호하는 것이 바로 그 세 가지다.

그린피스의 게리 쿡은 재생에너지와 친환경 재료만 사용하겠다는 쿡의 약속을 언급하며 그의 리더십을 높이 평가했다. "팀 쿡이 그것을 중요하게 생각한다는 걸 여실히 알 수 있습니다. 그는 기후변화에 대비해 행동을 취할 필요가 있다는 것을, 나아가 애플이 기후변화에 대응할 필요가 있다는 것을 분명히 밝혀왔습니다. 나는 그가 환경 청장 출신의 인사를 영입하는 등 실제적인 행동을 보여준 것을 통해 그가 진정으로 이 문제를 애플의 최우선 과제로 생각한다는 걸 알았습니다. 오랜 시간 동안 노력을 기울여야 할 문제로 인식하고 있다는 것도 말이지요." 그린피스의 지지를 이끌어낸 것은 애플의 환경 정책을 개선하고자 한 쿡의 놀라운 성과였다. 물론 쿡은 거기서 멈추지 않았다.

환경보호 기업의 선두주자

애플이 '그린'에 쏟아붓는 노력은 이제 회사의 37년 역사에서 그 어느 때보다 크고 중요한 일이 되었다. 환경 문제가 쿡의 어젠다에서 상위권을 차지하는 만큼, 이제 애플의 환경 정책은 단지 환경 운동가를 달래기 위한 부수적 차원의 일이 아니었다. 2013년 10월 쿡은 분기 실적 발표회에서 애널리스트와 투자자에게 "애플은 이제 제품을 넘어 세상을 위한 선한 힘이 되었다"라고 밝혔다. "노동 환경과 근로 조건을 개선하고 인권 신장과 에이즈 퇴치, 교육 재창조와 환경 보존에 노력을 기울이는 등 애플은 이미 우리 사회에 상당한 기여를 하고 있습니다."

쿡의 새로운 사명 덕분에 애플의 그린피스 등급은 빠르게 오르기 시작했다. 제품당 오염 물질을 배출하는 양은 매년 감소하였으며 세계 곳곳의 제조 시설과 사무실, 매장 등에서 석탄 대신 재생에너지에 의존하는 비율도 갈수록 높아졌다. 2014년에 그린피스 보고서는 애플을 '세계에서 가장 깨끗한 데이터센터를 운영하는 업체' 중 하나로 선정하기도 했다. 애플이 실로 가시적인 진전을 이뤄낸 결과였다. 쿡은 그렇게 회사를 변화시키면서, 동시에 세상을 더 나은 곳으로 이끌고 있었다.

또한 쿡은 애플이 환경을 보존하는 기업의 선두주자가 되기를 원했다. 애플이 환경을 최우선 과제로 삼는다면 다른 회사도 분명 뒤따를 것이기 때문이었다. 2014년 9월 뉴욕시기후주간Climate Week NYC 행사에 참석한 쿡은 로버트 F. 케네디가 남긴 그 유명한 문구를 인용해 "애플은 연못에 잔물결을 일으키는 하나의 자갈이 되어야 한다"라고 말했다. 또한 UN기후변화협약 크리스티아나 피게레스Christiana Figueres 사무총장을 만나서는 이렇게 말했다. "애플은 경제와 환경 사이에 놓인 그 어떤 절충안도 수용하지 않을 겁니다. 혁신의 기준을 높이 잡는다면 그 둘 모두에서 만족스러운 결과를 낼 수 있습니다. 환경을 돌보지 않을 때 치를 장기적인 결과가 얼마나 막대한지 잘 알기에, 우리는 반드시 그 두 가지를 동시에 해내야 합니다."

2014년 말 애플은 자사의 모든 제품에서 PVC를 완전히 빼버렸다. 훌륭한 대체 물질을 찾기까지 6년 이상이 걸린 셈이다. 리사 잭슨은 전원 코드에서 PVC를 제거하는 일이 왜 중요한지를 두고 이렇게 설명했다. "세계 곳곳의 사람들이 그 안에 있는 구리를 얻기 위해 전선을 불에 태웁니다. 결국 PVC를 이용하는 건 제조 공정에서도 훌륭한 일이 아닐뿐더러, 사람들의 건강에도 매우 위험한 상황을 초래합니다. 우리는 다른 기업도 하루속히 우리의 선례를 따르기를 희망합니다. 쉽지 않은 일이지만 그래도 옳은 일이니까 실천에 옮겨야 합니다. 팀이 항상 하는 말입니다. 옳기 때문에 옳은 일을 해야 한다!" 이것이야말로 쿡이 주도하는 환경 정책을 단 한 문장으로 요약한다. 그는 단지 보여주기 위해 이런 변화를 일으키는 것이 아니다. 그는 옳은 일을 하는 것, 그 자체에 진정으로 신경을 쓰고 있다.

재생에너지 이니셔티브

쿡은 또한 재생에너지 이니셔티브를 실행하며 환경에 대한 애플의 책무를 다했다. 2015년 2월 애플은 퍼스트솔라First Solar와 파트너십을 맺고 캘리포니아주 몬테레이Monterey에 네 번째 태양 에너지 농장 건설 계획을 밝혔다. 이는 8억 5000만 달러가 투입되는 계약이었다. 2016년에 이 농장이 완공되면 약 6만 가구에 전력을 공급할 에너지가 생산되는 것이었다. 두 회사는 여기에 25년간 전력 구매 협약도 맺었다. 당시로서는 업계 역사상 가장 큰 규모의 민간 전력 공급 계약이었다. 그렇게 애플은 이 프로젝트를 통해 130메가와트의 전력을 확보하게 되었다.

퍼스트솔라의 CCO(최고상거래책임자) 조 키시킬^{Joe Kishkill}은 계약 체결을 확증하는 성명에서 이렇게 말했다. "애플은 어떻게 대기업이 100퍼센트 청정 재생에너지로 사업을 할 수 있는지 보여주며 기후변화를 해결할 방법을 선도하고 있다. 애플의 헌신은 이 프로젝트를 실현하는 데도 크게 중요했을 뿐 아니라, 캘리포니아주의 태양 전력을 확대 공급하는 데도 크게 기여할 것이다. 장기적으로 봤을 때 캘리포니아 플랫^{California Flats}에서 나오는 재생에너지가 대체에너지 자원의 비용을 절감하는 효과를 안겨주고 환경에 미치는 악영향도 크게 낮춰줄 것이다."

쿡은 기후변화가 진정한 위협으로 다가왔음을 인정했다. 그는 태양 에너지를 확보하는 계약과 관련해 "토의의 시간은 지났다. 이제는 행동에 나설 시간이다"라고 강조했다. 그린피스는 이에 주목했다. "애플은 여전히 '환경 발자국'을 줄이기 위해 해야 할 일이 남았지만, 《포천》500대 기업의 CEO들이 팀 쿡을 연구한다면 분명 크게 도움이 될 것이다." 계약 체결이 발표되고 그린피스에서 내놓은 성명서의 내용이다.

2015년 10월 애플은 공급업체들도 지속가능성에 주력하도록 독려하기 위한 방법으로 200메가와트 생산 규모의 태양광 프로젝트를 중국에 추진하겠다고 발표했다. 200메가와트라면 26만 5000가구에 전력을 공급할 수 있는 양이다. 이 프로젝트는 애플의 공급망에서 사용되는 에너지를 상쇄하기 위한 출발점이었다(그동안 애플이 남긴 탄소 발자국의 70여 퍼센트가 애플의 공급망에서 나왔다). 쿡은 이렇게 말했다. "기후변화는 우리 시대의 가장 큰 도전 과제 중 하나이며, 행동에 나서야 할 시기는 바로 지금입니다. 새로운 '그린' 경제로 전환하려면 혁신과 야망, 그리고 목적이 필요합니다. 우리는 더 나은 세상을 남기고 떠나는 일의 가치를 열정적으로 믿으며, 다른 많은 공급업체와 파트너사, 여타의 기업들도 이 중요한 노력에 기꺼이 동참해주기를 희망합니다."

애플의 가장 큰 제조 파트너사인 폭스콘은 이미 이 대열에 동참했다. 그들은 2018년 말까지 400메가와트 생산 규모의 태양광 설비를 중국 허난성河南省에 건설하는 프로젝트를 수행했다. 이 회사는 중국 정저우 공장에서 아이폰을 최종 생산할 때 소비하는 에너지만큼 청정에너지를 생산하고 있다. 지난 수년간 애플과 폭스콘이 꾸준하게 크고 작은 분란을 일으켰다는 걸 감안하면 실로 괄목상대할 변화였다.

쿡은 CEO 취임 5주년을 기념해《워싱턴포스트》와 진행한 인터뷰에서 "애플이 사회적 책임을 강화해온 방법과 과정에 대해 놀랍도록 큰 자부심을 느낀다"라고 말했다. 자신의 리더십에 따라 회사가 진화한 부분 중 하나로 환경을 조명한 것이다. "애플은 지난 수십 년 동안 환경에 대한 노력을 기울여왔지만 그것에 관해 이야기하지도, 의욕을 고취할 만한 목표를 설정하지도 않았습니다. 우리는 우리의 제품을 대할 때와 마찬가지로 원칙을 고수했습니다. 완성될 때까지는 공개하지 않겠다는 원칙 말입니다. 하지만 한 걸음 물러서서 재평가해본 결과, 우리가 무언가를 이룰 때까지 기다리기만 한다는 건 다른 사람이 같은 목표에 도달하도록 돕는 일이 아니라는 걸 깨달았습니다."

그러고 나서 얼마 후인 2016년 12월, 애플은 공급망 전체를 재생에너지 체제로 전환하겠다는 쿡의 계획 아래 중국의 재생에너지 기업인 골드윈드사이언스앤드테크놀로지Goldwind Science & Technology와 또 하나의 의미 있는 계약을 맺었다. 골드윈드는 세계에서 가장 큰 풍력발전용 터빈을 제조하는 회사다. 잭슨에 따르면 이 계약은 풍력발전에 대한 애플의 첫 시도였으며, 그때까지 계획한 청정에너지 프로젝트 가운데 가장 큰 규모였다. 애플은 골드윈드의 자회사인 베이징티엔룬뉴에너지Beijing Tianrun New Energy가 소유한 4개 회사의 지분 30퍼센트를 취득하고, 허난성과 산동성山东省, 산시성山西省, 윈난성云南省에 풍력발전 프로젝트를 추진해 285메가와트의 전력을 현지 공급업체들에 나눠줄 계획이었다.

하지만 2017년 7월 골드윈드는 자사의 수익성에 영향을 미치는 조항으로 인해 애플과 계약 분쟁을 시작했다고 발표했다. 즉, 협약이 난항에 빠졌다는 뜻이다. 이후 이 협약과 관련해서 보도된 내용은 없었다. 여전히 협약이 유효한지에 대한 부분도 불분명하다. 어쨌든 1년 후인 2018년 7월, 애플은 자사의 공급업체 10곳과 함께 중국에 있는 공급망을 그린 에너지 체제로 전환하기 위한 3억 달러 규모의 중국청정에너지기금China Clean Energy Fund을 설립했다. 이로써 중국에서 100만 가구에 전력을 공급할 수 있는 청정에너지 1기가와트가 생산돼 애플의 공급업체들에 돌아갈 예정이다.

100퍼센트 그린

애플이 재생에너지에 들인 노력은 사실상 모두 성과를 거두었다. 2018년 4월 애플은 지구의 날에 맞춰 "이제 세계 전역의 애플 시설에서 100퍼센트 재생에너지가 가동된다"라고 발표했다. 거대한 신사옥인 애플파크를 비롯해 세계 곳곳의 데이터센터와 소매 매장, 사무실 등이 100퍼센트 재생에너지에 의존한다는 의미였다.

잭슨은 애플이 탄소배출권(일정 기간에 일정량의 온실가스를 배출할 수 있는 권리)을 매입하는 등의 술수는 부리지 않았다고 힘주어 강조했다. 애플이 재생에너지 시장의 공급량을 독점하지 않기 위해 거대한 태양열 농장을 짓고 건물 옥상에 태양열 집열판을 설치하는 등 실질적이고도 막대한 투자로 얻은 성과라는 뜻이다. "현지 사정상 어쩔 수 없이 청정 전력을 구매할 때도 우리는 해당 지역의 모든 청정 전력을 매입하지 않는 단호한 입장을 고수했습니다. 애플이나 애플의 공급업체가 청정 전력을 깡그리 사가는 바람에 다른 업체에서 그것을 쓰지 못한다면 그 역시 올바른 문제 해결 방법이 아니기 때문입니다. 그러면서도 100퍼센트 청정에너지 체제를 구축했다는 건 우리가 깨끗한 에너지를 우리의 전력망에 많이 추가했다는 의미입니다."

그러나 애플의 본사 시설은 회사 전체의 탄소배출량(2017년 기준 약 2750만 미터톤) 가운데 일부분일 뿐이었다. 애플이 남기는 탄소 발자국 중에서 많게는 77퍼센트가 공급망에 책임이 있었다. 물론 앞서도 말했듯이 애플은 그것까지 줄이겠다는 의지가 단호했다. 잭슨은 2020년까지 4000메가와트의 새로운 청정에너지를 공급망에 추가하겠다는 매우 공격적인 목표를 밝혔다. 현재로서는 공급망의 3분의 1만 전환시켰고, 나머지 3분의 2는 여전히 더러운 전력에 의존하고 있다. 잭슨은 공급망의 3분의 1을 재생에너지 체제로 바꾸는 데 약 4년이 걸렸다고 말했다. 나머지 3분의 2도 비슷한 기간을 쏟으면 모두 전환할 수 있다는 희망도 함께 전했다. 즉, 8년의 시간을 더 들이면 공급망 전체가 정비된다는 의미였다. "나는 우리가 이런 궤적을 밟아나가리라 기대합니다." 출발은 훌륭하다. 지금까지 14개의 공급업체에서 100퍼센트 재생에너지 체제를 도입하겠다고 약속했다.

애플은 자사의 공급망에도 지속가능성 이니셔티브를 도입한 독보적인 기업이다. 그린피스의 게리 쿡은 이렇게 말한다. "그들은 공급망까지 포함해 재생에너지 체제로 100퍼센트 전환할 것을 약속한 유일한 기업입니다. 그들은 기업의 사회적 책임이 어떤 모습이어야 하는지 혹은 애플과 같은 기업이 기후변화에 어떻게 책임져야 하는지를 보여주면서 사회적 인식을 바꾸고 있습니다." 그는 아직 초기이기는 하지만 애플의 행보가 여타 기업에도 도미노 효과를 일으키기를 바랐다.

HP와 이케아IKEA 등의 기업도 그들의 공급망과 관련해 약속을 내놓기 시작했다. 게리 쿡의 얘기를 더 들어보자. "삼성 같은 기업에서 탄소 발자국의 심각성을 인식하지 않고 재생에너지 체제로 서둘러 전환하지 않는다면, 그들은 2~3년 안에 실로 엄청나게 불리해질 가능성이 큽니다. 갈수록 많은 기업이 환경과 관련한 실적에 높은 기대치를 부여하며 전보다 훨씬 많은 것을 공급업체에 요구할 것이 빤하기 때문입니다." 사실 삼성은 냉장고나 텔레비전을 팔아서 먹고사는 기업이 아니다. 그들의 수입 대부분은 애플과 같은 기업에 칩이나 스크린 등을 납품해서 유지된다. 게리 쿡에 따르면 삼성은 2017년 글로벌 사업 운영의 고작 1퍼센트만을 재생에너지에 의존했지만, 2018년 7월에는 미국과 유럽, 중국에서 운영하는 사업의 전반을 2020년까지 재생에너지 체제로 전환하겠다는 내용을 발표했다.

게리 쿡은 애플과 페이스북, 구글이 아마존이나 중국의 거대 온라인 업체인 바이두Baidu, 알리바바Alibaba, 텐센트Tencent보다 훨씬 더 잘하고 있다고도 덧붙였다. "아마존도 이 문제를 해결하고자 기를 쓰고 있고, 실제로 상당한 양의 재생에너지를 배치해왔지만… 충분하지 않다는 게 문제입니다." 아마존의 급속한 성장 속도를 재생에너지 공급이 따르지 못하고 있다는 얘기다. 결국 공급망 관행의 선두는 쿡이 이끄는 애플이 계속 주도할 것으로 보인다. 그들은 보다 많은 기업이 자신의 뒤를 따라주길 기대하고 있다.

폐쇄 루프 공급망

2017년 4월 애플은 폐쇄 루프(제조 공정과 제품 폐기물을 재활용하는 시스템 - 옮긴이) 공급망을 계획하며 다시금 그린피스의 찬사를 이끌어냈다. 언젠가는 아이폰을 비롯한 모든 기기를 재활용 재료로 만들겠다는 계획이었다. 쿡의 의도는 공급망의 본질을 바꾸는 것이었다. 그리고 보다 큰 목표는 "언젠가 지구에서 모든 종류의 채굴을 중단시키겠다"라는 것이다. 2017년 애플의 환경 책무 보고서에는 이런 설명이 나온다. "미친 소리로 들릴지 모르겠지만, 우리는 실제로 그런 목표를 달성하기 위해 노력하고 있다. 언젠가 우리는 기존에 출시한 제품을 포함해 거의 모든 제품을 재활용 재료로만 만들기를 희망한다. 이 같은 재활용 기술의 실험이 우리에게 많은 것을 가르쳐줄 뿐만 아니라, 업계의 다른 이들에게도 영감을 부여할 수 있길 바란다."

2016년 3월 애플은 '리암Liam'이라는 로봇을 소개하며 폐쇄 루프 공급망이라는 목표를 향해 큰 발걸음을 옮겼다. 리암은 당시 애플의 최대 성공작인 아이폰 6를 분해할 수 있는 로봇이다. 분해의 목적은 그 부품을 모두 재활용하기 위함이었다. 현재 리암은 미국에 한 대, 네덜란드에 한 대씩 가동 중이며 이들은 각기 11초당 한 대꼴로 스마트폰의 완제품을 분해할 수 있다. 1년이면 120만 대까지 분해할 능력이다.

"전통적인 재활용 방식으로 전자 폐기물을 분해하면 오늘날 전자 제품에 사용되는 재료 가운데 극히 일부만 회수할 수 있다." 리암의 안내서에 나오는 내용이다. "리암은 8개의 각기 다른 흐름으로 재료를 회수 대상별로 보내 이 문제를 해결하도록 돕는다. 결과적으로 전보다 다양한 재료를 전보다 훨씬 많은 양으로 회수할 수 있는 것이다." 아직은 연구 개발 단계를 벗어나지 못했지만, 애플은 리암이 "폐쇄 루프 공급망의 구축을 향한 중대한 발걸음"이라고 봤다. "그것은 또한 재활용 산업의 혁신을 촉진할 것이다." 2018년 4월 애플은 지구의 날을 며칠 앞두고 리암의 새로운 버전을 선보였다. 아이폰 6만이 아닌 아홉 가지 버전의 아이폰을 분해할 수 있으며, 부품을 보다 잘게 분류해 재활용 재료의 회수율을 높인 기계다. '데이지Daisy'라는 이름의 이 로봇은 현재 네덜란드 브레다Breda에서 시간당 200대씩 아이폰을 분해하고 있다.

지금도 애플은 재활용 주석으로 아이폰을 땜질하고, 아이폰에서 수거한 재활용 알루미늄을 맥미니^{Mac Mini} 몸체에 사용하는 등의 실험을 진행하고 있다. 아이폰에서 수거한 재활용 알루미늄은 그 품질이 매우 우수하다는 장점이 있다. 종종 공급업체에서 들여오는 원자재보다 품질이 우수할 정도다. 원자재는 품질이 들쭉날쭉한 경우가 많기 때문이다.

현재 알루미늄이 재활용되는 비율은 약 4퍼센트로 매우 미미한 수준이다. 그러나 잭슨은 애플의 재활용 노력에 속도가 붙을 것으로 기대하고 있다. 그녀는 2018년이 가기 전에 애플이 재료회수연구소를 열 것이라고도 했다. '제품에서 재료를 수거해 그것을 재활용하는 방안에만 몰두하는' 업계 최초의 연구소가 생길 거라는 얘기였다.

애플은 또한 탄소를 배출하지 않고 알루미늄을 제련할 수 있는 돌파구를 마련했다고 발표했다. 2018년 5월 애플은 알코아앤드리오틴토알루미늄^{Alcoa and Rio Tinto Aluminum}과의 협업으로 온실가스의 배출을 제거하는 알루미늄 제련 방법을 고안해냈다. 애플은 그것을 "세계에서 가장 널리 사용하는 금속을 제조하는 방법에서 거둔 혁명적인 진보"라고 일컬었다. 그 방법을 이용하면 캐나다에서만 연간 65억 톤의 이산화탄소 발생량을 줄일 수 있었다.

알루미늄은 1886년 알코아코퍼레이션^{Alcoa Corporation}의 설립자인 찰스 홀^{Charles Hall}이 개척한 방식으로 130년간 동일하게 생산되고 있었다. 이 방식은 산소를 제거하기 위해 자연 발생한 산화알루미늄에 강한 전류를 흘려보낸다. 이 과정은 탄소 재료로 바닥을 두른 큰 용광

로에서 진행되는데, 전극 역할을 하는 바닥의 탄소 재료들이 타면서 이산화탄소를 배출하는 것이다. 오늘날 산업 부문에서 나오는 온실가스 배출량의 21퍼센트에 달한다.

2015년 애플의 엔지니어 3명은 보다 깨끗한 방법으로 알루미늄을 대량 생산할 수 있는 방법을 고민하기 시작했다. 그들은 알코아가 첨단 전도성 물질을 이용해 이산화탄소 대신 산소를 배출하는 완전히 새로운 공정을 고안해냈다는 사실을 발견했다. 그러나 알코아는 그 연구를 완성 단계까지 지속할 형편이 되지 못했다. 일을 진전시켜서 결실을 보려면 파트너가 필요했다는 의미다. 이렇게 애플의 사업 개발팀은 제련 기술 분야에서 광범위한 지식을 자랑하는 알코아앤드리오틴토와 손을 잡았다.

애플은 캐나다 정부와 여러 알루미늄 제련 회사의 제휴로 특허를 받은 그 제조 프로세스에 1억 4400만 달러를 투자했다. 알코아는 2024년까지 알루미늄의 대량 생산 프로세스를 개발하고, 그보다 앞서 이를 상업화하는 데 전념할 합작투자회사인 엘리시스^{Elysis}를 설립했다. "우리는 이 야심 찬 프로젝트에 참여하게 된 것을 자랑스럽게 생각합니다. 우리는 제조 과정에서 직접적인 온실가스를 배출하지 않고 생산된 알루미늄을 우리 제품에 사용할 날을 손꼽아 기다리고 있습니다." 쿡이 관련 성명에서 한 말이다.

애플은 그렇게 다시 한 번 세상에 긍정적인 영향을 미치는 새롭고 지속가능한 기술 개발에 앞장섰다. 2017년을 기준으로 애플 제품을 최종 조립하는 세계 전역의 공장은 모두 '매립 폐기물 제로화'에 기여한 것으로 인증됐고, 애플과 협력하는 공급업체들은 2017년에만 32만 톤의 온실가스 배출량을 줄여 에너지 효율성을 개선하는 대책을 도입한 것으로 확인되었다.

지속가능한 산림

애플이 재생에너지와 재활용 분야에서 진보적인 성과를 거뒀음에도, 그린피스는 여전히 제품 포장이나 배출량 보고와 같은 부분에서 개선의 여지가 남아 있음을 지적했다. 2016년 4월 게리 쿡은 그린피스 보고서를 통해 종이와 포장재를 조달하는 애플의 관행을 샅샅이 파헤쳤다. 그는 쿡이 현재 미국에서 논란이 일고 있는 지속가능한산림이니셔티브Sustainable Forestry Initiative, SFI 표식과 국제산림인증연합프로그램Programme for the Endorsement of Forest Certification, PEFC의 허술한 산림 표준에 의존하는 것으로 보인다고 비판했다. 그린피스는 SFI와 PEFC 표준이 벌목 관행과 산림 파괴, 원주민 피해와 산림 의존 공동체의 권익 침해 등 많은 문제를 일으키는 허술한 기준이라고 했다. 한마디로 '위장된 친환경'에 불과하다는 얘기다.

보고서가 나온 뒤 애플은 포장재의 100퍼센트를 지속가능한 자원에서 조달하겠다는 의지를 밝혔다. 리사 잭슨은 2018년에 그 비율이 99퍼센트에 달한다고 말했다. 애플은 계속해서 미국과 중국의 단체들과 협력해 보다 엄격한 국제산림관리협의회Forest Stewardship Council의 인증 표준에 부응하도록 노력하고 있다. 미국에서는 산림보전펀드Conservation Fund와 함께 메인주와 노스캐롤라이나주에서 3만 6000에이커의 지속가능한 산업용 산림을 관리하고 있으며, 중국에서는 세계야생생물기금World Wildlife Fund과 함께 70만 에이커에 달하는 대규모 제지용 목재 조림지 3곳을 개발해 관리하고 있다.

잭슨은 약 2년 만에 애플의 산림이 지속가능한 방식으로 관리되고, 필요한 만큼 충분한 목재가 생산되고 있다는 점을 강조했다. 애플은 또한 새로운 종이 대신 재활용 종이를 포장에 늘리고 있으며 가급적 포장 자체를 작고 가볍게 하기 위해 애쓰고 있다고도 했다. 잭슨은 모든 제품을 포장할 때 스티로폼과 플라스틱 대신 종이를 쓰려는 노력을 기울이고 있다고 말했다.

그러나 불행히도 모든 게 수월하게 진행되지는 않았다. 애플은 아이맥과 같이 무겁고 부피가 큰 제품에는 스티로폼 포장을 아예 없앨 수 없는 문제를 두고 여전히 고심하고 있다. "종이로 대체하는 해결책을 찾긴 했지만 그다지 만족스럽지가 않았지요." 잭슨의 말이다. "고객의 경험과 즐거움, 애플이 의미하는 품질과 그 모든 것에 대한 기대를 희생하면서까지 그렇게 해야 하느냐는 의견도 만만치 않거든요. … 하지만 우리는 곧 지속가능한 솔루션에 도달할 겁니다." 그녀의 자신감에 비추어 보건대 애플의 디자이너들이 그럴듯한 무언가를 선보이는 건 시간문제로 보인다.

헌신적인 CEO

쿡의 헌신 덕분에 애플은 환경 문제를 해결하는 데 단연 앞서가고 있다. "다른 기업에서는… CEO가 그렇게 깊숙이 관여를 하지 않지요." 게리 쿡은 이렇게 말했다. "적어도 애플은 다른 기업과 차원이 다른 방식으로 환경과 자사 브랜드를 연결 짓고 있습니다." 애플의 문화에서 지속가능성은 실로 큰 부분을 차지하게 되었으며, 쿡은 여타 기업과 일반 대중도 그 사실을 알아주길 바란다.

쿡은 기업뿐 아니라 고객에게도 본보기를 보여주기 위해 노력하고 있다. 이는 애플의 전형적인 비밀 유지 분위기와는 동떨어진 전략이다. "우리는 실험실과 제품에 대해서는 매우 엄격한 보호 정책을 고수하고 있지만 환경 분야의 노력에서는… 팀이 명쾌하게 천명했듯이 일부 비밀이 생길지언정 굳이 감추고 싶지는 않습니다." 리사 잭슨의 말이다. 쿡은 이 같은 투명성이 타인에게도 환경을 의식하며 결정을 내리는 데 도움이 되리라고 믿는다.

애플의 직원들도 회사가 성취한 모든 것을 자랑스럽게 생각한다.

잭슨은 쿡이 애플 제품은 물론이고 환경 이니셔티브와 관련해서도 사내에 치열한 분위기를 조성했다고 말한다. "그는 우리가 적당한 수준에서 안주하도록 놔두지 않습니다. 옳은 일을 하는 데는 끝이 없다는 게 그의 지론이지요. 그는 우리가 단순히 문제를 벗어나는 수준에서 멈추는 것도 원하지 않습니다. 지속가능한 솔루션을 제시해야 마땅하다고 보는 겁니다." 쿡의 결의 덕분에 애플은 이제 세계에서 가장 친환경적인 기술 기업으로 부상하며 명백하게 보상받고 있다.

9장

사법 당국과 싸워서 이기다

사생활 보호 문제

'사생활 보호'는 쿡이 CEO직을 맡은 이래로 애플의 어젠다에서 늘 상위권을 차지하는 가치다. 쿡은 사생활 침해 문제를 언급하기 시작한 2013년부터 오늘날 샌버나디노^{San Bernardino} 사건(샌버나디노에서 발생한 총기 난사 사건 이후 FBI와 애플 사이에 벌어진 아이폰 잠금 해제를 둘러싼 공방)에 이르기까지 유저 프라이버시(사용자 개인정보 보호) 문제를 매우 진지하게 받아들여 왔다.

스스로 "익명성을 선호"하며 "사생활을 매우 중시한다"고 말해온 쿡에게 이는 언제나 중요한 관심사였다. 쿡이 이끄는 애플은 유저들의 프라이버시 통제권을 크게 강화해왔다. 그가 CEO 자리에 앉은 후부터 애플의 거의 모든 소프트웨어 업데이트에는 개인정보를 보호하는 방안이 대폭 늘었고, 덕분에 소비자는 자신의 민감한 데이터가 광고 업자를 비롯한 엉뚱한 사람의 손에 넘어가지 않도록 직접 손쉽게 조치할 수 있었다. 프라이버시 통제권의 확장은 2012년에 발표한 iOS 6부터 전격 반영되었다. iOS 6는 거의 전적으로 쿡의 지휘 아래 개발된 아이폰 및 아이패드 소프트웨어의 첫 번째 업데이트였다.

iOS 6는 설정 앱에 프라이버시 전용 메뉴를 도입했다. 그럼으로써 앱에서 접속할 수 있는 콘텐츠와 데이터를 유저가 상당히 간단하게 제어할 수 있게 됐다. 이 메뉴는 여섯 개의 섹션을 제공하며, 각 섹션에는 앱의 접속 허용 여부를 보다 손쉽게 제어하는 토글 스위치 Toggle Switch(On/Off와 같이 두 가지 상태 중 하나를 선택하는 키 – 옮긴이)가 포함되었다.

위치 서비스 섹션을 예로 들자면, 유저는 설정 앱의 프라이버시 전용 메뉴에서 위치 서비스 섹션에 들어가 셀룰러 네트워크 검색이나 앱용 지니어스Genius, 아이애즈iAds 등의 특정 서비스가 자신의 위치를 추적하지 못하도록 차단할 수 있다. 또한 iOS 6는 기기에 '광고 추적 제한 기능'을 담아, 개발자들이 유저의 관심 분야와 검색 활동을 바탕으로 타깃 광고를 제공하기 어렵게 만들었다. 아이폰과 아이패드는 이 같은 보호책을 제공한 최초의 모바일 기기로 여타 주요한 플랫폼에도 지대한 영향을 미쳤다.

개인정보 보호와 보안 기능의 개선은 2013년 6월 WWDC에서 공개된 iOS 7에서도 중요한 부분을 차지했다. 이 업데이트의 가장 큰 목적은 조너선 아이브가 고안해 많은 논란을 일으켰던 소프트웨어를 극적으로 재설계하는 것이었다. 조너선 아이브는 2012년 10월 스콧 포스톨이 퇴사한 뒤 소프트웨어의 설계 작업까지 감독하는 역할을 맡고 있었다. 개인정보 보호와 보안 기능은 애플에 제2바이올린 격의 임무였지만, 또 그만큼 중요한 일이기도 했다. 애플은 아이폰 5S와 함께 데뷔한 새로운 지문인식 시스템인 '터치 ID'의 지원도 추가하기로 했다. 당시 터치 ID는 보안을 강화하려는 노력의 진일보한 조치로 환영받았다. 암호를 입력하지 않아도 휴대전화를 잠금 해제할 수 있게 한 터치 ID는 유저들이 자신의 아이폰과 정보를 보다 쉽고 안전하게 보호하도록 도왔다.

또한 iOS 7은 기기를 분실하거나 도난당했을 때 아이클라우드의 암호를 입력하지 않는 한 다시 활성화할 수 없게 만드는 '활성화 잠금 기능'도 도입했다. 이 기능은 두말할 필요도 없이 아이폰과 아이패드가 '잠재적 도둑들'의 관심 대상에서 멀어지게 만드는 효과를 낳았다. 이 도둑들은 애플의 기기가 실제 소유주의 손을 떠나는 순간 곧바로 '세상에서 가장 매력적인 벽돌'로 돌변한다는 걸 빠르게 깨달았다. 달리 쓸 방도도 없고 팔 데도 없다는 사실을 말이다. 2014년 경찰 데이터에 따르면, 2013년 9월 애플 기기에 활성화 잠금 기능이 도입된 이후 샌프란시스코의 아이폰 절도 사건은 34퍼센트 감소했다. 런던과 뉴욕에서도 절도 건이 각각 24퍼센트와 19퍼센트 감소했다.

2013년 11월 애플은 자사 최초로 투명성 보고서를 발표했다. 이 보고서에는 그동안 회사가 정부 기관으로부터 유저의 데이터를 제출하도록 요구받은 내용이 자세히 기술되어 있었다. "우리는 우리의 고객들이 자신의 개인정보가 어떻게 취급되는지 이해할 권리를 가져야 한다고 믿는다. 이에 가능한 한 최상의 프라이버시 보호 정책을 제공하는 것이 우리의 책무라고 생각한다. 애플은 세계 전역의 고객에게 회사의 투명성을 공고히 보여주고자 정부 기관으로부터 받은 정보 제출 요청 건에 관한 이 보고서를 준비했다."

투명성 보고서는 애플의 특정한 기기는 물론 고객 계정과 관련된 정부 기관의 요청을 통계로 보여주었다. 애플은 이 첫 번째 보고서에서 정부 기관의 요청 내역을 앞으로도 6개월마다 발표하며 소상히 밝히겠다고 약속했다. "유저 프라이버시는 모든 제품과 서비스의 초기 설계 단계부터 최우선으로 고려되는 사항이다. 우리는 세상에서 가장 안전한 하드웨어와 소프트웨어를 제공하기 위해 최선의 노력을 기울인다." 또한 애플은 페이스북이나 구글과 같은 여타의 실리콘밸리 거대 기업과 달리 "우리의 비즈니스는 개인정보 수집에 의존하지 않는다"라고 적시했다. "우리는 고객들의 사적인 데이터를 축적하는 데 관심이 없다."

쿡은 2014년 9월 고객들에게 보내는 공개서한에서 유저의 데이터를 이용해 돈을 버는 기업에 다시 한번 우회적으로 일격을 가했다. "우리의 비즈니스 모델은 매우 간단합니다. 훌륭한 제품을 판매하는 것, 그것이 주력 사업입니다. 우리는 고객의 이메일 콘텐츠나 웹 검색 습관에 기초한 프로파일을 광고주에게 판매하지 않습니다. 고객이 아이폰이나 아이클라우드에 저장해둔 정보를 이용해 수익을 창출하지도 않습니다. 우리는 마케팅에 필요한 정보를 얻기 위해 고객의 이메일이나 메시지를 읽지도 않습니다."

애플 역시 '아이애즈'라는 광고 사업 부문을 운영하고 있었지만, 광고를 맞춤형으로 만들기 위해 고객의 민감한 데이터를 캐내는 데에는 여전히 관심이 없었다. "아이애즈는 다른 모든 애플 제품에 적용되는 것과 동일한 프라이버시 방침을 고수합니다." 쿡의 약속이었다. "아이애즈는 헬스나 홈키트^{HomeKit}, 맵, 시리, 아이메시지^{iMessage}와 같은 앱에서도, 통화 기록에서도, 연락처나 이메일 등 모든 아이클라우드 서비스에서도 데이터를 수집하지 않습니다. 또한 언제나 고객은 모든 앱을 비활성 상태로 돌려놓을 수 있습니다."

애플은 2014년 9월 iOS 8을 출시하며 개인정보 보호와 보안 기능을 한층 더 강화했다. 더불어 법 집행 기관이 요청한다고 해도(심지어 영장을 들고 오는 경우에도) iOS 기기의 잠금 해제를 지원해주지 않겠다는 약속을 담은 새로운 개인정보 취급 방침도 발표했다. 영리하게도 애플은 이 약속을 지키기 위해 iOS 기기 데이터에 대한 암호화 방식을 교묘하게 변경했다. 미국 정부가 군사 기밀을 보호하기 위해 사용하는 것과 유사한 시스템을 채택한 것이다. 이는 고객의 iOS 패스코드에 기기별로 고유한 일련의 비밀번호를 결합시켜 암호 키를 생성하는 시스템이었다. 그렇게 생성된 암호 키는 어느 누구도, 심지어 애플에서도 소유자의 패스코드 없이는 데이터를 해독하지 못하도록 막는 역할을 했다. 이로 인해 법원에서 애플에 정부 기관의 요구에 응하라고 명령해도 기기를 잠금 해제하거나 보호된 백업을 열 수 있는 방도가 사라진 것이다.

애플의 암호화 기능은 2015년 9월 iOS 9이 출시되면서 보다 완전한 경지에 이르렀다. 그전까지는 유저가 기기에 설치한 모든 것을 완벽히 보호할 수 없었다는 의미다. 또한 iOS 9은 광고와 쿠키Cookie(특정 웹사이트에 방문했을 때 만들어지는 임시 정보를 담은 파일) 그리고 iOS의 웹브라우저인 사파리Safari의 데이터 수집 도구 등을 유저가 더욱 철저하게 통제할 수 있는 콘텐츠 차단 기능도 지원했다. 그보다 3개월 전에는 쿡이 전자프라이버시정보센터Electronic Privacy Information Center, EPIC의 '자유의 투사상Champions of Freedom Awards'을 수상한 재계 최초의 리더가 되었다. 그는 EPIC 시상식의 디너파티 연설에서 "애플은 개인정보 보호를 기본권으로 생각하며 이에 대해 헌신적으로 노력하고 있다"라고 재천명했다.

"여러분과 마찬가지로 우리 역시 우리의 고객이 프라이버시와 안보 사이에서 절충안을 찾아야 한다는 데 동의하지 않습니다. 우리는 그 두 가지를 동등하게 높은 수준으로 제공할 수 있고 또 반드시 그래야만 합니다. 우리는 인간이라면 누구나 프라이버시에 대한 근본적인 권리를 지닌다고 믿습니다. 미국인들이 그것을 요구하고 헌법도 그것을 요구하며 우리의 도덕성도 그것을 요구합니다." 쿡은 이 기회를 살려 또 한 번 데이터 중심의 접근 방식으로 수익을 올리는 페이스북과 구글을 부끄럽게 만들었다. 물론 기업의 이름을 직접 언급하지는 않았다. "실리콘밸리에서 오신 분들은 모두 잘 알고 계시겠지만 가장 성공적이고 유명한 기업 가운데 일부는 고객들이 자신의 개인정보를 안이하게 생각하도록 안심시키는 방법을 통해 사업을 구축해왔습니다. 그들은 고객에 대해 알 수 있는 모든 것을 걸신들린 듯이 수집해 수익을 창출하려 애썼습니다. 우리는 그것이 잘못된 일이라고 생각합니다. 애플이 지향하는 기업은 결코 그런 종류의 기업이 아닙니다."

쿡은 참석자들과 애플의 팬들에게 '애플은 결코 고객의 데이터를 원하지 않는다'는 점을 상기시켰다. "우리는 무료인 듯 싶지만 실제로는 매우 높은 비용으로 제공되는 서비스를 고객들이 자신의 개인정보를 내놓음으로써 제공받아야 한다고 생각하지 않습니다." 그는 한 사람의 재정 정보와 심지어 건강 정보까지 모든 민감한 데이터가 스마트폰에 저장되는 시대이기에, 고객의 데이터를 보호하려는 애플의 헌신이 더욱더 중요해질 수밖에 없다고 설명했다. "우리는 고객이 스스로 자신의 정보에 대한 통제권을 가져야 한다고 생각합니다. 고객들은 이른바 '무료 서비스'라는 걸 반길지 모릅니다. 하지만 그렇다고 해서 기업이 그들의 이메일과 검색 기록, 심지어는 가족사진 데이터까지 이런저런 광고를 위해 채굴할 자격을 갖는 것은 아니라고 믿습니다. 언젠가 고객들도 분명 제 말이 무엇을 의미하는지 알게 될 것입니다."

또한 그는 자사의 암호화 시스템을 옹호하며, 애플이 어째서 iOS 기기를 해킹하거나 파헤칠 수 있는 '백도어Backdoor(사용자 인증 등 정상적인 절차를 거치지 않고 시스템에 접근할 수 있도록 한 프로그램)'를 정부 기관에 제공하지 않는지도 설명했다. "워싱턴 일각에서는 바랄 일인지도 모르겠지만, 우리가 우리의 제품에서 암호화 도구를 제거한다는 건 데이터를 보호하고자 애플에 의존하는 선량한 준법 시민들을 다치게 하는 일일 뿐입니다." 그는 이 부분을 거듭 강조했다. "우리는 당연히 법 집행 기관을 존중하지만 이 문제에 관해서만큼은 동의할 수 없습니다. 분명히 밝히건대 저는 암호화 시스템의 문턱을 낮추거나 이를 없애는 일이 선량한 유저들에게 해를 끼치는 일이라고 생각합니다. 또한 궁극적으로는 수정헌법 제1조에 무서운 영향을 미칠 것이고 우리 조국(미국)의 건국 원칙까지 위태롭게 만들 것이라 믿습니다." 그러면서 이렇게 경고했다. "만약 경찰관을 위해 매트 밑에 열쇠를 놓아준다면 도둑들도 그것을 발견하게 될 것입니다. 범죄자들은 모든 기술 도구를 활용해 사람들의 계정을 해킹합니다. 그들이 어딘가에 열쇠가 숨겨져 있다는 사실을 안다면, 그것을 찾을 때까지 결코 악행을 중단하지 않을 겁니다."

2015년 12월 쿡은 찰리 로즈와의 인터뷰에서 애플이 유저 프라이버시에 관해 확고한 입장을 보였는데도 정부 기관에서 특정 정보를 요구하며 영장을 발부한다면 그에 따를 수밖에 없다는 점을 인정했다. "법을 준수하는 것은 시민의 의무이니까요." 하지만 애플은 자사의 소프트웨어와 기기에 내장된 보호 시스템 덕에 넘겨줄 게 별로 없었다. 그는 이렇게 설명했다. "암호화된 정보는 제공하려고 해도 제공할 방도가 없습니다." 그는 애플의 유저들이 그 점을 이해해주길 바랐다. 애플이 법의 테두리 안에서 움직여야 하는 건 맞지만 고객의 데이터를 안전하게 유지하고자 최선을 다한다는 것을 말이다.

프라이버시 스캔들

그럼에도 유저를 불안하게 만드는 프라이버시 스캔들이 아예 없었던 것은 아니다. 애플의 프라이버시에 대한 입장과 관련해 처음 문제가 공론화된 건 2013년 12월이었다. 유출된 모종의 기밀문서에 따르면, 국가안보국National Security Agency, NSA에서 '드롭아웃 지프Dropout Jeep' 라는 실행 프로그램을 운용하고 있었다. 소프트웨어를 이식해 아이폰에서 오가는 거의 모든 커뮤니케이션을 엿듣고 볼 수 있는 프로그램이었다. 대중은 격분했다. 애플은 곧장 정부의 염탐질을 지원하기 위해 NSA와 손잡고 iOS에 백도어 액세스를 허용했다는 비난에 휩싸였다. 그러나 애플은 즉각 반박 성명을 발표했다. "애플은 NSA와 협력해 아이폰을 포함한 그 어떤 제품에도 백도어를 만든 적이 없습니다. 또한 우리는 우리의 제품을 겨냥하며 논란이 야기된 NSA 프로그램의 존재 자체도 몰랐습니다." 성명서는 이렇게 설명을 이어나갔다. "이 기능은 기기에서 파일의 푸시/풀Push/Pull 능력을 갖추고 있으며, 여기에는 SMS와 연락처, 음성 메일, 위치 정보, 마이크, 카메라 캡처, 기지국의 위치 등을 검색하고 파악하는 것이 포함됩니다."

NSA는 애플의 기기를 대상으로 실험해서 100퍼센트 성공률을 기록했다고 주장했지만, 애플은 "악의적인 해커들보다 앞서 나가기 위해 우리의 자원을 계속 투자할 것이며, 그 보안 공격이 누구에 의해 자행되든 우리는 그로부터 고객을 보호하기 위해 최선을 다할 것"이라고 약속했다.

그보다 조금 앞선 2013년 10월, 프랑스 정보보호 기업인 쿼크스랩QuarksLab 소속 보안 연구원들은 "애플은 스스로 원하거나 '정부 기관에서 그렇게 해달라고 요청받은' 경우에 유저의 아이메시지iMessage에 접속할 수 있다"는 주장을 담은 백서를 공개했다. 이에 대해서도 애플은 즉각 부인했다. "애초에 아이메시지의 구조는 애플이 메시지를 읽을 수 없도록 설계되어 있습니다." 그렇다면 왜 그런 주장이 나왔을까? 애플은 이렇게 설명했다. "그 연구 보고서는 이론적인 취약성을 논한 것이며, 그것을 빌미로 우리에게 아이메시지 시스템에 대한 재설계를 요구한 것입니다. 하지만 애플은 그렇게 할 계획도, 의향도 없습니다." 이후 애플은 앞서 말한 자사 최초의 투명성 보고서를 2013년 11월에 내놓았다.

그러나 프라이버시 스캔들은 거기서 멈추지 않았다. 2015년 10월《월스트리트저널》의 주최로 캘리포니아주 라구나비치Laguna Beach에서 열린 기술 콘퍼런스에서 쿡은 백도어에 관한 질문에 "백도어는 있을 필요 자체가 없다는 게 우리의 원칙"이라고 답했다. NSA나 여타의 정부 기관에서 iOS에 백도어 접속 권한을 갖는다면, 공격자들 역시 그것에 접근할 가능성이 커지고 언제든 악의적인 사람에 의해 악용될 소지가 다분하다는 의미였다. 만약 그렇게 된다면 수억 명에 달하는 iOS 유저는 위험에 빠질 것이다. 한때 애플 소프트웨어의 취약점을 파악하는 '감옥부수기Jail-breaking'란 커뮤니티가 번영하며 공인되지 않은 앱들이 기기에 무단으로 설치되는 혼란이 벌어지지 않았던가. 쿡은 이렇게 덧붙였다. "누군가가 데이터에 접근할 수 있다면 이는 곧 큰 악용의 대상이 될 겁니다. 그래서 강력한 암호화는 우리 나라뿐 아니라 전 세계 최대의 관심사입니다."

애플은 차근차근 그와 관련된 조치를 취해나갔지만, 2014년 9월에는 아이클라우드의 보안을 진지하게 다루지 않았다는 비난에 직면했다. 100명이 넘는 유명인의 개인 사진과 영상이 온라인에 유출되는 사건이 벌어진 것이다. '셀럽게이트Celebgate'라는 별칭이 붙은 이 유출 사건은 제니퍼 로렌스Jennifer Lawrence, 리한나Rihanna, 카라 델레바인 Cara Delevingne 등 스타들에게 심각한 피해를 입혔다. 그러나 애플은 이 일이 아이클라우드 시스템에 구멍이 뚫려서 생긴 일은 아니라고 주장했다. "우리가 조사한 사례 중 그 어떤 것도 아이클라우드를 비롯한 애플 시스템에 침입한 흔적으로 생긴 결과가 아닙니다." 당시 발표된 성명서의 내용이다. "우리는 현재 사법 당국과 함께 관련 범죄자들을 파악하고 있습니다." 애플은 "유저의 이름과 암호, 보안 질문 등이 매우 구체적으로 표적 공격당해" 해당 계정들이 손상되었다고 밝혔다.

쿡은 찰리 로즈와의 인터뷰에서 "아이클라우드는 해킹당한 게 아니다"라고 거듭 강조했다. "아무래도 그 점에 대해서는 오해가 좀 있는 것 같습니다. 아이클라우드에 대한 해킹이라고 하면 누군가가 클라우드에 들어가 사람들의 계정을 여기저기 살펴보고 자료를 퍼가는 등의 일을 할 수 있다는 의미입니다." 쿡은 주장했다. "그런 일은 결단코 발생하지 않았습니다." 그 대신 공격자들이 '피싱Phishing(인터넷·이메일 등을 통해 개인정보를 알아내는 것)' 수법을 동원해 그런 범죄를 저질렀다는 말이었다.

펜실베이니아주 랭커스터Lancaster에 사는 라이언 콜린스Ryan Collins는 아이클라우드 서버에 직접 침입하는 대신 애플의 공식 계정으로 위장해 자신이 표적으로 삼은 유저들에게 피싱 이메일을 보냈다. 가짜 이메일에 속은 유저들은 그에게 로그인 입력 사항을 넘겨주었고, 그는 그것으로 로그인해 기기를 복원하는 데 사용되는 아이폰과 아이패드 백업 파일에 접속할 수 있었다. 그가 그렇게 수집한 수백 장의 이미지와 동영상은 포챈4Chan이라는 온라인 게시판에 게시되며 웹상으로 퍼져나갔다. "많은 사람이 그것을 돌려 보는 나쁜 짓에 관여했지요." 쿡이 로즈에게 한 말이다.

처음에 애플은 이를 아이클라우드의 문제로 여기지 않았다. 하지만 언론과 팬들의 반발이 사그라들 기미를 보이지 않자, 쿡은 애플이 더 많은 조치를 취했어야 했다고 인정했다. 그는 이와 같은 사고를 미연에 방지하기 위해 변화하겠다고도 약속했다. "이 끔찍한 시나리오를 바라보며 그동안 우리가 취할 수 있었던 조치는 더 없었는지 고심해보았습니다. 책임의식의 문제였다는 생각이 들더군요." 쿡은 《월스트리트저널》에 이렇게 말했다. "우리는 그런 의식을 더 북돋아야 할 의무가 있다고 생각합니다. 이것은 단순히 엔지니어링의 문제가 아닙니다. 이런 일에 대해 우리도 고객 못지않게 큰 분노를 느끼기 때문입니다."

쿡은 누군가가 계정의 패스워드를 바꾸거나, 아이클라우드의 데이터를 새로운 기기에 복원하거나, 아이클라우드에 새로운 기기로 처음 로그인할 때마다 해당 계정의 유저에게 이메일과 푸시를 보내 통지하겠다고 약속했다. "그런 일이 일어나기 전부터 신속하게 알려주는 조치를 취했어야 했습니다." 찰리 로즈와의 인터뷰에서 쿡이 한 말이다. "타인이 계정을 도용하는 일 자체가 발생하지 않기를 바라지만, 혹시라도 그런 일이 생긴다면 이제는 그 즉시 알 수 있을 겁니다." 유출 사건이 있기 전에도 애플은 개인의 계정에 패스워드가 바뀔 때마다 아이클라우드 유저에게 이메일을 보내곤 했다. 하지만 데이터가 복구되었을 때 따로 통지하는 경우는 없었다. 애플은 일주일 후 해당 시스템을 운용하기 시작했으며, 지금까지 문제없이 잘 유지해오고 있다.

수년 동안 쿡은 프라이버시에 관련한 문제들을 주로 막후에서 조정해왔다. 그러나 2016년 애플이 고수해온 개인정보에 대한 입장이 범국민적 논쟁거리가 되는 상황이 전개됐다. 이는 샌버나디노에서 발생한 총기 난사 사건으로 인해 촉발된 스캔들로, 쿡을 가장 큰 시험대에 올려놓았다. 회사의 미래까지 위험에 빠뜨릴 수 있는 교착상태가 감지된 것이다.

샌버나디노 사건

결론부터 말하자면 2016년에 쿡은 사법 당국과 큰 싸움을 벌였고, 결국은 승리했다.

2016년 2월 16일 화요일 오후, 쿡과 몇몇 간부가 애플 구사옥인 원인피니트루프 경영진 층의 중역회의실에 모였다. 방금 전 회사로 날아온 치안판사 명의의 명령장을 논의하기 위해서였다. 거기에는 2015년 12월 14명의 목숨을 앗아간 샌버나디노 총기 난사 사건의 용의자 사이드 파룩Syed Farook의 이름이 쓰여 있었다. 애플에서 그의 아이폰을 열 수 있는 특별한 소프트웨어를 제작해 FBI의 수사를 도우라는 법원의 요청이었다.

그의 아이폰은 네 자리 패스코드로 잠겨 있었다. FBI로서는 그것을 알아낼 도리가 없었다. 그들이 원하는 건 애플이 패스워드의 무제한 조합을 만들어내는 특별한 버전의 아이폰 iOS를 개발해 FBI에 제공하는 것이었다. 이를 용의자의 아이폰에 병렬 로딩하면 데이터를 온전히 수거할 수 있기 때문이었다.

그러나 애플은 이미 오래전부터 그러한 법원의 요청에 거부 의사를 밝혀왔다. 쿡과 그의 팀은 새로운 잠금 해제 버전을 만들면 매우 위험한 상황이 발생할 거라고 확신했다. 오용되거나 유출되거나 도난당할 수 있었고, 일단 그렇게 고삐가 풀리면 회복이 불가능할 게 뻔했다. 만약 그럴 경우 수억 명에 달하는 애플 유저들의 보안에 구멍이 뚫릴 일이 분명했다.

회의실에서 그들은 명령장의 내용을 한 줄 한 줄 살펴보며 꼼꼼히 확인했다. 애플이 법적으로 어떤 입장을 취해야 하고 또 얼마나 오랫동안 대응해야 하는지 파악할 필요가 있었다. 자칫하면 큰 위기에 빠질 수 있는 사안이었기에, 엄청난 압박감이 회의실 안을 짓눌렀다. 쿡과 애플의 수석 변호사인 브루스 슈얼, 그리고 다른 중역들이 벌써 몇 주 동안이나 법 집행 기관에 애플의 입장을 적극적으로 소명하였는데도 아무런 사전 경고 없이 불쑥 명령장이 날아온 것이었다.

"그 명령장은 단순히 형사사건에 대한 지원 요청이 아니었습니다." 슈얼의 설명이다. "샌버나디노에서 벌어진 그 끔찍한 사건을 상세하게 설명하는 것으로 시작해 42페이지에 걸쳐 구구절절 이어나가는, 정부가 작성한 일종의 탄원서였지요. 사건을 설명한 다음에는… 애플이 '매우 합리적인 요청'에 계속해서 거부 의사를 밝히고 있다며 다소 편향적인 지적을 하더군요. 그렇게 불만을 제기하면서 하소연을 늘어놓고 부탁하는 내용이었습니다. 결국 그 명령장의 의도는 애초부터 애플이 대중의 적이 되어야 한다는 스토리였지요."

그들은 판사의 명령장이 선동의 목적을 띠고 있다고 결론 내렸다. 애플의 팔을 비트는 여론을 조성해 FBI의 요구를 받아들이도록 만들겠다는 의도나 다름없었다. 실제로 여론이 그런 식으로 흐르면 회사에는 심각한 문제가 아닐 수 없었다. "애플처럼 강력한 소비자 브랜드 파워를 가진 유명 기업이 정의의 사도인 FBI에 맞서 사실상 '당신들이 테러 위협을 밝히기 위해 찾고 있는 자료들을 우리는 절대로 내어줄 수 없소'라고 말하는, 그런 그림이 그려지는 겁니다." 슈얼의 설명이다.

그들은 즉시 대응해야 한다고 생각했다. 다음 날 그 명령장의 내용이 언론에 도배될 것이 분명했기 때문이었다. 애플은 그에 대한 확실한 답을 내놓아야만 했다. "팀은 그것이 자신이 내려야 할 막중한 결정임을 알고 있었습니다." 슈얼은 말했다. 실로 '회사의 명운을 좌우할 중대한 결정을 내려야 하는' 순간이었다. 쿡과 간부들은 밤을 꼬박 새우며 대책을 모색했다. 회의는 장장 16시간 동안 이어졌다. 쿡은 진작에 애플이 거부 의사를 밝혀야 할 입장이라고 판단했다. 다만 모든 각도에서 면밀하게 상황을 조명해봐야 했다. 애플의 법적 입장은 무엇인가? 애플의 법적 의무는 또 어떤 것인가? 과연 이것이 올바른 대응인가? 일반 대중에게는 어떻게 들리고, 어떻게 읽힐까? 어조는 어떻게 잡아야 할까?

쿡은 대중의 반응을 가장 염려했다. 자신의 결정이 자칫 애플을 '테러범 편을 드는 기업'으로 보이게 만들고, 비난받게 할 것임을 잘 알았기 때문이었다. 대체 어떤 회사가 테러범을 수사하는 FBI의 요청을 거부할 수 있단 말인가? 애플은 항상 프라이버시를 옹호하고 시민자유의지론에 손을 들어준 기업으로 홍보되었다. 그런데 예기치 않게 회사가 테러범을 돕는 입장이 되어버렸다. 이것은 아주 새로운 측면의 문제였고, 쿡은 이 난관을 슬기롭게 헤쳐나갈 방법을 찾아야만 했다. 그는 세상 사람들에게 자신은 결코 테러범을 지원할 마음이 없으며, 유저 프라이버시를 옹호하는 것뿐이라는 입장을 분명히 보여줘야만 했다.

오전 4시 30분, 동부 연안에서 아침 뉴스가 시작되는 시각에 맞춰 쿡은 애플의 고객에게 공개서한을 보냈다. 거기에는 '고객의 안전을 위협하는' 판사의 결정에 애플이 반대할 수밖에 없는 이유가 상세히 적혀 있었다. 맨 먼저 그는 정부가 너무 많은 권력을 가질 때 발생할 수 있는 위험부터 언급했다. "정부의 요구에 담긴 암시가 섬뜩할 정도로 무섭게 느껴집니다. 정부가 만약 '총영장법All Writs Act'을 이용해 여러분의 아이폰을 보다 쉽게 열도록 만든다면, 이는 동시에 다른 누군가의 기기에서도 손쉽게 데이터를 수거할 수 있는 권한을 갖게 된다는 걸 의미합니다."

쿡은 그동안 FBI가 용의자의 전화기를 잠금 해제할 수 있도록 관련 자료를 넘겨주는 것은 물론, 엔지니어까지 제공하는 등 할 수 있는 모든 노력을 기울였다고 설명했다. "그런데 이제 미국 정부는 우리가 갖고 있지도 않은 무언가를 내놓으라고 요구합니다. 새로 만들어서 내놓으라는 얘긴데, 우리는 그것이 너무나 위험한 일이라고 판단하고 있습니다. 아이폰의 백도어를 만드는 것이기 때문입니다." 그는 이렇게 이어나갔다. "(지금은 없습니다만) 만약 그 소프트웨어가 악의적인 의도를 가진 사람 손에 들어간다면 누구의 그 어떤 아이폰도 임의적인 잠금 해제에서 자유로울 수 없습니다." 그때가 되면 유저들이 원치 않게 당하는 프라이버시의 침해를 차단할 방도가 없어진다는 말이었다. 이는 끔찍한 결과였다. "FBI는 이 도구와 관련해 우리와는 전혀 다른 표현으로 여러분을 납득시키려 할지 모르지만, 절대로 흔들려서는 안 됩니다. 이런 식으로 보안을 우회하는 iOS 버전이 구축된다면 틀림없이 백도어가 생길 것입니다. 또한 정부는 그것을 이번 사건에만 이용한다고 주장하지만, 그러한 통제를 보장할 방법 또한 없다는 사실이 명백합니다."

그러고 나서 쿡은 정부를 비난했다. "정부는 지금 실력 좋은 해커들과 사이버 범죄자들로부터 고객을 보호하기 위해 우리가 지난 수십 년간 발전시켜온 보완책을 제거하라고, 심지어는 고객들을 해킹하라고 강요하고 있습니다." 그런 강요에 굴복하면 곧바로 '미끄러운 비탈길'이 조성될 게 뻔했다. 그다음에는 메시지를 가로채거나 건강 및 금융 데이터에 접근해 유저의 위치를 추적하는 감시용 소프트웨어까지 만들어달라고 요구하는 상황이 벌어질 게 분명했다. 그래서 쿡은 선을 그을 필요가 있다고 강조했다. 물론 그는 FBI가 나쁜 의도를 갖고 있다고는 생각하지 않았지만, 애플의 유저를 보호하는 일이 자신의 책임이라고 믿었다. "지금껏 미국에서는 그 어떤 기업도 자신의 고객들을 보다 큰 위험에 노출되도록 조치한 선례가 없습니다." 그는 "미국 정부의 명령에 저항하는 일이 결코 쉽지만은 않고, 반발에 직면할 것 역시 잘 알고 있지만 자신은 이런 입장을 취할 수 없었다"라는 말로 서한을 맺었다.

해묵은 논쟁

치안판사의 명령은 애플과 당국이 오랫동안 논쟁을 벌여온 암호화 시스템에 관해 세간의 이목을 집중시켰다. 애플과 정부는 2014년 말 애플이 iOS 8을 선보인 이래로 벌써 1년 넘게 불협화음을 내고 있었다.

iOS 8은 이전에 보던 것과는 차원이 다른 수준의 강력한 암호화 기능을 추가했다. 유저의 암호만으로 통화 기록부터 메시지, 사진, 연락처 등에 이르는 모든 데이터를 암호화할 수 있었다. 암호화가 얼마나 강력했던지 애플조차도 그것을 깰 수 없었다. 이전 기기는 보안이 그보다 훨씬 약해서 침입할 수 있는 방법이 여럿 존재했지만, 이제는 법 집행 기관이 유효한 영장을 들이민다고 해도 애플로서는 열어줄 방도가 없었다. "경쟁업체와 달리 애플은 고객의 패스코드를 알아낼 수 없으므로 데이터에도 접근할 수 없습니다." 회사의 웹사이트에 적힌 내용이다. "결국 iOS 8을 탑재한 기기에서 데이터를 추출하라는 법원의 영장이 발부돼도 우리는 이를 기술적으로 따르기가 불가능합니다."

운영체제가 날로 업데이트되면서 수사관들의 어려움도 커져만 갔다. 샌버나디노 사건과 관련해 쿡의 서한이 공개되고 이틀 뒤, 경찰은 뉴욕시에서 기자회견을 열어 그동안 갖가지 사건의 수사 과정에서 잠금을 해제하지 못한 아이폰이 175개에 달한다고 밝혔다. 법 집행 기관의 수뇌부는 1년 넘게 애플에 해결책을 내놓으라고 요구하고 있던 터였다. "FBI가 샌버나디노 사건과 관련해 영장을 청구했을 때 보통 사람들은 이제부터 무언가가 시작됐다고 생각했겠지만, 사실은 그때까지 오가던 수많은 논쟁들이 그로 인해 더욱 조명받게 된 것일 뿐입니다." 슈얼의 말이다. "FBI의 제임스 코미^{James Comey} 국장이 그런 결정을 내리기 오래전부터 애플과 관계 당국 간에는 이미 여러 차례 접촉이 있었습니다."

슈얼은 본인과 쿡, 그리고 법무팀의 여러 구성원이 연방 법무부와 FBI의 수뇌부는 물론이고 검찰총장이나 법무부 장관과도 정기적으로 미팅을 가졌다고 설명했다. 그들이 만난 당국의 고위 인사는 제임스 코미뿐만 아니라 법무부 장관인 에릭 홀더Eric Holder와 그의 후임 로레타 린치Loretta Lynch, 코미의 전임 FBI 국장인 밥 뮬러Bob Mueller와 법무부 차관인 샐리 예이츠Sally Yates 등이 포함돼 있었다.

쿡과 슈얼은 2014년 말 에릭 홀더와 당시 법무무 차관이던 짐 콜Jim Cole을 함께 만났고, 그 자리에 동석한 FBI 관계자들이 "휴대전화에 대한 접근 권한을 대량으로 확보하는 데 관심이 있었다"라고 이야기했음을 밝혔다. 이는 샌버나디노 사건이 발생하기 한참 전의 일이고, 애플은 처음부터 접근 권한을 FBI에 제공할 수 없다는 점을 분명히 했다. 쿡과 슈얼은 홀더와 콜에게 "그것은 '모든 시민이 보호되어야 한다'고 생각하는 기업에 할 수 있는 적절한 요청이 아닌 것 같다"라며 선을 그었다. 그들은 린치와 예이츠를 만났을 때도 비슷한 대화를 나눴다.

슈얼은 사법 당국의 일부 관료가 '유저 프라이버시를 보호하는 게 보다 광범위한 사회적 현안'이라는 애플의 의견에 전혀 수긍하지 못하는 모습을 보였다고 전했다. 또 일부는 애플의 입장에 논리적으로 공감하지만, 법 집행 관계자로서 사건을 추적할 수 있는 접근 권한이 반드시 필요하다고 주장했다. 그러나 보안과 프라이버시 보호가 지극히 중요한 것이라는 쿡의 입장 역시 한 치도 물러섬이 없었다. 쿡은 보안을 우회하려는 시도는 그 어떤 것이든 매우 위험할 수 있다는 단호한 태도를 보였다. 일단 백도어가 만들어지면 개인정보가 유출되거나 도난당하고 남용되기 십상이라는 얘기였다.

그러나 샌버나디노 사건이 발생하자 법 집행 기관은 애플에 강제할 수 있는 기회가 생겼다고 판단했다. "FBI에서는 그 사건을 모종의 '퍼펙트 스톰Perfect Storm(악재가 동시에 발생해 그 영향력이 더욱 커지는 현상)'으로 간주했지요." 슈얼의 말이다. "자, 비극적인 사건이 벌어졌다. 테러범은 죽었고, 놈이 쓰던 전화기는 확보했다. 지금이야말로 밀어붙일 때가 온 거야. 바로 이런 식의 판단으로 FBI가 애플에 백도어를 만들라고 영장을 청구한 겁니다."

집중 포화에 시달리다

쿡과 그의 팀이 예견한대로, 애플이 판사의 명령을 거부한 일은 언론 매체에 거센 소용돌이를 일으켰다. 그 스토리는 일주일 내내 뉴스를 도배했으며 2개월 동안 계속 헤드라인에 올랐다. 애플의 반응은 사법 기관과 정치가, 권위자들로부터 강력하게 비난받았다. 캘리포니아주 민주당 상원의원으로 상원정보위원회의 위원장을 맡고 있던 다이앤 파인스타인Dianne Feinstein은 "애플이 우리 주에서 테러 공격을 지원하며 법령을 위태롭게 하고 있다"라고 목소리를 높였다.

뉴욕시 경찰국장인 윌리엄 브래튼William Bratton은 맨해튼에서 기자회견을 열고 애플의 방침을 비판했다. 그는 경찰관 두 명이 총격을 입은, 별개의 사건에 연루된 전화기 한 대를 높이 쳐들며 말했다. "법원의 명령이 나왔는데도 우리는 이 아이폰에 접근할 수 없습니다." 그는 그 자리에 모인 기자들을 둘러보았다. "우리 경찰관 두 명이 총에 맞았는데 이 기기를 열 수가 없어서 수사에 진척을 보지 못하고 있다는 얘깁니다."

며칠 후 당시 대선에 출마한 후보였던 도널드 트럼프Donald Trump는 사우스캐롤라이나주 폴리스아일랜드Pawleys Island 선거 유세에서 애플 제품에 대한 불매 운동을 촉구했다. 심지어 그는 쿡이 정치적 의도를 갖고 그런 입장을 취한 것이라며 비난했다. "팀 쿡은 필경 자신이 얼마나 진보적인지 보여주기 위해 일부러 대형 화제를 유도하고 있는 겁니다." 트럼프는 쿡을 '진보적인 나쁜 놈'처럼 보이게 만들며 보수세력의 청중에게 어필했다. 또한 그는 애플이 테러리스트의 편을 드는 것처럼 보이게 공포적인 분위기를 조성하는 전술까지 구사했다. 그는 유세 후에도 트윗을 통해 '애플이 FBI에 정보를 넘겨줄 그날까지 계속해서 불매 운동을 벌이자'고 추가 공격을 가했다.

대중도 애플에 반대하는 정치인과 관료들의 대열에 가세했다. 퓨리서치센터Pew Research Center의 설문조사에 따르면 응답자의 51퍼센트가 애플이 아이폰을 잠금 해제해 FBI를 도와야 한다고 했다. 쿡의 입장을 지지하는 쪽은 단 38퍼센트뿐이었다. 그러나 며칠 후《로이터 Reuters》와 여론조사 기관 입소스Ipsos가 공동으로 실시한 또 다른 설문조사에서는 결과가 판이했다. 46퍼센트가 애플의 입장에 공감했으며 35퍼센트가 공감하지 않았고 20퍼센트 정도는 모른다고 답했다. 이러한 차이는 질문의 표현 방식이 조금 달랐기 때문이다. 퓨의 설문조사는 애플의 입장을 거의 전하지 않았으며 다소 FBI에 편향된 듯 보였다. 소셜 미디어에 사용된 이모티콘을 분석해보면 찬반이 엇비슷하게 나왔다. 사람들이 트위터에 쓴 이모티콘(웃는 얼굴, 찡그린 얼굴, 엄지 척 등)을 분석한 마케팅 회사 컨빈스앤드컨버트Convice & Convert는 애플을 응원하는 사람들과 FBI를 지지하는 사람이 거의 반반이라는 결과를 내놓았다. 이러한 접근 방식은 비록 과학적인 것과는 다소 거리가 있어 보이지만 여론이 분열됐다는 사실만큼은 여실히 드러냈다. 워낙 전례가 없는 경험이었던 만큼 많은 사람이 어떻게 생각해야 할지 갈피를 잡지 못했던 것이다.

  궁극적으로는 모든 게 그렇게 나쁘지만은 않았다. 쿡의 입장은 여론에 어느 정도 영향을 미친 것처럼 보였다. 트럼프의 트윗에 대한 수백 건의 반응에서도 애플을 옹호하는 사람들이 주류를 이뤘다. 원래 트럼프의 트윗이 반대 의견을 몰고 다니는 경향이 있지만, 대부분의 반응이 애플을 옹호하는 쪽으로 흘렀다는 사실은 주목할 만한 가치가 있다. 한 응답자는 이렇게 썼다. "애플 제품에 불매 운동을 벌이는 것은 터무니없는 짓이다. 전화기 한 대가 뚫리면 곧 우리 모두가 프라이버시를 누릴 수 없게 된다. 정부를 어떻게 믿는단 말인가!"

페이스북의 CEO 마크 저커버그Mark Zuckerberg, 구글의 CEO 선다 피차이Sundar Pichai, 트위터의 CEO 잭 도시Jack Dorsey, NSA의 내부고발자 에드워드 스노든Edward Snowden 등 일부 유명 인사도 쿡과 애플을 지지했다.《뉴욕타임스》의 편집팀도 그들의 손을 들어주었다. 「FBI를 도우라는 명령에 도전한 애플은 왜 정당한가」라는 사설에서 그들은 이렇게 썼다. "법 집행을 수월하게 만들려는 의도로 제정된 그런 법규는 시민과 사업체, 나아가 국가 자체를 훨씬 더 불안하게 만들 가능성이 높다." 쿡과 그의 팀은 이런 응원에 힘입어 계속 싸워나갈 태세를 갖췄다.

작전 상황실

이후 두 달 동안 원인피니트루프의 경영진 층은 24시간 쉼 없이 돌아가는 작전 상황실로 변했다. 직원들은 메시지를 보내고 기자들의 질문에 답하는 등 분주하게 움직였다. 한 홍보 담당자는 당시 하루에도 수차례 업데이트한 보도자료를 기자들에게 보내기 위해 이메일의 참조 칸에 최대 700명의 주소가 채워졌다고 말했다. 일이 있을 때만 간간이 보도자료를 내놓고 기자들의 전화나 이메일은 일상적으로 무시하던 애플의 평소 전략과는 완전히 다른 모습이었다.

회사가 공격받는 상황인 만큼 쿡은 직원들을 결집시켜서 사기를 높여야겠다고 생각했다. 그는 '여러분의 지지에 심심한 감사를 표합니다'라는 제목으로 직원들에게 이메일을 보냈다. "이번 일은 단 한 대의 전화기나 단 한 건의 조사에 국한되는 사례가 아닙니다. 법규를 준수하던 수억 명의 데이터 보안이 달린 문제이며 모두의 시민권이 위협받을 선례가 생길 수 있는 사안입니다." 이메일은 효과를 거두었다. 애플의 직원들은 자신들뿐 아니라 대중을 위해서도 옳은 결정을 내린 리더에게 신뢰를 보냈다.

세상 사람들은 언론의 집중 포화를 헤쳐나가는 애플을 보며 어떤 인식을 갖게 되었을까? 사실 쿡에게는 그것이 가장 중요했다. 그는 이번 일을 계기로 대중이 개인 보안과 프라이버시, 암호화 등에 관해 더 잘 알게 되기를 원했다. 익명을 요구한 홍보 담당자는 "많은 기자가 애플의 새 얼굴, 애플의 새로운 버전을 보았을 것"이라고 말했다. "팀 쿡의 결정으로 그렇게 된 겁니다. 예전의 우리와는 아주 달랐지요. 하루에 서너 번씩 업데이트한 자료를 기자들에게 보낸다? 잡스 시절의 애플에서는 상상도 할 수 없는 일이었습니다."

쿡은 애플의 울타리 밖으로 얼굴을 내밀고 대중의 마음을 사로잡는 일도 게을리 하지 않았다. 프라이버시에 관한 공개서한을 돌린 지 딱 8일이 지나 그는 ABC 뉴스 황금 시간대의 생방송 인터뷰에 응했다. 원인피니트루프의 집무실에 앉은 그는 카메라를 향해 애플의 입장을 성실히 설명했다. 《워싱턴포스트》는 그것을 두고 "애플의 CEO로서 그가 행한 가장 중요한 인터뷰"라고 보도했다. "쿡은 원초적인 신념을 평소보다 훨씬 강조하며 질문에 답했다. 그는 예리하고 고매한 언어를 구사하며 정부의 요구는 '소프트웨어에 악성종양을 심으라는 것과 같은 것'이라며 근본적인 시민의 자유에 대해 이야기했다. 본인의 말대로 그는 이 싸움을 대법원까지 끌고 갈 준비가 되어 있었다." 애플의 리더는 상황이 정말 힘들어져도 자신의 신념을 굽히지 않을 것이 분명했다.

쿡은 생방송 인터뷰를 잘 치렀고, 본사의 작전 상황실에서 인터뷰를 지켜본 임직원들은 그것이 애플에 중대한 전환점이 될 거라는 느낌을 받았다. 그들은 쿡이 애플의 관점을 훌륭하게 설명했을 뿐 아니라 세상 사람에게 본인의 프라이버시를 믿고 맡길 수 있는 인정 많고 윤리적인 리더로 비쳐지는 데 성공적이었다고 생각했다. 슈얼은 말했다. "이 사람은 돈만 밝히는 탐욕스러운 경영인이 아닙니다. 우리가 믿을 수 있는 리더, 하겠다고 말한 바는 그대로 실천에 옮기는 리더, 의도가 나쁘거나 부당한 일은 절대로 하지 않는 리더입니다. 기업을 훌륭하게 관리하기 위해 노력하고 늘 거짓 없이 스스로 세운 가치관과 신념을 고수하는 리더입니다." 애플의 직원들은 쿡의 이런 면모를 오랜 세월 겪어서 잘 알고 있었지만, 대중은 그것을 처음으로 엿본 셈이었다. 그는 애플에 모종의 승리를 안겨주었다. 많은 대중이 처음에는 아이폰에 관한 정보를 FBI에 내어주지 않는 그들의 결정에 찬동하지 않았지만, 서서히 분위기는 바뀌고 있었다.

애플은 2월 말 또 하나의 작은 승리를 거뒀다. 뉴욕에 위치한 한 지방법원이 애플에 소규모 마약상의 전화기를 열어줄 것을 명령해 달라는 FBI의 청구를 기각한 것이다. 제임스 오렌스타인^{James Orenstein} 판사는 애플과 기업에 제품 보안을 해제하라며 명령하는 일에 총영장법이 이용되어서는 안 된다는 말로 애플의 입장을 들어주었다. 그는 "정부가 취하는 입장이 오늘날 가능하게 돼야 하는지와 1789년 의회가 의도한 바인지 이 두 가지 측면 모두에서 광범위하게 영향을 따져봐야 한다"라고 말했다.

이 판결이 샌버나디노 법원에 구속력을 가한 것은 아니었지만, 슈얼은 그것이 언론과의 싸움에서 그들이 그토록 필요로 하던 탄약을 제공했다고 평가했다. "우리에게는 실로 매우 중요했습니다. 우리가 그것을 들고 언론계나 대체로 비방만 해대던 사람들에게 가서 '이것은 애플의 상업주의와 관련된 것도 아니고 애플의 악행에 관한 것도 아니며 원칙에 입각한 입장일 뿐'이라고, '판사가 우리에게 동의했노라'고 말할 수 있게 된 것이니까요." 쿡과 슈얼은 오렌스타인 판사가 그들의 편에 선 이상 다른 사람들도 곧 그 대열에 합류할 거라는 확신을 얻었다.

타협할 수 없는 가치

전투가 가열차게 전개될수록 프라이버시 옹호자들의 지지도 커졌다. 하지만 여론은 여전히 크게 양분되었다. 2016년 3월, 1200명의 미국인을 대상으로 실시된 NBC 설문조사에서 응답자의 47퍼센트가 애플이 FBI에 협조해서는 안 된다고 했고, 42퍼센트가 협조해야 한다고 답했다. 또한 응답자의 44퍼센트는 애플이 그 요구에 응할 경우 정부가 결국 시민의 사생활을 침해하게 될 것이라고 우려했다.

UN은 특별 조사요원 데이비드 케이^{David Kaye}를 앞세워 애플에 대한 지지를 보냈다. 케이는 "디지털 시대에 암호화는 의견과 표현의 자유를 행사하는 데 근간이 되는 것"이라고 주장하며 이렇게 덧붙였다. "FBI의 명령은 안전한 커뮤니케이션에 의존하는 많은 사람, 우리가 다 알 수도 없는 그런 수많은 사람의 보안에 영향을 미치고 결국에는 표현의 자유도 침해하게 될 것이다." 그러나 FBI는 여전히 선전 공격을 멈추지 않았다. 제임스 코미 국장은 3월 사이버 보안에 관한 보스턴대학 콘퍼런스에 참석해 "사법권 밖에 놓일 수 있는 것은 아무것도 없으며… 미국에는 절대적인 프라이버시라는 게 있을 수 없다"라고 말했다.

애플이 가장 불리한 상황에 처한 시점은 로레타 린치 법무장관이 샌프란시스코에서 열린 보안 지향 RSA(인터넷 암호화와 인증 시스템의 하나 – 옮긴이) 콘퍼런스 기조연설에서 애플에 강한 비판을 가했을 때다. 린치는 사실상 애플이 법과 법원을 무시한 것이라고 비난했다. 그녀의 의견은 널리 보도되었고 저녁 뉴스에서도 주요 소식으로 다뤄졌다. "그보다 더 진실과 거리가 먼 얘기가 또 있을까요." 슈얼의 말이다.

"법무장관이란 사람이 방송사 카메라가 돌아가는 현장에서 '애플이 법원의 명령을 위반하며 불법적으로 행동하고 있다'고 선동한 것에 분노를 금할 수 없었습니다. … 많은 매체가 그 말을 그대로 받아 애플이 법원의 명령을 무시하고 있다고 보도했으니…. 하지만 사실 법원 명령이라는 것이 없는 상황이었거든요." 그 명령장은 형식만 명령장이었을 뿐 따지고 보면 애플에 도움을 요청하는 공문서였다. 거기에는 애플의 행동을 강제하는 어떤 내용도 담겨 있지 않았다. 많은 비평가가 그 중요한 차이점을 놓치거나 무시하고 있었다. 결국 애플은 그 어떤 법규도 위반하지 않았다. 애플은 정부의 압력에 굴하지 않고 유저의 프라이버시 보호를 위해 계속 싸워나가겠다는 결의를 다졌다.

허무한 소송 취하

　판사가 애플을 상대로 문제를 제기하고 6주가 지난 3월 28일, 애플의 법무팀은 슈얼을 앞장 세워 샌버나디노로 날아가 판사 앞에서 자신들의 입장을 소명했다. 쿡은 그다음 날 예정된 증언을 하기 위해 따라갈 준비를 하고 있었다.

　그러나 그날 저녁 FBI는 법원에 애플을 상대로 진행하는 소송 절차를 무기한 유예해줄 것을 요청했다. FBI는 용의자의 아이폰에 접근하는 데 성공했다고 밝혔지만 그 방법은 설명하지 않았다.

　FBI가 이스라엘의 디지털포렌식^{Digital Forensic}(각종 디지털 기기나 인터넷에 있는 데이터를 수집·분석하여 범죄의 증거를 확보하는 수사 기법) 업체인 셀리브리테^{Celebrite}의 도움을 받아 용의자의 아이폰에 접속할 수 있었다는 사실이 나중에야 밝혀졌다. 5월에 열린 상원법사위원회의 청문회에서 다이앤 파인스타인 상원의원은 FBI가 90만 달러의 비용을 들여 그 일을 해냈다고 밝혔다. 그러고도 FBI는 이미 확보한 정보 외에 새로운 정보는 전혀 찾지 못했고, IS(급진 수니파 무장단체)나 여타의 지원 세력과 결탁한 증거 역시 하나도 건지지 못했다는 사실을 고위 관계자를 통해 인정했다. 슈얼은 FBI가 애플과의 싸움을 포기할 수밖에 없는 상황에 처했기 때문이라고 설명했다. 애플의 도움 없이는 절대로 아이폰에 접근할 수 없다는 것이 그들의 전적인 논거였기 때문이다. 그들이 휴대전화에 접속할 수 있다는 것이 밝혀진 이상 그들의 소송 논거는 무너질 수밖에 없었다.

프라이버시 옹호자들은 사건의 종식과 애플의 명백한 승리를 축하했다. 온라인 프라이버시 증진을 목표로 하는 행동주의 단체 '미래를 위한 싸움Fight for the Future' 캠페인의 책임자인 에반 그리어Evan Greer는 "FBI에 대한 신뢰도가 방금 사상 최저치를 기록했다"라고 말했다. "그들은 우리 모두의 안전을 위협할 수도 있는 위험한 선례를 추구하는 데 눈이 멀어 법원과 대중에게 반복적으로 거짓말을 했습니다. 다행히도 인터넷 유저들이 신속하게 세력을 모아 백도어의 위험성을 일반 대중에게 알리는 강력한 활동을 펼쳤습니다. 결국 우리가 함께 정부를 물러서게 만든 겁니다."

그러나 쿡은 이 소송이 재판으로 가지 않은 것에 대해 개인적으로는 실망감을 피력했다. 애플이 '이겨서' 더 이상 백도어를 만들라는 압박에 시달릴 필요가 없어진 건 사실이지만, 실제로 해결된 것은 아무것도 없었기 때문이다. "팀은 우리가 해결책을 얻지 못한 부분에 대해 다소 실망했습니다." 슈얼의 말이다. "그는 서로의 논거를 법정까지 가져가서 심판받는 것이 공정하며 우리에게도 적절한 귀결이 된다고 느꼈습니다. … 결국 마지막에 남겨진 상황이 우리에게 나쁜 것은 아니었지만 그는 끝까지 가서 결판을 내는 것이 낫다고 생각하고 있었던 겁니다." 그 문제는 오늘날까지도 해결되지 않은 상태로 남아 있다. 물론 언제라도 다시 분쟁이 재개될 수 있는 사안이다. 트럼프 행정부 아래서 그 일이 벌어질 가능성도 다분하다. 어쨌든 그것은 프라이버시와 안보를 놓고 벌어지는 갈등에서 비롯된 또 하나의 충돌이었으며, 앞으로 기술이 진보할 때마다 언제든 다시 불거질 수 있는 싸움이다.

프라이버시 보호에 대한 투자

애플은 2018년 4월 iOS 11.3를 출시하며 개인정보 보호 정책에 대한 개선을 이어갔다. iOS 11.3는 어떤 서비스에 의해서든 유저의 개인정보가 수집될 경우 그 내용을 유저에게 알리는 새로운 아이콘을 추가했다. iOS 11.3로 업데이트한 유저를 환영하는 통지문에는 이렇게 쓰여 있었다. "애플은 기능을 활성화하거나 서비스를 보호하거나 유저의 경험을 맞춤화할 때만 정보를 수집합니다. 우리는 프라이버시가 인간의 기본권이라고 믿기 때문에 모든 애플 제품은 최소한으로 유저의 데이터를 수집·이용하고, 가능한 한 기기에서만 처리하며 유저의 정보에 대해 투명성과 통제권을 부여하도록 설계됩니다."

iOS 11.3는 마침 페이스북이 프라이버시에 관련한 관행을 놓고 논란을 빚던 시점에 출시되었다. 바로 얼마 전 영국의 정치 컨설팅 회사 케임브리지애널리티카^{Cambridge Analytica}에서 트럼프의 선거 운동 기간 중 유권자의 의견에 영향력을 행사하기 위해 커뮤니케이션 전략을 수립하는 과정에서 페이스북 유저의 데이터를 수집한 것이 밝혀졌기 때문이다. 페이스북은 케임브리지애널리티카가 '부적절한 관행'으로 데이터를 수집해 최대 8700만 명의 유저가 영향을 받았다고 인정했다. 그러면서 제3의 개발자를 보다 철저하게 감시하지 못한 것에 대해 사과했다. 이 스캔들은 쿡과 페이스북의 CEO인 마크 저커버그 사이에 일종의 입씨름까지 촉발시켰다. 저커버그는 분명 유저의 데이터 처리 방식과 관련해 쿡과는 매우 다른 견해를 가진 인물이었다.

3월 말 쿡은 베이징에서 열린 중국개발포럼^{China Development Forum}에 참석해 이렇게 말했다. "이 특정한 상황으로부터 영향을 받은 규모가 너무 커서 아연실색하지 않을 수 없습니다. 공들여 규제책을 만들어 내야 할 필요가 있지 않은가 생각합니다. 유저가 수년간 검색한 내용과 연락처, 또 그 연락처의 연락처, 유저가 좋아하는 것과 싫어하는 것, 유저의 관점 등을 포함한 그 모든 사적인 세부사항을 파악하는 능력은 그 존재 자체가 마땅치 않습니다." 미국 의회도 이에 대한 우려를 표명하며 저커버그에게 해명을 요구했다. 뉴스 웹사이트 '리코드'의 카라 스위셔^{Kara Swisher}는 '만약 자신이 저커버그라면 어떻게 하겠느냐'고 쿡에게 물었다. 그의 대답은 간단했다. "저라면 이런 상황에 처하지도 않았겠지요." 지금까지 이 말은 그에게 유효한 걸로 남아 있다. 애플의 유저들은 애플이 페이스북과 달리 그런 방식으로 자신들의 데이터를 사용하지 않을 것임을 확신하고, 또 안심하고 있다. 애플이 유저 프라이버시를 매우 중요하게 생각하는 리더가 이끄는 기업이기에 하는 말이다.

10장

다양성에
승부를 걸다

"내가 게이라는 사실이 자랑스럽습니다"

쿡이 CEO가 되고 3년째에 접어든 해, 그는 명실상부한 애플의 리더로 회사 안팎에서 신뢰를 쌓아가고 있었다. 그는 공개 석상이나 인터뷰 자리에서 즉석으로 농담을 던지며 좌중의 웃음보를 터트리는 등 이전보다 훨씬 여유 있는 모습을 보였다. 어디를 가든 자신을 알아보고 다가와 '셀카'를 찍자는 사람들의 요청에 즐겁게 포즈를 취해주기도 했다. 그의 동료 그레그 조스위악은 밖에서는 쿡이 유명 운동선수들이나 영화배우들조차 함께 사진을 찍고 싶어 하는 '스타'라고 말했다. "셀럽 중에서도 '빅 셀럽'인 셈이지요. 그렇다고 해서 티를 내거나 그러지는 않습니다. 스타 의식 같은 것에 취해 있을 사람이 아니거든요. 결코 유명인처럼 행동하는 법이 없지요. 그저 평소처럼 처신할 뿐입니다."

그 당시 쿡이 추구하는 여섯 가지 가치는 대중의 시선이 닿지 않는 곳에서 은밀하게 애플의 문화를 바꾸고 있었다. 회사는 다양성과 평등, 교육과 접근가능성 등을 개선하기 위해 그 어느 때보다도 헌신적인 노력을 기울였다. 그렇게 2014년은 쿡에게 CEO로서 뜻깊은 한 해였다. 그리고 그해 그는 또 다른 특별한 이유로 역사에 의미 있는 기록을 남겼다.

10월 30일 쿡은 《블룸버그》에 「팀 쿡이 거리낌 없이 밝힙니다」라는 제목의 글을 기고하며, 처음으로 자신이 '게이'라는 사실을 공개했다. 사실 그의 성 지향성에 대해서는 이미 소문이 돌고 있던 상태였다. 쿡은 애플의 동료 중 상당수가 그러한 사실을 전부터 알고 있었다고 전했다. 하지만 그가 공식적으로 세상 사람들에게 발표한 건 처음이었다. "저의 성적 성향을 결코 부인한 적은 없지만, 지금까지 그것을 공개적으로 인정한 적도 없습니다. 따라서 이 자리를 통해 분명히 말씀드리고 싶습니다. 저는 게이라는 사실이 자랑스럽습니다. 그리고 저는 제가 게이라는 것이 신이 제게 준 가장 큰 선물 가운데 하나라고 생각합니다." 그는 그렇게 《포천》 500대 기업의 CEO 중 첫 번째로 커밍아웃한 인물이 되었다. 그는 이렇게 글을 이어나갔다. "제 자신이 게이인 까닭에 소수집단에 속한다는 것이 어떤 의미인지를 보다 깊이 이해할 수 있었으며, 그와 동시에 여타의 소수집단에 속한 사람들이 일상적으로 겪는 고충도 주의 깊게 들여다볼 수 있었습니다."

쿡은 자신이 게이이기에 공감 능력을 크게 키울 수 있었고, 제 나름의 삶의 경로를 따라 편견과 역경을 이겨내는 과정에서 스스로를 부정하지 않는 자신감도 갖게 되었다고 설명했다. "그 덕분에 저는 '코뿔소의 가죽'처럼 단단한 마음을 갖게 되었습니다. 애플의 CEO가 되고 보니 그것도 꽤 쓸모가 있더군요." 그는 점차 동성결혼이 합법화되고 공인들의 커밍아웃에 대한 사회적 인식이 성숙해지면서, 자신이 어렸을 때와는 세상이 많이 달라져 있음을 체감했다. 또한 그는 자신이 소수집단의 권익운동가라고는 생각하지 않지만, 다른 이들의 희생으로 얼마나 큰 혜택을 누렸는지는 잘 알고 있다고 했다. "만약 애플의 CEO가 게이라는 소식이 자신의 성 지향성과 관련해 고민하는 누군가에게 또는 혼자라고 느끼는 누군가에게 어떤 식으로든 도움이나 위로가 될 수 있다면, 혹은 자신의 평등성을 주장하는 누군가에게 영감을 불어넣을 수 있다면, 이것은 내 자신의 프라이버시를 희생하더라도 밝힐 만한 가치가 있는 일이라고 생각합니다."

그는 이후 CBS 프로그램 「레이트 쇼The Late Show」에 출연해 성 소수자인 청소년들을 돕겠다는 일념으로 자신의 성 지향성을 공개하게 됐다고 밝혔다. "아이들이 학교에서 왕따를 당하고 차별을 당하며, 심지어는 자신의 부모에게조차 버림받고 있는 현실에서 제가 무언가를 해야 할 필요가 있었습니다. 제 자신의 프라이버시도 중요했지만, 그 일이 더 가치 있다고 느낀 것입니다. 그래서 모두에게 진실을 알려야 했습니다."

쿡은 8000명의 직원을 이끌고 제43차 연례 샌프란시스코 프라이드퍼레이드Pride Parade에 참가한 지 단 4개월 만에 이러한 입장을 발표했다. 그리고 이는 애플의 팬들과 기술업계, 나아가 전 세계 언론에서 빅뉴스로 다뤄지며 매우 긍정적인 반응을 일으켰다. "같은 남부의 아들이자 또 한 명의 스포츠 광팬으로서 모자를 벗어 경의를 표합니다." 빌 클린턴Bill Clinton 미국 전 대통령은 자신의 트위터에 이런 말을 남겼다. "애플의 CEO 팀 쿡이 자신을 게이로 표현하며 평등성의 가치를 실현했습니다." 억만장자 기업가인 리처드 브랜슨Richard Branson은 클린턴의 말에 이렇게 화답했다. "그는 《포천》 1위 기업의 CEO입니다. 그런 그의 커밍아웃은 분명 우리에게 지대한 영향을 미칠 겁니다. 이런 것이 바로 팀 쿡이자 애플입니다. 강력한 반향을 불러일으킬 것이 분명합니다." 월트 디즈니의 CEO 로버트 아이거Robert Iger는 "팀은 자신이 어떤 사람이든 중요한 존재라는 사실을 젊은 세대에 일깨워주고자 기꺼이 자신의 프라이버시를 희생했다"라고 평가했다. 《허핑턴포스트》는 쿡이 "스티브 잡스였다면 결코 해낼 수 없는 방식으로 미국을 변화시켰다"라고 천명했다. 한편에서는 그때까지 《포천》 500대 기업의 CEO가 커밍아웃을 한 전례가 없었기에, 쿡의 고백이 그 자신에게나 회사에 치명적인 결과를 초래할 것이라고 우려하기도 했다. 그러나 실제로 그렇게 엄청난 파장은 일어나지 않았다. 사실 그다지 자극적인 반응이 나오지 않았다고 말하는 게 맞겠다. 쿡의 기고문이 결코 '폭탄선언'으로 여겨지지 않았던 것이다.

애플의 환경 정책 담당 부사장인 리사 잭슨은 쿡의 기고문이 발표되기 전날 밤, 그로부터 한 통의 이메일을 받았다. 신문이 가판대에 놓이기 전에 그녀에게 먼저 알려주고 싶어 쿡이 보낸 이메일이었다. "나는 그때까지 살면서 접한 그 누구의 어떤 행동보다도 심오한 결단, 진정한 봉사정신과 용기, 리더십에서 나온 행위를 목격했습니다." 이 말을 전할 때조차 그녀의 목소리에는 감동이 배어 있었다. "알잖아요. 그의 고백이 많은 사람에게 어떤 걸 의미하는지. 아이들은 또 어떻고요. 자신들에게 신경 써주는 어른이 없다고 느끼는 청소년들이 얼마나 많습니까…. 그런 의미에서 팀은 투사입니다. 그를 같은 편으로 둔다는 건 정말 좋은 일이지요."

SNS에서는 그의 소식을 전하는 트위터와 페이스북 게시글, 칼럼의 두 배에 달하는 가벼운 농담들이 오갔다. "차라리 팀 쿡이 윈도를 쓴다고 고백했다면 더 재미있었을 텐데…." 한 트위터 유저가 날린 글이다. 그 가운데 삼성을 풍자하는 이야기들이 가장 인기를 끌었다. "조금 전 삼성에서 차기 CEO로 게이를 선임한다고 발표했습니다." 데이비드 울프David Wolf라는 사람은 이런 농담으로 시작해 다음과 같이 덧붙였다. "삼성의 홍보팀은 '우리의 게이 CEO가 팀 쿡보다 25퍼센트 더 게이다울 것'이라고 강조했습니다."

예상과 달리 월스트리트도 쿡의 커밍아웃에 별로 당황해하지 않았다. 소식이 보도된 직후 애플의 주가는 개장 전 거래에서 미동조차 하지 않았으며, 장이 열리고 나서도 1퍼센트 미만 떨어지는 선에서 그쳤다. "달리 말하면, 세계에서 가장 가치가 높은 기업의 CEO가 스스로 게이임을 밝혔는데도 월스트리트는 쥐뿔도 신경 쓰지 않은 셈이다." 세스 피거맨Seth Fiegerman이 IT 전문매체 '매셔블Mashable'에 쓴 글이다. 애플 전문 애널리스트인 진 먼스터Gene Munster는 "팀 쿡이 이미 탁월한 CEO라는 걸 입증했기 때문에 그 뉴스가 별다른 영향을 미치지 않은 것"이라고 설명했다. 그는 다국적 투자은행이자 금융서비스 회사인 파이퍼 제프리Piper Jaffray의 동료 더그 클린턴Doug Clinton과 작성한 분석의견서에서 이렇게 밝혔다(둘은 이 의견서를 CNBC에 제공하기도 했다). "월스트리트 애널리스트들이 이러한 사적인 주제에 무게를 두고, 그 발표가 애플의 주가에까지 영향을 미칠 것이라고 진단하는 게 다소 이상해 보일지도 모르겠다. 하지만 자신이 게이라는 걸 공개하기로 한 쿡의 결정은 주가에 충분히 영향을 미칠 만큼 잠재력을 보유했으며, 많은 사람이 실제로 그 반응을 궁금해했다. 다행히도 투자자들은 팀 쿡이 그런 발표를 하기 전과 마찬가지로 여전히 능력 있는 CEO라는 데 표를 던졌고, 그 결과 주가에 별다른 변동이 없었다."

쿡에게 애인이 있는지는 알려진 바가 없다. 지금까지 그가 파트너와 함께 있는 모습은 단 한 번도 파파라치의 카메라에 잡힌 적이 없었다. 그의 사생활에 대해서도 알려진 사실이 별로 없다. 한번은 그가 실리콘밸리의 한 벤처캐피탈리스트와 연인 관계라는 소문이 돌았지만, 그 벤처캐피탈리스트의 인스타그램Instagram 계정으로 금세 헛소문이었음이 밝혀졌다. 피드에 올라온 수많은 사진 속 파트너가 알고 보니 팀 쿡이 아니었던 것이다. 현재 쿡은 팰로앨토에서 혼자 살고 있는 것으로 보인다. 그에게 애인이 있다면 분명 은밀한 관계를 유지하기가 매우 어려울 것이다. 레스토랑에서 외식을 하거나 파티에 참석하거나 여행을 즐기는 과정에서 사람들의 눈에 띄지 않을 수 없기 때문이다. 어쨌든 쿡의 사생활을 궁금해하는 사람이 꽤 많은 건 사실이다. 하지만 이 책을 집필하기 위해 자료를 조사하고 그를 인터뷰하는 동안, 나는 그의 개인적인 삶에 대해서는 전혀 침범하지 않으려고 했다. 쿡은 자신의 사생활을 비밀로 유지하기를 원하며, 나는 그 점을 기꺼이 존중하기 때문이다.

그가 《블룸버그》에 기고문을 발표하고 1년이 지났을 무렵, 쿡은 미국의 선도적인 LGBTQ 인권단체 HRC가 주최한 제19차 연례 전국 만찬에서 '가시성상^{Visibility Award}'을 수상했다. "팀 쿡은 주목할 만한 리더십으로 애플을 이끌고 있는 선지자입니다." HRC 회장인 채드 그리핀^{Chad Griffin}의 환영사다. "기꺼이 자신의 비밀을 밝힌 그의 용기는 전 세계 수많은 사람에게 희망을 주었을 뿐 아니라, 많은 이의 목숨까지 구했습니다. 그의 모범적인 행위와 평등을 향한 애플의 헌신을 통해 LGBTQ 젊은이들이 자신도 팀 쿡처럼 경이로운 경력을 쌓을 수 있으리라 기대하게 되었고, 그들을 제약하는 건 아무것도 없다는 사실을 알게 되었습니다. 이제 그들은 세계 최대 기업의 CEO가 되는 것이든, 그에 버금가는 무언가가 되는 것이든 마음껏 포부를 펼치며 꿈을 키울 수 있게 되었습니다." HRC는 쿡이 미국의 기업계와 그

너머에 지대한 영향을 미친 점, 애플이 평등성에 관한 법률을 만드는 데 주요한 지원 세력으로 활약한 점, 그리고 완전한 LGBTQ 평등을 위해 투쟁한 점 등을 치하했다.

"저는 이 공동체의 일원이라는 걸 자랑스럽게 생각합니다." 그는 자신을 환영하기 위해 HRC 전국 만찬에 모인 청중을 향해 이렇게 화답했다. "기억하실지 모르겠지만 저는 아주 사적인 글을 신문에 기고했습니다. 망설이거나 회피하거나 숨는 사람들에게 제 목소리를 빌려주고 싶었기 때문입니다. 이는 세상 모두에게 보내는 공개서한이었지만, 제가 가장 염두에 둔 대상은 바로 '친구나 지역사회, 혹은 가족에게 거부당한 사람들'이었습니다." 쿡은 누군가의 권유로 그런 결정을 내린 것은 아니며, 스스로 관심받기 위해 글을 발표한 것도 아니었다고 말했다. "천성적으로 제 자신에 관한 이야기를 잘 하는 편이 아니지만, 때로는 목소리를 내야 한다고 생각했습니다. '게이'라는 사실이 삶에 아무런 제약이 되지 않는다는 걸 사람들에게 알릴 필요가 있었습니다." 그는 환하게 웃었다. "성 지향성은 자신의 삶에서 선택권을 제한하는 요인이 아니며, 게이든 트랜스젠더든 자기가 원하는 그 어떤 꿈도 이룰 수 있다는 사실을 사람들은 알 필요가 있었습니다."

이 연설에서 쿡은 커밍아웃 이후 압도적일 만큼 긍정적인 지지를 받았다고 전했다. 자신이 고군분투하고 있다거나 사랑하는 가족을 위해 더 많은 걸 해야겠다고 결심한 사람들이 세계 각지에서 이메일을 보내왔다. 물론 그에게 영감을 받아 난생처음으로 자신의 성적 성향을 주변에 알렸다는 사람들도 있었다. "제가 가장 감동을 받은 편지는 자녀를 그 누구보다 사랑하기에, 차마 아이들이 세상에 받아들여지고자 애쓰는 모습을 곁에서 지켜볼 수 없었다는 부모들의 이야기입니다. 또 가장 희망적이었던 편지는 세상이 더 나은 방향으로 바뀌게 되어 기쁘다는 사람들의 이야기였습니다." 그는 오리건주에 사는 한 베트남전 참전 용사의 메시지를 청중과 공유했다. "팀, 언젠가는 당신의 커밍아웃 영상을 보고 사람들이 따분하게 하품하는 날이 오기를 희망합니다. 우리는 선량한 사람들과 우리의 삶에 가치를 높이는 사람들, 남에게 해를 끼치지 않고 최선을 다해 살아가는 사람들이 모두 성적 취향에 관계없이 그저 한 사람의 시민으로 인정받을 수 있도록 의식을 개선해야 합니다. 바로 그것이 미국의 방식 아닐까요?"

쿡은 이 말에 전적으로 동의했다. 그러면서 미국인 모두가 동등한 보호를 누리려면 아직도 갈 길이 멀다는 점을 인정했다. 미국의 대법원이 동성결혼을 합법화하고 「윌 앤드 그레이스Will & Grace」나 「모던 패밀리Modern Family」 같은 드라마 속 캐릭터가 게이를 주류로 이끌었음에도, 미국에는 여전히 많은 과제가 남아 있었다. 쿡은 게이와 트랜스젠더를 차별에서 보호할 법규를 마련하지 않고, '한 사람이 누군가를 사랑한다'는 이유로 직장에서 해고되거나 쫓겨나도 법적으로 보호받을 수 없는 미국의 31개 주에 대해 각성을 촉구했다. 또한 이른바

'치료'를 해야 한답시고 아이들을 멀리 보내 회복 치료를 받게 한 부모들과 갖은 괴롭힘으로 성 소수자를 자살로 내모는 인간들을 강력하게 비난했다. 더불어 LGBTQ가 불평등에 직면한 유일한 소수집단이 아니라는 점을 인정했다. "제가 이 문제를 바라보는 방식은 단순합니다. 그 누구에 대한 차별이든, 그것은 모두의 발목을 붙잡는다는 것입니다!" 청중석에서 박수갈채와 환호가 쏟아져 나왔다. "우리 모두가 잘 알고 있듯이, 차별은 그냥 놔둔다고 해서 사그라지는 게 아닙니다. 차별은 결코 저절로 없어지지 않습니다. 밀어내고, 도전하고, 극복하고, 발생하지 않도록 적극적으로 막아내야 하는 것입니다. 그래서 결단력이 필요합니다. 그래서 경계해야 할 필요가 있는 겁니다." 그는 연설을 마무리하며 HRC 등의 활동단체와 그를 옹호하는 사람들, 애플과 같은 글로벌 기업에서 모두 '평등'을 수호하기 위해 각자가 해야 할 역할이 있다고 강조했다. "그렇게 우리 모두가 힘을 합쳐 정의에 이르는 햇살 가득한 길을 닦아나갑시다."

HRC 전국 만찬에는 오바마 행정부가 임명한 기록적인 수의 LGBTQ 관료들과 함께 조 바이든Joe Biden 미국 전 부통령이 동행했다. 그는 기조연설에서 "쿡은 세상을 뒤집어놓은 인물이자, 평등이 도덕적 관념일 뿐 아니라 우리 경제의 힘과 역동성이라는 걸 이해한 인물"이라며 찬사를 아끼지 않았다. "쿡은 LGBTQ 공동체의 수많은 똑똑한 청소년에게 참으로 의미 있는 격려를 선사했습니다."

그레그 조스위악은 쿡의 커밍아웃이 경영적인 측면에서도 전환점이 됐다고 말했다. 사내에서는 그가 탁월한 리더로서 확고부동하다는 사실을 모두가 인지하고 있었지만, 외부 사람들은 그렇게 생각하지 못할 때였다. 그런 상황에서 쿡은 커밍아웃을 통해 자신의 입지를 공고히 각인시켰다. "세상 사람들은 그제야 쿡을 애플의 진정한 리더로 존중하기 시작했어요." 조스위악의 설명이다. "그래서 나는 그 일이 경영자로서 쿡에게도 전환점이 되었다고 생각합니다. … 그때부터 세상이 그의 권한과 능력을 온전히 인정하기 시작했으니까요."

올해의 인물

2014년 《파이낸셜타임스》는 팀 쿡을 올해의 인물로 선정했다. 그와 애플의 성과를 높이 평가한 결과였다. "애플이 보여준 재정적 성과와 눈부신 신기술만으로도 그 강철 같은 CEO가 2014년 '올해의 인물'로 선정되기에 충분했다. 하지만 미스터 쿡은 자신의 가치관을 용감히 피력하며 독보적인 후보가 되었다." 《파이낸셜타임스》의 팀 브래드쇼Tim Bradshaw와 리처드 워터스Richard Waters가 내놓은 설명이다.

《파이낸셜타임스》는 쿡이 '잡스 없는 애플은 성공할 수 없다'고 주장한 일각의 불신과 투자자들의 공격을 침착한 태도로 이겨낸 데에 대해 찬사를 보냈다. 또한 다양성과 지속가능성, 공급망의 투명성 제

다양성에 승부를 걸다   335

고를 위해 헌신한 점 모두 무척 훌륭하지만, 무엇보다 자신의 성 지향성을 공개한 점을 높이 평가했다. "베일 속에 가려져 있던 그의 사생활을 엿볼 드문 기회가 생겼지만, 그것은 또한 관용이 덜한 지역에서 애플이라는 브랜드를 위험에 빠뜨릴 수 있는 크나큰 모험이었다." 이어서 신문은 그의 기고문을 언급했다. "평등에 대한 그의 연설은 동성결혼의 합법화를 추진하겠다고 해놓고 1년째 아무런 진척이 없는 바로 이 시점에 나왔다. 또한 애플을 포함한 실리콘밸리의 기업 경영진들이 다양성이 부족하다는 이유로 원성을 높이 사던 시기이기도 했다."

쿡은 백인 남성으로만 구성된 애플 경영진에 세 명의 여성을 추가했다. 아울러 이사를 선임할 때 소수집단 출신의 후보자를 고려하도록 애플의 기업 헌장을 변경했고, 이 공로를 인정받았다. "나는 그가 결코 스티브 잡스를 대체할 수 없다고 생각했고, 또 어느 정도는 그렇기도 합니다." MIT 슬로안경영대학원의 마이클 쿠수마노Michael Cusumano 교수가 《파이낸셜타임스》에 한 말이다. "그럼에도 내부적으로 들여다보면 잡스의 정신은 여전히 살아 있고, 조직은 전보다 덜 대립적이며 온화한 문화를 창출하면서 결집하고 있습니다. 팀 쿡의 공로를 인정할 수밖에 없는 부분이지요."

평등성은 비즈니스에 이롭다

쿡의 성적 성향은 평등성과 다양성을 바라보는 그의 시각에 큰 영향을 미쳤다. 아웃사이더들의 진정한 옹호자가 되려면 자신이 직접 아웃사이더가 돼봐야 하는 법이다. 쿡은 애플에서 대립을 지양하는 문화, 평등성과 다양성을 옹호하는 공정한 문화를 창출하고 있다. 2013년 11월 쿡은 CEO가 되고 처음으로 《월스트리트저널》에 논평을 기고했다. 「평등성을 갖춘 일터가 비즈니스에 이롭다」라는 제목의 이 기고문은 '인종과 성별, 국적, 성 지향성 등에 관계없이 모든 직원을 환영하는 안전한 직장'에 대한 쿡의 헌신을 재확인하는 내용이었다.

"나는 애플의 CEO가 되기 오래전부터 근본적인 진실 하나를 알게 되었다. 사람은 온전히 받아들여지고 인정받을 때, 보다 기꺼이 헌신한다는 것이다." 그는 직원을 고용할 때 성 지향성이나 성 정체성을 근거로 차별하는 행태를 금지하는 '고용차별금지법Employment Nondiscrimination Act'의 지지를 상원에 촉구했다. "게이나 레즈비언이 직장에서 동등한 대우를 받을 권리에 대해 법이 계속해서 침묵하는 한, 국민으로서 사실상 우리 모두가 그들의 차별에 동의하는 것이다." 그는 이어서 다음과 같은 결론으로 글을 마무리했다. "의회는 고용차별금지법을 승인하여 그러한 편협에 일격을 가할 수 있는 기회를 놓치지 말아야 한다." 이 법안은 2013년 11월 말 찬성 64표, 반대 32표라는 높은 지지로 상원을 통과했다.

다양성을 통한 혁신

쿡의 핵심 가치 중 하나인 '직장 내 다양성'은 애플의 혁신 전략 가운데 일부이기도 하다. 그는 다양한 인력이 그 자체만으로 이로울 뿐 아니라 제품 개발 프로세스에도 여러 목소리와 경험을 녹여 애플의 혁신을 돕는다고 생각했다. 실제로 그는 매우 강한 어조로 그 개념에 무게를 실었다. "다양성은 애플의 미래다." 그는 2015년에 이렇게 말했다. 쿡은 기회가 날 때마다 애플이 '전보다 더 나아진 회사'라고 강조했다. 경험과 지식, 관점에 보다 많은 다양성을 부여하여 최고의 제품을 만들어내고 있다는 뜻이다. "애플의 제품이 실로 대단한 이유 중 하나는 그것을 만드는 사람이 엔지니어와 컴퓨터공학자만이 아니라는 겁니다. 예술가와 음악가도 있지요. 바로 그런 공학과 인문학의 교차가 마법과도 같은 제품을 만들어내는 근원입니다."

쿡은 모교의 학생신문인 《오번플레인즈먼Auburn Plainsman》의 인터뷰에서 애플과 같이 지구 전체를 누비는 기업의 임직원은 세계 각지에서 온 동료와 협력할 수 있는 인재여야 한다고 설명했다. "오늘날 세계는 내가 학교를 졸업하고 사회에 나왔던 때보다 훨씬 더 밀접하게 얽히고설킨 곳이 되었지요. 그 때문에 세계 각지의 문화에 대한 보다 깊은 이해가 필요합니다. 나는 그런 점을 인정하는 선을 넘어 찬미하는 수준에까지 이르렀습니다. 세상을 흥미롭게 만드는 것은 우리의 차별점이지 다른 기업과의 닮은 점이 아닙니다."

그는 또한 찰리 로즈와의 인터뷰에서 '경영진의 다양성'에도 높은 가치를 부여했다. '믿을 수 없을 만큼 놀라운 일을 해내는' 애플의 위대한 성공 이면에는 '다양성'이 있다는 설명이었다. 그는 조너선 아이브와 소프트웨어 엔지니어링 담당 수석 부사장인 크레이그 페더러기[Craig Federighi], 제프 윌리엄스와 하드웨어 엔지니어링 담당 수석 부사장 댄 리치오[Dan Riccio], 그리고 새로 임명한 소매 책임자인 안젤라 아렌츠를 일일이 거론하며 "그들과 일하는 것은 일생일대의 특권"이라고 말했다. 그들이 각기 다른 재능과 관점으로 자신의 미진한 부분을 보완해주기 때문이라는 게 그의 설명이다. "나는 다양성을 말할 때 늘 방점을 찍을 정도로 그 가치를 굳게 믿습니다." 쿡이 로즈에게 한 말이다. "사고의 다양성만을 말하는 게 아닙니다. 어떤 걸 기준으로 삼든 차이를 구분 지을 수 있는 모든 것이 전부 다양성에 해당합니다. 나를 둘러싸고 있는 사람들은 모두 나와 다릅니다. 그들은 내게 없는 기술을 보유하고 있습니다. 모두 제각기 특정 기능의 전문가입니다. 그런 우리가 한 팀을 이뤄 서로 도와가며 일을 완수해나가는 것이지요. 애플에서는 그런 협력이 수직적이 아닌 수평적으로 이루어지기 때문에 보다 큰 시너지를 발휘합니다." 그는 애플의 간부들이 종종 논의 과정에서 언쟁을 벌이기도 하고, 또 언제나 모든 사안에 합의하는 것은 아니라는 것도 인정했다. "하지만 우리가 서로를 깊이 존중하고, 서로를 신뢰하며, 서로를 보완한다는 사실에는 변함이 없습니다. 그리고 그것이 이 모든 것을 가능하게 만들었다고 생각합니다."

하지만 당시 경영진의 인종과 성별 구성을 보면 그의 사고방식만큼이나 다양성이 따라가지를 못했다. 어쩌면 먼저 나서서 쿡이 이렇게 얘기한 건, 여전히 애플 경영진에 백인 남성의 비율이 압도적이라는 명백한 사실을 뒤로 감추기 위한 묘안일 수도 있다. 물론 쿡은 애플의 간부직에 보다 많은 여성과 유색인종을 앉히려고 노력했고 실제로도 적잖은 진전을 이뤘다. 하지만 아직은 분명 충분한 수준에는 이르지 못했다. 기술업계 전반을 변화시키려는 그의 노력이 꽤나 진지해 보이지만, 이러한 변화에는 충분한 시간이 필요할 것이다. 그래도 애플은 보다 다양해지기 위해 훨씬 더 많은 일을 계획하고 있다.

쿡은 장애인이나 참전 용사와 같은 소외된 소수집단을 고용하는 일에도 적극적으로 나섰다. 그는 다양성에 관해 목소리를 높이는 리더들이 충분치 않다고 생각했다. 그는 킹 목사가 말한 '선한 사람들의 소름 끼치는 침묵'이라는 대목을 인용하면서, 문제의 일부는 선의가 있는 사람들이 목소리를 내지 않는 데 있다고 지적했다. 많은 CEO가 이러한 주제에 대해 그다지 관여하려 하지 않는다는 얘기다.

"목소리를 높이기가 어려울 수도 있습니다. 불행히도 이 사회가 남의 관심을 끌지 않는 접근 방식에 보상하려는 경향이 있기 때문입니다. 하지만 그런 사람만 많다면 나라를 진전시킬 수도, 산업을 발전시킬 수도, 회사를 개혁할 수도 없을 것입니다. 다양성 문제는 해결되지 않은 채 우리 주변을 계속 맴돌겠지요." 그는 이러한 문제를 해결하기 위해 이를 다루는 프로그램을 구성하는 것은 물론, 문제에 대한 목소리를 높여야 한다고도 주장했다. "나는 거울을 보며 내 스스로 충분히 움직이고 있는지 자문합니다. 그 대답이 '노No'라면 더 많은 무언가를 하기 위해 노력할 것입니다."

쿡은 점차 변화가 일어날 것이라고 낙관했다. "우리가 다이얼을 움직일 수 있다고 확신합니다." IT 전문 매체 '매셔블'과의 인터뷰에서 그는 이렇게 말했다. "하룻밤 사이에 이룰 수 있는 일은 물론 아닙니다. 다들 그러한 사실을 알고 있지요. 하지만 그렇다고 해서 해결하지 못할 문제도 아닙니다. 사실은 손쉽게 해결할 수 있습니다. 문제의 대부분은 인간이 만든 것이고, 인간이 만든 것은 대부분 인간이 고칠 수 있는 거니까요." 그는 실제로 그것을 고치기 위해 자신의 능력 안에서 할 수 있는 모든 노력을 다하고 있다. "만약 어느 기업이든 우리처럼 다양성이 보다 나은 제품을 이끌어낸다고 믿는다면, 그리고 인류의 삶을 풍요롭게 하는 제품을 만드는 일에 매진하고 있다고 믿는다면, 그들 역시 분명히 다양성에도 많은 에너지를 쏟게 될 것입니다."

적극적인 여성 인력 고용

쿡은 종종 기술 분야에 여성 인력이 너무 적은 것을 두고 우려를 표명하곤 했다. "만약 여기에 변화가 생기지 않는다면, 미국은 기술 분야에서 리더의 지위를 상실할 겁니다." 그는 한 매체와의 인터뷰에서 이렇게 말했다. "노동 인구에서 여성은 매우 중요한 부분을 차지합니다. STEM 분야에 여성의 비율이 계속 줄어든다면, 미국은 충분한 혁신을 이뤄내지 못할 겁니다. 이는 실로 단순한 사실입니다."

쿡은 첨단기술 업계가 집단적으로 콧대를 세운 채 여성들이 기술 분야에서 경력을 쌓든 말든 관심이 없다면, 그것은 책임회피일 뿐이라고 지적했다. 기술 업계에 보다 많은 여성이 유입돼야 한다는 책임을 분명히 한 것이다. "나는 이러한 사태가 우리의 잘못이라고 생각합니다. 기술 공동체 전반의 잘못입니다. 나는 우리가 젊은 여성들에게 손을 내밀지 않고, 여기서 경력을 쌓는 일이 아주 멋지고 신이 날 수 있다는 걸 충분히 보여주지 않았다고 생각합니다."

STEM 분야에 여성의 참여를 장려하기 위한 중요한 방법은 업계에 보다 많은 여성 롤모델을 세우는 것이다. 마케팅 책임자인 보조마 세인트 존은 최근까지 가장 세간의 이목을 끈 애플의 여성 중역이었다. 애플에 재직할 당시 그녀는 대중적으로 높은 인지도를 누렸다. 쿡은 이처럼 기술 분야에 있어 리더의 위치에 오른 여성이라면 눈에

떠는 게 중요하다고 말했다. 대표성을 가져야 한다는 얘기다.

CEO가 된 쿡은 애플의 다양성을 높이기 위해 앞장서 상황을 주도해왔다. 여성과 소수인종을 애플의 경영진에 올리거나 영입한 것이 거기에 해당한다. 2011년 9월 그는 쿠바계 미국인인 에디 큐Eddy Cue를 인터넷 소프트웨어 및 서비스 부문 수석 부사장으로 승진시켰다. 2013년 5월에는 아프리카계 미국인 여성 최초로 환경청장을 지낸 리사 잭슨을 영입해 환경보호를 위한 노력을 지휘하게 했다. 같은 해 10월에는 버버리 CEO 출신의 안젤라 아렌츠를 고용해 애플의 소매 매장을 관리 감독하도록 맡겼고, 2014년에는 데니즈 영 스미스Denise Young Smith를 인적 자원 담당 책임자로 승진시키는 한편, 2017년 5월에는 그녀를 다시 포용성 및 다양성 부문 부사장 자리에 올렸다. 그리고 같은 해에 블랙록BlackRock의 창립 파트너이자 이사였던 수 와그너Sue Wagner가 애플의 이사회에 임명되었다.

쿡은 또한 애플에 환경 및 공급업체 보고서와 유사한 '연례 포용성 및 다양성 보고서'도 도입했다. 세간의 이목을 끈 이 보고서에는 애플이 쿡의 지휘로 포용성과 다양성 이니셔티브에 얼마나 진지하게 임하고 있는지를 알렸다. 회사와 임원들에게 늘 경각심을 잃지 않도록 하기 위해 제작된 의도로 보인다.

쿡이 이끄는 애플은 광고와 마케팅 캠페인에도 유색인종을 꾸준히 늘려가며 등장시켰고, 이제 애플의 모든 광고와 마케팅 자료에는 '다양한 캐스팅'이 특징으로 쓰여 있다. 제품발표회 무대에 서는 여성도 점점 늘고 있다. 잡스 시대에는 줄곧 스티브 잡스가 무대를 차지했지만, 쿡의 시대에는 훨씬 많은 수의 직원이, 또 종종 여성 직원이 무대에 올라 신제품을 소개한다. 2015년 디지털 뉴스 발생 웹사이트인 '쿼츠Quartz'에 게시된 한 비난성 포스트에는 지난 2년간 애플의 제품발표회에 선 여성의 수가 도표로 표시돼 있다. 0, 0, 0, 0, 0, 0, 그리고 0. 그러나 보다 많은 여성이 무대에 올라야 한다고 강조된 이후 WWDC 2018에는 여섯 명의 여성이 앞에 나서 프레젠테이션을 진행했다. 모두 애플에서 임원직을 수행하는 여성들이었다.

쿡은 다양성을 증진하는 일에 매우 진지하게 임하고 있는 것으로 보인다. 그러나 불행히도 변화의 속도는 여전히 더디게 흐르고 있다. 그것이 사람들의 태도 변화뿐 아니라 임직원이 얼마나 들어오고 나가느냐에 따라 좌우되는 문제이기 때문이다. 애플의 임원이나 간부 대부분은 수십 년 동안 자리를 지켜온 사람들이며, 앞으로도 한동안 그 자리를 지킬 가능성이 크다. 이는 평사원의 경우도 마찬가지다. 애플의 직원 상당수는 향후 20년 이상 일할 가능성이 높다. 결국 그 구성에 괄목할 만한 변화가 생기려면 수십 년은 족히 걸릴 거라는 이야기다. 변화는 일어나고 있지만, 충분히 빠르지는 않았다.

애플의 인종 구성

　2014년 8월 애플의 첫 번째 다양성 보고서가 발표되었다. 대부분의 사람이 이미 알고 있는 내용과는 별반 다르지 않았다. 애플은 대체로 백인 남성으로 구성되어 있다는 내용 말이다. 2014년 애플의 글로벌 인력은 70퍼센트가 남성이었고 여성은 30퍼센트에 불과했다. 미국에서는 애플 직원의 55퍼센트가 백인이었고, 동양계는 두 번째로 큰 15퍼센트를 차지했다. 히스패닉 인구는 11퍼센트였고 흑인은 7퍼센트 정도였다(전체 인구의 약 13퍼센트가 흑인이라는 점을 참고하기 바란다). 나머지 12퍼센트는 자신의 인종을 군이 밝히지 않는 직원들이었다. 불행히도 소외된 소수집단의 직원들은 엔지니어링 쪽이나 관리직, 또는 경영직이 아닌 급여 수준이 높지 않은 직무를 수행했다. 대부분이 애플의 소매 매장 부문에 속해 있던 것이다.

　쿡은 이 결과에 실망감을 표했다. "CEO로서 저는 이 페이지에 적힌 수치가 만족스럽지 않습니다." 그는 다양성 보고서를 올린 웹사이트 성명서에서 얘기했다. "이것은 우리에게 새로운 소식이 아닙니다. 우리는 꽤 상당한 시간 동안 이를 개선하기 위해 많은 노력을 기울여 왔습니다. 그리고 어느 정도 진전도 이뤘습니다. … 우리는 제품을 개발할 때와 마찬가지로 다양성을 증진하는 데에도 혁신을 이뤄내기 위해 헌신할 것을 약속드립니다." 쿡은 애플에 다양성을 늘리겠다는 자신의 약속을 재차 확인했다.

그러나 이후 몇 년 동안에도 상황은 크게 개선되지 않았다. 2017년 11월을 기준으로 근무하는 여성의 수는 약간 늘었지만, 소수집단은 오히려 퇴보했다. 미국만 놓고 보면 소매 매장 직원을 포함해 애플의 평사원은 백인이 52퍼센트, 남성이 77퍼센트였다. 그보다 1년 전에는 백인이 55퍼센트, 남성이 77퍼센트였다. 흑인과 히스패닉, 복합인종의 비율이 18퍼센트에서 17퍼센트로 소폭 감소했다.

한편 임원진은 여전히 백인 남성의 비중이 지배적이다. 보고서에 따르면 애플의 임원진은 남성이 71퍼센트, 백인이 66퍼센트(전년도 대비 1퍼센트 포인트 하락), 동양계 23퍼센트(전년도 대비 2퍼센트 포인트 상승)로 구성되었다(흑인과 히스패닉, 복합인종이 차지하는 비율에는 변함이 없었다). 특히 임원진의 구성을 보여주는 페이지에서 '최고경영진' 부분은 다양성이 여실히 부족하다는 걸 드러내고 있었다. 최고경영진 17명 가운데 11명이 백인 남성, 3명이 백인 여성이었고, 아프리카계 미국인 여성과 히스패닉 남성, 동양계 여성이 각각 1명이었다. 그러나 애플은 변화를 가속화하기 위해 노력하고 있으며 해당 보고서가 집계된 기간(2016년 7월부터 2017년 7월까지)에 고용한 직원 중 절반이 여성이거나 소수집단의 구성원이라고 덧붙여 설명했다.

애석하게도 실리콘밸리의 다른 경쟁사 역시 상황은 별반 다르지 않았다. 페이스북이나 인텔, 구글, 트위터, 마이크로소프트 등 애플의 경쟁사 대부분도 대략 50퍼센트의 백인, 30~40퍼센트의 동양인,

10퍼센트 내외의 히스패닉과 흑인들로 구성돼 있다. 애플이 그나마 히스패닉과 흑인 직원의 비율이 더 높긴 하지만, 대부분 저임금 소매 매장에서 일하며 파트타임인 경우가 많아 복리후생의 혜택이 적고 보다 나은 직무로 올라갈 기회도 드문 편이다.

주주들의 압력

2010년대에 들어서면서 애플은 특히 경영진의 구성에 다양성을 높이라는 압력을 꾸준히 받아왔다. 2017년 5월 쿡은 데니즈 영 스미스를 포용성 및 다양성 부문 부사장으로 승진시켰지만, 그녀가 그 자리에 머문 건 채 1년도 되지 않는다. 애플에서 오랜 시간 성공적인 경력을 쌓아온 그녀는 한 콘퍼런스에서 불현듯 쉽게 납득할 수 없는 이상한 논평을 던지고는 외부에 알려지지 않은 이유로 회사를 떠났다. 결국 그 논평이 그녀의 운명을 결정지은 것으로 볼 수밖에 없는 상황이었다. "푸른 눈에 금발인 백인 남성 열두 명이 한 방에 있어도 다양성은 높아질 수 있는 겁니다. 서로가 다른 인생 경험과 삶에 대해 논할 테니까요."

이 논평은 백인 남성이 거의 독점하다시피 한 애플의 경영진에 대한 서투른 옹호론으로 비쳐지며 대대적으로 보도되었다. 스미스는 나중에 사내에 이메일을 돌려 자신의 발언을 사과했다. 하지만 그러고 두어 달 뒤 회사에서 사라진 것이다. 그녀가 스스로 그만둔 것인지 아니면 해고당한 것인지는 확인되지 않았다. 20년 동안 소매 직원 채용 책임자부터 여러 차례 승진을 거치며 사내 다양성 책임자로 임원 자리에 오른 그녀였기에, 소리 소문 없이 퇴사한 일은 뜻밖의 소식이 아닐 수 없었다. 그녀의 후임으로는 컨설팅 회사 딜로이트Deloitte 출신의 전문경영인 크리스티 스미스Christie Smith가 결정되었다.

2013년 12월 애플은 트릴리엄자산관리유한책임회사Trillium Asset Management LLC와 서스테이너빌러티그룹Sustainability Group이 제기한 불만으로 이사회의 다양성을 높이기 위해 기업 헌장을 개정했다. 당시 애플의 이사진 중에는 에이본Avon CEO 출신인 안드레아 정Andrea Jung이 유일한 여성이었다. 두 주주단이 불만을 제기하며 개정된 헌장에는 이런 내용이 담겨 있었다. "후보 지명 위원회는 충분한 자격 요건을 갖춘 여성과 소수집단 인물을 적극적으로 물색해 인력풀에 포함시키고, 그 안에서 이사 후보를 선정하는 데 전념한다."《블룸버그》가 보도한 내용이다.

회사는 또한 애플의 경영진과 이사회에 다양성을 늘리라는 한 행동주의 주주의 압력에도 시달렸다. 애플의 주주 안토니오 에이비언 말도나도 2세Antonio Avian Maldonado II는 주주총회에 참석해 고위 경영진과 이사회에 다양성을 높여야 한다며 두 차례나 '채용 촉진 정책'의 채택을 요구했다. 말도나도는 회사가 여전히 너무 백인 위주로 구성돼 있어 사업에 해로운 영향이 미칠 것이라고 말했다. "애플이나 여타 기업이 파이프라인에 충분한 인재가 없어서 그렇다는 둥 변명을 늘어놓고 있는데 죄다 허튼소리입니다." 말도나도가 한 말이다.

2015년 애플의 주주총회에서 말도나도는 '회사의 경영진에 소수 집단 인물이 너무 부족한 것 아니냐'며 쿡에게 직접 질문을 던졌다. 그는 쿡의 답변에 만족하지 못했다. "팀 쿡은 매우 방어적인 자세를 취하며 회사의 흑인 임원 두 명을 언급했고, 그들이 '다양성'이라고 답했지요. 하지만 그 두 명은 최고경영진에 속한 임원이 아니었습니다." 말도나도의 회상이다. "개인적으로 나는 모욕감을 느꼈습니다. '명목상의 인종차별 폐지'로 그들에게 조명이 쏠리게 해놓고는 그런 사실을 인정하지 않으려 한 것처럼 보였으니까요."

애플 이사회는 지금까지도 말도나도의 제안을 거부하고 있다. 이사회는 "우리가 이미 전체론적인 관점에서 포용성과 다양성에 대한 헌신을 보여주었고, 그에 관한 이니셔티브의 상세한 정보를 제공했으며, 각각의 이니셔티브에서 우리가 이룬 진전을 언제든 웹사이트(apple.com/diversity)에서 확인할 수 있으므로…" 채용 촉진 정책은 불필요할 뿐더러 부적절하기도 하다는 입장이다.

그러나 말도나도의 문제 제기는 적절했다. 애플은 특히 고위 경영진 구성에서 그다지 다양성을 보여주지 못했으며, 이사회가 표명한 입장은 솔직하지 못한 책임회피에 불과했다. 애플은 해당 문제를 양탄자 아래로 밀어 넣은 셈이다. 말도나도의 지적처럼 회사는 고용 촉진 정책을 채택해야 마땅했다. 특히 최상위를 포함한 모든 직급에서 말이다. 그 이유는 거듭 말하지만 변화가 충분히 빠른 속도로 이뤄지고 있지 않았기 때문이다. 애플은 다양성 보고서에 이렇게 적은 바 있다. "우리는 지금껏 이룬 성과가 자랑스럽지만, 해야 할 일이 훨씬 더 많다는 사실도 잘 알고 있습니다."

교육 이니셔티브의 출범

쿡은 모든 직급에서 다양성을 제고하기 위해 몇 가지 이니셔티브를 실행에 옮겼다. 애플이 소기의 목적을 달성하려면 먼저 여성이나 소수집단에서 STEM 학위를 소지하고 대학을 졸업한 구성원의 수를 늘릴 필요가 있었다. 미국에서 앞으로 증가할 일자리의 대부분은 기술 분야에 속해 있었지만, 산업공학자 가운데 여성은 고작 17.1퍼센트에 불과했기 때문이다. "그러면 결국 어느 정도의 일자리는 채워지지 않은 채 남게 된다는 의미입니다." 쿡의 설명이다. "존재해야 마땅한 재능 있는 인력을 잃게 된다는 의미이기도 하고요. 저는 나라 전체가 나서서 그러한 실상을 바꾸려고 노력하는 것이 시급한 일이라고 생각합니다."

취업 준비생 중 여성과 소수집단이 부족한 사태에 대응하기 위해 애플은 수년에 걸쳐 비영리 교육단체에 수백만 달러를 지원하는 파트너십을 체결했다. 또한 애플은 '포용성 및 다양성 장학 제도'도 출범시켰다. 아프리카계 미국인 여성이나 히스패닉, 또는 아메리카 원주민 대학생의 학비를 지원하고자 1만 달러의 장학금을 지급하는 프로그램이다. 이 프로그램은 전 세계 애플 인력에 백인 남성이 압도적으로 많다는 내용의 첫 번째 다양성 보고서가 발표된 직후인 2014년에 출범했다. 애플은 이 같은 장학 제도로 여성과 소수집단이 기술 분야에서 경력을 쌓는 일을 장려하고, 언젠가는 그들이 애플 파크에 입성해 꿈을 펼치게 될 날도 희망하고 있다.

2015년 애플은 여성과 소수집단 구성원, 참전 용사 등이 기술 분야에서 일하도록 지원하는 단체에도 5000만 달러 이상을 기부했다. 그 가운데 4000만 달러는 과거 흑인 전용으로 설립된 대학들, 즉 HBCU라는 약어로 통하는 공립대학들에 등록한 학생들을 지원하는 스루굿마셜칼리지펀드Thrugood Marshall College Fund에 돌아갔다. HBCU에는 하워드대학, 그램블링주립대학, 노스캐롤라이나A&T주립대학 등이 포함된다. 애플의 기부금은 장학금과 직원 교육, 그리고 애플의 유급 인턴 프로그램 등에 사용된다. 스루굿마셜칼리지펀드의 회장 겸 CEO인 조니 테일러Johnny Taylor는 해당 펀드가 생긴 이래 가장 큰 파트너십이었다고 밝혔다. "애플과의 파트너십이 특별한 점은 우리가 하는 모든 일에 도움이 된다는 것이지요. HBCU 조직에 제공된 것 가운데 가장 포괄적인 프로그램입니다."

애플은 또한 기술 분야에서 보다 많은 여성 인력을 개발하고자 전미여성정보기술센터National Center for Women and Information Technology, NCWIT와도 손을 잡았다. 애플은 4년에 걸쳐 NCWIT에 1000만 달러를 기부했고, 그 돈은 중학교 여학생을 포함해 총 1만 명의 학생에게 장학금과 교육 프로그램, 인턴 프로그램을 제공하는 목적으로 사용되었다.

물론 애플만 이런 행보에 나선 것은 아니다. NCWIT는 기술 업계에서 마이크로소프트와 구글, 시만텍Symantec 등에서 자금을 지원받았고, 스루굿마셜칼리지펀드는 전미프로농구협회NBA와 월마트 등에서 거액의 기부금을 받았다. 페이스북과 구글은 여성에게 컴퓨터공학 교육을 지원하는 단체와 파트너십을 맺으면서, 페이스북은 컴퓨터공학 조기교육 프로그램인 '코딩하는 소녀들Girls Who Code'과 손을 잡았고 구글은 3차원 인쇄·패션을 교육하는 '코드로 제작Made with Code'이라는 이니셔티브를 출범시켰다.

"우리는 소수집단의 구성원이 애플에서 생애 첫 일자리를 얻도록 기회를 만들어주고 싶었습니다." 당시 애플의 포용성 및 다양성 부문 책임자였던 영 스미스가 한 말이다. "우리는 포용성과 다양성 없이는 혁신을 이룰 수 없다고 확신하며, 이런 식의 교육 투자로 상당히 긍정적인 효과를 얻을 것이라 기대하고 있습니다."

조기교육에 대한 투자

인재가 수급되는 파이프라인을 늘리기 위해 애플은 대학에서 거슬러 올라 고등학교와 중학교, 초등학교와도 손을 잡았다. 애플의 인적 자원 담당 부사장인 디어드러 오브라이언은 이렇게 말한다. "우리는 STEM 관련 분야에 보다 많은 학생이 참여해 양질의 교육을 받을 수 있도록 장려하고 있습니다. K-12, 즉 유치원에서부터 초·중·고등학교를 거쳐 성장해나가는 파이프라인을 보다 많이 확보하고 싶기 때문입니다." 이 문제는 쿡에게도 개인적으로 중요한 의미가 있었다. 교육이 애플의 핵심 가치가 된 이유도 여기에 있다. 2015년 그는 이렇게 말한 적이 있다. "나는 만약 훌륭한 공립학교에서 교육을 받지 않았다면 오늘날의 내가 되지 못했을 겁니다. 우리나라에서는 너무 많은 아이가 그러한 훌륭한 공교육 혜택을 받지 못하고 있습니다. 이는 매우 불공평한 일입니다."

교육 부문에 있어 애플의 헌신은 2014년 정부의 커넥티드ConnectED 프로그램에 1억 달러를 쾌척하는 것으로 이어졌다. 덕분에 애플은 버락 오바마 전 미국 대통령의 국정 연설에서 특별한 찬사를 받는 영예를 누렸다. 2013년 6월 오바마 전 대통령의 지휘하에 출범한 커넥티드 이니셔티브는 미국 전역의 K-12 교실에 100퍼센트 광대역을 연결하는 100억 달러 규모의 프로젝트였다. 백악관에 따르면,

프로그램이 출범할 당시 광대역에 접속할 수 있는 학교는 단 40퍼센트 미만이었다. 오바마 행정부는 2018년까지 그 비율을 99퍼센트까지 높이기로 했다. 학교에 연결된 광대역 인터넷 현황을 조사하는 교육 단체 에듀케이션슈퍼하이웨이EducationSuperHighway에서는 2017년 현황 보고서를 발표하며, 그때까지 공립학교 중 94퍼센트에 초고속 인터넷이 설치돼 4000만 명에 달하는 학생이 그 혜택을 받게 되었다고 밝혔다. 이는 실로 대단한 성과였지만, 아직도 해야 할 일이 더 남아 있다는 것을 뜻하기도 했다. 여전히 650만 명의 학생이 다니는 학교들에서 초고속 인터넷을 필요로 하는 상황이기 때문이다.

쿡과 애플은 이 프로그램을 통해 전국 학교에 기술을 지원하고 중요한 인프라에 대한 접근성을 높였다며 엄청난 위업을 달성한 것으로 평가했다. "이 아이들은 디지털 세상에서 태어났습니다. 그런데 학교에 들어가 아날로그 환경만을 접한다면 학습에 무슨 도움이 되겠습니까." 2016년 뉴욕시의 학교를 둘러보는 과정에서 쿡이 취재차 동행한 ABC 소속 로빈 로버츠Robin Roberts에게 한 말이다. "아이들의 창의력 향상에는 또 어떤 도움이 되겠습니까. 이 지역 학교들은 이제 디지털 환경을 갖추었으니, 계속해서 열악한 학교들에 초점을 옮겨야 합니다." 그러면서 이렇게 덧붙였다. "이런 멋진 일은 정말 기분을 좋게 만들어줍니다."

앞서도 언급했듯이 쿡이 지휘하는 애플은 '누구나 코딩을 할 수 있다'라는 코딩 교육 이니셔티브를 출범시켰다. 이는 초등학교 저학

년부터 대학생에 이르기까지 코딩을 가르치는 포괄적인 커리큘럼을 제공한다. 세부적으로는 교사 가이드부터 교과, 코딩 리소스, 교육자 포럼에 이르기까지 모든 것이 포함된다. 물론 이 모든 것은 애플에서 고안한 오픈소스 프로그래밍 언어인 스위프트를 기반으로 한다. 쿡은 코딩이 전 세계 모든 학생의 필수 도구로, 모든 학교에서 가르쳐야 한다고 생각한다.

"내가 만약 프랑스 학생이고 10살이라면 나는 영어보다 코딩을 배우는 것이 더 중요하다고 생각합니다." 쿡이 2017년 프랑스를 방문했을 때 언론 매체《콩비니Konbini》와의 인터뷰에서 한 말이다. "영어를 배우지 말라는 게 아닙니다. 코딩이 그만큼 지구상 70억 인구에게 자신을 표현하는 데 좋은 언어가 되어준다는 뜻입니다. 내 생각에는 전 세계 모든 공립학교에서 코딩을 필수교과로 지정해야 마땅합니다. 우리는 스위프트라는 프로그래밍 언어를 통해 누구나 쉽게 코딩에 접근하도록 정말 많은 노력을 기울이고 있습니다. 우리의 제품이 사용하기 쉬운 것과 마찬가지로, 스위프트 역시 배우기가 쉬운 프로그래밍 언어입니다. 세상 모든 사람에게 필요한 언어라고 할 수 있습니다."

쿡은 미국의 뉴스 채널 MSNBC가 기획한 '혁명: 세상을 변화시키는 애플Revolution: Apple Changing the World'의 인터뷰에서도 이를 재차 강조했다. "나는 다른 무엇보다 미국이 강력한 국가가 되길 바랍니다. 그러려면 국민들이 코딩을 할 줄 알아야 한다고 생각합니다. 코딩은 우리

삶 어디에나 존재하는 언어입니다. 그것은 문제를 해결하는 언어입니다. 가짜와 진짜를 구별하기 위해서는 비판적인 사고가 필요합니다. 코딩이 바로 그러한 비판력을 길러주는 언어입니다." 이어서 그는 이렇게 덧붙였다. "애플은 책임의식을 느끼고 있습니다. 기업이 그저 수입과 이익을 창출하는 선에서 그치는 것은 옳지 않습니다. 기업은 사회적 책임을 수행해야 할 의무가 있습니다."

'누구나 코딩을 할 수 있다' 프로그램에 더해 애플은 매장에서도 코딩을 가르치는 '무료 코딩 워크숍'을 제공한다. 이 워크숍에 참여하면 어린이든 성인이든, 아마추어든 신예 개발자든 원하기만 하면 누구나 스위프트의 기초를 배울 수 있다. 매장에 직접 방문할 수 없는 사람은 아이패드용으로 나온 스위프트 플레이그라운드^{Playgrounds} 앱을 이용하면 된다. 이 앱을 켜면 아이들도 학교에서나 집에서나 코딩 작업을 쉽게 시작할 수 있다.

애플이 새로운 아이패드의 공개를 앞둔 2018년 3월, 쿡은 시카고 레인공과대학의 예비 고등학교에서 열린 애플 교육 행사에서 이렇게 말했다. "우리 애플 사람들은 학생들을 사랑하고 선생님들을 사랑하기 때문에 교육에 깊은 관심을 쏟습니다. 우리는 창의성과 호기심을 사랑하며, 우리 제품이 모든 아이들에게 창의적인 천재성을 이끌어낼 수 있다고 생각합니다. 우리 회사에서 교육이 지난 40년 전부터 지금까지 그토록 큰 부분을 차지하고 있는 이유입니다." 당시 아이패드는 교실을 지배하는 저가형 노트북인 크롬북^{Chromebook} 보다 비쌌다. 하지만 애플은 클래스키트^{ClassKit}와 스쿨워크^{Schoolwork}가 기본적으로 탑재된 프레임워크에 iOS 11.4에 발맞춰 함께 출시되는 앱이 깔리고, 학생 할인까지 적용된다면 조만간 판도가 바뀔 것으로 내다봤다.

클래스키트를 이용하면 개발자들은 이전에 없던 새로운 방식으로 교사와 학생을 연결시켜주는 교육용 앱을 만들 수 있다. 이를 사용하면 교사는 특정 학습 활동을 앱에서 찾아 클릭 한 번으로 학생들의 아이패드에 전송할 수 있다. 또한 개별 학생의 학습 진도를 표시한 데이터가 교사와 학생 단 둘 사이에만 비공개적으로 공유돼 프라이버시를 지킬 수 있으며, 이런 데이터는 필요한 경우 맞춤형 교습에도 이용할 수 있다. 여기에 스쿨워크 앱을 사용하면 교사는 앱으로 학생의 아이패드에 과제를 전송한 다음 원할 때마다 진행 상황을 모니터링할 수 있다.

쿡이 이끄는 애플은 이 모든 것을 통합하여 초등학교부터 대학교까지 기술 분야에 뜻을 둔 여성과 소외된 소수집단의 학생들을 육성하는 '종합 선물 세트' 이니셔티브를 마련했다. "우리는 얼마나 많은 여성과 소수집단의 학생들이 4년제 대학에 가서 코딩을 전공하는지, 그저 기다리기만 하며 지켜보는 방법은 택하지 않았습니다. 그 수가 최저 수준일 거라는 건 불 보듯 뻔한 현실이거든요. 대신 애초부터 이들의 뒤를 지원해줘야겠다는 근본적인 결론을 내렸습니다." 쿡이 《USA투데이》와의 인터뷰에서 한 말이다. "그냥 초등학교와 중학교까지 내려가서 다양성에 근본적인 변화를 주기 위해 투자에 착수해야 했지요."

쿡은 애플이 거기서 진전을 보이고 있으며, 특히 여성들이 전보다 많이 채용되는 결과를 이룩했다고 전했다. 그는 "세월이 흐르면 기술 업계가 전체적으로 크게 달라질 것"이라고 말했다. "일종의 파도와 같은 겁니다. … 그 파도가 수년간 퍼져 나가면 큰 변화가 이뤄지는 거지요."

애플이 2017년 12월에 발표한 연례 포용성 및 다양성 보고서를 살펴보면, 회사에 여성 직원의 비율이 '꾸준히 상승하고 있음'을 알 수 있다. 애플은 30세 미만의 직원 가운데 36퍼센트가 여성이라고 발표했다. 2014년 5퍼센트에 비하면 괄목할만한 증가가 나타난 것이다. 전체 직원에서 여성이 차지하는 비율은 32퍼센트였다. 간부급에서는 여성의 비율이 29퍼센트였으나, 30세 미만만 놓고 보면 39퍼센트에 달했다. 애플이 30세 미만의 데이터를 따로 도출한 까닭은 그들이 회사의 '젊은 피'로서 애플의 미래를 의미하기 때문이다. 보다 젊은 친구들이 새로 합류하면서 회사는 천천히 그 다양성을 높여가고 있다.

전 인류를 위한 접근가능성

또한 쿡은 접근가능성을 애플의 중요한 가치로 삼았다. 애플에서 나오는 모든 제품과 소프트웨어에는 '누구나 사용할 수 있는' 보조 기술이 함께 제공된다. "우리는 모든 사람이 기술을 사용하여 일상의 순간을 향유하기를 바랍니다." 애플은 홈페이지에서 이렇게 전한다. "우리는 애플의 모든 제품을 처음부터 접근가능하도록 만들기 위해 노력을 기울입니다."

애플이 만드는 맥, 아이폰, 아이패드, 애플워치 등의 모든 제품은 시각장애인이나 청각장애인도 사용할 수 있도록 설계된다. 화면에 표시된 내용을 소리로 들려주는 보이스오버VoiceOver 기술은 시각장애인이 기기를 사용하는 데 도움이 되는 기능 중 하나다(이 기능은 아이폰뿐 아니라 아이패드와 맥, 심지어는 애플워치에서도 이용할 수 있다).

iOS에는 25개 이상의 언어로 점자를 지원하는 점자 키보드가 내장돼 있다. 청각장애인이 이를 이용할 경우 아이폰은 전화가 걸려올 때 LED가 깜박이도록 설정할 수 있다. 화상통화를 지원하는 무료 앱 페이스타임FaceTime은 청각장애가 있는 유저가 수화로 통화할 때 요긴하게 쓰이는 인기 기능이다. 아이폰의 카메라 앱은 시각장애인에게 안면인식 기능과 보이스오버 기능을 제공해 피사체를 확인한 다음 사진을 찍도록 소리로 알려준다. 애플워치 유저는 휠체어에 앉아서도 자신의 운동 상황을 추적할 수 있고, iOS 12에 도입된 라이브리 슨Live Listen 기능은 아이폰을 증폭 마이크로 활용해 에어팟을 보청기로 쓸 수 있게 해준다.

"장애가 있는 사람은 종종 자신의 존엄성을 인정받기 위해 고군분투를 벌여야 합니다." 쿡은 2013년 오번대학 IQLA 공로상 수상 연설에서 이렇게 말했다. "그들은 종종 다른 이에게는 권한이 주어지고 성취의 원천이 되기도 하는 기술의 발전 과정에서 소외되곤 합니다. 하지만 애플의 엔지니어들은 이런 용납할 수 없는 실상에 맞서 싸울 겁니다. 그들은 실명에서부터 청각 및 다양한 근육 장애에 이르기까지 갖가지 장애가 있는 사람들도 우리의 제품에 닿을 수 있도록 실로 비범한 수준의 노력을 기울이고 있습니다."

쿡은 제품의 접근가능성을 높이다 보면 때로는 손실이 발생하기도 한다고 인정했다. 하지만 그런 부분에는 신경 쓰지 않겠다고도 말했다. "우리는 제품을 이용하는 모든 이에게 놀랍고도 즐거운 경험을 선사하고자 제품을 설계합니다. 결단코 투자자본수익률 따위는 분석하지 않습니다. 그것이 온당하고 옳은 일이기에 하는 겁니다. 그것이 바로 인간의 존엄성에 대한 존중입니다. 그리고 그것은 내가 애플에서도 특히 자랑스럽게 여기는 부분입니다."

쿡은 틈만 나면 지속가능성에 대한 애플의 헌신을 강조한다. WWDC가 열리는 매년 여름이면 쿡은 자신의 기조연설에서 반드시 접근가능성에 관한 무언가를 무대 위로 올리거나 영상으로 틀어준다. 또한 회사는 앱스토어에서도 접근가능성을 수시로 강조하며 미국의 장애인법 제정 기념일이나 자폐증 인식의 달 같은 의미 있는 기간에 특집 프로그램을 편성한다. 접근가능성에 관한 가치는 애플 홈페이지에서도 전면 중앙에 위치한다. 애플은 벌써 수년째 '글로벌 접근가능성 인식의 날'을 널리 알리고자 매년 5월이면 애플스토어 등의 소매 매장에서 이벤트와 대담, 워크숍 등을 한 달 내내 진행한다. 2017년 이후 지금까지 애플이 주최한 접근가능성 세션만 벌써 1만 회가 넘었다.

2018년 애플은 글로벌 접근가능성 인식의 날을 맞아 미국 곳곳에서 장애인 교육자들과 한 팀을 이뤄 '누구나 코딩을 할 수 있다' 프로그램을 시각장애인과 청각장애인에게 제공하겠다고 약속했다. 애플은 다양한 접근가능성 공동체의 엔지니어와 교육자, 프로그래머 등과 협력하여 가능한 한 프로그램을 쉽게 제작하고 필요에 따라 커리큘럼을 늘리기 위해 해당 기관들과 지속적으로 협력하겠다고 서약했다.

"애플과 파트너십을 체결하게 돼 기쁨을 넘어 황홀함을 느낍니다." 캘리포니아농아학교의 클라크 브룩Clark Brooke은 이렇게 덧붙였다. "이 프로그램은 우리의 청각장애인 학생들에게 코딩으로 자신의 아이디어와 상상력에 생명을 불어넣고, 훗날 소프트웨어를 개발하는 기술 분야에서 경력을 쌓도록 토대를 구축하는 데 위대한 길을 열어줄 것입니다."

애플은 미국시각장애인재단[AFB]에서 보이스오버를 평가해 수여한 헬렌 켈러 공로상[Helen Keller Achievement Award]을 비롯하여 접근가능성에 관한 다수의 상을 수상했다. 애플이 헬렌 켈러 상을 수상한 후, 그레그 조스위악은 "이제 접근가능성이 회사 DNA의 일부가 되었다는 걸 분명히 느낄 수 있었다"라고 소감을 전했다. AFB의 회장 겸 CEO인 칼 아우구스토[Carl R. Augusto]는 이렇게도 말했다. "애플의 제품은 박스에서 꺼내는 순간 직관적으로 파악할 수 있고 쉽게 접근할 수 있습니다. 애플은 실로 자신의 기업이 속한 분야에서 최고의 경지에 도달한 기업입니다."

"애플은 접근가능성이 인간의 기본권이라고 봅니다." 애플에서 글로벌 접근가능성 정책과 이니셔티브를 담당하는 고위 간부 사라 허링거[Sarah Herrlinger]가 《테크크런치[TechCrunch]》의 장애인 기자 스티브 아키노[Steve Aquino]와 나눈 말이다. 아키노가 정리한 내용을 계속 따라가보자. "iOS의 접근가능성 기능은 자타공인 업계 최고로 간주된다. 이것은 결코 가볍게 볼 위업이 아니다. 아이폰이 나오기 전에 휴대전화들이 어땠는지를 떠올려보면 그들이 왜 이렇게 높이 평가받을 수밖에 없는지 쉽게 수긍이 갈 것이다."

허링거는 이어서 다음과 같이 말했다. "시력이 나쁜 경우를 생각해보라. 우표만 한 크기의 디스플레이와 멀티탭 키보드를 갖춘 '덤폰[Dumbphone](스마트폰의 상대어 - 옮긴이)'은 눈이 나쁜 사람에게는 고문 도구와 다름없었다. 그런데 아이폰이 출시되고 그것을 구매한 순간, 그들의 세상은 완전히 바뀌었다. … 갑자기 가족이나 친구들과 문자 메시지를 주고받고, 방향을 검색하고, 전에 없는 이런저런 기능을 유연하게 이용하고…. iOS의 접근가능성으로 아이폰에 의해 휴대전화 시장의 판도가 뒤바뀌었을 뿐만 아니라 장애인용 기기 시장의 판도까지 바뀌었다고 말하는 건 결코 과장이 아니다." 이러한 찬사는 접근가능성 측면에서 애플이 커다란 진보를 이루었으며, 그들의 제품이 세상을 보다 낫고 포용적인 곳으로 만들고 있다는 사실을 여실히 보여준다.

2016년 10월 쿡은 맥북프로 랩톱의 라인업을 소개하는 주요 제품발표회에서 '새디Sady'라는 영상으로 막을 열었다. 영상은 회사가 그동안 고객들에게 어떤 노력으로 접근가능성을 향상시켰는지 상기시켜주었다. 신체적 장애가 있는 사람들이 애플의 제품을 학습과 의사소통, 생산 활동, 취미 생활 등에 사용하는 독특한 방식을 보여주는 영상이었다. 영상에 등장하는 인물 중 한 명은 뇌성마비를 앓고 있는 애플의 동영상 제작자 새디 폴슨Sady Paulson이었다. 그녀는 영상에서 스위치 컨트롤Switch Control을 이용해 맥으로 동영상을 제작하는 모습을 보여주었다. "그것은 내 생애 최고의 경험이었습니다. 결코 잊을 수 없을 거예요." 폴슨이 나중에 자신의 블로그에 올린 글이다. "저는 큰 축복을 받았다고 느끼며, 제가 가진 모든 것에 감사하는 마음을 가졌습니다. 이런 놀라운 기회를 주신 애플과 팀 쿡에게 깊이 감사합니다! 모든 사람을 위해 기술로 일궈주신 그 모든 것에 대해 정말 큰 고마움을 느낍니다."

　2017년 5월 글로벌 접근가능성 인식의 날을 기념해 쿡은 유튜버 세 명과 함께 애플 제품의 지속가능성 기능을 두고 토의했다. 그것은 애플이 왜 세상 사람 모두가 사용할 수 있는 기기를 만들어야 하는지, 이를 위해 애플은 왜 어떠한 고생도 마다하지 않는지를 설명하는 자리이기도 했다. "애플은 사람들이 무언가를 창출할 수 있도록 힘을 부여하고, 만약 무언가를 할 수 없는 상황이라면 이를 해내도록 도구를 제공하는 것에 토대를 삼는 기업입니다." 쿡은 먼저 청각장애인의 권익을 위해 활동하는 브이로거Vlogger(Video와 Blogger의 합성어 – 옮긴이)인 리키 포인터Rikki Poynter에게 설명했다. "우리는 오래전부터 접근가능성을 인간의 기본권으로 인식해왔습니다. 따라서 인간의 기본권이 모두를 위한 것이듯 우리의 제품도 모두에게 접근가능해지길 바라는 것이지요."

　쿡은 애플이 이익을 위해 접근가능성을 증진하려고 애쓰는 게 아니라, 그것이 옳은 일이기에 그렇게 하는 것이라고 거듭 강조했다. "우리는 모든 사람이 동등한 기회와 동등한 접근가능성을 누릴 자격이 있다고 믿습니다. 따라서 우리는 투자자본수익률의 관점으로 이 문제를 보지 않습니다. 이와 관련해서는 아예 신경도 쓰지 않습니다." 쿡은 이런 말을 할 때 결코 수줍어하지 않는다.

　물론 애플이 장애를 가진 사람들의 삶을 보조하는 유일한 기업은 아니다. 하지만 회사가 하는 모든 일에 접근가능성을 주요한 초점으로 삼는 드문 기업 중에 하나인 것은 분명하다. 잡스가 오래전 애플에 주입한 가치관이 쿡의 리더십 아래 이만큼이나 성장했고, 훨씬 더 큰 역할을 하게 된 것이다.

11장

로봇 자동차와
애플의 미래

시가총액 1조 달러 돌파

2018년 8월 2일, 애플은 세계 역사상 최초로 시가총액 1조 달러를 돌파한 기업이 되었다. 1조 달러는 실로 엄청난 숫자다. 0이 무려 12개나 붙는다. '$1,000,000,000,000.' 애플의 주가는 정오 직전에 주당 207.05달러를 찍었다. 사실 애플의 주가는 팀 쿡이 CEO로 재임한 뒤에 거의 다 올랐다고 해도 과언이 아니다. 쿡이 회사의 리더가 된 시점부터 AAPL은 그 가치가 세 배나 뛰어올랐다. 일부 전문가들은 아이폰, 그중에서도 아이폰 X의 성공에 힘입어 '시가총액 1조 달러'의 위업을 달성했다고 분석했다. 아이폰 X은 이전의 아이폰 시리즈에 비해 더 많이 팔리진 않았지만, 새로운 디자인과 신기술의 도입으로 가격을 올릴 수 있었다. 이는 결국 회사에 더 많은 수입으로 연결되었다. 스티브 잡스가 아이폰에 생명력을 부여했다면, 팀 쿡은 이를 완전히 새로운 경지에 끌어올리며 회사를 번성케 했다.

시가총액 1조 달러라는 결과는 쿡의 지휘 아래 애플이 이룩한 놀라운 성장의 실질적인 증거라고 할 수 있다. 쿡은 직원들에게 메모를 돌리고 애플의 성공에 박수를 보내며 임직원들의 노고를 치하했다. 그는 직원들이 이러한 성취를 자랑스러워해야 한다고 말하면서도, "그것이 우리의 성공에 가장 중요한 척도는 아니다"라는 점도 분명히 했다. 늘 그랬듯이 '가치관'의 중요성을 강조한 것이다. "이러한 재정적 성과는… 애플이 혁신을 이루고, 제품과 고객을 최우선으로 여기며, 항상 우리의 가치관에 충실히 임한 결과입니다." 말단 직원부터 경영진까지, 그가 모든 임직원의 공헌에 감사해한다는 것도 메모 곳곳에서 드러났다. 쿡은 그토록 놀라운 회사를 만들어낸 잡스의 공로를 되새기고, 애플 제품이 세상 사람들의 삶에 기여해야 한다고 강조하며 글을 맺었다.

스티브는 인간이 창의력을 통해 가장 큰 도전도 헤쳐나갈 수 있다는 믿음으로 애플을 창립했습니다. 세상을 바꿀 수 있다고 믿을 만큼 미친 사람들이 결국 세상을 변화시킨다는 신념하에 말입니다. 오늘날 세상에서 우리의 사명은 그 어느 때보다도 중요해졌습니다. 우리의 제품은 즐겁고 놀라운 순간을 창출할 뿐 아니라, 지구상 곳곳의 사람들이 자기의 삶은 물론 다른 사람의 삶까지도 풍요롭게 만들 수 있도록 에너지를 부여하고 있습니다. 이런 순간에 우리는 스티브가 늘 그랬던 것처럼, 애플의 보다 밝은 미래를 내다보며 우리가 함께 수행해 나갈 위대한 과업을 고대해야 합니다.

미래 이니셔티브

애플의 향후 계획이 무엇이든 회사의 미래는 무척이나 밝아 보인다. 물론 과거에도 애플이 실패와 좌절을 반복했던 것처럼, 쿡이 이끄는 애플 역시 아이폰에 버금가는 제품을 내놓는 일이 분명 쉽지만은 않을 것이다. 아이폰이 역사상 가장 성공한 단일 제품이기에 더더욱 그렇다. 만약 쿡과 애플의 경영진들이 판도를 뒤집을 만한 다음 사업 영역을 검토하고 있다면, 분명 그중에서는 자동차와 건강 관리 분야가 상위 목록을 차지하고 있을 가능성이 크다. 이 두 분야는 지구상에서 가장 큰 산업에 속한다. 매년 미국에서 가장 빠른 성장세를 보이는 민영기업들을 파악해 1위부터 5000위까지 발표하는《잉크Inc.》자료에 따르면, 2016년 기준 건강 관리 분야는 245억 달러 규모로 미국에서 가장 큰 산업 분야였다. 물류와 운송 분야 역시 128억 달러 규모로 4위에 올라 있었다. 현재 애플워치는 건강 관리 분야에서 제 궤도를 타며 안정적으로 나아가고 있지만, 애플의 자동차 프로젝트인 프로젝트 타이탄Project Titan은 멈춰 서 있는 것으로 보인다.

프로젝트 타이탄은 애플이 비밀리에 추진하던 자율주행자동차 개발 프로젝트다. 쿡의 지휘하에 탄생한 프로젝트 중 가장 야심차고 흥미로운 도전이었지만, 지금 우여곡절이 생긴 것이다. 그 일급비밀 프로젝트는 2015년 애플이 A123시스템스^A123 Systems에 고소당하는 사건이 벌어지면서 세상에 알려졌다. 매사추세츠주에 본사를 둔 전기자동차 배터리 제조업체 A123시스템스는 애플이 자사의 엔지니어들을 부당하게 빼간다는 혐의로 고소장을 제출했다. "애플은 현재 A123과 동일한 분야에서 경쟁하기 위해 대규모 배터리 사업 부문을 개발하고 있습니다." A123이 소장에 적은 내용이다. 그 회사는 애플이 자사의 직원들을 '몰래 빼가기 위한 공격적인 활동'에 착수했고, 이로 인해 자사의 사업에 '막대한 피해'를 입혔다며 고소 이유를 밝혔다. 그 바람에 그들은 진행하던 프로젝트를 중단해야 했고, 대체 인력을 급하게 확충하느라 상당한 비용까지 들었다고 주장했다.

그 일이 있고 몇 달 후 억만장자 투자자인 칼 아이컨은 쿡에게 공개서한을 보내 불붙은 모닥불에 기름을 부었다. 아이컨은 "애플카 Apple Car가 2020년까지 자동차 시장에 진입할 것이라는 소문이 갈수록 무성해지고 있다"라며, "우리는 그 소문을 믿습니다"라고 덧붙였다. "우리는 애플의 비밀 유지 방침을 존중하지만, 연구 개발에 엄청난 투자 비용이 들어가는 것을 보고… 애플이 두 개의 새로운 제품 시장, 즉 TV와 자동차 시장에 진출할 계획을 품고 있다고 확신할 수 있었습니다. 이 두 시장을 합하면 2조 2000억 달러 규모로, 애플이

지니고 있는 기존 시장의 세 배에 달합니다."

알려진 바에 따르면 쿡은 2014년에 프로젝트 타이탄을 승인하면서 포드의 엔지니어 출신으로 당시 애플의 제품 디자인 담당 부사장이던 스티브 자데스키Steve Zadesky에게 총괄 책임을 맡겼다. 사실 애플 카를 둘러싼 논의는 2008년부터 시작됐다. 잡스는 아이폰을 세상에 소개한 뒤 또 다른 사냥감을 물색하던 중 당시 자동차 업계에 커다란 파장을 일으키던 테슬라모터스Tesla Motors의 전기자동차에 관심을 가졌다. 애플의 임원 가운데서는 아이팟 부문의 전 책임자였던 토니 퍼델이 그러한 논의를 도맡아서 주창했다.

퍼델은 애플도 자동차를 생산할 수 있다고 믿었다. 그는 애플이 이미 완벽하게 만드는 방법을 터득한 기존 제품군과 자동차의 설계를 비교하며 이렇게 확신했다. "자동차에는 배터리가 있습니다. 이는 컴퓨터에도 들어가고 모터에도 들어갑니다. 또 기계적인 구조도 갖추고 있지요. 아이폰을 한번 보세요. 자동차에 들어가는 그런 것들을 이미 다 갖추고 있습니다. 접속성을 구현하고 자동차가 알아서 운전하게 만드는 방법을 찾아내는 게 난제이기는 하지만 말입니다." 그렇게 이런저런 논의가 회사 안팎을 넘나드는 가운데 애플은 자동차 업계에 뛰어들 의향을 내비쳤다. 하지만 결국 잡스는 자율주행자동차에 뜻을 두지 않기로 결심한다. 그 이유 중 하나는 당시 자동차 업계가 심각한 불황에 시달리고 있다는 점이었다. 그 후로 5년의 세월이 흘렀다. 쿡은 다시 한번 업계에 지각 변동을 일으키고 우주에 또 하나의 흠집을 남길 기회로 자동차를 포착했다.

쿡은 2015년 초까지 자데스키에게 프로젝트 타이탄의 팀을 구축하라며 최대 1000명까지 인원을 영입해도 좋다는 허가를 내렸다. 결국 애플에 직원을 빼앗긴 회사는 A123시스템스만이 아니었다. BMW, 메르세데스벤츠Mercedes-Benz 등 유명 자동차 회사의 유능한 디자이너와 엔지니어들조차 애플의 일원이 되고자 줄지어 쿠퍼티노로 몰려들었다. 그들은 조용히 여닫히는 전동도어와 가상현실·증강현실 디스플레이, 과거의 센서 배열과는 차원이 다른 색다른 센서 시스템 등 자동차의 거의 모든 것을 재창조하기 시작했다. 프로젝트 타이탄팀은 심지어 자동차의 측면 이동성을 향상시키기 위해 조향 핸들을 구형으로 만드는 방안까지 검토했다.

애플은 테슬라의 인재들에게도 눈독을 들였다. 당시 테슬라 출신의 직원을 얼마나 많이 영입했던지, 테슬라의 CEO 일론 머스크Elon Musk가 애플카 프로젝트팀을 '테슬라의 폐기장'이라 칭하는 촌극까지 벌어졌다. "저들이 우리가 해고하는 친구들을 죄다 모으고 있어요." 2015년 말 머스크가 독일의 유력 경제지 《한델스블라트Handelsblatt》에 한 말이다. "테슬라에서 잘리거나 혹은 지원했다가 떨어지면 애플로 가면 됩니다." 또한 머스크는 "논리적으로 볼 때 애플에서 의미 있는 혁신을 안겨줄 수 있는 다음 물건이 자동차인 것은 맞지만, 자동차 생산이라는 게 그렇게 만만한 것은 아니다"라며 경고했다. 애플은 실로 힘겹게 그 점을 깨우쳤다.

2016년 1월, 자데스키는 '개인적인 사유'로 16년간 몸담았던 애플을 떠났다. 곧바로 프로젝트 타이탄팀 내부에 혼란이 벌어지고 있다는 소문이 수면 위로 부상하기 시작했다. 애플카 담당자들이 달성 불가능한 기한을 지키라는 무리한 요구를 받고 있으며, 경영팀이 해당 프로젝트팀에 목표에 대한 정확한 지침을 내리지 않았다는 등의 내용이 언론 보도를 탔다. 자데스키의 계획은 '반#자율 자동차(어느 정도 로봇 운전 능력을 갖추고는 있지만 여전히 인간 운전자에게 의존하는 자동차)'를 만드는 것이었다. 하지만 조너선 아이브의 산업디자인팀은 자동차의 경험을 완전히 재해석할 수 있는 '완전 자율주행 시스템'을 추진하고 있었다. 애플이라는 브랜드를 단 자동차를 만들겠다고 야심차게 시작한 프로젝트가 어찌된 영문인지 다른 제조사에서 만드는 자동차에 구동력을 부여하는 시스템을 구축하는 것으로 변모하고 있었다.

2016년 7월, 애플은 프로젝트 타이탄을 맥 하드웨어 엔지니어링 담당 수석 부사장이던 밥 맨스필드Bob Mansfield에게 할당했다. 맨스필드는 13년 동안 애플에서 근무하다가 2012년 6월 은퇴하고는 다시 4개월 만에 회사로 돌아와 기술 담당 수석 부사장으로 미래 프로젝트를 연구하고 있었다. 2016년 9월에는 애플이 프로젝트 타이탄에 실질적인 목표를 부여하며 사업을 재부팅하면서 수십 명의 직원을 정리 해고했다는 기사가 나왔다. 그리고 한 달 후에는 100명 이상의 팀원이 애플을 떠났다. 《블룸버그》는 애플이 2017년 말까지 자사의 자율주행 이니셔티브에 시간을 주고 그때 가서 그들의 운명을 최종 결정할 거라는 보도를 내놨다.

상황이 상황이었던 만큼 프로젝트 타이탄의 미래는 어두워 보일 수밖에 없었다. 애플 자동차의 탄생, 혹은 적어도 애플이 구동력을 제공하겠다는 꿈이 사그라들고 있었다. 마치 2014년 iOS 7과 함께 출시된 iOS 기반의 인포테인먼트 시스템 카플레이^{CarPlay}처럼, 애플이 자동차 영역에서 또다시 한계를 겪는 것으로 보이기까지 했다. 그러나 갖가지 문제로 초기를 험난하게 보낸 애플의 모든 프로젝트가 그러했듯, 프로젝트 타이탄은 계속 명맥을 이어나갔고 2017년에 들어서는 보다 밝은 전망을 보이기 시작했다.

2017년 1월 애플은 캘리포니아주 차량관리부로부터 자율주행자동차의 공공도로 주행 테스트를 허가받았다. 이후 마침내 자사의 자율주행 플랫폼을 거리에 내놓았다. 이는 몇 대의 렉서스^{Lexus} RX450h SUV에 결합됐고, 각각에는 선박이나 차량이 자동으로 물체를 감지하고 길을 찾도록 돕는 고급 벨로다인^{Velodyne} 64채널 라이다^{lidar}(레이저 펄스를 발사해 물체까지의 거리를 측정하는 장치 – 옮긴이)를 포함해 다양한 카메라와 레이더, 센서 등이 탑재되어 있었다. 쿡은 2017년 6월 처음으로 프로젝트 타이탄에 대해 입을 뗐다. 그는 《블룸버그》의 인터뷰 요청에 응하며 "애플이 자율주행 시스템에 초점을 맞추고 있다"라고 확인시켜주었다. "이는 우리가 매우 중요하게 여기는 핵심 기술입니다. 우리는 자율주행 시스템이 모든 AI 프로젝트의 모태가 될 수 있으리라 생각합니다. 사실 구현하기에 가장 어려운 AI 프로젝트 중 하나이지요."

2018년 들어 애플은 차량의 수를 소폭 늘렸고 현재는 45대 정도의 렉서스 SUV를 테스트하고 있는 것으로 추정된다(실리콘밸리 주변을 돌아다니다 보면 가끔 눈에 띄기도 한다). 이 기술은 실리콘밸리 주변에서 사무실을 오가는 애플 직원들을 위한 셔틀 서비스에도 적용되고 있는데, 보도에 따르면 해당 서비스는 '팰로앨토 인피니트 루프Palo Alto to Infinite Loop'의 앞 글자를 따 '페일PAIL'이라고 불린다고 한다. 이 프로젝트를 잘 아는 직원은 《뉴욕타임스》에 애플이 그 자율주행 기술을 상업용 차량에도 적용할 계획이라고 말했다.

이 글을 쓰는 지금, 애플의 프로젝트 타이탄이 어떤 상태에 이르렀는지 명확하게 알기는 어렵다. 제 궤도에 올랐을 수도 있고 아닐 수도 있다. 하지만 애플의 가장 큰 프로젝트 중 상당수는 개발 단계부터 지체나 정체를 겪곤 한다. 예를 들어 애플의 소매 매장 프로젝트는 막판에 폐기되었다가 처음부터 다시 시작되었다. 마찬가지로 아이폰 개발 프로젝트 역시 제대로 되는 게 하나도 없다가 마지막 두어 달 사이에 모든 것이 바로잡혔다. 그러나 프로젝트 타이탄은 이전 제품들과는 조금 다른 차원으로 보인다. 제품 개발뿐만 아니라 고용과 관리 영역에서도 차질이 생겼고, 어쩌면 비전을 수립하는 단계에서부터 그랬을 가능성이 크다. 애플 전문 분석가인 호러스 데듀는 이미 이것을 실패로 단정 지었다. "팀 쿡 시대의 가장 큰 실패라고 할 수 있습니다. 그들은 정말 많은 것을 쏟아부었습니다. 직원도 그렇게 많이 뽑아놓고 지금껏 보여준 게 하나도 없는 상황이지 않습니까."

본래 애플은 제조에 최대한 초점을 맞춰온 회사다. 그런데 웬일인지 프로젝트 타이탄에는 그런 기조가 이어지지 않은 것으로 보인다. 그들은 자동차를 제조하는 새로운 방법을 찾기 위해 프로젝트를 출범시켰고, 분명 모든 부분을 샅샅이 살펴봤을 것이다. 차체로 쓸 수 있는 대체 재료부터(지금의 자동차 산업은 대부분 도장 찍듯이 철판을 찍어내는 방식에 의존하고 있다) 다른 유형의 판매 모델에 이르기까지 혁신을 가할 수 있는 모든 부분을 조사했을 것이다. 결국 그들이 그와 같은 질문의 일부, 아니 어쩌면 전부에 대해 스스로 만족할 만한 훌륭한 답을 찾지 못했을 가능성이 크다. 소문에 따르면 애초에 그 결정이 이사회에 넘어갔을 때부터 이사회는 자동차 산업을 뒤엎는 일이 그렇게나 많은 인력과 비용을 쏟아붓기에 충분한 가치가 있는 것인지 확신하지 못했다고 한다.

결과적으로 쿡은 애플과 같은 기능 위주의 조직에서 그 기본을 망각하는 실수를 저질렀다. 너무 많은 수의 외부인을 너무 급속히 끌어들인 것이다. 소문이 사실이라면 애플은 1000명이 넘는 외부 자동차 전문가를 고용해 2~3년 사이에 그 대부분을 정리 해고했다. 애플은 프로젝트가 보다 유기적으로 자라나도록 조처하지 않고 그저 빠르게만 성장시켰다. 데뮤는 2000년대 초 사파리 웹브라우저를 구축한 애플의 베테랑 프로그래머 더그 멜턴Doug Melton의 사례를 들려주었다. 당시 애플은 마이크로소프트의 인터넷 익스플로러Internet Explorer 브라우저를 사용하고 있었는데, 스티브 잡스는 그런 중요한 부분을 마이크로소프트에 의존하고 있는 상황을 영 마음에 들어하지 않았다. 그래서 자체적으로 웹브라우저를 개발하기 위해 멜턴을 영입했다. 처음에 멜턴에게는 해당 프로젝트에 직원 한 명을 더 데려다 쓸 수 있는 권한이 주어졌다. 둘은 힘을 모아 사파리의 구동 방식을 보여주는 데모를 완성했다. 그들은 그것을 잡스에게 보여주고 인정받은 후에야, 본격적인 구축 작업을 위해 한 명을 더 고용할 수 있다는 허가를 받았다. "스타트업이 성장하는 방식 그대로 판을 키우도록 허락한 것이지요." 데뷰의 말이다. "진척을 보이고 있는지 확인하면서 규모를 키워나가야 한다는 얘깁니다." 쿡이 이 실수를 통해 무언가를 배웠길 희망한다. 어쨌든 프로젝트 타이탄이 결국 어떻게 될지는 시간이 더 흘러야 알 수 있는 일이다.

애플파크

애플의 거대한 신사옥은 잡스가 애플에서 마지막으로 구상한 작품이자, 쿡에게는 첫 번째 프로젝트이기도 했다. 애플파크는 2017년 4월에 문을 열었다. 건설 인부들이 그 거대한 고리 모양의 건물과 캠퍼스 안팎의 조경지에서 마무리 작업을 하는 동안, 애플의 직원들은 소규모로 그룹을 지어 새 사무실로 이사했다. 사무실 이전은 1년 넘게 진행된 애플의 초대형 프로젝트였다. 본사 직원들이 오래된 원인피니트루프를 비우고 수천 킬로미터 떨어진 신사옥으로 이사하는 동안 애플은 실리콘밸리 곳곳의 임대 건물에서 일하던 인력을 원인피니트루프로 이주시켰다. 익명을 요구한 한 애플 직원은 그때의 혼돈을 가리켜 '물류의 악몽'이라고 표현했다.

2006년 4월 잡스는 쿠퍼티노 시의회에 참석해 "애플이 두 번째 캠퍼스를 짓기 위해 서로 인접한 아홉 곳의 부지를 매입했다"라고 밝혔다. 그의 꿈은 모든 직원(혹은 가능한 한 많은 직원)을 한 지붕 아래로 모으는 것이었다. 에머리빌Emeryville에 조성된 디즈니픽사Disney Pixar 캠퍼스와 비슷한 무언가를 구현하고 싶었던 것이다. 실제로 디즈니픽사 캠퍼스는 잡스의 구상에 큰 도움을 주었고, 결국 여러 면에서 그곳은 애플파크의 시제품이었다.

잡스는 생애 마지막 2년 동안 애플 캠퍼스 프로젝트에 실로 많은 시간을 쏟았다. CEO 자리에서 물러나기 두어 달 전, 그러니까 세상을 뜨기 네 달 전인 2011년 6월에 잡스는 다시 한 번 시의원들 앞에 나가 애플 신축 사옥의 허가를 요청했다. 노스탄타우 애비뉴North Tantau Avenue와 노스울프 애비뉴North Wolfe avenues, 홈스테드 로드Homestead Road와 280번 고속도로가 사면을 이루는, 과거 HP가 사용하던 그 부지에 1만 2000명을 수용하는 캠퍼스를 짓겠다는 것이었다. 오늘날 그 부지의 주소는 '1 Apple Park Way, Cupertino, CA 95014'다.

해당 부지는 도합 175에이커에 이르는 넓은 땅이었다. 잡스는 이 건물을 거대한 원형이자 순환 구조를 갖는 형태로 의도했다. 덕분에 외관이 고리형 UFO를 닮아 '모함Mothership'이라는 별명을 얻었다. "우주선이 내려앉은 모양과 비슷하지요." 당시 잡스가 시의회에서 한 말이다. 수년 전에 잡스는 1세대 아이맥이 마치 다른 행성에서 온 것 같은 모양이라고 농담한 적이 있었다. "선한 외계인들의 행성, 우리보다 더 나은 디자이너가 있는 행성 말입니다." 애플의 신사옥은 그런 행성이 지구로 보낼 법한 우주선과 닮아 있었다.

잡스의 설명을 계속 들어보자. "완벽한 원형을 이루기 때문에 이 건물에 들어가는 유리는 모두 곡면으로 제작됩니다. 지하에 거대한 주차장이 마련되므로 지상에서는 차가 거의 눈에 띄지 않을 겁니다." 지상 주차장은 전체 주차장 면적의 10퍼센트로, 1200대 정도만 수용하도록 짓겠다는 말이었다. 또한 새로운 캠퍼스는 기존의 전력망 대신 보다 깨끗하고 저렴한 천연가스 등을 이용하며, 자사 전용 에너지를 자체적으로 생산하는 동력원으로도 기능할 계획이었다. 캠퍼스에는 잡스가 선호하는 종류의 미디어 행사를 치를 만한 강당도 들어서고(이 강당은 나중에 '스티브 잡스 극장'이라고 이름 붙는다), 방문객 센터와 7500달러를 들여 건설할 체육관, 3000명이 동시에 식사하며 매일 1만 4000명까지 수용할 수 있는 구내식당도 갖춰질 예정이었다. 잡스는 단 한 치의 망설임 없이 자신의 포부를 드러냈다. "우리는 세계 최고의 사옥을 목표로 삼고 있습니다. 건축을 공부하는 학생들이 견학 올 정도로 멋진 건물이 될 것입니다." 그의 목소리에는 자부심이 배어 있었다.

회사의 계획은 실로 웅장했다. 그 땅에는 이미 3700그루의 나무가 심어져 있었지만, 잡스는 그것을 6000그루로 늘리기 위해 스탠퍼드대학 출신의 수목 재배가를 고용하기도 했다. 전하는 바에 따르면, 그 구릉 형태의 녹지 설계는 스탠퍼드대학의 거대한 전파망원경인 스탠퍼드 디시Stanford Dish가 설치된 인근 구릉지에서 영감을 받았다고 한다. 하지만 그러면서도 근처의 언덕들로부터 자연의 시원한 바람이 그대로 건물을 통해 들어오도록 세심하게 조경되었다.

잡스는 캠퍼스 설계 과정에도 변함없이 까다롭게 굴었다. 그는 건축가 노먼 포스터Norman Foster와 애플의 디자인 책임자 조너선 아이브를 자주 불러 긴밀히 의견을 나누었다. 아이브는 산업 디자인 스튜디오를 운영하는 본래의 업무를 한동안 제쳐놓고는 캠퍼스 설계 작업에 매진했다.《와이어드》의 수석기자 스티븐 레비Steven Levy가 쓴 애플파크의 개요서에는 그들의 완벽주의가 빚어낸 특색이 일부 열거되어 있다. 죄다 잡스의 스타일이 반영된 결과였다. 레비는 초대형 통유리 패널과 맞춤 제작된 문손잡이 등에서 그들이 얼마나 많은 주의를 기울였는지를 설명했다. 특히 3000평에 달하는 피트니스 및 웰빙 센터의 2층짜리 요가 룸에는 캔자스주의 특정 채석장에서 실어 날라 홈을 내어 연륜이 쌓인 것처럼 만들어 놓은 돌을 깔았다. 이는 잡스가 즐겨 찾던 요세미티 국립공원의 어느 호텔에 있는 돌을 재현하고자 노력한 결과다.

포스터의 파트너로서 그 프로젝트에 주역으로 참여한 스테판 벨링Stefan Behling은 어떤 일화 한 토막을 들려주며 잡스의 요구가 얼마나 구체적이었는지를 알 수 있게 했다. "그는 자신이 원하는 목재가 어떤 것인지 정확히 알고 있었습니다. '난 오크나무가 좋아요'라든가 '단풍나무를 쓰는 게 좋겠어요'라는 식의 요구가 아니었지요. 그는 특정 계절에 벌목한 목재를 써야 한다고 주장했어요. 겨울에 벌목한 것, 그중에서도 1월에 벌목한 것을 쓰는 게 가장 이상적이라고 말했습니다. 그래야 수액과 당분이 가장 적은 목재를 얻을 수 있다면서요. 거기에 앉아 있던 연륜 있는 건축가들의 입에선 거의 동시에 '와우!'라는 탄성이 튀어나왔지요."

신사옥의 문을 열다

애플파크는 착공 당시 2015년에 문을 열 계획으로 삽을 떴지만, 건설이 지연된 탓에 2017년 4월에서야 문을 열었다. 그리고 2017년 9월 12일, 스티브 잡스 극장에서 처음 열린 행사는 아이폰 X과 아이폰 8의 베일을 벗기며 애플의 최고 인기 제품이 10주년을 맞이했다고 알렸다. 쿡은 잡스에게 바치는 감동적인 헌사로 행사를 열었다. "스티브는 저와 우리 모두에게 너무도 많은 것을 의미하기에, 저는 단 하루도 그를 생각하지 않은 날이 없습니다."

'애플파크'라는 이름은 2017년 2월 처음 공개되었다. 잡스 시대의 작명에 마치 공식처럼 수반되던 접두사 'i'를 제거한, 애플워치처럼 단순하고 명료한 이름이었다. "'스티브 잡스 캠퍼스'라고 이름 붙여야 하지 않을까요?" 건설이 한창 진행될 무렵 이곳을 방문한 영국의 영화배우이자 애플의 광팬인 스티븐 프라이Steven Fry가 쿡에게 이렇게 물었다. "아, 그 점에 대해서는 스티브가 명확히 의견을 내놓은 게 있어요." 이 부분은 잡스의 시대와 팀 쿡의 시대 간에 어떤 관계가 성립되는지 많은 것을 함축적으로 드러낸다. 잡스는 여전히 애플의 등대였고, 완벽주의자였던 그는 새로운 사옥에 붙여서는 안 될 이름까지 미리 정해두었다. 이제는 비로소 '쿡의 애플'이라는 의미였다.

환상을 걷어낸 이면

새로운 본사와 관련해 모든 일이 다 수월하게 흘러가지는 않았다. 신사옥이 문을 열고 얼마 지나지 않아 황당한 사고들이 전파를 탔다. 직원들이 급하게 걷다가 수정처럼 맑은 유리벽이나 유리문을 보지 못하고 머리를 부딪쳐 응급실로 실려 가는 사례가 심심찮게 발생한 것이다.

또한 모두가 새로운 본사에 마음을 빼앗긴 것도 아니었다. 애플파크는 직원이 아닌 어느 누구에게도 접근을 허용하지 않았다. 건물 둘레에 높다란 울타리가 쳐져 있어서, 사람들이 가까이 다가가 살펴볼 수도 없었다. 《와이어드》에 실린 한 기고문은 의도적으로 대중과 거리를 둔 그 구조를 비판했다. "새로운 무언가를 시도할 수 있었던 세계 최고의 건축가와 디자이너들이 배꼽 모양의 건물을 만들어놓고 그 안만 들여다보고 있다."

인테리어 디자인과 건축 분야의 전문 웹사이트 '커브드Curbed'의 필자 겸 편집자인 앨리사 워커Alissa Walker도 그 건물의 고립성을 비판했다. "애플은 그 땅을 대중에게 열어주고 그들이 심을 50억 그루의 나무를 향유할 마음이 없는가? 아이들이 과학 기술 분야에서 꿈을 키우는 프로그램을 그 새로운 강당에서 마련할 계획이 없는가? 캠퍼스 안을 활보하는 그 멋진 민영 운송 시스템을 대중과 공유할 생각이 전혀 없는가?"

건축 및 디자인 전문 작가 앨리슨 아리프Allison Arieff는 애플의 새로운 캠퍼스가 주거 지역이나 대중교통으로부터 멀리 떨어져 있다는 사실에 비판의 날을 세웠다. 그녀는 왜 하필 지옥 같은 출퇴근길로 악명이 높은 지역에 그런 고충을 더할 사옥을 지어놨는지 이해할 수 없다고 했다. "그렇게 고립된 교외 지역에 캠퍼스를 세우면 직원들의 통근 시간이 길어지는 것은 물론, 같은 도로를 이용해야 하는 지역 주민들의 교통난도 극심해진다. 애플 캠퍼스는 그런 측면에서 이나라 최악의 사례에 속한다." 이렇게 쓰고 나서 그녀는 그 건물이 사무 공간과 동일한 정도의 면적을 주차 공간으로 만들어놓고는 보육시설은 단 하나도 설치하지 않은 점을 지적했다. 더불어 그녀는 애플캠퍼스를 1950년대 교외 업무단지와 비교하면서, 왜 애플이 보다 전향적으로 생각하지 못했는지 의아해했다. "기존 규범의 파괴를 가장 중시하는 집단에서 왜 이런 수십 년 전의 사무실에 국한된 패러다임을 집요하게 존속했는지 그 이유를 모르겠다."

나는 2018년 3월 애플파크를 방문했을 때 그 건물이 인상적이긴 했지만 생명력이 느껴지기엔 부족하다는 생각을 했다. 애플의 대형소매 매장과 마찬가지로, 건물 자체는 눈길을 끌었다. 그러나 획일화된 목재와 석재가 건물의 생명력을 앗아가는 느낌이었다. 내부를 이루는 모든 것은 사양이 동일했다. 테이블과 의자부터 커피바와 스툴에 이르기까지 모든 게 똑같았다는 얘기다. 모든 업무 공간도 동일한구조에 동일한 사무가구가 배치되어 있었다. 거대한 규모로 구현된'균일'이라고 할까. 별나거나 인간적인 분위기는 그 어디서도 찾아볼수 없었다. 한마디로 콘크리트와 유리로 만든 완벽한 대성당이었다.

협력을 촉진하는 구조

사실 처음에 애플파크는 원형으로 계획되지 않았다. 그들이 원형 건물로 최종 결정을 내리기 전에 잡스는 새 사옥이 커다란 클로버 잎처럼 보여야 한다고 주장했다. 그러던 어느 날 그가 설계도면을 가족들에게 보여주었는데, 아들인 리드^{Reed}가 위에서 보니 그것이 꼭 남성의 커다란 성기처럼 생겼다고 지적했다. "대개 그런 얘기는 한 번 들으면 머릿속에서 지워지지 않지요." 잡스가 그 얘기를 설계팀에 전하며 덧붙인 말이다.

그렇지만 순환 구조로 지어야 한다는 아이디어만큼은 유지했다. 거기에는 '순수성'이 내제되어 있었다. 20만 제곱미터 넓이의 고리형 건물은 건물에 이용되는 곡면 통유리에 관한 기존의 기록을 갈아치웠다. 그리고 이러한 구조는 협력을 촉진시키는 데도 도움이 되었다. '매셔블'의 편집장인 랜스 율라노프$^{Lance\ Ulanoff}$는 애플의 글로벌 마케팅 담당 부사장 필 실러$^{Phil\ Schiller}$에게 이와 관련해 질문 하나를 던졌다. "한 팀은 고리의 한쪽 끝에, 다른 팀은 반대편 끝에 위치하는 경우에는 어떻게 되나요? 과연 협력이 촉진되고 협업이 잘 이뤄질 수 있나요?" 실러는 그 즉시 그의 추론을 바로잡았다. "분명히 말씀드리는데 협력이 촉진되고 협업이 잘 이루어지는 구조입니다. 새로운 캠퍼스는 고리의 안쪽 면과 바깥쪽 면이 모두 원을 그리며 완전히 통하는 복도로 설계되었습니다. 따라서 누구든 안쪽 복도나 바깥쪽 복도를 따라 어느 섹션에든 자유롭게 오가며 대화를 나누고 협력할 수 있지요."

이 개방성에 잡스의 흔적이 일부 담긴 것은 사실이지만, 대부분의 사람들은 그것을 쿡의 애플과 더욱 잘 어울리는 것으로 본다. 사실 초기에 잡스는 팀 간에 따로 떨어져 자신들만의 프로젝트를 추진하는 사일로 방식을 선호했다. 그러다가 나중에 픽사의 팀을 이끌고부터야 보다 협력적인 접근 방식을 취하기 시작한 것이다. 협력과 분리는 늘 그의 내부에서 서로 경쟁하는 두 가지 충동이었다.

픽사의 에드 캣멀은 자신의 저서 『창의성을 지휘하라』에서 잡스가 수년 전 픽사의 본사 설계 방안을 고심할 때, 이 두 가지 충동이 어떤 식으로 내부에서 충돌했는지를 회상했다. "스티브가 제안한 첫 번째 설계안은 직원들 사이의 상호작용을 반강제하는, 특이한 아이디어였다." 잡스가 메인 아트리움의 한쪽에 남성과 여성의 화장실을 각각 하나씩만 설치하는 아이디어를 내놓은 것이다. 그는 그렇게 화장실의 수를 제한하면 직원들이 건물 중앙의 아트리움으로 나올 수밖에 없고, 그 과정에서 서로 자연스럽게 상호작용하게 될 것으로 판단했다. 그러나 그 계획은 잘 풀리지 않았다. 픽사의 직원들은 잡스가 오프사이트 미팅에서 그 계획을 내놓자마자 즉각적으로 불만을 표했고, 잡스는 마지못해 보류할 수밖에 없었다.

이후 잡스와 캣멀이 디즈니 사무실을 방문했을 때 잡스는 생각을 고쳐먹었다. "디즈니 사람들이 오픈 플로어open floor 구조를 적극 활용하여 정보를 공유하고 브레인스토밍을 전개하는 방식을 직접 목격했다. 스티브는 '우연한 어울림의 힘'을 신봉했다. 그는 창의성이 홀로 짜낸다고 해서 나오는 게 아니라는 것을 알고 있었다."

픽사로 돌아온 잡스는 건축가들과 머리를 맞대고 직원들의 상호작용을 막는 장벽이 없는 단일 건물에 대한 계획을 도출했다. 계단도 열린 구조로 사람들을 끌어들이도록 설계됐다. 이로써 직원들이 자연스럽게 오가며 서로 인사와 대화를 나눌 터였다. 화장실과 회의실, 우편물실과 상영관, 식당 등 공유 공간 대부분은 내부 아트리움에 인접해 중앙부에 위치했다. 캣멀은 이렇게 결론지었다. "직원들은 하루 종일 무심코 마주쳤고, 그것은 곧 커뮤니케이션 흐름이 개선되고 우연한 만남의 가능성이 증가한다는 의미였다. 건물 안에 활력이 넘치는 것을 느낄 수 있었다."

점점 가시화되는 긍정적 효과

이 모든 것은 애플파크에서도 마찬가지인 것으로 보인다. 일반인에게는 건물 내부가 공개되지 않지만, 2018년 3월 나는 두세 차례 그 안에 들어갈 수 있었다. 첫인상은 바삐 움직이는 사람들로 북새통을 이룬다는 느낌이었다. 캠퍼스 도처에서 경내를 통과하거나 안쪽 또는 바깥쪽 통로를 바삐 걸어가는 직원들이 눈에 들어왔다. 모든 복도와 건물 아트리움에 커피 스테이션과 즉석 회의를 위한 의자와 탁자가 마련되어 있었다. 구역 여기저기서는 많은 사람이 대화를 나누고 있었다. 물론 무슨 얘기를 나누는 것인지는 알 수 없었지만, 잡스가 바라던 대로 실행되어지는 것은 분명했다. 우연히 만나서 상호작용을 하는 것 말이다.

애플의 전 세계 제품 마케팅 담당 부사장인 그레그 조스위악도 이에 동의한다. 그는 건물의 구조를 통해 보다 많은 만남과 협력을 촉진하려던 잡스의 계획이 효과를 보고 있다고 생각했다. 그는 항상 캠퍼스 안팎의 스테이션에서 미팅을 갖는 직원들을 목격할 수 있었다. "때로는 그런 즉흥적인 미팅을 통해 10분이나 15분 만에 무언가를 완수하기도 합니다. 굳이 회의실을 잡아 시간을 들여 논의하고 고민할 필요가 없는 문제들도 있기 마련이니까요." 그는 오픈 플로어 구조를 사랑할 수밖에 없다고 말한다. "캠퍼스를 가로질러 가야 하는 경우 도중에 누군가를 만나는 일이 빈번하게 일어납니다. 그래서 이제는 잠시 멈춰서 대화를 나눌 시간까지 염두에 두고 움직이지요. 이것은 확실히 우리의 일상적인 업무 방식을 바꾸는 문화적인 변화입니다. … 그것으로 인한 성과를 눈으로 확인하니 좋을 수밖에요." 혁신적인 신사옥은 애플을 보다 나은 방향으로 바꾸고 있었다.

10년의 성과, 차세대 아이폰

2017년 9월 12일 오전 10시, 팀 쿡은 애플파크의 스티브 잡스 극장에서 신사옥 개장 후 처음으로 갖는 제품발표회의 시작을 알렸다. 지하 강당의 1000석은 특별히 선별된 애플의 직원들과 초대받은 행운을 거머쥔 언론인들로 빼곡히 채워졌다. 그들은 모두 한 가지를 기다리고 있었다. 애플의 10주년 기념 아이폰을 공식적으로 처음 엿보는 기회였다.

"아이폰은 지난 10년 동안 기술 혁명을 일으키며 세상을 바꿔놓았습니다." 쿡이 참석자들에게 상기시켰다. "그렇게 10년이 지난 오늘 우리는 이 자리에서 기술이 나아갈 다음 10년의 길을 열 제품을 발표하게 되었습니다." 그 제품은 물론 아이폰 X이었다. 애플은 그것을 "스마트폰의 미래"라고 칭했다.

아이폰 X은 10주년을 기념하는 것뿐 아니라, 오리지널 아이폰이 만들어진 이래로 아이폰 팬들에 익숙했던 디자인 언어를 없애고 새로운 기술을 안내한다는 점에서도 특별했다. 그것은 에지투에지Edge-to-edge 슈퍼 레티나Super Retina 디스플레이와 페이스 IDFace ID 센서를 갖춘 최초의 아이폰으로, 쿡의 표현을 빌리자면 "오리지널 아이폰 이래로 가장 큰 도약을 이룬" 제품이었다.

쿡은 필 실러를 무대 위로 초대해 아이폰 X의 유리와 스테인리스스틸 디자인에 대해, 그리고 HDR을 지원하고 트루톤$^{True\ Tone}$을 제공하는 아이폰용 최초의 선명한 OLED 스크린에 대해 소개시켰다. 실러는 쿡과 마찬가지로 그때까지 애플이 내놓은 그 어떤 아이폰보다 인상적인 스마트폰을 소개하게 돼 흥분한 것처럼 보였지만, 안타깝게도 팬들과 비평가들은 그러한 극적인 변화에 그다지 열광하지 않았다.

많은 팬들이 아이폰 X의 에지투에지 스크린으로 터치 ID 지문 스캐너와 물리적인 홈 버튼이 들어갈 자리가 없어진 것에 대해 실망감을 표했다. 또한 어떤 이들은 디스플레이 상단에 위치해 폰의 전면 카메라와 스피커, 페이스 ID를 수용한 '노치^{Notch}' 디자인이 보기 흉하고 추하다고 했다. 심지어는 애플의 진보적인 기술을 환영하는 팬들조차 눈물을 찔끔거리게 만든 가격표를 참고 봐주기가 어렵다고 생각했다. 기본 사양이 999달러였고, 저장용량을 추가하면 1149달러까지 올라갔다.

쿡은 전면에 나서서 높은 수준의 프리미엄 가격을 부과한 애플의 결정을 옹호했다. "우리가 가격을 책정하는 방식은 우리가 제공하는 가치에 초점이 맞춰진다고 보시면 됩니다." 아이폰 X이 출시되기 직전에 이루어진 분기실적 발표회에서 그는 이렇게 설명했다. "우리는 정확히 우리가 제공하는 것에 대해 가격을 매기려고 노력하고 있습니다. 아이폰 X에는 업계를 선도하는 훌륭한 신기술이 대거 탑재돼 있습니다. 한마디로 기막히게 멋진 제품입니다."

분석가들은 애플의 용감한 도전이 성과를 볼 수 있을지 확신할 수 없다고 전망했다. 대다수는 아이폰 X이 실패작이 될 것이며, 애플은 다음 해에 가격 인하 조치를 취할 수밖에 없을 것이라고 예측했다. 또 혹자는 애플의 마니아들이 사 가는 초기 수요가 사그라들고 나면 그저 충분한 물량이 팔리지 않는다는 이유로 아이폰 X의 생산이 조기에 중단될 것이라는 전망을 내놓기도 했다. 그러나 현실은 매우 달랐다.

2017년 11월 쿡은 아이폰 X에 대한 주문이 '매우 강력하게' 개시되어 오랜 시간 이러한 양상이 유지됐다고 밝혔다. 아이폰 X은 분기가 거듭될수록 애플의 다른 시리즈가 세운 판매 기록을 하나하나 앞질러 갔다. 쿡은 2018년 5월 분기실적 발표회에서 "2017년에 최초로 최고급 아이폰 모델이 가장 인기를 얻는 사이클이 생성되었다"라며 자랑스러워했다. 이어서 그는 성공적인 미식축구팀에 성과를 비유했다. "슈퍼볼에서 우승하는 경우가 이런 것인지도 모르겠습니다. 불과 몇 점 차이의 승리라 해도 슈퍼볼 우승이라면 얘기가 달라지는 것이지요. 그와 같은 것이 우리가 이 성과를 지켜보며 갖게 된 느낌입니다. 나는 그 제품이 실로 무한히 자랑스럽습니다." 아이폰 X은 팀 쿡 휘하의 애플도 여전히 혁신을 이뤄 프리미엄 가격을 부과할 수 있다는 사실을 입증했다.

12장

애플 역사상
최고의 CEO

준비된 적임자

　잡스는 분명 독특한 CEO였다. 지금 이 시대를 살아가는 우리가 다시 만나보기 힘든 그런 종류의 CEO였다. 그는 CEO인 동시에 제품에 대한 주요한 결정을 내리는 CPO(최고제품책임자)이기도 했다. 반면 쿡은 애플에서 CPO 역할은 맡지 않았다. 물론 그래도 괜찮다. 그럴 필요가 없기 때문이다. 많은 사람이 그가 '제품 전문가'가 아니라는 이유로 그의 실패를 예견했다. 애플 전문 분석가인 호러스 데듀는 이렇게 말했다. "그가 굳이 제품 전문가일 필요는 없지요."

　대부분의 기업에서는 잡스와 같은 '제품통'이 CEO에 오르는 일은 꽤나 드물다. 대개는 조직도의 아랫부분에 엔지니어나 디자이너로 머물거나 기껏해야 부사장 직에 오를 뿐이다. 통상 제품 전문가들은 언제든 교체가 가능하다고 여겨진다. 물론 때때로 조너선 아이브와 같은 대단한 인물이 탄생하기도 하지만, 어쨌든 대체적으로는 그렇다. 현재 애플의 CDO(최고디자인책임자)인 아이브는 지난 세월 동안 잡스와 밀접하게 호흡하며 탁월한 제품들을 구상하고 설계했다. 일부 구경꾼들은 그가 잡스의 피드백이나 아이디어, 혹은 도움이 없이 계속해서 위대한 제품을 만들어낼 수 있을지를 우려했다. 하지만 잡스의 사망 이후 지금까지 애플에서 출시된 일련의 제품을 보면, 그 역시 기우에 불과했던 것으로 보인다. 잡스가 세상을 떠나고 7년여의 세월이 흐른 지금도 애플은 '유일무이한 제품'들로 혁신을 이뤄내고 있다.

사실 애플과 같이 성숙한 기업에서는 제품 그 자체보다 공급망과 유통, 재무, 마케팅을 아우르는 효율적인 사업의 운영과 관리가 더욱 중요하다. 많은 사람이 이러한 사실을 이해하지 못한 채 애플과 쿡에 대한 우려를 쏟아내곤 했다. 쿡은 운영이라는 측면에서 완벽하게 자신의 재능을 입증했다. 데뮤는 결과적으로 그가 애플의 전체 역사를 통틀어 최고의 CEO라고 평가했다.

데뮤는 자신의 이런 견해가 이단적으로 들린다는 것도 잘 알고 있다. 어떻게 쿡이 잡스보다 더 훌륭한 CEO일 수 있단 말인가? 잡스는 신화적인 인물이다. 어느 누구도 함부로 범접할 수 없는 존재다. 거의 모든 사람이 그가 지금껏 애플을 이끈 CEO 가운데 최고라고 주장한다. 그는 회사를 창립했을 뿐 아니라 파산 직전에서 구해내기도 했다. 그는 첫 번째 PC(애플 II)에서부터 모든 사람이 쉽게 사용할 수 있는 최초의 PC(맥)를 거쳐 아이팟과 아이폰, 아이패드에 이르기까지 수년간 애플에서 획기적인 돌파구를 열며 기술 산업 전체를 이끌었다.

"그러나… 따지고 보면 스티브 잡스는 진정한 CEO가 아니었습니다." 사실 데뷰는 잡스를 '끔찍한 CEO'였다고 기억한다. "그는 항상 경영자라기보다는 제품 책임자였지요." 그간의 이력을 자세히 들여다보면 데뷰의 말에도 분명 일리가 있다. 잡스는 기업 경영에 관한 노하우로 성공에 이른 인물이 아니다. 어찌 보면 자기도 모르게 성공한 케이스라고 할 수 있다. 애플 초창기에 그는 온갖 일에 관여하며 상황을 엉망으로 만들어놓기도 했다. 애플이 살아남을 수 있었던 건 책임자 위치에 다른 사람들이 있었기 때문이다. 물론 회사에 다시 돌아왔을 땐 한층 성숙해진 면모와 예지력 있는 전략으로 조직을 이끌었고 실로 대단한 위업을 달성하기도 했지만, 당시에는 지금보다 회사의 규모가 훨씬 작았고 그의 초점도 위기 탈출에만 맞춰져 있었다. 애플이 안정을 찾자 잡스는 회사 경영의 상당 부분을 쿡에게 맡기고, 본인은 자신이 가장 좋아하는 부분, 즉 조너선 아이브와 함께 새로운 제품을 창출하는 작업에 집중했다(쿡이 곁에 있었기에 잡스가 그럴 수 있었던 걸로 보인다). 잡스가 활발하게 활동하던 그 시절에도, 사실상 쿡은 이미 CEO에 가까웠다. 결국 잡스의 사망 이후 쿡은 기존에 수행하던 역할을 '그저 이어나간' 셈이다.

그리고 쿡은 잡스와는 다른 측면에서 애플을 경영하기에 매우 적합한 인물이다. "수많은 직원과 다면적인 비즈니스 모델을 갖춘 거대 기업에는 훨씬 더 다방면에 능한 CEO가 필요합니다." 데듀의 설명이다. "팀 쿡은 그런 면모를 보여준 인물이지요. 그가 바로 현재의 애플을 이끌기 위한 최고의 적임자입니다."

애플의 직원들 역시 쿡에 대해 같은 확신을 갖고 있다. "우리는 여전히 우리의 미래가 밝다고 믿습니다." 조스위악의 말이다. "개발하고 있는 멋진 제품도 많고, 새로운 CEO가 회사를 이끈 이후로 성장세가 꺾인 적도 없거든요. 애플의 직원들은 현 CEO의 리더십에 무한한 신뢰를 보내고 있습니다. 어디 가서 누구와 얘기를 나누든 그에 대한 칭찬과 존경심을 들을 수 있습니다."

여전히 혁신적인가?

애플에는 여전히 쿡을 지원하는 인재들이 많지만, 그래도 여전히 이런 의문이 따라붙는다. "애플은 과연 잡스가 지휘하던 시절처럼 혁신을 일궈낼 수 있을까?" 이 부분에서 잡스는 실로 놀라운 실적을 기록했다. 그는 초창기 시절부터 애플 II를 개발하며 개인용 컴퓨터 시대의 도래를 도왔다. 이어서 매킨토시로 데스크톱 역사에 한 획을 그었으며, 궁극적으로 아이팟과 아이폰, 아이패드 등의 하드웨어와 맥 OS X, 아이튠즈 등의 소프트웨어로 혁신을 이끌었다. 앱스토어 역시 그의 업적에서 빼놓을 수 없는 부분이다.

그러나 그는 CEO로 일하던 상당 기간 동안 지금과 같은 경애의 대상이 아니었다. 그의 애플은 한동안 PC 시장에서 고전을 면치 못 했다(당시 대부분의 전문가는 애플을 향해 마이크로소프트처럼 소프트웨어에 대한 라이선스를 다른 PC 제조업체들에 제공할 것을 촉구했다). 아이팟은 운이 따른 '일회성 히트작'으로 여겨지기도 했다(전문가들은 이때도 아이튠즈의 라이 선스를 다른 회사들에 제공하라고 애플에 촉구했다). 아이폰은 초창기 값비싼 실패작으로 조롱받았다. 당시 마이크로소프트의 CEO였던 스티브 발머는 이렇게 말한 것으로 유명하다. "아이폰이 의미 있는 시장점 유율을 확보할 가능성은 전혀 없다." 물론 잡스는 발머의 판단이 잘 못되었음을 제대로 보여주었다.

결국 잡스에 대한 평판이 바뀐 것은 아이폰이 날아오르면서부터 다. 공교롭게도 그가 암 진단을 받은 시점과 얼추 비슷하다. 그가 살 아 있던 시절에는 사람들이 그의 혁신적인 능력에 대해 걱정을 늘어 놓기도 했다. "사람들은 무엇이든 쉽게 잊어버리지요." 조스위악의 말이다. "사실 우리는 때때로 혁신과 혁신 사이에서, 말하자면 카테 고리를 바꾸는 제품과 제품 사이에서 정말로 긴 터널을 지나기도 했 거든요."

실제로 잡스의 경력을 살펴보면 그렇게 카테고리를 아예 바꿔버 리는 제품과 제품 사이에 통상 수년을 할애했음을 알 수 있다. 애플

II는 1977년에 출시되었고, 첫 번째 맥은 그 7년 후인 1984년에 나왔다. 잡스가 애플에 돌아와 첫 번째 아이맥을 내놓은 것은 그로부터 14년 후인 1998년이다. 아이팟과 맥 OS X은 아이맥 출시 이후 3년이 지난 2001년에 모습을 드러냈고, 아이폰은 또 거기서 6년이 지난 2007년에 출시되었다. 아이패드는 아이폰이 출시되고 3년 후인 2010년 시장에 나왔다.

그리고 이러한 초히트 제품 가운데 상당수는 출시하고 일정한 시간이 지난 후에야 성공을 맛봤다. 아이팟은 출시한 지 3년이 지나 USB를 추가하며 윈도 친화적으로 바뀌고 나서야 비로소 대히트작의 반열에 올랐다. 아이폰 역시 처음 시장에 나오고 3년 동안은 그다지 많이 팔리지 않았다. 실제로 시장에 나오자마자 히트작이 된 애플 제품은 별로 없었다.

스티브 잡스는 오늘날 이런 놀라운 제품에 대해 그 공로를 인정받고 있지만(그리고 인정받아야 마땅하지만), 그가 언제나 그렇게 모든 일을 술술 풀어나갔던 것은 아니라는 사실도 기억해야 한다. 팀 쿡 역시 그와 같은 고전에 직면할 수밖에 없고, 그의 지휘 아래 출시된 혁신적인 몇몇 제품도 날아오르려면 그만큼 시간이 걸릴 수밖에 없다는 얘기다.

혁신에는 시간이 필요하다

쿡의 시대에서 이와 비슷한 패턴을 따르고 있는 대표적인 제품은 바로 애플워치다. 애플이 쿡의 지휘 아래 개척한 최초의 주요 신제품인 애플워치는 출시 초기에 회의론과 지독한 경멸에 시달렸다. 비평가들은 그것이 '멋진 장난감'이긴 하지만 '세상을 바꾸는 제품'은 아니라고 못 박았다. 그러나 3년이 지나고 애플워치는 스마트시계 시장에서 가장 큰 점유율을 누리고 있다. 나아가 스위스의 시계 산업 전체보다 더 큰 규모를 자랑하게 되었다. 2018년까지 애플워치는 대략 4600만 대가 팔린 것으로 추정되며, 앞으로도 수년에 걸쳐 더욱 발전할 것으로 기대된다. 애플워치는 건강과 웰빙 분야에 족적을 남기려는 애플의 야심찬 행보에 초석이 되는 플랫폼이다. 애플은 '손목 착용 컴퓨터'의 토대를 구축하며 헬스키트와 리서치키트^{ResearchKit} 등의 소프트웨어 이니셔티브를 통해 유저가 건강과 피트니스를 모니터하고 개선하도록 돕는다. 현재 여기에는 혈당을 모니터하는 센서도 추가될 것이라는 소문이 돌고 있다. 이는 당뇨가 있는 사람에게 특히 유용할 뿐 아니라, 한 끼 식사나 도넛 한 개가 혈당에 어떠한 영향을 미치는지 알고자 하는 사람에게 도움이 될 것이다. 애플워치로 인해 사람들의 식생활에 많은 변화가 생길 것이라는 걸 미루어 짐작할 수 있다.

세계적으로 큰 영향을 미친 대형 제품 분야 외에도 쿡이 이끄는 애플은 여타의 작은 영역에서도 혁신을 일으키고 있다. 애플의 에어팟은 새로운 초대형 히트작으로, 무선 헤드폰 시장의 카테고리를 재편했다. 애플페이는 서서히 이륙하는 중이며 미국에서 가장 큰 비대면 결제 시스템으로 성장해 2022년까지 미국 내 모든 결제의 3분의 1을 차지할 전망이다. 쿡은 또한 증강현실의 열렬한 지지자다. 아직 초기 단계이긴 하지만 일각에서는 증강현실이 세상과 상호작용하는 인류의 방식을 바꿔놓을 것이며, 앱 분야보다 더 큰 시장을 형성할 거라고 예측하고 있다. 아이폰 X에 구현된 안면인식 시스템인 페이스 ID는 더 쉽고 간편하게 보안을 개선했다고 호평받았다.

애플워치를 이용해 맥을 잠금 해제하는 것과 같은 간단한 기능조차도 쿡 시대의 작지만 강력한 혁신 사례다. 그것을 구현한 배후의 기술은 놀랍도록 복잡하기 때문이다. 쿡과 마찬가지로 이러한 개선들이 요란하게 홍보되고 있지는 않지만, 보다 나은 경험을 제공하며 기술 업계를 이끌어가고 있다. 실제로 많은 사람이 이것이 애플의 통상적인 사업 방식임을 인식하지 못할 만큼 말이다. 애플은 이렇게 작고 점진적으로 꾸준히 개선을 이어가다가 가끔씩 새로운 초대형 혁신 제품을 내놓는다.

애플의 모든 직원은 항상 '혁신'을 염두에 두고 일한다. 때때로 직원들이 "당신은 오늘 혁신했습니까?"라는 포스터가 사무실 벽마다 붙어 있다는 농담을 주고받을 정도다. "사실 혁신이란 회사에 표어를 붙여놓는다고 해서 이뤄지는 것은 아니지요." 조스위악의 말이다. "우리는 누가 내놓는 어떤 아이디어든 모두 존중합니다. 위대한 아이디어가 경영진이나 간부들에게서만 나오는 게 아니라는 사실을 잘 알고 있기 때문이지요. 조직도 아래에 묻힌 엔지니어에게서도 위대한 아이디어가 나올 수 있습니다. … 그래서 우리는 어떤 아이디어에든 귀를 기울입니다." 쿡은 어떤 직급의 직원이든 혁신을 내놓으면 그것을 평가하고 그에 걸맞게 보상한다는 점을 사내에 분명히 밝혔다. 그리고 그는 새로운 기술을 귀신같이 알아보는 훌륭한 안목을 가진 리더다. "그에게는 앞으로 무엇이 궁극적으로 위대해질 수 있는지를 알아보는 비상한 재주가 있습니다." 조스위악은 이렇게 말했다. "나는 이런 측면에서 그가 꽤 훌륭한 실적을 보여주었다고 확신합니다."

모두를 변화시키는 교훈

표면적으로 봤을 때 쿡은 미국의 사회운동을 선도하는 CEO가 될 가능성이 희박했던 인물이다. 일단 공화당 지지 성향이 강한 앨라배마주의 노동자 계층 출신인데다가 백인이기 때문이다. 그는 엔지니어링과 비즈니스 같은 실용적인 학문을 전공했고, 수십 년 동안 조직이 원활하게 돌아가게끔 만드는 업무를 수행했다. 경력 초창기에 그는 재고관리 업무를 하며 냉철하고 냉담하다고 평가받았다. 공급 업체들과 산만한 거래 방식을 정리할 때는 오직 손익만을 신경 쓰는 인물로 비처졌다. 무엇보다도 그의 전임자는 훨씬 더 진보적인 성향을 드러냈다. 잡스는 중도 성향의 캘리포니아주 출신으로 긴 머리와 히피 스타일의 옷차림을 즐겼으며, 록스타들과 사귀고 채식주의를 신봉했다. 그는 밥 딜런^{Bob Dylan}을 추앙했고 사과농장에서 공동체 생활을 하기도 했다.

이런 측면으로 볼 때 잡스는 애플을 미국에서 가장 진보적인 기업으로 만들 가능성이 더 농후했던 인물이다. 하지만 실상은 달랐다. 잡스의 지휘 아래 애플은 항상 진보주의적인 기업이라는 평판을 얻었지만, 그의 실제 행동은 그다지 진보적이지 않았다. 그 시절 애플은《포천》이 꼽은 500대 '살인 기계'였다. 세금을 회피했고 눈에 띄는 자선 기부를 전혀 하지 않았으며, 아시아권 노동자들을 착취하고 독성 화학물질에 중독되게 만들었다. 잡스는 사회에 대한 애플의 기여가 주로 제품 형태로 이루어진다고 믿었고, 비난이 대두된 행동 방식에 대해서는 사과하지 않았다.

하지만 쿡이 이끄는 애플은 달랐다. 쿡은 스스로 윤리적인 사람임을 입증했고 그의 가치관은 회사 운영에 필수적인 부분이 되었다. 그는 애플을 비롯한 전체 기술 업계를 '윤리적 개혁'의 길로 이끌고 있다. "기업들은 점차 강력한 윤리의식과 핵심 가치를 '있으면 좋은 것'이 아닌 '필수불가결한 것'으로 인식하고 있다." 윤리 경영 플랫폼을 판매하는 기술회사 컨버센트Convercent의 공동창업자이자 CEO인 패트릭 퀸런Patrick Quinlan이 뉴스 웹사이트 '리코드'에 기고한 글이다. "인터넷은 소비자와 브랜드 간의 장벽을 허물었다. 이는 기업의 투명성과 윤리, 그리고 가치에 대한 관심이 그 어느 때보다도 높아졌음을 의미한다. 브랜드들은 이런 변화에 부응해야 한다. 디지털 변혁기의 피해자로 번번이 거론되는 블록버스터Blockbuster와 코닥Kodak, 시어스Sears를 생각해보라. 윤리의식과 가치관에 우선순위를 두지 않는 브랜드들은 필시 그들과 같은 운명이 될 것이다." 애플 역시 노동자 착취와 세금 회피, 제품의 교체 수요를 창출하는 계획적 노후화로 비난을 받은 적이 있다. 하지만 오늘날 프라이버시와 환경 같은 사안에 임하는 애플의 적극적인 자세는 실리콘밸리의 여타 경쟁업체들과 크게 대비된다.

쿡이 이끄는 애플은 환경보호에 중점을 두고 노력하고 있다. 트럼프 행정부가 기후변화와 관련한 조치에서 한 발 두 발 물러서고 있는 반면, 애플과 같은 기업에서 돌진을 지휘하고 있는 것이다. 애플은 이미 재생에너지와 책임감 있는 임업, 지속가능한 제조 등의 분야에 세상을 바꿀 만한 수준의 투자를 감행하고 있다. 데이터센터들이 중형 도시의 소비량에 맞먹을 만큼 많은 전력을 잡아먹는 오늘날, 태양력과 풍력 에너지 생산 설비에 쏟는 애플의 노력은 실로 놀랍도록 의미가 깊다. 현재 애플이 사업을 운영하는 25개 국가에서는 재생에너지에 100퍼센트 의존하고 있다. 물론 공급망에도 이를 실천하라고 권고하기 시작했다. 리사 잭슨의 추정이 정확하다면, 애플의 탄소 발자국 중 70퍼센트를 차지하는 공급망은 앞으로 10년 이내에 100퍼센트 재생에너지 체제로 전환될 것이다. 그리고 여타의 제조업체들이 쿡의 선례를 따를 경우, 빠른 시일 내에 제조 산업 전체가 재생에너지 체제로 전환되는 날을 보게 될 것이다.

폐쇄 루프 공급망 역시 쿡의 대담한 아이디어 중 하나다. 아직 성공을 입증하진 않았지만, 낡은 제품에서 추출한 재료로 신제품을 만들어 지구 자원의 채굴을 줄이겠다는 그의 아이디어는 충분히 가치가 있다. 이러한 아이디어는 사실 오래전부터 거론돼왔다. 환경론자들과 디자이너들은 벌써 수십 년 전부터 '요람에서 무덤까지' 책임지는 제조를 주창해왔다. 어쨌든 애플과 같은 규모의 대기업이 그런 운동을 지지한다는 것은 전체 산업과 전 세계를 위한 크고도 중요한 발걸음이라고 할 만하다.

쿡은 공급망의 근로 환경도 개선하려고 노력하고 있지만, 사실 아직은 충분할 만큼 개선을 이뤘다고 말할 수 없다. 여전히 많은 곳에서 노동력 착취와 근로자에 대한 학대가 자행되고 있기 때문이다. 하지만 애플이 그러한 가치관을 널리 퍼트리고 있다는 사실에 주목할 필요가 있다. 쿡은 자신의 중점적 사안 중 하나가 공급망의 근로 환경을 개선하는 것임을 명백히 밝혔고, 다른 기업들 역시 그의 행보를 눈여겨보고 있다. 애플에 따르면, 그들은 지금까지 1170만 명이 넘는 근로자에게 직원으로서의 권리와 건강, 안전 규정 및 애플 공급업체 행동강령 등을 교육했다. 애플은 고급 제조 기술 및 프로세스를 개발하는 데 많은 돈을 투자하는 회사다. 공장 근로자들에게 그것을 적절히 활용하도록 교육하고, 그들에게까지 동일한 수준의 창의성을 부여하는 일은 애플에서 마땅히 해야 할 일이다.

쿡은 프라이버시와 보안에 관한 입장에서도 마찬가지로 창의성을 발휘했다. 그는 프라이버시가 언론의 자유나 여타의 시민권과 어깨를 나란히 하는 '인간의 기본권'이라고 천명했다. 그러나 현재 그는 이 문제에 대해 고독하게 목소리를 내고 있는 상황이다. 실리콘밸리의 대기업 대부분이 그와 생각을 달리하고 있기 때문이다. 사실 실리콘밸리의 주요 비즈니스 모델은 장치나 기기가 아닌 광고의 영역이다. 디지털 시대에 광고는 그 침해적인 성격이 한층 가중되었다. 페이스북과 구글은 고객들에게 점점 더 많은 데이터를 공유하도록 독려하는 작업에 의존하며 사업을 전개하고 있다. 하지만 애플은 반대의 길을 걷고 있다. 그래서 애플이 유저의 개인 데이터를 모으고 활용해야 하는 AI와 여타의 기술에서 뒤처지고 있는 것이다. 그러나 쿡은 회사와 고객 모두에게 장기적으로 더 이로운 방안에 초점을 맞추고 있다. 쿡의 그러한 가치관 덕분에 앞으로 애플은 과거에 페이스북이 겪은 프라이버시 스캔들에 휘말릴 가능성이 거의 없다. 2018년 3월에 발생한 그 스캔들은 페이스북의 시가총액에서 1000달러를 쓸어가며 마크 저커버그를 의회에 불러 나오게 만들었다.

접근가능성은 포용성이나 다양성처럼 동전의 양면 같은 특성을 지닌다. 쿡은 리사 잭슨의 업무 목록에 접근가능성을 추가함으로써 그것을 애플의 중점적인 가치로 끌어올렸다. 그 결과 애플의 제품들은 접근가능성 옹호자들에게 높은 평가를 받게 되었다. 2017년 회사는 접근가능성 혁신 부문에서 의미 있는 상 세 가지를 수상했다. 앞을 볼 수 없다는 것은 이제 아이폰의 사용을 가로막는 장벽이 아니다. 애플은 자사의 모든 제품을 모든 사람이 이용할 수 있도록 지속적인 노력을 기울이고 있다.

포용성과 다양성에 대한 쿡의 헌신은 미국의 남부 지방에서 게이로 자란 경험에서 비롯되었다. 그의 커밍아웃은 사회적 의무를 수행하기 위한 용감한 행동이었다. 쿡은 세계에서 가장 주목받는 회사에서 가장 은밀하게 사생활을 유지하는 사람에 속했지만, 그럼에도 대의를 위해 자신의 프라이버시 일부를 희생했다. 그는 커밍아웃을 통해 소외된 많은 사람이 자신의 성 지향성과 성 정체성에 당당해질 수 있도록 앞장섰다. 게이가 세계에서 가장 가치가 높은 회사를 유능하게 경영하고 있다는 사실은 분명 동성애자에 대한 사람들의 인식을 바꾸기에 충분했다. 또한 그는 가능한 한 다양한 원천에서 인재를 찾기 위한 이니셔티브도 출범시켰다. "미국 최고의 기업은 가장 다양한 구성원을 보유한 기업"이라는 그의 말은 진정으로 옳았다. 애플은 보다 다양한 인력을 보유하기 위해 중대한 길에 올라섰다. 비록 느리게 진척되고 있지만, 2017년에 애플이 미국에서 고용한 인력

중 절반이 소수집단에서 나왔다는 소식은 꽤 고무적이다.

쿡은 '잘하면서 동시에 선을 행하는 것도 가능하다'는 격언을 스스로 입증하고 있다. 스티브 잡스는 "기업이란 사람들을 같은 방향으로 이끌기 위한 인류 최고의 발명품"이라고 말한 바 있다. 쿡은 거기서 한 걸음 더 나아갔다. "나는 기업이 상업적인 것만을 다루어야 한다고 생각하지 않는다. 나에게 기업은 사람들의 집합일 뿐이다. 사람이 가치관을 가져야 한다면, 기업 역시 가치관을 가져야 한다." 애플은 쿡의 지휘 아래 세계에서 최초로 1조 달러짜리 기업이 되었지만, 그가 한 일은 그 이상임에 틀림없다. 그는 애플을 더 나은 회사로 만들었고, 세상을 더 나은 곳으로 만들고 있다.

먼저 아내 트레이시Traci와 아이들에게 고마움을 전하고 싶다. 아내와 아이들은 나에게 지원과 격려를 아끼지 않았을 뿐 아니라, 내가 없는 저녁과 주말을 잘 참아주었다.

나의 출판 에이전트인 테드 와인스타인Ted Weinstein과 포트폴리오/펭귄 랜덤하우스Portfolio/Penguin Random House의 편집팀, 특히 스테파니 프레리치Stephanie Frerich와 니키 파파도폴로스Niki Papadopoulos, 리베카 쇼엔탈Rebecca Shoenthal에게 심심한 감사를 표한다. 책의 구상 단계에서부터 완성에 이르기까지 내가 길을 잃고 헤매지 않도록 훌륭히 인도해준 정말 고마운 분들이다.

컬트 오브 맥Cult of Mac 블로그의 동료들이 없었다면 나는 이 책을 집필할 엄두도 내지 못했을 것이다. 특히 자료 조사와 집필에 귀중한 도움을 제공해준 킬리언 벨Killian Bell과 루크 도멜Luke Dormehl에게 깊이 감사한다. 아울러 내가 자리를 비운 그 긴 시간 동안 컬트 오브 맥 블로그와 컬트캐스트CultCast 팟캐스트를 운영해준 직원들에게 이름을 적어 찬사와 감사를 바친다. 루이스 월리스^{Lewis Wallace}, 버스터 헤인^{Buster Heine}, 에드 하디^{Ed Hardy}, 찰리 소렐^{Charlie Sorrel}, 스티븐 스미스^{Stephen Smith}, 데이비드 피리니^{David Pierini}, 그레이엄 바우어^{Graham Bower}, 이언 퍼크스^{Ian Fuchs}, 에이미 이컨베리^{Ami Icanberry}, 에르폰 엘리자^{Erfon Elijah}.

가치를 따질 수 없을 정도로 큰 도움을 준 애플 홍보팀의 스티브 다울링과 프레드 세인즈^{Fred Sainz}에게도 심심한 사의를 표한다. 귀중한 시간을 내서 인터뷰에 응해준 애플의 임원 그레그 조스위악과 리사 잭슨, 디어드러 오브라이언, 브루스 슈얼은 물론이고 익명을 요구한 관계자 여러분에게도 감사드린다.

소중한 시간을 할애해서 애플과 팀 쿡에 관한 이야기를 들려준 모든 분에게 거듭 감사의 말을 전한다. 이 책은 다른 작가 및 기자들의 글에서도 큰 도움을 얻었다. 특히 유카리 케인과 애덤 라신스키,『비커밍 스티브 잡스』의 저자 브렌트 슐렌더와 릭 테트젤리^{Rick Tetzeli}에게 큰 감사를 올린다.

서문 압도적 성과

7p　**그사이 주가는 거의 세 배나 뛰었다:** Anita Balakrishnan and Sara Salinas, "Apple's Cash Hoard Falls to $267.2 Billion," CNBC, May 2, 2018, accessed September 10, 2018, www.cnbc.com/2018/05/01/apple-q2-2018-earnings-heres-how-much-money-apple-has.html.

7p　**자기주식 취득과 배당금으로 2200억 달러를 썼음에도:** Stephen Grocer, "Apple's Stock Buybacks Continue to Break Records," *New York Times*, August 1, 2018, accessed September 10, 2018, www.nytimes.com/2018/08/01/business/dealbook/apple-stock-buybacks.html.

7p　**참고로 미국에서는 오직 정부만이:** *Financial Report of the United States Government, FY 2017* (Washington, DC: Federal Accounting Standards Advisory Board, 2017), 10, www.fiscal.treasury.gov/fsreports/rpt/finrep/fr/17frusg/02142018_FR(Final).pdf.

7p　**애플은 내가 이 책을 쓰기 시작한 2018년 일사분기에:** Apple Inc., "Apple Reports First Quarter Results," news release, February 1, 2018, www.apple.com/ca/newsroom/2018/02/apple-reports-first-quarter-results.

7p　**페이스북이 2017년 한 해 동안 406억 달러의 수입을 올린 것과 비교해보라:** "Facebook Reports Fourth Quarter and Full Year 2017 Results," Facebook, January 31, 2018, accessed September 10, 2018, https://investor.fb.com/investor-news/press-release-details/2018/facebook-reports-fourth-quarter-and-full-year-2017-results/default.aspx.

7p　**한때 기술업계 최대 기업이던 마이크로소프트 역시:** "Microsoft Annual Report

2017," Microsoft Store, accessed September 10, 2018, www.microsoft. com/investor/reports/ar17/index.html.

8p **출시 이후 10년 동안 12억 대 이상이 팔렸다:** "Apple iPhone Sales 2018," Statista, accessed September 10, 2018, www.statista.com/statistics/263401/ global-apple-iphone-sales-since-3rd-quarter-2007/.

8p **시판되는 수량만 놓고 보면 안드로이드 기기가 더 많을지 몰라도:** Chuck Jones, "Apple Continues to Dominate the Smartphone Profit Pool," *Forbes*, March 3, 2018, accessed September 10, 2018, https://www.forbes. com/sites/chuckjones/2018/03/02/apple-continues-to-dominate-the -smartphone-profit-pool/#492b439361bb.

8p **애플은 프리미엄 제품으로 30~40퍼센트의 이윤을 챙기는 반면:** "Apple Inc Gross Profit Margin (Quarterly)," YCharts, accessed September 10, 2018, https://ycharts.com/companies/AAPL/gross_profit_margin.

8p **아이폰 X과 그 파생 제품으로 애플은 계속 시장점유율을 높여가고 있지만:** "iPhone Will Grab More Market Share as Samsung Falls in 2018," Cult of Mac, February 13, 2018, accessed September 10, 2018, www.cultofmac. com/528725/iphone-will-grab-market-share-samsung-falls-2018.

8p **이제 컴퓨터는 아이폰에 밀려 애플에서 제2바이올린 격이 됐지만:** "Apple's Market Share Increases After Mac Shipments Rise in 2017," Cult of Mac, January 12, 2018, accessed September 10, 2018, www.cultofmac.com/523037/ apples-market-share-increases-mac-shipments-rise-2017/.

9p **그러나 쿡이 지휘봉을 잡은 이래 애플의 PC 시장점유율은:** Mark Rogowsky, "Race to $1 Trillion: Tim Cook, Apple Redefining 'Winner Take All,'" *Forbes*, August 3, 2017, accessed September 10, 2018, www.forbes.com/sites/ markrogowsky/2017/08/03/apple-is-redefining-winner-take-all-as- the-cook-era-hits-new-peak/#26981cc44391.

9p **2015년에 출시한 애플워치는:** Horace Dediu, Twitter post, May 2, 2018, 4:46 a.m., https://twitter.com/asymco/status/991645023119790080.

9p **애플워치는 분기별로 50퍼센트의 매출 성장세를 보이며:** Todd Haselton and Anita Balakrishnan, "Apple Watch Sales Up 50 Percent for Third Consecutive Quarter," CNBC, November 2, 2017, accessed September 10, 2018, www.cnbc.com/2017/11/02/apple-watch-sales-up-50-percent-for- the-third-quarter-in-a-row.html.

9p **이제 애플의 시계 비즈니스는:** "Apple Watch Made $1.5 Billion More Than Rolex Last Year," Cult of Mac, April 26, 2016, accessed September 10, 2018, www.cultofmac.com/425038/apple-watch-made-1-5-billionmore-than-rolex-last-year/.

9p **에어팟 역시 큰 인기몰이를 하고 있다:** Joe Rossignol, "KGI: AirPods Shipments Will Double Next Year Given Strong Demand," MacRumors, accessed September 10, 2018, www.macrumors.com/2017/12/04/kuo-airpods-shipments-double-in-2018.

9p **여기에 홈팟 스피커까지 새롭게 가세해:** Felix Richter, "Infographic: Apple's 'Other Products' on the Rise," Statista, June 26, 2018, accessed September 10, 2018, www.statista.com/chart/14433/apples-other-products-revenue/.

9p **2018년 이사분기 애플에서 91억 달러의 매출을 책임진:** Apple Inc., *Q2 2018 Unaudited Summary Data*, www.apple.com/newsroom/pdfs/Q2_FY18_Data_Summary.pdf.

10p **《포천》 500대 기업에 속할 수도 있다는 뜻이다:** Mike Murphy, "Apple's iPhone Business Has More Revenue Than Amazon," Quartz, November 2, 2017, accessed September 10, 2018, https://qz.com/1119147/apple-is-two-fortune-100-businesses-and-three-fortune-250-businesses-in-one-aapl.

10p **성장할 것이라 내다본다:** Chloe Aiello, "Apple Services Revenue Could Soar to About $50 Billion Faster Than Even CEO Tim Cook Lets On: Tech Investor Calacanis," CNBC, August 1, 2018, accessed September 10, 2018, www.cnbc.com/2018/08/01/apple-services-will-be-a-money-printing-machine-jason-calacanis.html.

11p **2017년 말 세상에 알려지지 않은 한 재무보고서에는:** Apple Inc., "SEC Filings," Annual Report, accessed September 10, 2018, http://investor.apple.com/secfiling.cfm?filingid=1193125-17-380130&cik=320193.

11p **애플은 접근가능성이 인간의 기본권이며:** "Accessibility," Apple, accessed September 10, 2018, www.apple.com/accessibility/.

11p **애플은 교육이 인간의 기본권이며:** "Education," Apple, accessed September 10, 2018, www.apple.com/education/.

12p **애플은 환경에 대한 의무감을 바탕으로:** "Environment," Apple, accessed September 10, 2018, www.apple.com/environment/.

12p **애플은 각기 다른 다양한 팀이 존재해야:** "Inclusion & Diversity," Apple, accessed September 10, 2018, www.apple.com/diversity/.

12p **애플은 프라이버시가 인간의 기본권이라고 믿는다:** "Privacy," Apple, accessed September 10, 2018, www.apple.com/privacy/.

12p   애플은 공급 사슬에 속한 사람들을 교육한 후: "Supplier Responsibility," Apple, accessed September 10, 2018, www.apple.com/supplier-responsibility.

1장   스티브 잡스의 죽음

19p   갑작스러운 전화에 놀란 쿡이: Brent Schlender and Rick Tetzeli, *Becoming Steve Jobs: The Evolution of a Reckless Upstart into a Visionary Leader* (Toronto: Signal, 2016), 404.

20p   "앞으로 무언가가 더 있다고 보시면 됩니다": "Biographer Isaacson Describes the Man Who Co-founded Apple. . . ," Commonwealth Club, December 14, 2011, accessed September 10, 2018, www.commonwealthclub.org/events/archive/transcript/walter-isaacson-talks-steve-jobs.

20p   "장담컨대 이사회 의장을 맡은 후에도": David Pogue, "Steve Jobs Reshaped Industries," *New York Times*, August 25, 2011, accessed September 10, 2018, https://pogue.blogs.nytimes.com/2011/08/25/steve-jobs-reshaped-industries/.

21p   쿡은 필요한 경우 언제든 잡스가 다시 돌아와 경영을 맡게 될 상황을 준비하고 있었다: Schlender and Tetzeli, *Becoming Steve Jobs*, 404.

22p   "그를 볼 때마다": Schlender and Tetzeli, *Becoming Steve Jobs*, 404-5.

22p   "불행히도 상황은 그렇게 전개되지 않았지요": Schlender and Tetzeli, *Becoming Steve Jobs*, 405.

24p   후보로 거론하던 또 한 명의 인물은: Philip Elmer-Dewitt, "Scott Forstall Is Apple's 'CEO-in-Waiting' Says New Book," *Fortune*, January 17, 2012, accessed September 10, 2018, http://fortune.com/2012/01/17/scott-forstall-is-apples-ceo-in-waiting-says-new-book/.

24p   '미니 스티브': Adam Satariano, Peter Burrows, and Brad Stone, "Scott Forstall, the Sorcerer's Apprentice at Apple," *Bloomberg Businessweek*, October 13, 2011, accessed September 10, 2018, www.bloomberg.com/news/articles/2011-10-12/scott-forstall-the-sorcerers-apprentice-at-apple.

25p   "팀 쿡을 CEO로 밀어줄 사람은 아무도 없어요": Adam Lashinsky, "Apple's Tim Cook: The Genius Behind Steve Jobs," *Fortune*, November 24, 2008, accessed September 10, 2018, http://fortune.com/2008/11/24/apple-the-genius-behind-steve/.

26p **나머지 절반은 10년 후인:** SEC Form 4, Statement of Changes in Beneficial Ownership, accessed September 10, 2018, www.sec.gov/Archives/ edgar/data/320193/000118143111047180 /xslF345X03/rrd320669.xml.

27p **이사회는 팀 쿡이 우리의 차기 CEO로 최적임자라는 사실을 완전하게 확신합니다":** "Steve Jobs Resigns as CEO of Apple," Apple, August 24, 2011, accessed September 10, 2018, www.apple.com/newsroom/2011/08/24Steve -Jobs-Resigns-as-CEO-of-Apple.

27p **잡스의 사임이 발표된 2011년 8월 24일:** Yukari Iwatani Kane, "Jobs Quits as Apple CEO," *Wall Street Journal*, August 25, 2011, accessed September 10, 2018, https://www.wsj.com/articles/SB100014240531119048754045 76528981250892702.

27p **'올싱즈디닷컴'의 월트 모스버그는:** Walt Mossberg, "Essay: Jobs's Departure as CEO of Apple Is the End of an Extraordinary Era," AllThingsD, August 24, 2011, accessed September 10, 2018, http://allthingsd. com/20110824/jobs-leave-a-legacy-of-changed-industries.

28p **사람들은 가능한 한 모든 곳에서 잡스가 건재하다는 실마리를 찾으려 애썼다:** Jordan Golson, "Steve Jobs to Remain on Disney Board," MacRumors, August 24, 2011, accessed September 10, 2018, www.macrumors. com/2011/08/24/steve-jobs-to-remain-on-disney-board.

28p **'갑작스러운 악화 국면':** Adam Satariano, "Apple's Jobs Resigns as CEO, Will Be Succeeded by Tim Cook," Bloomberg, August 25, 2011, accessed September 10, 2018, www.bloomberg.com/news/articles/2011-08-24/ apple-ceo-steve-jobs-resigns.

28p **잡스가 적어도 향후 4년에 걸쳐 출시될 일련의 제품에 대한 상세 계획과 지침을 남겨놓은 상태였다:** David Gardner and Ted Thornhill, "Steve Jobs Dead: Apple Boss Left Plans for 4 Years of New Products," *Daily Mail*, October 8, 2011, accessed September 10, 2018, www.dailymail.co.uk/news/ article-2046397/Steve-Jobs-dead-Apple-boss-left-plans-4-years- new-products.html.

29p **개인적으로 기대가 크다는 말씀부터 드리고 싶습니다:** Jacqui Cheng, "Exclusive: Tim Cook E-mails Apple Employees: 'Apple Is Not Going to Change,'" Ars Technica, August 25, 2011, accessed September 10, 2018, https:// arstechnica.com/gadgets/2011/08/tim-cook-e-mail-to-apple- employees-apple-is-not-going-to-change.

30p **쿡은 잡스의 전통을 이어받아:** "Like Steve Jobs, Apple CEO Tim Cook Also Responds to His Email," Cult of Mac, July 28, 2015, accessed September 10, 2018, www.cultofmac.com/111374/like-steve-jobs-apple-ceo-tim-cook-also-responds-to-his-email.

30p **"팀, 당신에게 최고의 행운이 있기를 빕니다":** Eric Slivka, "A Look at Apple's Handling of Customer Emails to Executives as Tim Cook Takes Charge," MacRumors, August 30, 2011, accessed September 10, 2018, www.macrumors.com/2011/08/30/a-look-at-apples-handling-of-customer-emails-to-executives.

31p **모든 확률에 저항하며 거의 10년을 살았다:** "Prognosis," Hirshberg Foundation for Pancreatic Cancer Research, accessed September 10, 2018, http://pancreatic.org/pancreatic-cancer/about-the-pancreas/prognosis.

32p **아이폰 4S가 갖춘 가장 주목할 만한 특징은:** Luke Dormehl, *Thinking Machines: The Quest for Artificial Intelligence—and Where It's Taking Us Next* (New York: TarcherPerigee, 2017), 102.

33p **"가장 위대한 미국의 혁신가 한 명을 잃었다":** Kori Schulman, "President Obama on the Passing of Steve Jobs: 'He Changed the Way Each of Us Sees the World,'" White House archive, October 5, 2011, accessed September 10, 2018, https://obamawhitehouse.archives.gov/blog/2011/10/05/president-obama-passing-steve-jobs-he-changed-way-each-us-sees-world.

33p **아이폰 4S는 선주문이나 출시 수량에서:** "iPhone 4S First Weekend Sales Top Four Million," Apple, October 17, 2011, accessed September 10, 2018, www.apple.com/uk/newsroom/2011/10/17iPhone-4S-First-Weekend-Sales-Top-Four-Million.

33p **월터 아이작슨의 공식 전기 『스티브 잡스』는:** Andy Lewis, "Steve Jobs' Biography Sales Jump 42,000 Percent upon Death," *Hollywood Reporter*, December 5, 2011, accessed September 10, 2018, www.hollywoodreporter.com/news/steve-jobs-death-apple-biography-amazon-244747.

35p **"뭐요? 스티브를 대신해요?":** Lashinsky, "Apple's Tim Cook: The Genius Behind Steve Jobs."

37p **"경영진은 물론 심지어 그의 비전조차":** Ty Fujimura, "Why Apple Is Doomed," *Huffington Post*, May 31, 2011, accessed September 10, 2018, www.huffingtonpost.com/ty-fujimura/why-apple-is-doomed_b_866579.html.

37p **"스티브 잡스는 떠나면서 다음 세 가지도 가져갔다":** George Colony, "Apple=Sony," Forrester, August 4, 2017, accessed September 10, 2018, https://go.forrester.com/blogs/12-04-25-apple_sony.

38p **"쿡이 애플의 여세를 이어갈 수 있을지에 대한 의문이":** Adam Lashinsky, "Apple's Tim Cook Leads Different," *Fortune*, March 26, 2015, accessed

September 10, 2018, http://fortune.com/2015/03/26/tim-cook/.

39p　**우울한 분위기가 얼마나 널리 퍼졌는지:** Yukari Iwatani Kane, *Haunted Empire: Apple After Steve Jobs* (London: William Collins, 2014).

39p　**"점점 거대해지는 애플 제국의 통치권을 확보했음에도":** Kane, *Haunted Empire*, 348.

39p　**'회사들이 수십억 달러 가치의 대기업으로 성장하고 나면':** David Sheff, "Playboy Interview: Steve Jobs," *Playboy*, February 1985, available at Atavist, http://reprints.longform.org/playboy-interview-steve-jobs, accessed September 11, 2018.

40p　**"세상 사람들은 불안해했지요":** Author interview with Greg Joswiak, March 2018.

40p　**"그가 나를 선택할 때":** "Charlie Rose: KQED: September 13, 2014," Internet Archive, accessed September 11, 2018, https://archive.org/details/KQED_20140913_070000_Charlie_Rose.

2장　남부 시골 소년의 세계관

45p　**부부의 세 아들 중 둘째였다:** Michael Finch II, "Tim Cook—Apple CEO and Robertsdale's Favorite Son—Still Finds Time to Return to His Baldwin County Roots," AL.com, February 24, 2014, accessed September 11, 2018, http://blog.al.com/live/2014/02/tim_cook_--_apple_ceo_and_robe.html.

45p　**"매주 일요일이면 집에 전화를 합니다":** Don Cook, interview by Debbie Williams, WKRG, January 16, 2009.

46p　**부모가 로버츠데일에 정착하기로 한 이유는:** Finch, "Tim Cook."

46p　**겨우 13제곱킬로미터에 불과하고:** Finch, "Tim Cook."

47p　**"그저 풍물 장터가 열리고 사람들이 모여 먹고 마시는 정도의 축제":** Finch, "Tim Cook."

47p　**지난 30년 동안 시장도 쭉 한 사람이 역임했다:** "Meet Our Mayor," City of Robertsdale, accessed September 11, 2018, www.robertsdale.org/mayors-office.

47p　**"어린 시절 침례교 교회에서 세례를 받았다":** "Tim Cook: Pro-discrimination 'Religious Freedom' Laws Are Dangerous," *Washington Post*, March

29, 2015, accessed September 11, 2018, www.washingtonpost.com/opinions/pro-discrimination-religious-freedom-laws-are-dangerous-to-america/2015/03/29/bdb4ce9e-d66d-11e4-ba28-f2a685dc7f89_story.html.

47p   "나는 내가 게이라는 사실이 신이 내게 준 큰 선물이라고 여긴다": Tim Cook, "Tim Cook Speaks Up," Bloomberg, October 30, 2014, accessed September 11, 2018, www.bloomberg.com/news/articles/2014-10-30/tim-cook-speaks-up.

48p   중·고등학교 6년 내내 '가장 학구적인 학생'으로 선정되었고: "Behold Tim Cook's Glory Days as 'Most Studious' in High School [Gallery]," Cult of Mac, July 27, 2015, accessed September 11, 2018, www.cultofmac.com/221717/behold-tim-cooks-glory-days-as-most-studious-in-high-school-gallery/.

48p   "신뢰가 가는 학생이었지요": Finch, "Tim Cook."

48p   "따분한 공붓벌레와는 거리가 멀었어요": Finch, "Tim Cook."

48p   "그는 일차원적인 친구가 아니었어요": Finch, "Tim Cook."

49p   "정말 똑똑하고 책을 좋아하며": Author interview with Clarissa Bradstock, February 2018.

49p   교내 밴드부에서 트롬본을 불던 그는: Finch, "Tim Cook."

50p   "쿡이 그런 종류의 일에 꼭 필요한 적임자였다": Finch, "Tim Cook."

52p   많은 백인 가족이 근처의 앨라배마주로 거주지를 옮긴 이유다: Yukari Iwatani Kane, *Haunted Empire: Apple After Steve Jobs* (London: William Collins, 2015), 94.

52p   이미 앨라배마의 공립학교들도 1963년에 인종차별을 철폐한 상태였지만: "Robertsdale, Alabama," Wikipedia, accessed September 11, 2018, https://en.wikipedia.org/wiki/Robertsdale,_Alabama.

52p   "학교에 아프리카계 미국인이 거의 없었어요.": Author interview with Clarissa Bradstock, February 2018.

52p   익명을 요구한 볼드윈 카운티 주민 한 명은: Interview by author, February 2018.

53p   KKK 단원의 수는 1925년 이후 꾸준히 감소해: "Ideologies," Southern Poverty Law Center, accessed September 11, 2018, www.splcenter.org/fighting-hate/extremist-files/ideology/ku-klux-klan

54p   그는 쿡에게 얼른 가던 길이나 가라고 경고했다: Todd C. Frankel, "The Roots of Tim Cook's Activism Lie in Rural Alabama," *Washington Post*, March 7,

2016, accessed September 11, 2018, www.washingtonpost.com/news/
the-switch/wp/2016/03/07/in-rural-alabama-the-activist-roots-of-
apples-tim-cook.

55p 페이스북 페이지의 한 기다란 글타래에서: "Apple's CEO Tim Cook: An
Alabama Day That Forever Changed His Life," on "Robertsdale, Past
and Present" Facebook page, June 15, 2014, www.facebook.com/
groups/263546476993149/permalink/863822150298909/.

56p "불안감을 조성하는 전단이 나돌았어요": Author interview with Patricia Todd,
February 2018.

56p 주제는 '지방 전기 협동조합 – 어제와 오늘 그리고 내일의 도전'이었다: Kane, *Haunted
Empire*, 96.

57p "주지사를 만나는 일이 전혀 영광스럽지 않았지요": "GW Commencement 2015
Tim Cook," Vimeo, May 29, 2018, accessed September 12, 2018,
https://vimeo.com/128073364.

58p "저는 남부에서 태어나 자라면서": "Apple CEO and Fuqua Alum Tim Cook
Talks Leadership at Duke," YouTube, posted by Duke University Fuqua
School of Business, accessed September 13, 2018, www.youtube.com/
playlist?list=PLwEToxwSycW1uqGG-iYZOERU0WBTKIAMt.

58p "그것이 그라는 존재의 일부거든요": Author interview with Lisa Jackson, March
2018.

59p 그는 2015년 조지워싱턴대학 졸업식 축사에서: "GW Commencement 2015 Tim
Cook."

59p "만드는 방안을 고민할 때": Bryan Chaffin, "Tim Cook Soundly Rejects Politics
of the NCPPR, Suggests Group Sell Apple's Stock," The Mac Observer,
accessed September 13, 2018, www.macobserver.com/tmo/article/tim-
cook-soundly-rejects-politics-of-the-ncppr-suggests-group-sell-
apples-s.

59p "오늘의 회합 이후 투자자들은": "Tim Cook to Apple Investors: Drop Dead,"
National Center, November 2, 2017, accessed September 13, 2018,
https://nationalcenter.org/ncppr/2014/02/28/tim-cook-to-apple-
investors-drop-dead.

60p 쿡의 이러한 도덕적 기준은: Andrew Ross Sorkin, "The Mystery of Steve
Jobs's Public Giving," *New York Times*, August 29, 2011, accessed
September 13, 2018, https://deal book.nytimes.com/2011/08/29/the-
mystery-of-steve-jobss-public-giving/.

60p   '선의의 힘': "Tim Cook Wants Apple to Be a 'Force for Good,'" Cult of Mac, July 26, 2015, accessed September 13, 2018, www.cultofmac. com/251795/tim-cook-wants-apple-to-be-a-force-for-good.

61p   인종차별주의와 의로운 싸움을 벌인 대목에: Frankel, "The Roots of Tim Cook's Activism Lie in Rural Alabama."

61p   "앨라배마에서 일종의 아웃사이더로 성장한 그 경험이": "Tim Cook Tells Stephen Colbert Why He Came Out as Gay," CNNMoney, accessed September 13, 2018, https://money.cnn.com/video/technology/2015/09/16/tim-cook-apple-stephen-colbert-late-show.cnnmoney/index.html.

62p   "1960년대 앨라배마에서 자라며": Frankel, "The Roots of Tim Cook's Activism Lie in Rural Alabama."

62p   그의 친구 클라리사 브래드스톡은: Author interview with Clarissa Bradstock, February 2018.

63p   "로버츠데일이 자유주의의 보루라거나 뭐 그런 곳은 아니지요": Author interview with Patricia Todd, February 2018.

63p   "지역 주민들이 그가 동성애자라는 것을 알았다면": Author interview with Baldwin County resident, February 2018.

63p   "정말 큰 변화를 이끌어냈다고 생각해요": Author interview with Patricia Todd, February 2018.

64p   "만약 애플의 CEO가 게이라는 소식이": "Tim Cook Speaks Up."

65p   주민 한 명은 마을 사람 대다수가: Author interview with Robertsdale resident, June 2018.

65p   페이스북 페이지 '로버츠데일, 과거와 현재'를: www.facebook.com/groups/263546476993149/permalink/1948196945194752/.

65p   "불안한 일자리": Author interview with Dillan Gosnay, February 2018.

66p   현재 앨라배마주에는 인종이나 연령, 또는 성적 성향에 근거하여 차별을 금하는 명백한 법률이 없기 때문이다: "Employment Discrimination in Alabama," Findlaw, accessed September 13, 2018, https://corporate.findlaw.com/litigation-disputes/employment-discrimination-in-alabama.html.

66p   "앨라배마의 시민은 여전히": Associated Press, "Apple CEO Tim Cook Funds Gay Rights Initiative in Alabama," *Mercury News*, August 12, 2016, accessed September 13, 2018, www.mercurynews.com/2014/12/18/apple-ceo-tim-cook-funds-gay-rights-initiative-in-alabama.

66p   "팀은 법안에 자신의 이름이 붙는 걸 영광스럽게 생각했어요": Author interview with

Patricia Todd, February 2018.

67p   **2014년 12월:** Associated Press, "Tim Cook Makes Personal Donation to Gay Rights Campaign," *Guardian*, December 18, 2014, accessed September 13, 2018, www.theguardian.com/technology/2014/dec/18/apple-ceo-tim-cook-donation-gay-rights-campaign.

67p   **HRC의 '원아메리카프로젝트'는:** "Project One America," Human Rights Campaign, accessed September 13, 2018, www.hrc.org/campaigns/project-one-america.

67p   **쿡의 기부 이후 HRC는:** "About Us," Human Rights Campaign, accessed September 13, 2018, www.hrc.org/hrc-story/about-us.

67p   **"팀은 그렇게 기부를 하면서도":** Author interview with Patricia Todd, February 2018.

68p   **"만약 누군가가 10년 전에 앞으로 반차별의 가장 큰 옹호 집단이 군대와 기업이 될 거라고 말했다면":** Author interview with Patricia Todd, February 2018.

68p   **"나라는 사람의 인격 대부분은":** Erin Edgemon, "Apple's Tim Cook Talks MLK, Auburn, Coding During Birmingham Visit," AL.com, April 4, 2018, accessed September 13, 2018, www.al.com/news/birmingham/index.ssf/2018/04/tim_cook_talks_mlk_auburn_codi.html.

69p   **"중학교 1학년 때부터":** Finch, "Tim Cook."

69p   **"부유한 집안의 자녀들이 그 대학에 갔지요":** Hanno van der Bijl, "Apple's Tim Cook on Leadership, Workplace Diversity, Alabama and Auburn Rivalry," *Birmingham Business Journal*, June 1, 2018, accessed September 13, 2018, www.bizjournals.com/birmingham/news/2018/04/06/tim-cook-on-leadership-workplace-diversity-alabama.html.

70p   **"그는 불필요한 모든 것을 제거하며":** Kane, *Haunted Empire*, 98.

70p   **"저는 그 상을 받을 자격이 없습니다":** Kane, *Haunted Empire*, 99.

70p   **"차분하고":** Miguel Helft, "Tim Cook Is Running Apple, but Not Imitating Steve Jobs," *New York Times*, January 23, 2011, accessed September 13, 2018, www.nytimes.com/2011/01/24/technology/24cook.html.

71p   **"애플에 워낙 나보다 잘하는 사람이 많아서…"라고 농담한다:** Jasper Hamill, "Apple CEO Tim Cook Reveals How YOU Can Follow in His Footsteps," *The Sun*, October 13, 2017, accessed September 13, 2018, www.thesun.co.uk/tech/4663185/apple-ceo-tim-cook-reveals-a-big-career-secret-and-tells-how-you-can-follow-in-his-footsteps.

71p   **"내 스스로 얻은 것에만 의지할 수 있다고 믿는다":** "The Auburn Creed," Auburn

University, accessed September 13, 2018, www.auburn.edu/main/welcome/creed.html.

72p   **"여기에 담긴 정서는 단순하지만":** "Auburn University Spring 2010 Commencement Speaker Tim Cook," YouTube, posted by Auburn University, May 18, 2010, accessed September 13, 2018, www.youtube.com/watch?v=xEAXuHvzjao.

72p   **그 계기는 산학 연계 교육 프로그램에 등록한 것이었다:** Kane, *Haunted Empire*, 99.

73p   **"사실 나는 컴퓨터에 대해 별로 생각해본 적이 없었어요":** Kane, *Haunted Empire*, 99.

3장   '빅 블루'에서 사업을 배우다

77p   **가정용 컴퓨터 업계가:** U.S. Census Bureau, *Home Computers and Internet Use in the United States: August 2000* (Washington, DC: U.S. Department of Commerce, September 2001), www.census.gov/prod/2001pubs/p23-207.pdf.

78p   **35만 명이 넘는 직원을 두고 있을 정도였다:** "1981," IBM—Archives—History of IBM—United States, accessed September 13, 2018, www-03.ibm.com/ibm/history/history/year_1981.html.

78p   **IBM의 1565달러짜리 퍼스널컴퓨터는:** "IBM Personal Computer," Wikipedia, accessed September 13, 2018, https://en.wikipedia.org/wiki/IBM_Personal_Computer.

79p   **예를 들면 애플워치 시리즈3는:** "Apple Watch Series 3—Technical Specifications," Apple, accessed September 13, 2018, https://support.apple.com/kb/sp766?locale=en_US.

79p   **퍼스널컴퓨터의 첫 번째 브로슈어 중 하나에는:** "Full Text of 'Brochure: IBM Personal Computer (PC),'" accessed September 13, 2018, https://archive.org/stream/1982-ibm-personal-computer/1982-ibm-personal-computer_djvu.txt.

79p   **그해 연말:** "The Birth of the IBM PC," IBM—Archives—History of IBM—United States, accessed September 13, 2018, www-03.ibm.com/ibm/history/exhibits/pc25/pc25_birth.html.

79p   **회사는 애초에 5년에 걸쳐 25만 대를 팔 것이라 예상했지만:** "Encyclopedia,"

PC magazine, accessed September 13, 2018, www.pcmag.com/encyclopedia/term/44650/ibm-pc.

79p 1982년 한 해 동안 IBM과: "Personal Computer Market Share: 1975－2004," accessed September 13, 2018, www.retrocomputing.net/info/siti/total_share.html.

80p "특정한 프로세스가 되는 경우가 있다": Otto Friedrich, "The Computer Moves In," *Time*, January 3, 1983, accessed September 13, 2018, http://content.time.com/time/subscriber/article/0,33009,953632-3,00.html.

80p "그들은 그 잡지를 내게 페덱스로 보냈지요": Walter Isaacson, *Steve Jobs* (New York: Simon & Schuster, 2011), 567.

81p 쿡이 IBM에 입사했을 때: Author interview with Dick Daugherty, February 2018.

82p 근무일에는 늘 100대에 달하는 트레일러트럭이: Author interview with Gene Addesso, February 2018.

82p 그렇게 포장까지 완료되면: Author interview with Gene Addesso, February 2018.

83p "JIT 제조란": Author interview with Gene Addesso, February 2018.

83p JIT 철학은: "Just-in-Time Manufacturing," Wikipedia, accessed September 13, 2018, https://en.wikipedia.org/wiki/Just-in-time_manufacturing.

83p "유동 작업 방식이다": Taiichi Ohno, *Toyota Production System: Beyond Large-Scale Production* (London: CRC Press, 2014), 4.

84p "물론 때로는 고객이 필요 이상으로 구입할 수도 있다": Ohno, Toyota Production System, 26.

84p "구입할 가치가 없다는 사실을 깨달았다": Henry Ford, *My Life and Work: An Autobiography of Henry Ford* (Greenbook Publications, 2010), Kindle edition, https://www.amazon.com/dp/B00306KYVQ/.

85p 직원들의 사기도 21퍼센트 진작되었다: Deby Veneziale, "Workshop Report: Continuous Flow Manufacturing at IBM Tucson," Summer 1989, www.ame.org/sites/default/files/target_articles/89Q2A3.pdf.

85p "그 일은 생각보다 까다롭고 힘든 직무였다": Author interview with Dick Daugherty, February 2018.

87p "내가 그를 나의 하이포 리스트에 1위로 올렸지요": Author interview with Dick Daugherty, February 2018.

87p "내 생각에 가장 인상적이었던 부분은": Author interview with Ray Mays, March

2018.

88p   "회사에서는 그런 친구들에게 번갈아 다른 임무를 맡기며": Author interview with Ray Mays, March 2018.

88p   "누가 IBM의 공장 경영진에게 프레젠테이션하도록 뽑혔을까요?": Author interview with Dick Daugherty, February 2018.

88p   "누구든 그 친구를 보면 리더가 될 재목이라는 것을 알 수 있었어요": Author interview with Gene Addesso, February 2018.

89p   "당시 뉴욕시에 있던 홍보부에서": Author interview with Ray Mays, March 2018.

90p   "회사에서 하루 종일 일하고": Author interview with Ray Mays, March 2018.

90p   "일머리가 탁월한 사람이에요": Author interview with Greg Joswiak, March 2018.

91p   "비즈니스에 종사하는 사람들은": "Apple CEO and Fuqua Alum Tim Cook Talks Leadership at Duke," YouTube, posted by Duke University Fuqua School of Business, accessed September 13, 2018, www.youtube.com/playlist?list=PLwEToxwSycW1uqGG-iYZOERU0WBTKIAMt.

93p   "동료들과 협력해서 일하고 팀도 이끄는 사람이잖아요": Author interview with Gene Addesso, February 2018.

93p   "매사에 신중하고": Author interview with Dick Daugherty, February 2018.

93p   "사람들은 그와 함께 일하는 것을 좋아했어요": Author interview with Ray Mays, March 2018.

94p   아데소는 그가 성생활을 매우 사적으로 유지했다고 말한다: Author interview with Gene Addesso, February 2018.

94p   "나는 전혀 몰랐어요": Author interview with Gene Addesso, February 2018.

95p   "최대한 서둘렀는데도 연말까지 맞춰야 할 할당량에 한참 모자랐지요": Author interview with Dick Daugherty, February 2018.

96p   "동원 가능한 모든 트레일러트럭으로": Author interview with Ray Mays, March 2018.

97p   이 회사는 쿡이 합류하고 몇 년 후에 사라졌지만: Edward O. Welles, "When a Billion-Dollar Company Ain't Enough," *Inc.*, May 1, 1995, accessed September 13, 2018, www.inc.com/magazine/19950501/2265.html.

97p   쿡이 자리를 옮겨 온전히 한 해를 일한 1995년: Edgar Online, Intelligent Electronics Inc Form Def 14A, July 23, 1996, http://b4utrade.brand.edgar-online.com/efxapi/EFX_dll/EDGARpro.dll?FetchFilingCONVPDF1?

SessionID=GReEUbNUi2_sIft&ID=1469265.

97p   "돈이 되니까 움직인 겁니다": Author interview with Ray Mays, March 2018.

98p   이 소식은 그로 하여금: Yukari Iwatani Kane, "The Job After Steve Jobs: Tim Cook and Apple," *Wall Street Journal*, March 1, 2014, accessed September 13, 2018, www.wsj.com/articles/the-job-after-steve-jobs-tim-cook-and-apple-1393637952.

98p   결국 그의 증상은 '엄청난 무게의 짐을 떠안고 일하던' 결과로 밝혀졌지만: Kane, "The Job After Steve Jobs."

99p   1997년 2월 컴팩은: "Compaq Offers Cheap PCs," CNNMoney, accessed September 13, 2018, https://money.cnn.com/1997/02/20/technology/compaq/.

99p   사이릭스 칩은 그때까지 알려진 바 없는 회사에서 나온 제품이라: "The Secret History of the Sub-$1,000 Computer," CNET, accessed October 4, 2018, https://www.cnet.com/news/the-secret-history-of-the-sub-1000-computer/

100p   컴팩은 프레사리오2000 제품군 덕분에: "Compaq 4Q Net Grows," CNNMoney, accessed September 13, 2018, https://money.cnn.com/1999/01/27/companies/compaq/.

101p   "우리가 업계 전체에 충격파를 던지는 겁니다": "Compaq Launches New Business Model Creating Customer Value Revolution," Business Wire, July 10, 1997.

101p   "ODM을 지속적으로 가다듬어": *Business Wire* press release in Nexis, "Compaq Lowers Prices Across It Entire Deskpro Line by Up to 18 Percent," February 2, 1998.

101p   "ODM을 채택함으로써 컴팩은": Peter C. Y. Chow and Gill Bates, eds., *Weathering the Storm: Taiwan, Its Neighbors, and the Asian Financial Crisis* (Washington, DC: Brookings Institution, 2000), 181.

102p   "팀 쿡은 조달 업무에 빠삭했지요": Isaacson, *Steve Jobs*, 360.

4장   파산 직전 회사에서 맞이한 일생일대의 기회

107p   1998년 3월 11일 쿡이 합류할 당시 애플은: "Tim Cook Joins Apple as Senior Vice President of Worldwide Operations," March 11, 1998, available at Internet Archive, accessed September 13, 2018, web.archive.org/web/19980429150102/http://www.apple.com:80/pr/library/1998/mar/11org.html.

107p **당시는 스티브 잡스가 임시 CEO, 즉 'iCEO'로 애플에 복귀한 지:** Mark Leibovich, "Jobs Drops 'Interim' Title, Apple Chief Executive Affirms His Commitment," *Washington Post*, January 6, 2000, accessed September 13, 2018, www.washingtonpost.com/wp-srv/WPcap/2000-01/06/014r-010600-idx.html.

108p **직원 수는 1만 3000명이 넘었고:** Apple Inc., "SEC Filings," Form 10-K, December 1994, accessed September 13, 2018, http://investor.apple.com/secfiling.cfm?filingid=320193-94-16&cik=320193.

108p **윈도 95는 컴퓨팅 세계에 가히 충격적인 지각 변동을 일으켰다:** Jonathan Chew, "Microsoft Launched This Product 20 Years Ago and Changed the World," *Fortune*, August 24, 2015, accessed September 13, 2018, http://fortune.com/2015/08/24/20-years-microsoft-windows-95/.

108p **1995년 4억 달러가 넘는 이익을 기록하던 회사는:** Reuters, "iMac, Therefore I Make Money," *Wired*, October 12, 1998, accessed September 13, 2018, www.wired.com/1998/10/imac-therefore-i-make-money/.

109p **1996년 일사분기에 6900만 달러의 손실을 보고했다:** "Apple Loss Hits $69 Million," CNET, January 18, 1996, accessed September 13, 2018, www.cnet.com/news/apple-loss-hits-69-million/.

109p **그리고 이사분기에는 손실이 엄청나게 불어나:** Jim Carlton, "Apple Sees $700 Million Loss in Quarter After Write-Downs," *Wall Street Journal*, March 29, 1996, accessed September 13, 2018, www.wsj.com/articles/SB868490956869493000.

109p **그 결과 애플은 직원을 정리 해고하며:** Elizabeth Corcoran, "Spindler Is Out at Apple," Washington Post, February 3, 1996, accessed September 13, 2018, www.washingtonpost.com/archive/business/1996/02/03/spindler-is-out-at-apple/4ec75ebd-8d56-43aa-8a7c-4320314ca30b/?utm_term=.cb58e4aea0c4.

109p **아멜리오가 재임한 18개월간:** Steve Lohr, "Apple Computer Ousts Chief in Response to Poor Results," *New York Times*, July 10, 1997, accessed September 13, 2018, www.nytimes.com/1997/07/10/business/apple-computer-ousts-chief-in-response -to-poor-results.html.

109p **그러나 그런 아멜리오도 한 가지만은 제대로 했으니:** John Markoff, "Steven Jobs Making Move Back to Apple," *New York Times*, December 21, 1996, accessed September 13, 2018, www.nytimes.com/1996/12/21/business/steven-jobs-making-move-back-to-apple.html.

110p **"나도 뭐가 뭔지 모르겠는데":** "Steve Jobs WWDC 1998 Keynote (Part 1)," YouTube, posted by AppleKeynotes, October 23, 2007, accessed September 13, 2018, www.youtube.com/watch?v=YJGcJgpOU9w.

111p **임원 중 한 명은 그의 계획에 자살행위나 마찬가지라는 반응을 보였다:** P. Burrows and R. Grover, "Steve Jobs' Magic Kingdom," *Bloomberg Businessweek*, February 6, 2006, accessed September 13, 2018, www.bloomberg.com/news/articles/2006-02-05/steve-jobs-magic-kingdom.

111p **팰로앨토의 이웃 주민들은:** Alan Deutschman, *The Second Coming of Steve Jobs* (Milsons Point, NSW: Random House International, 2001), 261.

112p **그 짓궂은 직원은:** Yukari Iwatani Kane, *Haunted Empire: Apple After Steve Jobs* (London: William Collins, 2015).

112p **직원들은 녹초가 될 때까지 일할 것으로 기대되었고:** Deutschman, *The Second Coming of Steve Jobs*, 257.

113p **1993년 애플은 파워북 랩톱을 출시하며 인기를 끌 것으로 예상했다:** James Daly, "Apple Excess Inventory Spawns Macintosh Auctions," *ComputerWorld*, November 15, 1993, available at Google Books, https://books.google.com/books?id=Od_7AEHBZvgC&pg=PA61&lpg=PA61#v=onepage&q&f=false.

113p **수요를 부적절할 정도로 너무 적게 잡아:** Mike Langberg, "1995: Is Apple Walking the Wrong Path?," *Mercury News*, October 2, 1995, accessed September 13, 2018, www.mercurynews.com/2014/08/29/1995-is-apple-walking-the-wrong-path.

113p **새로운 1995 파워맥에 대한 고객들의 선주문은:** Tom Quinlan, "Power Macs an Instant Hit with Apple's Core Following," *Infoworld*, March 21, 1994, available at Google Books, https://books.google.ca/books?id=DTsEAAAAMBAJ&lpg=PA22&pg=PA33#v=onepage&q&f= false.

113p **"성능 면의 우위를 마침내 되찾았을 뿐 아니라":** "Power Macintosh 6100/60" (review), *Macworld*, no. 9406, June 1994, available at https://archive.org/stream/MacWorld_9406_June_1994#page/n57/mode/2up, accessed September 13, 2018.

114p **《샌프란시스코크로니클》은:** "Power Mac Shortage Bruises Apple," San Francisco Chronicle, March 22, 1995, accessed September 13, 2018, www.sfgate.com/business/article/Power-Mac-Shortage-Bruises-Apple-3040630.php.

114p "애플은 모뎀과 맞춤형 칩 같은 주요 부품을 때맞춰 수급할 수 없었다": Robert B. Handfield and Ernest L. Nichols Jr., *Supply Chain Redesign: Transforming Supply Chains into Integrated Value Systems* (Upper Saddle River, NJ: FT Press, 2002), 129.

114p 애플로서는 사상 최악의 해가 아닐 수 없었다: David Kiger, "Apple and the 1995 Disaster: What Happened and How They Recovered," *David Kiger* (blog), July 18, 2016, accessed September 13, 2018, http://aboutdavidkiger. net/apple-1995-disaster-happened-recovered/.

114p 업계 전문지 《서플라이체인다이제스트》는: "The 11 Greatest Supply Chain Disasters," *Supply Chain Digest*, January 2006, www.scdigest.com/assets/ reps/SC Digest_Top-11-SupplyChainDisasters.pdf.

115p 오늘날에도 애플은 정확히 같은 이유로 자체 설계 칩 등과 같은 맞춤형 부품에 대한 투자를 늘리고 있다: Nate Lanxon, "Apple Supplier Dialog Falls on Report of In-House Chip Move," Bloomberg, November 30, 2017, accessed September 13, 2018, www.bloomberg.com/news/articles/2017-11-30/ apple-reportedly-making-in-house-power-chips-in-blow-to-dialog.

115p '다소 소심하게': Bloomberg News, "Company News; Apple Discloses Shortages of High-End Units," *New York Times*, March 22, 1995, accessed September 13, 2018, www.nytimes.com/1995/03/22/business/ company-news-apple-discloses-shortages-of-high-end-units.html.

115p "투자자들은 이런 종류의 일이 발생하는 것을 끔찍이 싫어한다": "Power Mac Shortage Bruises Apple," *San Francisco Chronicle*, March 22, 1995, accessed September 13, 2018, www.sfgate.com/business/article/Power- Mac-Shortage-Bruises-Apple-3040630.php.

117p 애플은 1996년 처음으로: Joel West, *Apple Computer: The iCEO Seizes the Internet* (Irvine, CA: Personal Computing Industry Center, October 2002), ftp://ftp.apple.asimov.net/pub/apple_II/documentation/misc/ APPLE_Computer_Inc._Intro_Article_3.pdf.

117p 회로기판 공장을 냇스틸일렉트로닉스라는 전자제품 하청업체에 매각하고: West, *Apple Computer: The iCEO Seizes the Internet*.

117p "경영자가 된 겁니다": Isaacson, *Steve Jobs* (New York: Simon & Schuster, 2011), 573.

118p 잡스는 그의 '무례한' 촌평을 공개적으로 나무랐지만: "Today in Apple History: Michael Dell Says He'd Shut Down Apple," Cult of Mac, https://www. cultofmac.com/448147/today-apple-history-michael-dell-says-hed- shut-apple-refund-shareholders/.

119p "어쨌든 스티브는 내가 속한 업계를 창출한 인물이 아닙니까": Sam Colt, "Tim Cook Gave His Most In-Depth Interview to Date—Here's What He Said," Business Insider, September 20, 2014, accessed September 13, 2018, www.businessinsider.com/tim-cook-full-interview-with-charlie-rose-with-transcript-2014-9.

119p 미팅을 마치자마자 쿡은: "Tim Cook on Apple TV (Sept 12, 2014) | Charlie Rose Show," YouTube, posted by Charlie Rose, September 12, 2014, accessed September 13, 2018, www.youtube.com/watch?v=oBMo8Oz9jsQ.

120p "제가 조언을 구한 한 CEO는": "Auburn University Spring 2010 Commencement Speaker Tim Cook," YouTube, posted by Auburn University, May 18, 2010, accessed September 13, 2018, www.youtube.com/watch?v=xEAXuHvzjao.

120p "그렇게 하라고 권한 사람은 말 그대로 주변에 단 한 명도 없었노라": Colt, "Tim Cook Gave His Most In-Depth Interview to Date."

120p "나의 평소 지론이었지요": Colt, "Tim Cook Gave His Most In-Depth Interview to Date."

120p "첫 면접 자리에서 나는 채 5분도 지나지 않아": Isaacson, Steve Jobs, 573.

121p "애플에서 일하는 것은": "Auburn University Spring 2010 Commencement Speaker Tim Cook."

121p 잡스는 많은 부분을 믿고 맡길 수 있는 파트너를 얻은 셈이었다: Isaacson, Steve Jobs, 573.

121p 잡스는 1998년 3월, 37세의 팀 쿡을 기본 연봉 40만 달러와 특별 보너스 50만 달러에 세계 전역의 사업 운영 부문 수석 부사장으로 영입했다: Doug Bartholomew, "What's Really Driving Apple's Recovery," IndustryWeek, March 16, 1999, accessed September 13, 2018, www.industryweek.com/companies-amp-executives/whats-really-driving-apples-recovery.

122p "스티브가 팀의 면접을 보던 시절이 기억나는데요": Author interview with Greg Joswiak, March 2018.

122p "짐작하시겠지만": West, Apple Computer: The iCEO Seizes the Internet.

123p "사업 감각까지 갖춘 인물이었다": Author interview with Greg Joswiak, March 2018.

123p "지금까지도 팀을 처음 만난 날이 기억나요": Author interview with Deirdre O'Brien, March 2018.

123p 그녀는 현재 애플의 홍보 책임자로 일하며: Author interview with Deirdre

O'Brien, March 2018.

125p 쿡은 애플에 합류하고 고작 7개월 만에: Owen Thomas, "Apple's Recipe: Just One Cook," *Owen Thomas Is Still in Beta* (blog archive), March 21, 2018, accessed September 13, 2018, https://owenthomas.wordpress. com/1998/10/16/apples-recipe-just-one-cook/.

127p 전문가용 파워북은 쿠안타에: West, *Apple Computer: The iCEO Seizes the Internet.*

127p 팔리지 않은 컴퓨터의 엄청난 재고이지 않았는가: David Bovet and Joseph Martha, "Value Nets: Reinventing the Rusty Supply Chain for Competitive Advantage," *Strategy & Leadership* 28, no. 4 (July 1, 2000): 21–26. doi:10.1108/10878570010378654.

127p "창고가 있으면 재고가 쌓이기 마련이지요": Bovet and Martha, "Value Nets."

127p "재고는 낙농 사업처럼 관리해야 합니다": Adam Lashinsky, "Apple's Tim Cook: The Genius Behind Steve Jobs," *Fortune*, November 24, 2008, accessed September 10, 2018, http://fortune.com/2008/11/24/apple-the-genius-behind-steve/.

128p 부품은 필요할 때만 공급업체에 주문했고: Bartholomew, "What's Really Driving Apple's Recovery."

129p 쿡이 애플에서 일을 시작하고 7개월 만에: Thomas, "Apple's Recipe: Just One Cook."

129p 1998년 쿡은 애플이 회생 노력을 기울이기 이전부터 방치된 채 쌓아온 수만 대의 미판매 맥을 매립지로 보내 없애버렸다: Brent Schlender and Rick Tetzeli, *Becoming Steve Jobs: The Evolution of a Reckless Upstart into a Visionary Leader* (Toronto: Signal, 2016), 223.

130p 그 중요한 축제 시즌에 고객에게 컴퓨터가 시기적절하게 배송되도록: Paul Simpson, "Tim Cook: The 'Cool Customer' Behind Apple's Supply Chain Success," *Supply Management*, January 18, 2016, accessed September 13, 2018, www.cips.org/supply-management/analysis/2016/february/tim-cook-the-cool-customer-behind-apples-supply-chain-success/.

130p 애플은 제품을 빠른 속도로 고객에게 제공하는 한편: Simpson, "Tim Cook: The 'Cool Customer' Behind Apple's Supply Chain Success."

131p 조너선 아이브와 대니 코스터를 비롯한 디자이너: Author interview with Gautam Baksi, April 2013.

5장 아웃소싱으로 애플을 구하다

135p 1997년 10억 달러가 넘는 순손실을 보고한 회사가: "Apple 4Q Caps Profitable 1998," CNNMoney, accessed September 13, 2018, https://money.cnn.com/1998/10/14/technology/apple/.

135p "애플이 이번 분기에 업계보다 더 빠르게 성장했습니다": "Apple 4Q Caps Profitable 1998."

136p "정말 열심히 일했다": Author interview with Deirdre O'Brien, March 2018.

136p "우리가 취한 방식은 그게 아니었다는 얘기지요": Author interview with Deirdre O'Brien, March 2018.

138p "그런 복잡하고 고도로 소형화된 기기의 조립에서는": Leander Kahney, "Ex-Apple Engineer Tells How the Company's Manufacturing Works," Cult of Mac, June 29, 2017, accessed September 13, 2018, www.cultofmac.com/488624/revolutionizing-manufacturing-using-machine-learning-podcast-transcript/.

138p 폭스콘 조립 공장은 여타의 조립 공장과 비슷하게: Kahney, "Ex-Apple Engineer Tells How the Company's Manufacturing Works."

139p 대학 캠퍼스 같다고 묘사하기도 했다: John Vause, "Inside China Factory Hit by Suicides," CNN, June 2, 2010, accessed September 13, 2018, http://edition.cnn.com/2010/WORLD/asiapcf/06/01/china.foxconn.inside.factory/index.html.

139p 또한 폭스콘은 아시아의 다른 지역과 남미, 그리고 유럽에도 공장을 두고 있다: Author interview with Duane O'Very, April 2018.

140p 폭스콘은 과거 첫 번째 아이폰을 생산할 때도 그런 유연성을 여실히 보여준 바 있다: Charles Duhigg and Keith Bradsher, "How the U.S. Lost Out on iPhone Work," *New York Times*, January 21, 2012, accessed September 13, 2018, www.nytimes.com/2012/01/22/business/apple-america-and-a-squeezed-middle-class.html.

140p 폭스콘은 8000명이 넘는 직원을: Duhigg and Bradsher, "How the U.S. Lost Out on iPhone Work."

141p "폭스콘에서는 그런 일을 아주 쉽게 처리할 수 있어요": Author interview with Gautum Baksi, April 2013.

141p "하룻밤 사이에 3000명을 고용할 수 있었어요": Duhigg and Bradsher, "How the U.S. Lost Out on iPhone Work."

143p "사실이 분명해졌지요": Author interview with Deirdre O'Brien, March 2018.

143p 1999년 9월: Alan Deutschman, *The Second Coming of Steve Jobs* (Milsons Point, NSW: Random House International, 2001), 279.

144p 2004년 잡스는 쿡을 매킨토시 하드웨어 부문의 책임자로 임명했고: "Tim Cook Named COO of Apple," Apple, October 14, 2005, accessed September 13, 2018, www.apple.com/newsroom/2005/10/14Tim-Cook-Named-COO-of-Apple/.

144p "그동안 팀이 이런저런 업무를 잘 수행해오지 않았습니까": "Tim Cook Named COO of Apple."

146p 잡스는 애플 칩 제조업체에서 제시간에 충분한 양의 칩을 제공하지 못할 경우 관계자들의 면전에 대고 "엿 같은 멍청이 고자 자식들"이라고 욕을 할 수 있는 인물이었다: Walter Isaacson, *Steve Jobs* (New York: Simon & Schuster, 2011), 359.

146p "그는 아주 조용한 리더입니다": Author interview with Greg Joswiak at Apple Park, March 2018.

147p "그는 10개의 질문을 던집니다": Adam Lashinsky, "Apple's Tim Cook: The Genius Behind Steve Jobs," *Fortune*, November 24, 2008, accessed September 10, 2018, http://fortune.com/2008/11/24/apple-the-genius-behind-steve/.

147p "직원들은 그와 미팅하는 순간을 두려워했어요": Adam Lashinsky, *Inside Apple: How America's Most Admired—and Secretive—Company Really Works* (London: John Murray, 2012), 220.

147p "그 숫자가 맞아요?": Yukari Iwatani Kane, *Haunted Empire: Apple After Steve Jobs* (London: William Collins, 2015), 101.

148p "그들은 담당자가 문제를 이해하는지 알고 싶은 겁니다": Author interview with Helen Wang, March 2018.

148p "모든 게 가능하다": Author interview with Helen Wang, March 2018.

149p "고위 간부들은 직원들에게 많은 권한을 부여했습니다": Author interview with Helen Wang, March 2018.

150p 그는 집에 들러 갈아입을 옷을 챙기는 일조차 생략했다: Lashinsky, "Apple's Tim Cook: The Genius Behind Steve Jobs."

150p "팀의 이메일을 두세 통씩 받곤 했다": Author interview with Bruce Sewell, March 2018.

151p "정말 운동을 많이 하는 사람이에요": Author interview with Bruce Sewell, March 2018.

151p   지금도 그렇지만 그에게 일은: Lashinsky, "Apple's Tim Cook: The Genius Behind Steve Jobs."

151p   "나는 지는 것을 싫어한다": Kane, *Haunted Empire*, 103.

151p   "스포츠에서와 마찬가지로 비즈니스에서도": "Auburn University Spring 2010 Commencement Speaker Tim Cook," YouTube, posted by Auburn University, May 18, 2010, accessed September 13, 2018, www.youtube. com/watch?v=xEAXuHvzjao.

152p   "저는 팀과 나머지 경영팀이 훌륭하게 일을 수행할 것임을 잘 알고 있습니다": "Letter from Steve Jobs to Apple Employees," Reuters, January 15, 2009, accessed September 13, 2018, www.reuters.com/article/us-steve -jobs-letter-sb-idUSTRE50D7JG20090115.

152p   잡스가 그렇게 자리를 비운 동안: "Apple Sells One Million iPhone 3Gs in First Weekend," Apple, July 14, 2008, accessed September 13, 2018, www. apple.com/newsroom/2008/07/14Apple-Sells-One-Million-iPhone- 3Gs-in-First-Weekend/.

152p   잡스는 예정대로 돌아와: "Steve Jobs: 'I'm Vertical,'" *Entertainment Weekly*, September 9, 2009, accessed September 13, 2018, https://ew.com/ article/2009/09/09/steve-jobs-im-vertical/.

152p   실제로 그토록 훌륭하게 직무를 수행했기에 쿡은: David Goldman, "Steve Jobs Takes Medical Leave of Absence," CNNMoney, January 17, 2011, accessed September 13, 2018, https://money.cnn.com/2011/01/17/ technology/steve_jobs_leave/index.htm.

6장   스티브 잡스를 대체하다

158p   쿡은 잡스 사후에 열린 첫 키노트에서 주역을 맡아: "Apple Special Event March 7 2012 iPad 3 the New iPad Full Apple Keynote March 2012 (Full)," YouTube, posted by kent880821, March 8, 2012, accessed September 13, 2018, www.youtube.com/2watch?v=z5yCqaf9yBc.

160p   큰 문제가 아니었다: Matthew Panzarino, "Apple 'Misses' in Q3, but Beats Own Estimates with Record iPad Sales," The Next Web, July 25, 2012, accessed September 13, 2018, https://thenextweb.com/ apple/2012/07/24/apple-q3-2012-35b-revenue-8-8b-profit-with-9- 32-eps-26m-iphones-17m-ipads-sold/.

161p **2012년 5월:** Millward Brown, "Top Brands Thrive Despite Economy According to Millward Brown's Latest BrandZ[TM] Top 100 Most Valuable Global Brands Study," PR Newswire, May 2, 2012, accessed September 13, 2018, www.prnewswire.com/news-releases/top-brands-thrive-despite-economy-according-to-millward-browns-latest-brandztm-top-100-most-valuable-global-brands-study-152379145.html.

161p **"기업가치가 141억 달러 이상으로 평가되는 삼성은 이제":** Jon Russell, "Apple Ranked Top as Tech Firms Dominate Global Brand Report," The Next Web, May 22, 2012, accessed September 13, 2018, https://thenextweb.com/apple/2012/05/22/apple-beats-ibm-and-google-to-top-global-brand-report-as-tech-firms-dominate/.

161p **오의 재임 기간은 고작 17개월이었다:** *Korea Herald*/Asia News Network, "Apple Korea Chief Gets Pink Slip by Email," accessed September 13, 2018, http://www.koreaherald.com/view.php?ud=20121024000338.

161p **2012년 7월:** Philip Elmer-Dewitt, "Apple's MobileMe Is Dead—but You Can Still Retrieve Your Files," *Fortune*, July 1, 2012, accessed September 13, 2018, http://fortune.com/2012/07/01/apples-mobileme-is-dead-but-you-can-still-retrieve-your-files/.

161p **또한 애플은 9월 말에:** Christina Bonnington, "So Long, Ping: Apple Shuttering Failed Social Network Sept. 30," *Wired*, September 13, 2012, accessed September 13, 2018, www.wired.com/2012/09/goodbye-ping/.

162p **"애플이 소셜 네트워크를 보유할 필요가 없다":** Macworld Staff, "Tim Cook at D10: In His Own Words," *Macworld*, May 29, 2012, accessed September 13, 2018, www.macworld.com/article/1167008/tim_cook_at_d10_in_his_own_words.html?page=2.

162p **쿡은 2012년:** "Apple Announces Changes to Increase Collaboration Across Hardware, Software & Services," Apple, October 29, 2012, accessed September 13, 2018, www.apple.com/newsroom/2012/10/29Apple-Announces-Changes-to-Increase-Collaboration-Across-Hardware-Software-Services/.

163p **"나는 점심시간이 없어요":** Rupert Neate, "Dixons Boss John Browett Swaps Hemel Hempstead for Apple's California HQ," *Guardian*, January 31, 2012, accessed September 13, 2018, www.theguardian.com/business/2012/jan/31/dixons-boss-john-browett-apple.

164p **"많은 사람과 이야기를 나눠보고":** Kevin Rawlinson, "Former Dixons Executive

John Browett Shown the Door at Apple," *Independent*, October 31, 2012, accessed September 13, 2018, www.independent.co.uk/life-style/gadgets-and-tech/news/former-dixons-executive-john-browett-shown-the-door-at-apple-8262120.html.

164p **"그간의 변화가 실수였음을 인지하고":** Rawlinson, "Former Dixons Executive John Browett Shown the Door at Apple."

165p **"내가 그저 그들의 사업 운영 방식에 어울리지 않았던 겁니다":** James Titcomb, "Why New Apple Retail Chief's British Predecessor John Browett Was Fired," *Telegraph*, October 15, 2013, accessed September 13, 2018, www.telegraph.co.uk/finance/newsbysector/retailandconsumer/10379517/Why-new-Apple-retail-chiefs-British-predecessor-John-Browett-was-fired.html.

166p **2011년 잡스의 사망 직후 《블룸버그비즈니스위크》는:** Adam Satariano, Peter Burrows, and Brad Stone, "Scott Forstall, the Sorcerer's Apprentice at Apple," *Bloomberg Businessweek*, October 13, 2011, accessed September 10, 2018, www.bloomberg.com/news/articles/2011-10-12/scott-forstall-the-sorcerers-apprentice-at-apple.

166p **《포천》의 기자 애덤 라신스키는:** Philip Elmer-Dewitt, "Scott Forstall Is Apple's 'CEO-in-Waiting' Says New Book," *Fortune*, January 17, 2012, accessed September 10, 2018, http://fortune.com/2012/01/17/scott-forstall-is-apples-ceo-in-waiting-says-new-book/.

167p **포스톨이 아이폰 4S 키노트에서 시리를 소개했을 때:** "Apple Knowledge Navigator Video (1987)," YouTube, posted by Mac History, March 4, 2012, accessed September 13, 2018, www.youtube.com/watch?v=umJsITGzXd0.

168p **그런데 애플 버전에서 시리는:** Todd Wasserman, "Wozniak: Siri Was Better Before Apple Bought It," Mashable, June 15, 2012, accessed September 13, 2018, https://mashable.com/2012/06/15/wozniak-on-siri/#EepIlr_2_8q8.

168p **또 다른 AI 스타트업을 창업한 것이다:** Cromwell Schubarth, "Now We Know What Siri's Creators and Investors Got When They Sold Viv to Samsung," *Silicon Valley Business Journal*, March 1, 2017, accessed September 13, 2018, www.bizjournals.com/sanjose /news/2017/03/01/now-we-know-what-siris-creators-and-investors-got.html.

168p **애플의 매핑 소프트웨어는:** "Apple Previews iOS 6 with All New Maps, Siri Features, Facebook Integration, Shared Photo Streams & New Passbook App," Apple, August 31, 2018, accessed September 13, 2018, www.

apple.com/newsroom/2012/06/11Apple-Previews-iOS-6-With-All-New-Maps-Siri-Features-Facebook-Integration-Shared-Photo-Streams-New-Passbook-App/.

169p 《뉴욕타임스》는: David Pogue, "Apple's New Maps App Is Upgraded, but Full of Snags—Review," *New York Times*, September 26, 2012, accessed September 13, 2018, www.nytimes.com/2012/09/27/technology/personaltech/apples-new-maps-app-is-upgraded-but-full-of-snags-review.html.

169p 애플의 한 중역이: Yukari Iwatani Kane, *Haunted Empire: Apple After Steve Jobs* (London: William Collins, 2015), 236.

169p 《비즈니스인사이더》의 저널리스트 제이 야로는: Jay Yarow, "The Apple Maps Disaster Is Really Bad News for Apple's 'CEO-in-Waiting,' " Business Insider, September 28, 2012, accessed September 13, 2018, www.businessinsider.com/scott-forstall-apple-maps-2012-9.

170p "애플은 가능한 한 최고의 경험을 고객에게 제공하는 세계 정상급의 제품을 만들기 위해 노력하고 있습니다": Brian X. Chen, "Tim Cook Apologizes for Apple's Maps," *New York Times*, September 28, 2012, accessed September 13, 2018, https://bits.blogs.nytimes.com/2012/09/28/tim-cook-maps/.

171p "일종의 굴욕으로": "Tim Cook's Apology for Apple Maps: Proof He's No Steve Jobs?," *The Week*, September 28, 2012, accessed September 13, 2018, http://theweek.com/articles/471907/tim-cooks-apology-apple-maps-proof-hes-no-steve-jobs.

171p 아이폰 4가 출시되었을 때: Doug Gross, "Apple on iPhone Complaints: You're Holding It Wrong," CNN, June 25, 2010, accessed September 13, 2018, www.cnn.com/2010/TECH/mobile/06/25/iphone.problems.response/index.html.

171p "모든 면에서 대담하고 단호한 리더": Author interview with Greg Joswiak, March 2018.

172p 포스톨의 퇴사는 내부 직원들의: Leo Kelion, "Tony Fadell: From iPod Father to Thermostat Start-up," BBC News, November 29, 2012, accessed September 13, 2018, www.businessinsider.com/ipod-inventor-fired-apple-exec-scott-forstall-got-what-he-deserved-2012-11.

172p "개입하려 했어요": Author interview with former Apple employee, September 2014.

172p "그러니까 위대한 제품과 놀라운 인재들이 있는 애플이": Kelion, "Tony Fadell: From iPod Father to Thermostat Start-up."

173p "기여하는 부분도 많았고": Author interview with Horace Dediu, March 2018.

173p "이런 식으로 느꼈을 겁니다": Author interview with Horace Dediu, March 2018.

174p 그는 경영진을 개편한 일이: Josh J. Tyrangiel, "Tim Cook's Freshman Year: The Apple CEO Speaks," Bloomberg, December 6, 2012, accessed September 13, 2018, www.bloomberg.com/news/articles/2012-12-06/tim-cooks-freshman-year-the-apple-ceo-speaks.

174p "A플러스급 협력이 필요한 것이지요": Tyrangiel, "Tim Cook's Freshman Year."

175p "빠르게 움직이는 조직이 될 수 없습니다": Tyrangiel, "Tim Cook's Freshman Year."

175p "구글맵을 버리고": Dan Crow, "We've Passed Peak Apple: It's All Downhill from Here," Guardian, November 7, 2012, accessed September 13, 2018, www.theguardian.com/technology/2012/nov/07/peak-apple.

176p 2013년 1월: Ian Sherr and Evan Ramstad, "Has Apple Lost Its Cool to Samsung?," *Wall Street Journal*, January 28, 2013, accessed September 14, 2018, www.wsj.com/articles/SB10001424127887323854904578264090074879024.

176p "우리는 지금이 1997년과 흡사하다고 생각합니다": Jay Yarow, "Phil Schiller Exploded on Apple's Ad Agency in an Email," Business Insider, April 7, 2014, accessed September 14, 2018, www.businessinsider.com/phil-schiller-emails-2014-4.

177p "지금은 1997년이 아닙니다": Yarow, "Phil Schiller Exploded on Apple's Ad Agency in an Email."

178p 2006년 이래 애플은: "(PRODUCT)REDTM," Apple, accessed September 14, 2018, www.apple.com/product-red/.

178p 자선 사업에 기부할 계획이다: Adam Lashinsky, "Apple's Tim Cook Leads Different," Fortune, March 25, 2015, http://fortune.com/2015/03/26/tim-cook.

179p 애플이 스탠퍼드대학병원에 5000만 달러를 기부했다는 사실 또한 밝혔다: "Apple Support for Charity," MacRumors.com Help Center, accessed September 14, 2018, https://macrumors.zendesk.com/hc/en-us/articles/202084918-Apple-Support-for-Charity.

178p 해당 경매로 61만 달러를 확보하는: "Robert F. Kennedy Center's 6th Annual Spring Auction Raises over $1.1 Million at Charitybuzz.com," Charitybuzz, May 15, 2013, accessed September 14, 2018, www.

charitybuzz.com/press_releases/646.

180p **"기쁜 마음으로 알립니다":** Dawn Chmielewski, "Apple's Holiday Product Red Campaign Raises $20 Million for AIDS Research," Recode, December 17, 2014, accessed September 14, 2018, www.recode. net/2014/12/17/11633904/apples-holiday-product-red-campaign-raises-20-million-for-aids.

180p **하지만 2018년 트럼프 행정부가:** "Apple Employees Get Big Bonus Thanks to Trump," Cult of Mac, January 19, 2018, accessed September 14, 2018, www.cultofmac.com/523889/apple-employees-get-big-bonus-thanks-trump/.

181p **"애플의 자선 활동은 현재":** Chance Miller, "Here's the Full Email Tim Cook Sent to Apple Employees Announcing Bonuses & New Charity Donation Matching," 9to5Mac, January 17, 2018, accessed September 14, 2018, https://9to5mac.com/2018/01/17/tim-cook-bonus-email-to-employees/.

181p **2012년 2월:** Bill Weir, "A Trip to the iFactory: 'Nightline' Gets an Unprecedented Glimpse Inside Apple's Chinese Core," ABC News, February 20, 2012, accessed September 14, 2018, https://abcnews. go.com/International/trip-ifactory-nightline-unprecedented-glimpse-inside-apples-chinese/story?id=15748745.

182p **《뉴욕타임스》도 이에 가세해 폭스콘의 노동 환경에 관한 탐사보도 시리즈를 마련했다:** "The iEconomy" (article series), New York Times, accessed September 14, 2018, http://archive.nytimes.com/www.nytimes.com/interactive/business/ieconomy.html.

182p **"우리는 세계 전역의 공급망에서 일하고 있는 모든 근로자에게 신경을 쓰고 있습니다":** Mark Gurman, "Tim Cook Responds to Claims of Factory Worker Mistreatment: 'We Care About Every Worker in Our Supply Chain,'" 9to5Mac, January 27, 2012, accessed September 14, 2018, https://9to5mac.com/2012/01/26/tim-cook-responds-to-claims-of-factory-worker-mistreatment-we-care-about-every-worker-in-our-supply-chain/.

183p **"근무 여건에 매우 진지한 관심을 기울여왔습니다":** Philip Elmer-Dewitt, "Transcript: Apple CEO Tim Cook at Goldman Sachs," Fortune, February 15, 2012, accessed September 14, 2018, http://fortune. com/2012/02/15/transcript-apple-ceo-tim-cook-at-goldman-sachs/.

184p **의미 있는 개혁에 대한 쿡의 약속은:** Nick Wingfield, "Apple's Chief Puts Stamp on Labor Issues," New York Times, April 2, 2012, accessed September

14, 2018, www .nytimes.com/2012/04/02/technology/apple-presses-its-suppliers-to-improve -conditions.html.

185p "전에 내가 본 적이 있는 패턴과 흡사합니다": Wingfield, "Apple's Chief Puts Stamp on Labor Issues."

185p 노동 환경을 개선하겠다는 쿡의 맹세에도: Maxim Duncan, "Foxconn China Plant Closed After 2,000 Riot," Reuters, September 24, 2012, accessed September 14, 2018, www.reuters.com/article/us-hon-hai/foxconn-china-plant-closed-after-2000-riot-idUSBRE88N00L 20120924.

186p "우리 노동자의 삶은 너무 고되다": Kane, *Haunted Empire*, 64.

186p 숨을 거두기 전 그는: David Barboza, "iPhone Maker in China Is Under Fire After a Suicide," *New York Times*, July 27, 2009, accessed September 14, 2018, www.nytimes.com/2009/07/27/technology/companies/27apple. html?_r=2&scp=1&sq=foxconn &st=cse.

186p 하지만 2010년 5월, 14번째 직원이 투신자살하자: Joel Johnson, "1 Million Workers. 90 Million iPhones. 17 Suicides. Who's to Blame?," *Wired*, February 28, 2011, accessed September 14, 2018, www.wired. com/2011/02/ff-joelinchina/.

186p 회사가 취한 첫 번째 조치는: Frederik Balfour and Tim Culpan, "The Man Who Makes Your iPhone," Bloomberg, September 9, 2010, accessed September 14, 2018, www.bloomberg.com/news/articles/2010-09-09/ the-man-who-makes-your-iphone.

187p 그들이 취한 마지막 조치는: John Vause, "Inside China Factory Hit by Suicides," CNN, June 2, 2010, accessed September 13, 2018, http:// edition.cnn.com/2010/WORLD/asiapcf /06/01/china.foxconn.inside. factory/index.html.

187p "어떻게 천사의 얼굴을 내세운 애플이": Brent Schlender and Rick Tetzeli, *Becoming Steve Jobs: The Evolution of a Reckless Upstart into a Visionary Leader* (Toronto: Signal, 2016), 368.

188p "어쨌든 이제 다 지난 일입니다": "Steve Jobs—Foxconn," YouTube, posted by pudox34, September 29, 2011, accessed September 14, 2018, www. youtube.com/watch?v=2gOu50HaEvs.

188p FLA는 2012년 8월 첫 번째 보고서를 발표하며: Fair Labor Association, "Foxconn Verification Status Report," August 2012, www.fairlabor.org/sites/ default/files/documents/reports/foxconn_verification_report_final.pdf.

188p 그러나 근무 시간이나 초과근무를 줄이는 문제의 경우: Fair Labor Association,

"Foxconn Verification Status Report."

190p "애플이 정말로 노동 환경을 개선해주고 싶다면": Author interview with Li Qiang, April 2018.

190p "그들이 하고 있는 일의 규모나": Author interview with Ted Smith, April 2018.

191p "수직적 재통합을 보고 싶습니다": Author interview with Jeff Ballinger, April 2018.

192p "노동자들이 노조 선거에 더욱 많이 참여해야 할 뿐 아니라": Author interview with Jenny Chan, April 2018.

193p "전자제품 업계에 종사하는 기업 가운데": Author interview with Heather White, April 2018.

193p "지금껏 해낸 일 가운데 최상의 성과라고 생각합니다": Author interview with Deirdre O'Brien, March 2018.

194p "원하는 바다": "Locke to Chair Apple's Academic Advisory Board," Watson Institute, Brown University, June 26, 2013, https://watson.brown.edu/news/2013/locke-chair-apples-academic-advisory-board.

194p 또한 애플은 2005년: An archive of reports is at the bottom of this page: www.apple.com/supplier-responsibility/.

195p 제프 윌리엄스는: "Apple Releases 12th Annual Supplier Responsibility Report," Apple, March 7, 2018, www.apple.com/newsroom/2018/03/apple-releases-12th-annual-supplier-responsibility-progress-report/

195p 2018년 애플은 필리핀의 한 공급업체에 일자리에 대한 지원료로 거둔 100만 달러의 돈을 노동자들에게 되돌려주라고 지시했다: Stephen Nellis, "Apple Finds More Serious Supplier Problems as Its Audits Expand," Reuters, March 7, 2018, www.reuters.com/article/us-apple-suppliers/apple-finds-supplier-problems-as-its-audits-expand-idUSKCN1GK04G.

195p "유사한 윤리적 행동 방식을 요구했다": Michael Rose, "Made for iPhone Manufacturers May Have to Comply with Apple's Supplier Responsibility Code," Engadget, November 8, 2012, www.engadget.com/2012/11/08/made-for-iphone-manufacturers-may-have-to-comply-with-apples-su/.

196p "애플이 최상위권에 포함됐다는": *Electronic Industry Trends Report*, Baptist World Aid Australia, https://baptistworldaid.org.au/resources/ethical-electronics-guide/.

197p 두 배를 넘긴 수치다: "iPhone 5 Pre-orders Top Two Million in First 24 Hours," Apple, September 17, 2012, accessed September 14, 2018, www.apple.com/newsroom/2012/09/17iPhone-5-Pre-Orders-Top-Two-Million-in-First-24-Hours/.

197p **"우리의 일이 놀랍도록 자랑스럽습니다":** Darrell Etherington, "Apple Posts a Video Remembering Steve Jobs and Highlighting His Greatest Achievements," TechCrunch, October 5, 2012, accessed September 14, 2018, https://techcrunch.com/2012/10/05/apple-posts-a-video-remember-steve-jobs-and-highlighting-his-greatest-achievements/.

198p **2012년 12월:** "The World's 100 Most Influential People: 2012," Time, accessed September 14, 2018, http://content.time.com/time/specials/packages/completelist/0,29569,2111975,00.html.

198p **"상상하기조차 어렵다":** "The World's 100 Most Influential People: 2012."

199p **애널리스트들은 조금의 운만 따라주면:** Jay Yarow, "Chart of the Day: Steve Jobs Leaves, Apple's Stock Soars," Business Insider, September 20, 2011, accessed September 14, 2018, www.businessinsider.com/chart-of-the-day-apple-stock-after-steve-jobs-2011-9.

199p **2012년 1월 말:** Leander Kahney, *Jony Ive: The Genius Behind Apple's Greatest Products* (New York: Portfolio, 2014).

7장 신제품 대히트로 의구심을 떨쳐내다

203p **기록적인 이익을 거뒀음에도:** "Apple Reports First Quarter Results," Apple, January 24, 2012, accessed September 14, 2018, www.apple.com/newsroom/2012/01/24Apple-Reports-First-Quarter-Results/.

204p **"저 역시 이런 상황이 마음에 들지 않습니다":** Jill Treanor and Heidi Moore, "Apple's Share Price: Tim Cook Tells Angry Investors: 'I Don't Like It Either,'" *Guardian*, February 28, 2013, accessed September 14, 2018, www.theguardian.com/technology/2013/feb/27/apple-tim-cook-angry-investors-dont-like-it-either.

205p **"우리에게 매우 중요한 나라인":** Charles Riley, "Tim Cook: China Will Be Apple's Top Market," CNNMoney, January 11, 2013, accessed September 14, 2018, http://money.cnn.com/2013/01/11/technology/china-tim-cook-apple/index.html.

205p **2010회계연도와 2012회계연도 사이에는:** Jared Newman, "Apple in China: By the Numbers," *Macworld*, November 5, 2013, accessed September 14,

2018, www.macworld.com/article/2056896/apple-in-china-by-the-numbers.html.

206p **'자화자찬만 늘어놓는 실없는 기업':** Paul Mozur, "Beijing Takes Another Bite at Apple," *Wall Street Journal*, March 26, 2013, accessed September 14, 2018, www.wsj.com/articles/SB10001424127887323466204578382101284619638.

206p **"애플은 커뮤니케이션의 부족으로 인해":** Dominic Rushe, "Tim Cook Apologises After Chinese Media Rounds on Apple," *Guardian*, April 2, 2013, accessed September 14, 2018, www.theguardian.com/technology/2013/apr/01/apple-tim-cook-china-apology.

207p **"애플은 이미 수십억 달러의 세금을 냈다는 사실에 초점을 맞추고 싶어 하지만":** Connie Guglielmo, "Apple, Called a U.S. Tax Dodger, Says It's Paid 'Every Single Dollar' of Taxes Owed," *Forbes*, May 21, 2013, accessed September 14, 2018, www.forbes.com/sites/conniegglielmo/2013/05/21/apple-called-a-tax-dodger-by-senate-committee-apple-says-system-needs-to-be-dramatically-simplified/#240e47e53384.

208p **"내야 할 세금이라면 단 1달러도 어김없이 내고 있습니다":** Guglielmo, "Apple, Called a U.S. Tax Dodger."

208p **미국으로 현금을 들여오는 데 너무 많은 돈이 든다고 말하지 않을 수 없습니다:** Guglielmo, "Apple, Called a U.S. Tax Dodger."

209p **2017년 12월:** Daisuke Wakabayashi and Brian X. Chen, "Apple, Capitalizing on New Tax Law, Plans to Bring Billions in Cash Back to the U.S.," New York Times, January 17, 2018, www.nytimes.com/2018/01/17/technology/apple-tax-bill-repatriate-cash.html.

209p **애플이 미국에서 중요한 일을 수행하고 있다는 걸:** Guglielmo, "Apple, Called a U.S. Tax Dodger."

209p **상원의원인 랜드 폴은:** Guglielmo, "Apple, Called a U.S. Tax Dodger."

210p **"아주 중요하다고 생각했습니다":** Philip Elmer-Dewitt, "Apple's Tim Cook on Watches, Taxes, and How He's Like Steve Jobs," *Fortune*, May 29, 2013, accessed September 14, 2018, http://fortune.com/2013/05/29/apples-tim-cook-on-watches-taxes-and-how-hes-like-steve-jobs/.

210p **"투자자와 우리 모두에게 큰 실망을 안겨주었다":** Elmer-Dewitt, "Apple's Tim Cook on Watches, Taxes and How He's Like Steve Jobs."

210p **"강한 열망을 보여주고 싶었고":** "Preliminary Proxy Statement," SEC, accessed September 14, 2018, www.sec.gov/Archives/edgar/

data/320193/000119312513486406/d648739dpre14a.htm.

211p　**자발적인 급여 삭감에도:** Ben Fox Rubin, "Cook Paid $4.2 Million," *Wall Street Journal*, December 28, 2012, accessed September 14, 2018, www.wsj. com/articles/SB10001424127887323530404578205430471522020.

211p　**'전례가 없는 일은 아니라는 사실':** "Tim Cook Live at D11," The Verge, accessed September 14, 2018, https://live.theverge.com/tim-cook-d11-liveblog/.

211p　**고객과 투자자를 안심시켰다:** "Tim Cook Live at D11."

211p　**"그의 초자연적인 차분함이 감탄할 만한 수준":** "Apple's Tim Cook Leaves the D11 Audience Begging for . . . Anything," *Guardian*, www.theguardian. com/technology/blog/2013/jun/03/wall-street-journal-tech-conference.

212p　**'좋은 대화':** Carl Icahn, Twitter post, August 13, 2013, 11:25 a.m., https:// twitter.com/Carl_C_Icahn/status/367351130776285184.

212p　**"우리는 현재 애플에 큰 투자를 진행하고 있습니다":** Carl Icahn, Twitter post, August 13, 2013, 11:21 a.m., https://twitter.com/Carl_C_Icahn/ status/367350206993399808.

213p　**"우리는 이미 많은 사람이 유리에 터치하는 것을 익숙하게 느낀다는 걸 이해했습니다":** Marco Della Cava, "Jony Ive: The Man Behind Apple's Magic Curtain," *USA Today*, September 19, 2013, accessed September 14, 2018, www.usatoday.com/story/tech/2013/09/19/apple-jony-ive-craig-federighi/2834575/.

213p　**어떤 사람은 iOS 7이 '추하고 혼란스럽다'고 했고:** Joshua Topolsky, "The Design of iOS 7: Simply Confusing," The Verge, June 10, 2013, accessed September 14, 2018, www.theverge.com/apple/2013/6/10/4416726/ the-design-of-ios-7-simply-confusing.

214p　**아키텍처 기반 모바일 칩 세트인 A7 프로세서가 포함되었다:** Mario Aguilar, "iPhone A7 Chip Benchmarks: Forget the Specs, It Blows Everything Away," Gizmodo, October 4, 2013, accessed September 14, 2018, https:// gizmodo.com/iphone-a7-chip-benchmarks-forget-the-specs-it-blows-e-1350717023.

215p　**아이폰 5C가 어느 정도 도움이 되었다:** "First Weekend iPhone Sales Top Nine Million, Sets New Record," Apple, September 23, 2013, accessed September 14, 2018, www.apple.com/newsroom/2013/09/23First-Weekend-iPhone-Sales-Top-Nine-Million-Sets-New-Record/.

215p 많은 판매량을 기록했다: "Apple Inc. (AAPL) iPhone 5S Outsold Galaxy S5: Best Selling Phone 2014," Dazeinfo, July 18, 2014, accessed September 14, 2018, https://dazeinfo.com/2014/07/18/apple-inc-aapl-iphone-5s-samsung-galaxy-s5-top-selling-smartphones-2014/.

215p 2013년 애플은 연초부터: "Apple Reports First Quarter Results," Apple, January 27, 2014, accessed September 14, 2018, www.apple.com/newsroom/2014/01/27Apple-Reports-First-Quarter-Results/.

216p "대단히 만족합니다": Dominic Rushe, "Apple Shares Fall Despite Announcement of Record iPhone and iPad Sales," Guardian, January 27, 2014, accessed September 14, 2018, www.theguardian.com/technology/2014/jan/27/apple-shares-fall-record-iphone-ipad-sales.

216p "여러분 모두 사랑하는 가족과 연말연시를 보낼 계획을 세우느라": Rex Crum, "Tim Cook's '. . . One More Thing' Is All About Luck," The Tell (blog), Marketwatch, December 23, 2013, accessed September 14, 2018, http://blogs.marketwatch.com/thetell/2013/12/23/tim-cooks-one-more-thing-is-all-about-luck/.

217p "많은 일을 추진할 2014년을 기대하고 있습니다": Crum, "Tim Cook's '. . . One More Thing' Is All About Luck."

217p "건강 관리 분야에는 실로": Serenity Caldwell, "This Is Tim: Cook Talks to Charlie Rose About Apple Watch, Samsung, and the Future," Macworld, September 16, 2014, accessed September 14, 2018, www.macworld.com/article/2684302/this-is-tim-cook-talks-to-charlie-rose-about-apple-watch-samsung-and-the-future.html.

218p "둘 중 하나를 선택해야만 한다면": Samuel Gibbs, "Apple's Tim Cook: 'I Don't Want My Nephew on a Social Network,' " Guardian, January 19, 2018, accessed September 14, 2018, www.theguardian.com/technology/2018/jan/19/tim-cook-i-dont-want-my-nephew-on-a-social-network.

218p "코딩은 사람들에게 세상을 바꿀 능력을 줍니다": Jasper Hamill, "Apple CEO Tim Cook Reveals How YOU Can Follow in His Footsteps," The Sun, October 13, 2017, accessed September 13, 2018, www.thesun.co.uk/tech/4663185/apple-ceo-tim-cook-reveals-a-big-career-secret-and-tells-how-you-can-follow-in-his-footsteps/.

219p "끊임없이 노력하고 있습니다": David Phelan, "Apple CEO Tim Cook Speaks Out on Brexit," Independent, February 10, 2017, accessed September 14, 2018, www.independent.co.uk/life-style/gadgets-and-tech/features/apple-tim-cook-boss-brexit-uk-theresa-may-number-10-interview-ustwo-a7574086.html.

219p **2013년 10월:** "Angela Ahrendts to Join Apple as Senior Vice President of Retail and Online Stores," Apple, October 14, 2013, accessed September 14, 2018, www .apple.com/newsroom/2013/10/15Angela-Ahrendts-to-Join-Apple-as-Senior-Vice-President-of-Retail-and-Online-Stores/.

219p **'기술통'은 아니라고 밝혔다:** Anieze Osakwe, "Apple Exec Angela Ahrendts Recalls Telling Tim Cook, 'I'm Not a Techie,' in First Meeting," ABC News, January 9, 2018, accessed September 14, 2018, https://abcnews.go.com/Business/apple-exec-angela-ahrendts -recalls-telling-tim-cook/story?id=52222468.

220p **"애플의 가치관을 공유하고 우리와 마찬가지로 혁신에 초점을 맞추기 때문":** Mark Gurman, "Tim Cook Talks Hiring of Angela Ahrendts as Retail Chief, Says She Is 'Best Person in the World for This Role,' " 9to5Mac, October 15, 2013, accessed September 14, 2018, https://9to5mac.com/2013/10/15/tim-cook-talks-hiring-of-angela-ahrendts-as-retail-chief-says-she-is-best-person-in-the-world -for-this-role/.

220p **소매 부문의 전임 책임자 론 존슨은:** Adam Satariano and Adam Ewing, "Apple Hires Burberry Chief to End Search for Retail Head," Bloomberg, October 15, 2013, accessed September 14, 2018, www.bloomberg.com/news/articles/2013-10-15/apple-names-burberry-chief-ahrendts-head-of-retail-operations.

221p **"애플스토어는 애플에서 판매하는 가장 큰 제품":** Abha Bhattarai, "Apple Wants Its Stores to Become 'Town Squares.' But Skeptics Call It a 'Branding Fantasy,' " *Washington Post*, September 13, 2017, accessed September 14, 2018, www.washingtonpost.com/news/business/wp/2017/09/13/apple-wants-its-stores-to-become-town-squares-but-skeptics-call-it-a-branding-fantasy/?utm_term=.6bf6b8aba249.

222p **'팀 쿡의 팀 쿡'이라 불리는:** JP Mangalindan, "Jeff Williams: Apple's Other Operations Whiz," *Fortune*, June 20, 2014, accessed September 14, 2018, http://fortune.com/2011/09/13/jeff-williams-apples-other-operations-whiz/.

222p **"키가 크고 마른 체형의 둘은 회색 머리칼마저 닮아서":** Adam Lashinsky, *Inside Apple* (Wiley, 2012), 107.

223p **"제프는 보이는 그대로가 진짜인 친구입니다":** Mangalindan, "Jeff Williams: Apple's Other Operations Whiz."

223p **단 한 차례도 언급되지 않았지만:** Walter Isaacson, Steve Jobs (New York: Simon & Schuster, 2011).

224p 아이팟 배송 프로세스에 속도를 올려: Mangalindan, "Jeff Williams: Apple's Other Operations Whiz."

224p "제프 윌리엄스는 경이로운 일을 해내고 있다": "Jeff Williams: Apple CEO Material," Above Avalon, accessed September 14, 2018, www. aboveavalon.com/notes/2015/1/29/jeff-williams-apple-ceo-material.

225p 2014년 5월 애플은 비츠뮤직과 비츠일렉트로닉스를: "Apple to Acquire Beats Music & Beats Electronics," Apple, May 28, 2014, accessed September 14, 2018, www.apple.com/newsroom/2014/05/28Apple-to-Acquire-Beats-Music-Beats-Electronics/.

225p 찰리 로즈와의 인터뷰에서: "Tim Cook," *Charlie Rose*, September 12, 2014, accessed September 14, 2018, https://charlierose.com/videos/18663.

226p "사실 비츠가 애플에 안겨준 것은 희귀한 기술을 지닌 인재들입니다": Peter Kafka, "Tim Cook Explains Why Apple Is Buying Beats (Q&A)," Recode, May 28, 2014, accessed September 14, 2018, www.recode. net/2014/5/28/11627398/tim-cook-explains-why-apple-is-buying-beats-qa.

226p 닥터 드레는 회사에 모습을 드러내는 경우가 별로 없었다: "Apple—WWDC 2015," YouTube, posted by Apple, June 15, 2015, accessed September 14, 2018, www.youtube.com/watch?v=_p8AsQhaVKI.

227p 다시 1년 후에: Kara Swisher, "Bozoma Saint John Is Leaving Uber for Endeavor," Recode, June 11, 2018, accessed September 14, 2018, www. recode.net/2018/6/11/17449978/bozoma-saint-john-depart-uber-endeavor.

228p 애플뮤직은 실로 놀라울 만큼 순항하고 있으며: Stephen Nellis, "Apple Music Hits 38 Million Paid Subscribers," Reuters, March 12, 2018, accessed September 14, 2018, www.reuters.com/article/us-apple-music/apple-music-hits-38-million-paid-subscribers-idUSKCN1GO2G2.

228p '시장을 선도하는 강점': "Apple and IBM Forge Global Partnership to Transform Enterprise Mobility," Apple, July 15, 2014, accessed September 14, 2018, www.apple.com/newsroom/2014/07/15Apple-and-IBM-Forge-Global-Partnership-to-Transform-Enterprise-Mobility/.

229p "모두가 승자가 될 수 있는 영역이라고 생각합니다": "Tim Cook on Apple TV (Sept. 12, 2014) | Charlie Rose Show," YouTube, posted by Charlie Rose, September 12, 2014, accessed September 14, 2018, www. youtube.com/watch?v=oBMo8Oz9jsQ.

229p 애플의 주가는 개장 전 거래보다 2.59퍼센트 상승했고: "Apple, IBM Shares Up After Deal Announcement; BBRY Down," CNBC, July 15, 2014, www.cnbc.com/2014/07/15/apple-ibm-shares-up-after-deal-annoucement-bbry-down.html.

229p 블랙베리는: Euan Rocha, "Apple-IBM Deal Dents BlackBerry's Prospects, Slams Stock," Reuters, July 16, 2014, www.reuters.com/article/us-blackberry-stocks /apple-ibm-deal-dents-blackberrys-prospects-slams-stock-idUSKBN0FL1MZ20140716.

230p 3800개 이상의 조직에서: Bill Siwicki, "3 Years In, Here's What the Apple and IBM Partnership Has Achieved," *Healthcare IT News*, July 10, 2017, www .healthcareitnews.com/news/3-years-heres-what-apple-and-ibm-mobilefirst-ios-partnership-has-achieved.

231p "아이폰 역사상 최대의 진보": "Tim Cook on Apple TV (Sept. 12, 2014) | Charlie Rose Show."

231p 근본적인 부분부터 재설계된 이 시리즈는: "Apple Announces Record Pre-orders for iPhone 6 & iPhone 6 Plus Top Four Million in First 24 Hours," Apple, September 15, 2014, accessed September 14, 2018, www.apple. com/newsroom/2014/09/15Apple-Announces-Record-Pre-orders-for-iPhone-6-iPhone-6-Plus-Top-Four-Million-in-First-24-Hours/.

231p 1000만 대 이상이 팔려나갔다: "First Weekend iPhone Sales Top 10 Million, Set New Record," Apple, September 22, 2014, accessed September 14, 2018, www.apple.com /newsroom/2014/09/22First-Weekend-iPhone-Sales-Top-10-Million-Set-New-Record/.

231p IT 전문 유튜브: "iPhone 6 Plus Bend Test," YouTube, posted by Unbox Therapy, September 23, 2014, accessed September 14, 2018, www. youtube.com/watch?v=znK652H6yQM.

232p "높은 품질 기준을": Jeremy Horwitz, "Apple Knew iPhone Bent Easily, but Released It and Downplayed Issues," VentureBeat, May 24, 2018, accessed September 14, 2018, https://venturebeat.com/2018/05/24/apple-knew-iphone-6-bent-easily-but-released-it-and-downplayed-issues/.

232p 상황을 악용하려는 의도가 보이지 않고: Kif Leswing, "Leaked Document Shows How Apple Decides to Replace or Repair Your iPhone," Business Insider, September 1, 2017, accessed September 14, 2018, www. businessinsider.com/leaked-apple-document-how-geniuses-decide -replace-repair-iphones-warranty-2017-9.

233p 벤드게이트가 채 사그라들기도 전에: Mike Beasley, "Apple Releases iOS 8.0.2 to Address Cellular and Touch ID Issues in Previous Update," 9to5Mac, September 26, 2014, accessed September 14, 2018, https://9to5mac. com/2014/09/25/apple-releases-ios-8-0-2-to-address-cellular-and-touch-id-issues-in-previous-update/.

233p "우리는 관련 내용을 적극적으로 조사하고 있으며": Chris Welch, "Apple Pulls iOS 8.0.1 After Users Report Major Problems with Update," The Verge, September 24, 2014, accessed September 14, 2018, www.theverge. com/2014/9/24/6839235/apple-ios-8-0-1-released.

234p 칸타월드패널콤테크가 수집한 자료에 따르면: Charles Arthur, "Impatient iPhone Users Switching to Larger-Screened Samsung Galaxy S5," Guardian, June 30, 2014, accessed September 14, 2018, www.theguardian.com/ technology/2014/jun/30/impatient-iphone-users-switching-to-larger-screened-samsung-galaxy-s5.

234p 아이폰 6 시리즈는 아이폰 5와 5S보다 훨씬 빠른 속도로 판매되었고: Neil Hughes, "iPhone 5s Represents 3.8% of All iPhones in Use, US Has Highest 5c Adoption Rate," AppleInsider, October 28, 2013, accessed September 14, 2018, https://appleinsider.com/articles/13/10/28/iphone-5s-represents-38-of-all-iphones-in-use-us-has-highest-5c-adoption-rate.

234p 높은 수준의 전환율: Jim Edwards, "Tim Cook Said This Word 5 Times on Apple's Earnings Call Last Night—Here's Why It's So Important," Business Insider, April 28, 2015, accessed September 14, 2018, www. businessinsider.com/apple-ceo-tim-cook-talks-about-android-switchers-2015-4.

235p "그동안 이 작업에 매달려온 대부분의 회사는": Jason Del Rey, "Apple Introduces Apple Pay to Try to Replace Your Wallet," Recode, September 9, 2014, accessed September 14, 2018, www.recode.net/2014/9/9/11630686/ apple-introduces-apple-pay-to-try-to-replace-your-wallet.

235p "여러분은 우리의 상품이 아닙니다": Serenity Caldwell, "This Is Tim: Cook at the Goldman Sachs Conference," iMore, February 10, 2015, accessed September 14, 2018, www.imore.com/tim-cook-goldman-sachs-conference.

235p 기술 및 인터넷 콘퍼런스에서 이렇게 포문을 열었다: Alex Wilhelm, "Apple CEO Tim Cook: Apple Pay Activated 1M Cards in 72 Hours," TechCrunch, October 27, 2014, accessed September 14, 2018, https://techcrunch. com/2014/10/27/apple-ceo-tim-cook-apple-pay-activated-1mcards-in-72-hours/.

236p **"다른 업체 서비스에 등록된 카드 수의 총합보다 크다":** Nathan Ingraham, "Tim Cook Says That Apple Pay Is Already the Leader in Contactless Payments," The Verge, October 28, 2014, accessed September 14, 2018, www.theverge.com/2014/10/27/7082013/tim-cook-says-that-apple-pay-is-already-the-leader-in-contactless-payments.

236p **"저는 충격에 휩싸였습니다":** Mark Sullivan, "Tim Cook: '2015 Will Be the Year of Apple Pay,' " VentureBeat, January 27, 2015, accessed September 14, 2018, https://venturebeat.com/2015/01/27/tim-cook-2015-will-be-the-year-of-apple-pay/.

236p **2016년 6월:** Lena Rao, "Grubhub Adds Apple Pay to Food Delivery Apps," Fortune, June 2, 2016, accessed September 14, 2018, http://fortune.com/2016/06/02/grubhub-apple-pay/.

237p **"개인적인 기대만큼이나 빠르게 날아오르지는 못했다고 인정했다":** Steven Anderson, "Apple's Tim Cook Surprised at Pace of Mobile Payments Adoption," Payment Week, February 16, 2018, accessed September 14, 2018, https://paymentweek.com/2018-2-16-apples-tim-cook-surprised-pace-mobile-payments-adoption/.

237p **"저는 현금이 사라지는 날을 살아서 보게 되기를 희망하고 있습니다":** Kif, Twitter post, February 13, 2018, 9:52 a.m., https://twitter.com/kifleswing/status/963471023843651584.

237p **"10억 건이 넘는 거래에 이용됐다고 밝혔다":** Jeff Gamet, "Apple Pay Transactions Top 1 Billion in Q3 2018," Mac Observer, July 31, 2018, accessed September 14, 2018, www.macobserver.com/news/apple-pay-transactions-top-1-billion-q3-2018/.

238p **'애플 스토리의 다음 장':** Andrea Chang, "Apple Watch Unveiling Shows CEO Tim Cook's Time Has Come," Los Angeles Times, September 9, 2014, accessed September 14, 2018, www.latimes.com/business/la-fi-apple-cook-20140910-story.html.

238p **"정확한 시계이자":** "Apple Special Event 2014—Apple Watch," YouTube, posted by the unofficial AppleKeynotes channel, September 10, 2014, accessed September 14, 2018, www.youtube.com/watch?v=bdyVH5LqneU.

239p **'압도적으로 긍정적인' 피드백을 받았다고 했다:** Juli Clover, "Apple CEO Tim Cook: We're 'Working Hard' to Remedy Apple Watch Supply/Demand Imbalance," MacRumors, April 27, 2015, accessed September 14, 2018, www.macrumors.com/2015/04/27/apple-watch-supply-demand-balance/.

239p 안드로이드웨어의 총판매량을 넘어서는 데에 출시 후 24시간이 채 걸리지 않았을 것으로 보인다: Arjun Kharpal, "Tim Cook: Health Care Opportunity 'Enormous,'" CNBC, May 24, 2016, accessed September 14, 2018, www.cnbc.com/2016/05/24/tim-cook-why-the-apple-watch-is-key-in-the-enormous-health-care-market.html.

239p "우리는 그와 시계에 대해 얘기를 나눈 적이 없었어요": Benjamin Clymer, "Apple, Influence, and Ive," *Hodinkee Magazine*, accessed September 14, 2018, www.hodinkee.com/magazine/jony-ive-apple.

239p "첫 번째 토론회가 열렸어요": Clymer, "Apple, Influence, and Ive."

240p 2014년 11월 말: "Apple Now Worth a Whopping $700 Billion," CNN, https://money.cnn.com/2014/11/25/investing/apple-700-billion/index.html.

8장 그린, 그린, 그린

251p "'지속가능성'이란 나중에 생각하는 부차적인 것": Luke Dormehl, "Why Tim Cook's Green Push Goes Back to Apple's Roots," Cult of Mac, July 26, 2015, accessed September 14, 2018, www.cultofmac.com/275699/apple-green-campaign.

252p "순전히 제품의 외관에만 초점을 맞춰": Author interview with Abraham Farag, August 2014.

252p 상당수의 유해 물질이 애플 제품에서 발견되었다는 것이다: David Santillo et al., *Missed Call: iPhone's Hazardous Chemicals* (Amsterdam: Greenpeace International, October 2007), www.greenpeace.org/archive-international/PageFiles/25275/iPhones-hazardous-chemicals.pdf.

253p "애플이 진정으로 다시 새로운 전화기를 발명하고 싶다면": Santillo et al., *Missed Call*.

253p "애플은 대부분의 경쟁사를 앞서거나 곧 앞지를 전망": Gregg Keizer, "Steve Jobs Promises 'Greener Apple,'" *Computerworld*, May 3, 2007, www.computerworld.com/article/2544865/computer-hardware/steve-jobs-promises--greener-apple-.html.

254p **"당장 따르지 않을 이유가 없습니다"**: "Steve Jobs Greener Apple Update," Greenpeace International, July 5, 2015, accessed September 14, 2018, www.greenpeace.org/usa/steve-jobs-greener-apple-update/.

254p **"허용 한도를 부당하게 높게 잡아놓고는"**: Greenpeace International, *Guide to Greener Electronics*, June 2009, www.greenpeace.org/usa/wp-content/uploads/legacy/Global/usa/report/2009/7/guide-to-greener-electronics-12.pdf.

255p **재생에너지의 사용을 늘린 점도 높은 점수를 받았다**: Greenpeace International, *Guide to Greener Electronics*.

255p **2011년 1월 중국의 한 대표적인 환경단체연합은**: Jonathan Watts, "Apple Secretive About 'Polluting and Poisoning' Supply Chain, Says Report," *Guardian*, January 20, 2011, accessed September 14, 2018, www.theguardian.com/environment/2011/jan/20/apple-pollution-supply-chain.

256p **영상도 함께 발표했다**: Watts, "Apple Secretive About 'Polluting and Poisoning' Supply Chain."

256p **노멀 헥산 중독 사건은**: Watts, "Apple Secretive About 'Polluting and Poisoning' Supply Chain."

256p **"애플이 보여주는 태도는"**: Watts, "Apple Secretive About 'Polluting and Poisoning' Supply Chain."

257p **탐사보도 기자 출신이기도 한 마 준은**: Friends of Nature, IPE, Green Beagle, *The Other Side of Apple*, February 20, 2011, www.business-humanrights.org/sites/default/files/media/documents/it_report_phase_iv-the_other_side_of_apple-final.pdf.

257p **보고서는 당시에 사회적으로 상당한 파장을 일으켰지만**: "The Other Side of Apple II. Pollution Spreads Through Apple's Supply Chain," GoodElectronics, September 1, 2011, accessed September 14, 2018, https://goodelectronics.org/the-other-side-of-apple-ii-pollution-spreads-through-apples-supply-chain/.

257p **46쪽짜리 보고서를 발표했다**: "The Other Side of Apple II." Also see www.ipe.org.cn/Upload/Report-IT-V-Apple-II.pdf.

258p **"애플은 가장 높은 수준의 사회적 책임을 다하기 위해"**: David Barboza, "Apple Cited as Adding to Pollution in China," *New York Times*, September 1, 2011, accessed September 14, 2018, www.nytimes.com/2011/09/02/technology/apple-suppliers-causing-environmental-problems-chinese-group-says.html.

258p "서로 협력하는 관계를 맺고 싶어 했다고 밝혔다": Yukari Iwatani Kane, *Haunted Empire: Apple After Steve Jobs* (London: William Collins, 2015), 123.

259p "회의는 5시간 동안 계속되었다": Kane, *Haunted Empire*, 123.

260p '친환경과 가장 거리가 먼' 기술 기업으로 분류되었다: Greenpeace, *How Dirty Is Your Data?*, www.greenpeace.org/archive-international/Global/international/publications/climate/2011/Cool%20IT/dirty-data-report-greenpeace.pdf.

261p 애플이 아무런 반응을 보이지 않자: C. J. Hughes, "Greenpeace Protests Apple Energy Practices by Releasing Balloons," April 24, 2012, https://cityroom.blogs.nytimes.com/2012/04/24/greenpeace-protests-apples-energy-practices-by-releasing-balloons/.

263p "오늘 애플의 발표는": Robert McMillan, "After Greenpeace Protests, Apple Promises to Dump Coal Power," *Wired*, June 3, 2017, accessed September 14, 2018, www.wired.com/2012/05/apple-coal/.

263p "그래야만 비로소 고객은": McMillan, "After Greenpeace Protests, Apple Promises to Dump Coal Power."

264p 리텡은 18개월 전에도: "Apple Supplier Facing 'Harshest' Pollution Penalty," Shanghai.gov, February 22, 2013, accessed September 14, 2018, www.shanghai.gov.cn/shanghai/node27118/node27818/u22ai70987.html.

264p "잭슨은 애플의 영향력을 이용해": David Price, "Why Apple Was Bad for the Environment (and Why That's Changing)," *Macworld UK*, January 3, 2017, accessed September 14, 2018, www.macworld.co.uk/feature/apple/complete-guide-apples-environmental-impact-green-policies-3450263/.

265p "팀은 분명 환경 문제에 관심이 많습니다": Author interview with Lisa Jackson, March 2018.

266p 그린피스의 게리 쿡은: Author interview with Gary Cook, March 2018.

267p "노동 환경과 근로 조건을 개선하고": "Tim Cook Wants Apple to Be a 'Force for Good,'" Cult of Mac, July 26, 2015, accessed September 14, 2018, www.cultofmac.com/251795/tim-cook-wants-apple-to-be-a-force-for-good/.

268p 2014년에 그린피스 보고서는 애플을: Elsa Wenzel, "Apple, Facebook, Google Score in Greenpeace Data Center Ratings," GreenBiz, April 2, 2014, accessed September 14, 2018, www.greenbiz.com/blog/2014/04/02/google-apple-facebook-good-greenpeace-energy-ratings.

268p "애플은 경제와 환경 사이에 놓인": Darrell Etherington, "Apple CEO Tim Cook Says Tech Companies Should Accept No Compromises on Climate Change Issues," TechCrunch, September 22, 2014, accessed September 14, 2018, https://techcrunch.com/2014/09/22 /apple-ceo-tim-cook-on-climate-change/.

268p 2014년 말 애플은 자사의: Apple Inc., *Environmental Responsibility Report*, July 2014, www.apple.com/environment/reports/docs/apple_environmental_responsibility_report_0714.pdf.

269p "전선을 불에 태웁니다": Author interview with Lisa Jackson, March 2018.

269p 2015년 2월: Jacob Pramuk, "Apple to Build $850M Solar Energy Farm in CA," CNBC, February 11, 2015, accessed September 14, 2018, www.cnbc.com/2015/02/10/apple-ceo-tim-cook-will-partner-with-first-solar-on-850m-ca-solar-farm.html.

270p "기후변화를 해결할 방법을 선도하고 있다": "First Solar and Apple Strike Industry's Largest Commercial Power Deal," *Business Wire*, www.businesswire.com/news/home/20150210006559/en/Solar-Apple-Strike-Industry's-Largest-Commercial-Power.

270p "캘리포니아주의 태양 전력을 확대 공급하는 데도 크게 기여할 것이다": Maggie McGrath, "First Solar Jumps on $850 Million Partnership with Apple," *Forbes*, February 10, 2015, accessed September 14, 2018, www.forbes.com/sites/maggiemcgrath/2015/02/10/first-solar-jumps-on-850-million-investment-from-apple/&refURL=&referrer=#41d0a09ead1e.

270p "토의의 시간은 지났다": Christina Farr, "Apple Investing $850 Million in California Solar Farm," Reuters, February 10, 2015, accessed September 14, 2018, www.reuters.com/article/us-apple-cook/apple-investing-850-million-in-california-solar-farm-idUSKBN0LE2RN20150210.

270p 2015년 10월: "Apple Launches New Clean Energy Programs in China to Promote Low-Carbon Manufacturing and Green Growth," Apple, October 22, 2015, accessed September 14, 2018, www.apple.com/newsroom/2015/10/22Apple-Launches-New-Clean-Energy-Programs-in-China-To-Promote-Low-Carbon-Manufacturing-and-Green-Growth/.

271p 애플의 가장 큰 제조 파트너사인 폭스콘은: Valerie Volcovici, "Apple to Build More Solar Projects in China, Green Its Suppliers," Reuters, October 22, 2015, accessed September 14, 2018, www.reuters.com/article/us-apple-renewables-china/apple-to-build-more-solar-projects-in-china-green-its-suppliers-idUSKCN0SG02V20151022.

271p 쿡은 CEO 취임 5주년을 기념해 《워싱턴포스트》와 진행한 인터뷰에서: Jena McGregor, "Tim Cook, the Interview: Running Apple 'Is Sort of a Lonely Job,'" *Washington Post*, August 13, 2016, accessed September 14, 2018, www.washingtonpost.com/sf/business/2016/08/13/tim-cook-the-interview-running-apple-is-sort-of-a-lonely-job/.

272p 그리고 나서 얼마 후인 2016년 12월: He Wei and Liu Zheng, "Apple Reaches Clean Energy Deal with Goldwind," *China Daily*, accessed September 14, 2018, www.chinadaily.com.cn/business/tech/2016-12/09/content_27618014.htm.

272p 협약이 난항에 빠졌다는 뜻이다: Ivan Shumkov, "Goldwind Revises Down Profit Guidance, Blames Deal with Apple," Renewables Now, accessed September 14, 2018, https://renewablesnow.com/news/goldwind-revises-down-profit-guidance-blames-deal-with-apple-576089/.

273p 어쨌든 1년 후인 2018년 7월: "Apple Launches New Clean Energy Fund in China," Apple, July 12, 2018, accessed September 14, 2018, www.apple.com/newsroom/2018/07/apple-launches-new-clean-energy-fund-in-china/.

273p 중국청정에너지기금: "Apple Launches $300 Mn 'Green' Fund for China Suppliers," Phys.org, July 2018, accessed September 14, 2018, https://phys.org/news/2018-07-apple-mn-green-fund-china.html.

273p 지구의 날: "Apple Now Globally Powered by 100 Percent Renewable Energy," Apple, April 9, 2018, accessed September 14, 2018, www.apple.com/newsroom/2018/04/apple-now-globally-powered-by-100-percent-renewable-energy/.

274p "단호한 입장을 고수했습니다": Author interview with Lisa Jackson, March 2018.

274p 많게는 77퍼센트가: Apple Inc., *Environmental Responsibility Report*, July 2018, www.apple.com/environment/pdf/Apple_Environmental_Responsibility_Report_2018.pdf.

275p "그들은 2~3년 안에": Author interview with Gary Cook, March 2018.

275p 2018년 7월에는: "Samsung Electronics to Expand Use of Renewable Energy," Samsung Global Newsroom, June 14, 2018, accessed September 14, 2018, https://news.samsung.com/global/samsung-electronics-to-expand-use-of-renewable-energy.

275p "아마존도 이 문제를 해결하고자 기를 쓰고 있고": Author interview with Gary Cook, March 2018.

276p "미친 소리로 들릴지 모르겠지만": Apple Inc., *Environmental Responsibility Report*, July 2017, https://images.apple.com/environment/pdf/Apple_Environmental_Responsibility_Report_2017.pdf.

277p 현재 리암은 미국에 한 대: Kif Leswing, "Apple's iPhone-Destroying Robots Are 'Operating' in California and Europe," Business Insider, March 11, 2017, accessed September 14, 2018, www.businessinsider.com/apples-iphone-robot-liam-update-2017-3.

277p "전통적인 재활용 방식으로 전자 폐기물을 분해하면": Charissa Rujanavech et al., "Liam—An Innovation Story," September 2016, accessed September 13, 2018, www.apple.com/environment/pdf/Liam_white_paper_Sept2016.pdf.

277p '데이지'라는 이름의 이 로봇은: "Apple Adds Earth Day Donations to Trade-in and Recycling Program," Apple, April 19, 2018, accessed September 14, 2018, www.apple.com/newsroom/2018/04/apple-adds-earth-day-donations-to-trade-in-and-recycling-program/.

278p 현재 알루미늄이 재활용되는 비율은 약 4퍼센트로: Apple Inc., *Environmental Responsibility Report*, July 2018.

278p '그것을 재활용하는 방안에만 몰두하는': Author interview with Lisa Jackson, March 2018.

278p 돌파구를 마련했다고 발표했다: "Apple Paves the Way for Breakthrough Carbon-Free Aluminum Smelting Method," Apple, May 10, 2018, accessed September 14, 2018, www.apple.com/newsroom/2018/05/apple-paves-the-way-for-breakthrough-carbon-free-aluminum-smelting-method/.

279p "우리는 이 야심 찬 프로젝트에 참여하게 된 것을 자랑스럽게 생각합니다": "Apple Paves the Way for Breakthrough Carbon-Free Aluminum Smelting Method."

279p 2017년을 기준으로: "Apple Releases 12th Annual Supplier Responsibility Progress Report," Apple, March 8, 2018, accessed September 14, 2018, www.apple.com/sg/newsroom/2018/03/apple-releases-12th-annual-supplier-responsibility-progress-report.

280p 2016년 4월 게리 쿡은 그린피스 보고서를 통해: Gary Cook, "Greenpeace Responds to Apple Environmental Progress Report," Greenpeace International, April 14, 2016, accessed September 14, 2018, www.greenpeace.org/usa/news/greenpeace-responds-to-apple-environmental-progress-report/.

280p   현재 미국에서 논란이 일고 있는: Apple Inc., *Environmental Responsibility Report*, July 2018.

282p   "다른 기업에서는": Author interview with Gary Cook, March 2018.

282p   "우리는 실험실과 제품에 대해서는 매우 엄격한 보호 정책을 고수하고 있지만": Author interview with Lisa Jackson, March 2018.

283p   "그는 우리가 적당한 수준에서 안주하도록 놔두지 않습니다": Author interview with Lisa Jackson, March 2018.

9장   사법 당국과 싸워서 이기다

287p   "사생활을 매우 중시한다": "Exclusive: Brian Williams Interviews Apple CEO," NBC News, www.nbcnews.com/video/exclusive-brian-williams-interviews-apple-ceo-11421251878?v=railb&.

289p   '활성화 잠금 기능'도 도입했다: Brian X. Chen, "Smartphones Embracing 'Kill Switches' as Theft Defense," *New York Times*, June 19, 2014, accessed September 14, 2018, https://bits.blogs.nytimes.com/2014/06/19/antitheft-technology-led-to-a-dip-in-iphone-thefts-in-some-cities-police-say/.

290p   2013년 11월: Apple Inc., *Report on Government Information Requests*, November 5, 2013, www.apple.com/legal/privacy/transparency/requests-20131105-en.pdf.

290p   "우리는 우리의 고객들이 자신의 개인정보가 어떻게 취급되는지": Alex Heath, "Apple Exposes Governments' Requests for Customer Data, Pushes for Greater Transparency in New Report," Cult of Mac, November 5, 2013, accessed September 14, 2018, www.cultofmac.com/253020/apple-exposes-governments-requests-for-customer-data-in-new-report/.

291p   "아이애즈는 다른 모든 애플 제품에 적용되는 것과 동일한": Chris Smith, "This Might Be Apple CEO Tim Cook's Most Important Message Yet," BGR, September 18, 2014, accessed September 14, 2018, https://bgr.com/2014/09/18/tim-cook-on-apple-privacy-2/.

292p   그는 EPIC 시상식의 디너 파티 연설에서: Farhad Manjoo, "What Apple's Tim Cook Overlooked in His Defense of Privacy," *New York Times*, December 21, 2017, accessed September 14, 2018, www.nytimes.com/2015/06/11/technology/what-apples-tim-cook-overlooked-in-his-defense-of-privacy.html.

292p "여러분과 마찬가지로 우리 역시": Matthew Panzarino, "Apple's Tim Cook Delivers Blistering Speech on Encryption, Privacy," TechCrunch, June 2, 2015, accessed September 14, 2018, https://techcrunch. com/2015/06/02/apples-tim-cook-delivers-blistering-speech-on-encryption-privacy/.

293p "실리콘밸리에서 오신 분들은 모두 잘 알고 계시겠지만": Panzarino, "Apple's Tim Cook Delivers Blistering Speech on Encryption, Privacy."

293p "고객들이 자신의 개인정보를 내놓음으로써 제공받아야 한다고 생각하지 않습니다": Panzarino, "Apple's Tim Cook Delivers Blistering Speech on Encryption, Privacy."

294p 2015년 12월 쿡은 찰리 로즈와의 인터뷰에서: "What's Next for Apple?," CBS News, December 20, 2015, accessed September 14, 2018, www. cbsnews.com/news/60-minutes-apple-tim-cook-charlie-rose/.

295p 애플의 프라이버시에 대한 입장과 관련해 처음 문제가 공론화된 건: Jay Hathaway, "The NSA Has Nearly Complete Access to Apple's iPhone," Daily Dot, March 8, 2017, accessed September 14, 2018, www.dailydot.com/ layer8/nsa-backdoor-iphone-access-camera-mic-appelbaum/.

295p "애플은 NSA와 협력해 아이폰을 포함한 그 어떤 제품에도 백도어를 만든 적이 없습니다": Matthew Panzarino, "Apple Says It Has Never Worked with NSA to Create iPhone Backdoors, Is Unaware of Alleged DROPOUTJEEP Snooping Program," TechCrunch, December 31, 2013, accessed September 14, 2018, https://techcrunch.com/2013/12/31/apple-says-it-has-never-worked-with-nsa-to-create-iphone-backdoors-is-unaware-of-alleged-dropoutjeep-snooping-program/.

296p 그보다 조금 앞선 2013년 10월: Fred Raynal, "iMessage Privacy," *Quarkslab's Blog*, October 17, 2013, accessed September 14, 2018, https://blog. quarkslab.com/imessage-privacy.html.

296p "그 연구 보고서는 이론적인 취약성을 논한 것이며": John Paczkowski, "Apple: No, We Can't Read Your iMessages (and We Don't Want To, Either)," AllThingsD, October 18, 2013, accessed September 14, 2018, http:// allthingsd.com/20131018/apple-no-we-cant-read-your-imessages.

297p "백도어는 있을 필요 자체가 없다는 게 우리의 원칙": Kia Kokalitcheva, "Apple CEO Tim Cook Says No to NSA Accessing User Data," *Fortune*, October 20, 2015, accessed September 14, 2018, http://fortune.com/2015/10/20/ tim-cook-against-backdoor/.

298p "우리가 조사한 사례 중 그 어떤 것도": Steve Kovach, "We Still Don't Have Assurance from Apple That iCloud Is Safe," Business Insider, September 2, 2014, accessed September 14, 2018, www.businessinsider.com/apple-statement-on-icloud-hack-2014-9.

298p "아이클라우드는 해킹당한 게 아니다"라고: Serenity Caldwell, "This Is Tim: Cook Talks to Charlie Rose About Apple Watch, Samsung, and the Future," *Macworld*, September 16, 2014, accessed September 14, 2018, www.macworld.com/article/2684302/this-is-tim-cook-talks-to-charlie-rose-about-apple-watch-samsung-and-the-future.html?page=2.

299p "이 끔찍한 시나리오를 바라보며 그동안 우리가 취할 수 있었던 조치는": Daisuke Wakabayashi, "Tim Cook Says Apple to Add Security Alerts for iCloud Users," *Wall Street Journal*, September 5, 2014, accessed September 14, 2018, www.wsj.com/articles/tim-cook-says-apple-to-add-security-alerts-for-icloud-users-1409880977.

300p 애플은 일주일 후 해당 시스템을 운용하기 시작했으며: Eric Slivka, "Apple Now Sending Alert Emails When iCloud Accounts Accessed via Web," MacRumors, September 8, 2014, accessed September 14, 2018, www.macrumors.com/2014/09/08/icloud-alert-emails-web/.

301p 그러나 애플은 이미 오래전부터 그러한 법원의 요청에 거부 의사를 밝혀왔다: Amanda Holpuch, "Tim Cook Says Apple's Refusal to Unlock iPhone for FBI Is a 'Civil Liberties' Issue," *Guardian*, February 22, 2016, accessed September 14, 2018, www.theguardian.com/technology/2016/feb/22/tim-cook-apple-refusal-unlock-iphone-fbi-civil-liberties.

301p 아무런 사전 경고 없이 불쑥 명령장이 날아온 것이었다: Author interview with Bruce Sewell, March 2018.

301p "그 명령장은 단순히 형사사건에 대한 지원 요청이 아니었습니다": Author interview with Bruce Sewell, March 2018.

302p "애플처럼 강력한 소비자 브랜드 파워를 가진 유명 기업이": Author interview with Bruce Sewell, March 2018.

303p 오전 4시 30분: "A Message to Our Customers," Apple, February 16, 2016, accessed September 14, 2018, https://www.apple.com/customer-letter/.

306p "경쟁업체와 달리 애플은": "Privacy," Apple, accessed September 14, 2018, www.apple.com/privacy/government-information-requests/.

306p "FBI가 샌버나디노 사건과 관련해 영장을 청구했을 때": Author interview with Bruce Sewell, March 2018.

307p 그들이 만난 당국의 고위 인사는 제임스 코미뿐만 아니라: Author interview with Bruce Sewell, March 2018.

308p 일단 백도어가 만들어지면: Author interview with Bruce Sewell, March 2018.

308p "FBI에서는 그 사건을": Author interview with Bruce Sewell, March 2018.

308p 애플의 반응은: Sam Thielman and Danny Yadron, "Crunch Time for Apple as It Prepares for Face-off with FBI," *Guardian*, February 27, 2016, accessed September 14, 2018, www.theguardian.com/technology/2016/feb/27/apple-fbi-congressional-hearing-iphone-encryption.

309p "법원의 명령이 나왔는데도": "Apple's Line in the Sand Was Over a Year in the Making," *New York Times*, www.nytimes.com/2016/02/19/technology/a-yearlong-road-to-a-standoff-with-the-fbi.html.

309p 며칠 후 당시 대선에 출마한 후보였던 도널드 트럼프는: "Donald Trump Boycott Apple If They Don't Help FBI," YouTube, February 20, 2016, accessed September 14, 2018, www.youtube.com/watch?v=xG7aus4ldxA.

309p 퓨리서치센터의 설문조사에 따르면: Shiva Maniam, "More Support for Justice Department Than for Apple in Dispute over Unlocking iPhone," Pew Research Center for the People and the Press, February 22, 2016, accessed September 14, 2018, www.people-press.org/2016/02/22/more-support-for-justice-department-than-for-apple-in-dispute-over-unlocking-iphone/.

310p 46퍼센트가 애플의 입장에 공감했으며: Jim Finkle, "Solid Support for Apple in iPhone Encryption Fight: Poll," Reuters, February 24, 2016, accessed September 14, 2018, www.reuters.com/article/us-apple-encryption-poll-idUSKCN0VX159.

310p 이러한 차이는 질문의 표현 방식이 조금 달랐기 때문이다: Krishnadev Calamur, "Public Opinion Supports Apple over the FBI—or Does It?," *Atlantic*, February 24, 2016, accessed September 14, 2018, www.theatlantic.com/national/archive/2016/02/apple-fbi-polls/470736/.

310p 소셜 미디어에 사용된 이모티콘을 분석해보면: Gabrielle Hughes, "Social Media's Response to Apple vs. the FBI," Convince and Convert, accessed September 14, 2018, www.convinceandconvert.com/realtime-today/social-medias-response-to-apple-vs-the-fbi/.

311p 일부 유명 인사도 쿡과 애플을 지지했다: Stephen Foley and Tim Bradshaw, "Gates Breaks Ranks over FBI Apple Request," *Financial Times*, February 23, 2016, accessed September 14, 2018, www.ft.com/content/3559f46e-d9c5-11e5-98fd-06d75973fe09.

311p 「FBI를 도우라는 명령에 도전한 애플은 왜 정당한가」라는 사설에서: "Why Apple Is Right to Challenge an Order to Help the F.B.I.," *New York Times*, February 19, 2016, accessed September 14, 2018, www.nytimes.com/2016/02/19/opinion/why-apple-is-right-to-challenge-an-order-to-help-the-fbi.html.

311p 이후 두 달 동안: Author interview with Bruce Sewell, March 2018.

311p 한 홍보 담당자는 당시: Author interview with Apple PR staffer, who asked to remain anonymous, March 2018.

312p "이번 일은 단 한 대의 전화기나": "Tim Cook Says Apple's Refusal to Unlock iPhone for FBI Is a 'Civil Liberties' Issue," *Guardian*, www.theguardian.com/technology/2016/feb/22/tim-cook-apple-refusal-unlock-iphone-fbi-civil-liberties.

312p "많은 기자가 애플의 새 얼굴": Author interview with Apple PR staffer, who asked to remain anonymous, March 2018.

313p "애플의 CEO로서 그가 행한 가장 중요한 인터뷰": Jena McGregor, "Tim Cook's Interview About Apple's Fight with the FBI May Be the Most Important of His Career," *Washington Post*, February 26, 2016, accessed September 14, 2018, www.washingtonpost.com/news/on-leadership/wp/2016/02/26/tim-cooks-interview-about-apples-fight-with-the-fbi-may-be-the-most-important-of-his-career/.

313p "이 사람은 돈만 밝히는 탐욕스러운 경영인이 아닙니다": Author interview with Bruce Sewell, March 2018.

314p "정부가 취하는 입장이": Spencer Ackerman, Sam Thielman, and Danny Yadron, "Apple Case: Judge Rejects FBI Request for Access to Drug Dealer's iPhone," *Guardian*, February 29, 2016, accessed September 14, 2018, www.theguardian.com/technology/2016/feb/29/apple-fbi-case-drug-dealer-iphone-jun-feng-san-bernardino.

314p "우리에게는 실로 매우 중요했습니다": Author interview with Bruce Sewell, March 2018.

315p NBC 설문조사에서: Devlin Barrett, "Americans Divided over Apple's Phone Privacy Fight, WSJ/NBC Poll Shows," *Wall Street Journal*, March 9, 2016, accessed September 14, 2018, www.wsj.com/articles/americans-divided-over-apples-phone-privacy-fight-wsj-nbc-poll-shows-1457499601.

315p UN은 특별 조사요원 데이비드 케이를 앞세워 애플에 대한 지지를 보냈다: Buster Hein, "U.N. Backs Apple, Calls Encryption Fundamental to Freedom," Cult of

Mac, March 3, 2016, accessed September 14, 2018, www.cultofmac.com/415765/u-n-backs-apple-calls-encryption-fundamental-to-the-exercise-of-freedom/.

315p "사법권 밖에 놓일 수 있는 것은 아무것도 없으며": Eugene Scott, "Comey: 'There Is No Such Thing as Absolute Privacy in America,' " CNN, March 9, 2017, accessed September 14, 2018, www.cnn.com/2017/03/08/politics/james-comey-privacy-cybersecurity/index.html.

316p 린치는 사실상 애플이 법과 법원을 무시한 것이라고 비난했다: SecureWorld News Team, "U.S. Attorney General Loretta Lynch Has Strong Words for Apple at RSA 2016," Cybersecurity Conferences & News, March 9, 2016, accessed September 14, 2018, www.secureworldexpo.com/industry-news/rsa-2016-us-attorney-general-loretta-e-lynch-has-strong-words-apple-0.

316p "그보다 더 진실과 거리가 먼 얘기가 또 있을까요": Author interview with Bruce Sewell, March 2018.

317p 쿡은 그다음 날 예정된 증언을 하기 위해 따라갈 준비를 하고 있었다: Author interview with Bruce Sewell, March 2018.

317p FBI는 용의자의 아이폰에 접근하는 데 성공했다고: Matt Zapotosky, "FBI Has Accessed San Bernardino Shooter's Phone Without Apple's Help," *Washington Post*, March 28, 2016, accessed September 14, 2018, www.washingtonpost.com/world/national-security/fbi-has-accessed-san-bernardino-shooters-phone-without-apples-help/2016/03/28/e593a0e2-f52b-11e5-9804-537defcc3cf6_story.html?utm_term=.7b37b9cb0d2e.

317p 용의자의 아이폰에 접속할 수 있었다는 사실이 나중에야 밝혀졌다: Ellen Nakashima, "FBI Paid Professional Hackers One-Time Fee to Crack San Bernardino iPhone," *Washington Post*, April 12, 2016, accessed September 14, 2018, www.washingtonpost.com/world/national-security/fbi-paid-professional-hackers-one-time-fee-to-crack-san-bernardino-iphone/2016/04/12/5397814a-00de-11e6-9d36-33d198ea26c5_story.html?utm_term=.f8234cc590a4.

317p 5월에 열린 상원법사위원회의 청문회에서: "Senator Reveals That the FBI Paid $900,000 to Hack into San Bernardino Killer's iPhone," CNBC, May 8, 2017, accessed September 14, 2018, www.cnbc.com/2017/05/05/dianne-feinstein-reveals-fbi-paid-900000-to-hack-into-killers-iphone.html.

317p 고위 관계자를 통해 인정했다: Luke Dormehl, "FBI Found No New Information on San Bernardino Shooter's iPhone," Cult of Mac, April 20, 2016, accessed September 14, 2018, www.cultofmac.com/424064/fbi-found-no-new-information -on-san-bernardino-shooters-iphone/.

318p **"다행히도 인터넷 유저들이 신속하게":** "FBI Backs Down After Public Outcry, Opens San Bernardino iPhone Without Apple's Help After Repeatedly Claiming That Was Impossible," Fight for the Future, March 28, 2016, accessed September 14, 2018, www.fightforthefuture.org/news/2016-03-28-fbi-backs-down-after-public-outcry-opens-san/.

318p **"팀은 우리가 해결책을 얻지 못한 부분에 대해 다소 실망했습니다":** Author interview with Bruce Sewell, March 2018.

319p **"애플은 기능을 활성화하거나 서비스를 보호하거나 유저의 경험을 맞춤화할 때만":** William Mansell, "Apple Adds New Animoji, Battery Improvements with Latest iOS 11 Update," *Newsweek*, March 30, 2018, accessed September 14, 2018, www.newsweek.com/ios-113-update-whats-new-animoji-battery-issues-privacy-ios-11-features-867630.

319p **iOS 11.3는 마침 페이스북이 프라이버시에 관련한 관행을 놓고 논란을 빚던 시점에 출시되었다:** Scott Detrow, "What Did Cambridge Analytica Do During the 2016 Election?," NPR, March 20, 2018, accessed September 14, 2018, www.npr.org/2018/03/20/595338116/what-did-cambridge-analytica-do-during-the-2016-election.

320p **페이스북은 케임브리지애널리티카가 '부적절한 관행'으로 데이터를 수집해:** Anthony Cuthbertson, "How to Find Out If Your Facebook Data Has Been Compromised," *Independent*, April 9, 2018, accessed September 14, 2018, www.independent.co.uk/life-style/gadgets-and-tech/news/facebook-cambridge-analytica-users-personal-data-how-to-find-out-information-shared-a8295836.html.

320p **"이 특정 상황으로부터 영향을 받은 규모가 너무 커서 아연실색하지 않을 수 없습니다":** "Apple's Tim Cook Calls for More Regulations on Data Privacy," Bloomberg, March 24, 2018, accessed September 14, 2018, www.bloomberg.com/news/articles/2018-03-24/apple-s-tim-cook-calls-for-more-regulations-on-data-privacy.

320p **"저라면 이런 상황에 처하지도 않았겠지요":** Peter Kafka, "Tim Cook Says Facebook Should Have Regulated Itself, but It's Too Late for That Now," Recode, March 28, 2018, accessed September 14, 2018, www.recode.net/2018/3/28/17172212/apple-facebook-revolution-tim-cook-interview-privacy-data-mark-zuckerberg.

10장 다양성에 승부를 걸다

325p 영화배우들조차 함께 사진을 찍고 싶어 하는: Author interview with Greg Joswiak, March 2018.

326p 10월 30일: "Tim Cook Speaks Up," Bloomberg, October 30, 2014, accessed September 13, 2018, www.bloomberg.com/news/articles/2014-10-30/tim-cook-speaks-up.

327p "아이들이 학교에서 왕따를 당하고": "Tim Cook on Speaking Up for Equality," YouTube, posted by *The Late Show with Stephen Colbert*, September 16, 2015, accessed September 14, 2018, www.youtube.com/watch?v=ZEq1qwos0w4.

328p "같은 남부의 아들이자": Bill Clinton, Twitter post, October 30, 2014, 10:15 a.m., https://twitter.com/billclinton/status/527871526637699073.

328p "애플의 CEO 팀 쿡이 자신을 게이로 표현하며": Richard Branson, Twitter post, October 30, 2014, 7:35 a.m., https://twitter.com/richardbranson/status/527831152137355264.

328p "그는 《포천》 1위 기업의 CEO입니다.": James B. Stewart, "The Coming Out of Apple's Tim Cook: 'This Will Resonate,' " *New York Times*, October 31, 2014, accessed September 14, 2018, www.nytimes.com/2014/10/31/technology/apple-chief-tim-cooks-coming-out-this-will-resonate.html.

328p "기꺼이 자신의 프라이버시를 희생했다": "Tim Cook Receives the HRC Visibility Award," YouTube, posted by Human Rights Campaign, October 3, 2015, accessed September 14, 2018, https://youtu.be/iHguhlFE_ik.

328p "미국을 변화시켰다": Mark Gongloff, "Tim Cook Just Changed America in a Way Steve Jobs Never Could," *Huffington Post*, November 5, 2014, accessed September 14, 2018, www.huffingtonpost.com/2014/10/30/tim-cook-coming-out-water_n_6075388.html.

329p "나는 그때까지 살면서 접한": Author interview with Lisa Jackson, March 2018.

329p "차라리 팀 쿡이 윈도를 쓴다고 고백했다면 더 재미있었을 텐데": David Lazarus, Twitter post, October 30, 2014, 10:48 a.m., https://twitter.com/Davidlaz/status/527879616963170304.

329p "조금 전 삼성에서 차기 CEO로 게이를 선임한다고": David [Wolf], Twitter post, October 30, 2014, 11:04 a.m., https://twitter.com/WolfSnap/status/527883649153527808.

330p **"달리 말하면":** Seth Fiegerman, "Tim Cook Just Publicly Declared He's Gay and Wall Street Doesn't Care," Mashable, October 30, 2014, accessed September 14, 2018, https://mashable.com/2014/10/30/tim-cook-gay-wall-street-doesnt-care/#S9sz_Qn8psq6.

330p **"다소 이상해 보일지도 모르겠다":** "Investors Don't Care That Tim Cook Is Gay," CNBC, www.cnbc.com/2014/10/31/investors-dont-care-that-tim-cook-is-gaycommentary.html.

331p **'가시성상'을 수상했다:** "Tim Cook at the Human Rights Campaign Annual Gala," C-SPAN, October 3, 2015, accessed September 14, 2018, www.c-span.org/video/?328534-2/tim-cook-human-rights-campaign-annual-gala.

334p **그레그 조스위악은 쿡의 커밍아웃이:** Author interview with Greg Joswiak, March 2018.

335p **2014년 《파이낸셜타임스》는 팀 쿡을 올해의 인물로 선정했다:** Tim Bradshaw and Richard Waters, "Person of the Year: Tim Cook of Apple," *Financial Times*, December 11, 2014, accessed September 14, 2018, www.ft.com/content/4064a6fe-7fd7-11e4-adff-00144feabdc0.

336p **"나는 그가 결코 스티브 잡스를 대체할 수 없다고 생각했고":** Bradshaw and Waters, "Person of the Year: Tim Cook of Apple."

337p **2013년 11월:** Tim Cook, "Workplace Equality Is Good for Business," *Wall Street Journal*, November 3, 2013, accessed September 14, 2018, www.wsj.com/articles/workplace-equality-is-good-for-business-1383522254.

338p **"다양성은 애플의 미래다":** Christina Warren, "Exclusive: Tim Cook Says Lack of Diversity in Tech Is 'Our Fault,' " Mashable, June 8, 2015, accessed September 14, 2018, https://mashable.com/2015/06/08/tim-cook-apple-diversity-women-future/.

339p **"훨씬 더 밀접하게 얽히고설킨 곳이 되었지요":** Corey Williams, "Tim Cook Discusses Diversity, Inclusion with Students," *Auburn Plainsman*, April 6, 2017, accessed September 14, 2018, www.theplainsman.com/article/2017/04/tim-cook-discusses-diversity-inclusion-with-students.

339p **"나는 다양성을 말할 때 늘 방점을 찍을 정도로 그 가치를 굳게 믿습니다":** Sam Colt, "Tim Cook Gave His Most In-Depth Interview to Date—Here's What He Said," Business Insider, September 20, 2014, accessed September 13, 2018, www.businessinsider.com/tim-cook-full-interview-with-charlie-rose-with-transcript-2014-9.

341p "우리가 다이얼을 움직일 수 있다고 확신합니다": Warren, "Exclusive: Tim Cook Says Lack of Diversity in Tech Is 'Our Fault.' "

342p "미국은 기술 분야에서 리더의 지위를 상실할 겁니다": Williams, "Tim Cook Discusses Diversity, Inclusion with Students."

342p "나는 이러한 사태가 우리의 잘못이라고 생각합니다": Warren, "Exclusive: Tim Cook Says Lack of Diversity in Tech Is 'Our Fault.' "

343p 2011년 9월: Eric Slivka, "Apple's Eddy Cue Promoted to Senior Vice President for Internet Software and Services," MacRumors, September 1, 2011, accessed September 14, 2018, www.macrumors.com/2011/09/01/apples-eddy-cue-promoted-to-senior-vice-president-for-internet-software-and-services/.

343p 2014년에는 데니즈 영 스미스를 인적 자원 담당 책임자로 승진시키는 한편: Peter Burrows, "Apple Promotes Young Smith to Run Human Resources," Bloomberg, February 11, 2014, accessed September 14, 2018, www.bloomberg.com/news/articles/2014-02-11/apple-promotes-young-smith-to-run-human-resources.

343p 같은 해 10월에는: "Sue Wagner Joins Apple's Board of Directors," Apple, July 17, 2014, accessed September 14, 2018, www.apple.com/newsroom/2014/07/17Sue-Wagner-Joins-Apple-s-Board-of-Directors/.

343p 2017년 5월에는 그녀를 다시 포용성 및 다양성 부문 부사장 자리에 올렸다: Buster Hein, "Apple Promotes Denise Young Smith to Lead Diversity Efforts," Cult of Mac, May 23, 2017, accessed September 14, 2018, www.cultofmac.com/482976/apple-promotes-denise-smith-lead-diversity-efforts/.

343p 쿡은 또한 애플의 환경 및 공급업체 보고서와 유사한: Megan Rose Dickey, "Apple Releases First Diversity Report Under New VP of Diversity and Inclusion," TechCrunch, November 9, 2017, accessed September 14, 2018, https://techcrunch.com/2017/11/09/apple-diversity-report-2017/.

344p 2015년 디지털 뉴스 발생 웹사이트인 '쿼츠'에 게시된: Dan Frommer, "All the Women on Stage at Apple Keynotes, Charted," Quartz, June 8, 2015, accessed September 14, 2018, https://qz.com/422340/all-the-women-on-stage-at-apple-keynotes-charted/.

344p 그러나 보다 많은 여성이 무대에 올라야 한다고 강조된 이후: "Apple Brought More Women to the Front at WWDC This Year, But Are the Numbers Good

Enough?," *Economic Times*, June 5, 2018, accessed September 14, 2018, https://economictimes.indiatimes.com/magazines/panache/apple-brings-more-women-to-the-front-at-wwdc-this-year-but-are-the-numbers-good-enough/articleshow/64461770.cms.

345p **2014년 애플의 글로벌 인력은 70퍼센트가 남성이었고:** Josh Lowensohn, "Apple's First Diversity Report Shows Company to Be Mostly Male, White," The Verge, August 12, 2014, accessed September 14, 2018, www.theverge.com/2014/8/12/5949453/no-surprise-apple-is-very-white-very-male.

345p **"CEO로서 저는 이 페이지에 적힌 수치가 만족스럽지 않습니다":** Lowensohn, "Apple's First Diversity Report Shows Company to Be Mostly Male, White."

346p **2017년 11월:** Juli Clover, "Apple Publishes New Diversity and Inclusion Report," MacRumors, November 9, 2017, accessed September 14, 2018, www.macrumors.com/2017/11/09/apple-diversity-inclusion-2017-report/.

346p **흑인과 히스패닉, 복합인종의 비율이:** Caroline Cakebread, "Apple Reiterated Its Commitment to Diversity—but It Made Little Progress in the Last Year and Is Still Predominantly White and Male," Business Insider, November 9, 2017, accessed September 14, 2018, www.businessinsider.com/apple-releases-2017-diversity-report-showing-little-progress-2017-11.

346p **보고서에 따르면:** Tony Romm and Rani Molla, "Apple Is Hiring More Diverse Workers, but Its Total Shares of Women and Minorities Aren't Budging Much," Recode, November 9, 2017, accessed September 14, 2018, www.recode.net/2017/11/9/16628286/apple-2017-diversity-report-black-asian-white-latino-women-minority.

346p **임원진의 구성을 보여주는 페이지에서:** "Apple Leadership," Apple, accessed September 14, 2018, www.apple.com/leadership/.

346p **그러나 애플은 변화를 가속화하기 위해 노력하고 있으며:** "Inclusion & Diversity," Apple, accessed September 14, 2018, www.apple.com/diversity/.

346p **애석하게도 실리콘밸리의 다른 경쟁사 역시:** Rani Molla, "Facebook's and Twitter's Executive Leadership Are Still the Most White Among Big Silicon Valley Companies," Recode, July 3, 2017, accessed September 14, 2018, www.recode.net/2017/7/3/15913360/diversity-tech-report-google-gender-race.

347p **애플에서 오랜 시간 성공적인 경력을 쌓아온 그녀는:** Chris Weller, "Apple's VP of Diversity Says '12 White, Blue-Eyed, Blonde Men in a Room' Can Be a Diverse Group | Markets Insider," Business Insider, October 11, 2017, accessed September 14, 2018, https://markets.businessinsider. com/news/stocks/apples-vp-diversity-12-white-men-can-be-diverse -group-2017-10-1003866971.

347p 이 논평은: Matthew Panzarino, "Apple Diversity Head Denise Young Smith Apologizes for Controversial Choice of Words at Summit," TechCrunch, October 13, 2017, accessed September 14, 2018, https://techcrunch. com/2017/10/13 /apple-diversity-head-denise-young-smith-apologizes-for-controversial-choice-of-words-at-summit/.

348p "후보 지명 위원회는": Adam Satariano, "Apple Facing Criticism About Diversity Changes Bylaws," Bloomberg.com, January 6, 2014, accessed September 14, 2018, www.bloomberg.com/news/articles/2014-01-06/ apple-facing-criticism-about -diversity-changes-bylaws.

348p 두 차례나 '채용 촉진 정책'의 채택을 요구했다: Anders Keitz, "Apple Investors Reject Diversity Proposal," TheStreet, February 28, 2017, accessed September 14, 2018, www.thestreet.com/story/14019740/1/apple-investors-reject-diversity-proposal.html.

349p "그들에게 조명이 쏠리게 해놓고는": Jacob Kastrenakes, "Apple Shareholders Are Demanding More Diversity, but the Company Is Fighting Back," The Verge, February 15, 2017, accessed September 14, 2018, www. theverge.com/2017/2/15/14614740/apple-shareholder-diversity-proposal-opposition.

349p 애플 이사회는 지금까지도 말도나도의 제안을 거부하고 있다: Megan Rose Dickey, "Apple Shareholders Make Another Push to Increase Diversity at the Senior and Board Levels," TechCrunch, February 2, 2017, accessed September 14, 2018, https://techcrunch.com/2017/02/02/apple-shareholders-make-another-push-to-increase-diversity-at-the-senior-and-board-levels/.

350p 변화가 충분히 빠른 속도로 이뤄지고 있지 않았기 때문이다: Buster Hein, "Apple Diversity Report Shows the Company Is Still White and Male," Cult of Mac, November 9, 2017, accessed September 14, 2018, www.cultofmac. com/513275/apple-diversity-report-shows-company-still-white-male/.

350p 미국에서 앞으로 증가할 일자리의 대부분은: "Statistics," National Girls Collaborative Project, accessed September 14, 2018, https://ngcproject. org/statistics.

350p "그러면 결국": Corey Williams, "Special to The Plainsman: Tim Cook on Diversity at Auburn," *Auburn Plainsman*, April 6, 2017, accessed September 14, 2018, www.theplainsman.com/article/2017/04/special-to-the-plainsman-tim-cook-on-diversity-at-auburn.

351p 또한 애플은 '포용성 및 다양성' 장학 제도도 출범시켰다: Aldrin Calimlim, "Apple Launches New $10,000 Scholarship Program as Part of Its Push for Diversity," AppAdvice, September 3, 2014, accessed September 14, 2018, https://appadvice.com/appnn/2014/09/apple-launches-new-10000-scholarship-program-as-part-of-its-push-for-diversity.

351p 2015년 애플은 여성과 소수집단 구성원, 참전 용사 등이 기술 분야에서 일하도록 지원하는 단체에도: "Thurgood Marshall College Fund Head Discusses $40 Million Apple 'Investment' in HBCUs," Thurgood Marshall College Fund, May 7, 2015, accessed September 14, 2018, www.tmcf.org/tmcf-in-the-news/thurgood-marshall-college-fund-head-discusses-40-million-apple-investment-in-hbcus/4168.

351p "애플과의 파트너십이 특별한 점은": Michael Lev-Ram, "Apple Commits More Than $50 Million to Diversity Efforts," *Fortune*, March 10, 2015, accessed September 14, 2018, http://fortune.com/2015/03/10/apple-50-million-diversity/.

352p 애플은 4년에 걸쳐 NCWIT에 1000만 달러를 기부했고: Micah Singleton, "Apple Donates over $50 Million to Improve Diversity in Tech," The Verge, March 10, 2015, accessed September 14, 2018, www.theverge.com/2015/3/10/8184241/apple-donates-50-million-diversity-in-tech.

352p NCWIT는 기술 업계에서 마이크로소프트와 구글, 시만텍 등에서 자금을 지원받았고: Lev-Ram, "Apple Commits More than $50 Million to Diversity Efforts."

352p 페이스북과 구글은: KPMG U.S. Facebook post, July 28, 2018, www.facebook.com/KPMGUS/photos/weve-teamed-up-with-girls-who-code-gwc-a-national-non-profit-organization-workin/979141295592861/.

352p 구글은 3차원 인쇄·패션을 교육하는: Made with Code | Google, accessed September 14, 2018, www.madewithcode.com/.

352p "기회를 만들어주고 싶었습니다": Singleton, "Apple Donates over $50 Million to Improve Diversity in Tech."

353p "양질의 교육을 받을 수 있도록 장려하고 있습니다": Author interview with Deirdre O'Brien, March 2018.

353p "오늘날의 내가 되지 못했을 겁니다": Aaron Smith, "Tim Cook Says Diversity Is Key to Great Companies," CNNMoney, August 24, 2015, accessed

September 14, 2018, http://money.cnn.com/2015/08/24/technology/
tim-cook-apple-diversity/index.html.

353p 교육 부문에 있어 애플의 헌신은: "ConnectED," National Archives and Records
Administration, accessed September 14, 2018, https://obamawhitehouse.
archives.gov/issues/education/k-12/connected.

353p 오바마 전 대통령의 지휘하에: "FACT SHEET: Opportunity for All—Answering
the President's Call to Enrich American Education Through ConnectED,"
National Archives and Records Administration, February 4, 2014,
accessed September 14, 2018, https://obamawhitehouse.archives.gov/
the-press-office/2014/02/04/fact-sheet-opportunity-all-answering-
president-s-call-enrich-american-ed.

354p 이는 실로 대단한 성과였지만: Education Superhighway, "2017 State of
the States: Fulfilling Our Promise to America's Students," September
2017, https://s3-us-west-1.amazonaws.com/esh-sots-pdfs/
educationsuperhighway_2017_state_of_the_states .pdf.

354p "이 아이들은 디지털 세상에서 태어났습니다": "Exclusive: Apple CEO Tim Cook
Talks Classroom Tech Initiative," ABC News, September 14, 2016,
accessed September 14, 2018, https://abcnews.go.com/GMA/video/
exclusive-apple-ceo-tim-cook-talks-classroom-tech-42072293.

354p '누구나 코딩을 할 수 있다'라는 코딩 교육 이니셔티브를 출범시켰다: "Everyone
Can Code," Apple, accessed September 14, 2018, www.apple.com/
everyone-can-code/.

355p "내가 만약 프랑스 학생이고 10살이라면": *Konbini*, Facebook post, www.
facebook.com/konbinifr /videos/10155995633024276/.

355p "미국이 강력한 국가가 되길 바랍니다": Shirin Ghaffary, "Full Audio: Our
Extended, Uncut Interview with Apple CEO Tim Cook," Recode,
April 7, 2018, accessed September 14, 2018, www.recode.
net/2018/4/7/17210064/kara-swisher-tim-cook-chris-hayes-full-
extended -uncut-interview-audio-podcast-download.

356p '누구나 코딩을 할 수 있다' 프로그램에 더해: "Apple Celebrates Hour of Code at
All Apple Stores," Apple, November 28, 2017, accessed September 14,
2018, www.apple.com/newsroom/2017/11/apple-celebrates-hour-of-
code-at-all-apple-stores/.

356p 애플 매장에 직접 방문할 수 없는 사람들은: www.apple.com/swift/playgrounds/.

356p "우리 애플 사람들은 학생들을 사랑하고": Stefano Esposito and Mitch Dudek,
"Apple Unveils New iPad in Chicago," *Chicago Sun-Times*, March 27,

2018, accessed September 14, 2018, https://chicago.suntimes.com/business/apple-unveils-new-ipad-in-chicago/.

357p **"지켜보는 방법을 택하지 않았습니다"**: Aamer Madhani, "Apple CEO Tim Cook Wants to Teach Every Chicago Public School Student to Code," *USA Today*, December 12, 2017, accessed September 14, 2018, www.usatoday.com/story/news/2017/12/12/apple-teach-every-chicago-public-school-student-code/942609001/.

358p **"세월이 흐르면 기술 업계가 전체적으로 크게 달라질 것"**: Madhani, "Apple CEO Tim Cook Wants to Teach Every Chicago Public School Student to Code."

358p **보다 젊은 친구들이 새로 합류하면서**: "Inclusion & Diversity," Apple, accessed September 14, 2018, www.apple.com/diversity/.

359p **"우리는 모든 사람이 기술을 사용하여 일상의 순간을 향유하기를 바랍니다"**: "Accessibility," Apple, accessed September 14, 2018, www.apple.com/accessibility/.

360p **"장애가 있는 사람은 종종 자신의 존엄성을 인정받기 위해"**: "Tim Cook Receiving the IQLA Lifetime Achievement Award," YouTube, posted by Auburn University, December 14, 2013, accessed October 4, 2018, youtube.com/watch?v=dNEafGCf-kw.

360p **"놀랍고도 즐거운 경험을 선사하고자 제품을 설계합니다"**: "Tim Cook Receiving the IQLA Lifetime Achievement Award."

361p **애플은 벌써 수년째 '글로벌 접근가능성 인식의 날'을**: "Apple Brings Everyone Can Code to Schools Serving Blind and Deaf Students Nationwide," Apple, May 17, 2018, www.apple.com/news room/2018/05/apple-brings-everyone-can-code-to-schools-serving-blind-and-deaf -students/.

361p **"기쁨을 넘어 황홀함을 느낍니다"**: "Apple Brings Everyone Can Code to Schools Serving Blind and Deaf Students Nationwide."

362p **"이제 접근가능성이 회사 DNA의 일부가 되었다는 걸"**: Bill Holton, "Apple Receives AFB's Prestigious Helen Keller Achievement Award," *AccessWorld Magazine*, June 2015, www.afb.org/afbpress/pubnew.asp?DocID=aw160602.

362p **"애플에서 글로벌 접근가능성 정책과"**: Steven Aquino, "When It Comes to Accessibility, Apple Continues to Lead in Awareness and Innovation," TechCrunch, May 19, 2016, https://techcrunch.com/2016/05/19/when-it-comes-to-accessibility-apple-continues-to-lead-in-awareness-and-innovation/.

362p "계속 따라가보자": Aquino, "When It Comes to Accessibility, Apple Continues to Lead in Awareness and Innovation."

363p 영상에 등장하는 인물 중 한 명은: "Apple—Accessibility—Sady," YouTube, posted by Apple, October 27, 2016, accessed October 4, 2018, www.youtube.com/watch?v=XB4cjbYywqg.

363p "그것은 내 생애 최고의 경험이었습니다": Sady Paulson, "Late Post (Apple)," *Sady Paulson* (blog), June 22, 2017, https://sadypaulson.com/2017/06/22/late-post-apple/.

364p "애플은 사람들이 무언가를 창출할 수 있도록 힘을 부여하고": "Coffee with Tim Cook CEO of Apple," YouTube, posted by Accessible Hollywood, May 17, 2017, accessed October 4, 2018, www.youtube.com/watch?v=58ZZFUDIM0g&feature=youtu.be.

11장 로봇 자동차와 애플의 미래

369p 2018년 8월 2일: Sara Salinas, "Apple Hangs Onto Its Historic $1 Trillion Market Cap," CNBC, August 2, 2018, www.cnbc.com/2018/08/02/apple-hits-1-trillion-in-market-value.html.

369p 일부 전문가들은: Tarun Pathak, "iPhone X Drove Apple's 'Revenue Super Cycle,'" Counterpoint, September 10, 2018, www.counterpointresearch.com/iphone-x-drove-apples-revenue-super-cycle/.

370p "그것이 우리의 성공에 가장 중요한 척도는 아니다": "Here's the Memo Apple CEO Tim Cook Sent to Employees After Hitting $1 Trillion," CNBC, August 3, 2018, www.cnbc.com/2018/08/03/apple-ceo-calls-1-trillion-value-a-milestone-but-not-a-focus.html.

371p 물류와 운송 분야 역시: Zoë Henry, "Top 5 Industries (by Revenue) on the 2017 Inc. 5000," *Inc.*, August 22, 2017, accessed September 14, 2018, www.inc.com/zoe-henry/inc5000-2017-5-biggest-industries-revenue.html.

372p "개발하고 있습니다": Matt Egan, "Apple Accused of Stealing Employees from Battery Maker," CNNMoney, February 19, 2015, accessed September 14, 2018, http://money.cnn.com/2015/02/19/technology/apple-stealing-employees-lawsuit/.

372p "우리는 그 소문을 믿습니다": Carl C. Icahn, "Carl Icahn Issues Open Letter to

Tim Cook," Carlicahn.com, May 18, 2015, accessed September 14, 2018, http://carlicahn.com/carl-icahn-issues-open-letter-to-tim-cook/.

373p 아이팟 부문의 전 책임자였던 토니 퍼델이: Doug Bolton, "Steve Jobs Wanted to Make an Apple Car in 2008, Former Colleague Says," *Independent*, November 5, 2015, accessed September 14, 2018, www.independent. co.uk/life-style/gadgets-and-tech/news/steve-jobs-apple-car-2008-tony-fadell-a6722581.html.

373p "자동차에는 배터리가 있습니다": Dawn Chmielewski, "Steve Jobs Tinkered with the Idea of an Apple Car the Year After the iPhone Premiered," Recode, November 4, 2015, accessed September 14, 2018, www. recode.net/2015/11/4/11620350/steve-jobs-tinkered-with -the-idea-of-an-apple-car-the-year-after-the.

374p "저들이 우리가 해고하는 친구들을 죄다 모으고 있어요": "All Charged Up in Berlin," *Handelsblatt Global*, November 30, 2015, accessed September 14, 2018, https://global.handelsblatt.com/companies/all-charged-up-in-berlin-316503.

375p 자데스키의 계획은: Daisuke Wakabayashi, "Apple Scales Back Its Ambitions for a Self-Driving Car," *New York Times*, August 22, 2017, accessed September 14, 2018, www.nytimes.com/2017/08/22/technology/apple-self-driving-car.html.

375p 100명 이상의 팀원이: Mark Gurman and Alex Webb, "How Apple Scaled Back Its Titanic Plan to Take on Detroit," Bloomberg, October 17, 2016, accessed September 14, 2018, www.bloomberg.com/news/articles/2016-10-17/how-apple-scaled-back-its-titanic-plan-to-take-on-detroit.

376p 프로젝트 타이탄에 대해 입을 뗐다: Alex Webb and Emily Chang, "Tim Cook Says Apple Focused on Autonomous Systems in Cars Push," Bloomberg, June 13, 2017, accessed September 14, 2018, www.bloomberg.com/news/articles/2017-06-13/cook-says-apple-is-focusing-on-making-an-autonomous-car-system.

377p 이 프로젝트를 잘 아는 직원은: Wakabayashi, "Apple Scales Back Its Ambitions for a Self-Driving Car."

377p "팀 쿡 시대의 가장 큰 실패라고": Author interview with Horace Dediu, March 2018.

378p 더그 멜턴의 사례를 들려주었다: Author interview with Horace Dediu, March 2018.

380p '물류의 악몽': Author interview with Apple employee, April 2018.

380p 2006년 4월 잡스는: "Steve Jobs' City Council Visit in 2006," YouTube, posted by City of Cupertino, April 18, 2016, accessed September 14, 2018, www.youtube.com/watch?v=XH7HcWQKxns.

380p 2011년 6월에: "Steve Jobs Presents to the Cupertino City Council (6/7/11)," YouTube, posted by City of Cupertino, June 7, 2011, accessed September 14, 2018, www.youtube.com/watch?v=gtuz5OmOh_M.

380p 오늘날 그 부지의 주소는: Michael Steeber, "Apple Marks Completion of New Campus with First Corporate Address Change Since 1993," 9to5Mac, February 17, 2018, accessed September 14, 2018, https://9to5mac.com/2018/02/16/apple-new-campus-corporate-address-one-apple-park-way/.

381p "우주선이 내려앉은 모양과 비슷하지요": Alexia Tsotsis, "Jobs to Cupertino: We Want a Spaceship-Shaped, 12K Capacity Building as Our New Apple Campus," TechCrunch, June 7, 2011, accessed September 14, 2018, https://techcrunch.com/2011/06/07/steve-jobs-cupertino/.

381p "선한 외계인들의 행성": Walter Isaacson, *Steve Jobs* (New York: Simon & Schuster, 2011), 570.

381p "완벽한 원형을 이루기 때문에": Tsotsis, "Jobs to Cupertino: We Want a Spaceship-Shaped, 12K Capacity Building as Our New Apple Campus."

381p "우리는 세계 최고의 사옥을 목표로 삼고 있습니다": We Want a Spaceship-Shaped, 12K Capacity Building as Our New Apple Campus."

382p 회사의 계획은 실로 웅장했다: Steven Levy, "Apple's New Campus: An Exclusive Look Inside the Mothership," *Wired*, September 6, 2018, accessed September 14, 2018, www.wired.com/2017/05/apple-park-new-silicon-valley-campus/#slide-x.

383p "그는 자신이 원하는 목재가 어떤 것인지 정확히 알고 있었습니다": Levy, "Apple's New Campus: An Exclusive Look Inside the Mothership."

384p "스티브는 저와 우리 모두에게 너무도 많은 것을 의미하기에": Irina Ivanova, "Apple iPhone 8, iPhone X, Watch Unveiled: As It Happened," CBS News, September 12, 2017, accessed September 14, 2018, www.cbsnews.com/news/iphone-8-release-apple-event-as-it-happened.

384p "'스티브 잡스 캠퍼스'라고 이름 붙여야 하지 않을까요?": Stephen Fry, "When Stephen Fry Met Jony Ive: The Self-Confessed Tech Geek Talks to

Apple's Newly Promoted Chief Design Officer," *Telegraph*, May 26, 2015, accessed September 14, 2018, www.telegraph.co.uk/tech nology/apple/11628710/When-Stephen-Fry-met-Jony-Ive-the-self-confessed-fanboi-meets-Apples-newly-promoted-chief-design-officer.html.

384p 신사옥이 문을 열고 얼마 지나지 않아: Max A. Cherney, "People Are Walking into Glass at the New Apple Headquarters," MarketWatch, February 18, 2018, accessed September 14, 2018, www.marketwatch.com/story/people-are-walking-into-glass-at-the-new-apple-headquarters-2018-02-15.

385p "세계 최고의 건축가와 디자이너들이": Levy, "Apple's New Campus: An Exclusive Look Inside the Mothership."

385p "애플은 그 땅을 대중에게 열어주고": Alissa Walker, "Steve Goes to the Mayor (Again)," *A Walker in LA* (blog), June 8, 2011, accessed September 14, 2018, www.awalkerinla.com/2011/06/08/steve-goes-to-the-mayor-again/.

385p "그렇게 고립된 교외 지역에 캠퍼스를 세우면": Allison Arieff, "One Thing Silicon Valley Can't Seem to Fix," *New York Times*, July 8, 2017, accessed September 14, 2018, www.nytimes.com/2017/07/08/opinion/sunday/silicon-valley-architecture-campus.html.

387p "머릿속에서 지워지지 않지요": Levy, "Apple's New Campus: An Exclusive Look Inside the Mothership."

387p '매셔블'의 편집장인 랜스 율라노프는: Lance Ulanoff, "Inside Apple's Perfectionism Machine," Mashable, October 28, 2015, accessed September 14, 2018, https://mashable.com/2015/10/28/apple-phil-schiller-mac/#lxgN3Cweqkqr.

388p 자신의 저서 『창의성을 지휘하라』에서: Philip Elmer-Dewitt, "What Architects Don't Get About Steve Jobs' Spaceship," *Fortune*, August 5, 2014, accessed September 14, 2018, http://fortune.com/2014/08/05/what-architects-dont-get-about-steve-jobs-spaceship/.

390p "때로는 그런 즉흥적인 미팅을 통해": Author interview with Greg Joswiak, March 2018.

391p "아이폰은 지난 10년 동안": Seth Fiegerman, "iPhone X Features: 10 Things You Need to Know," CNNMoney, September 20, 2017, accessed September 14, 2018, https://money.cnn.com/2017/09/12/technology/gadgets/iphone-x-features/index.html.

391p "스마트폰의 미래": "The Future Is Here: iPhone X," Apple, September 12, 2017, accessed September 14, 2018, www.apple.com/newsroom/2017/09/the-future-is-here-iphone-x/.

391p 최초의 아이폰으로: "CORRECTED-UPDATE 5-Apple Unveils iPhone X in Major Product Launch," Reuters, September 12, 2017, accessed September 14, 2018, www.reuters.com/article/apple-iphone/corrected-update-5-apple-unveils-iphone-x-in-major-product-launch-idUSL2N1LT1BA.

392p 심지어는 애플의 진보적인 기술을 환영하는 팬들조차: Everything You Need to Know About Apple's Top-of-the-Line Smartphone," Macworld, December 1, 2017, accessed September 14, 2018, www.macworld.com/article/3222743/apple-phone/iphone-x-specs-features-release-date.html.

392p "우리가 가격을 책정하는 방식은": Catherine Clifford, "Apple CEO Tim Cook on $999 New iPhone X: 'We're Not Trying to Charge the Highest Price We Could Get,'" CNBC, November 3, 2017, accessed September 14, 2018, www.cnbc.com/2017/11/03/tim-cook-buying-a-999-iphone-x-is-like-buying-high-quality-coffee.html.

393p 아이폰 X에 대한 주문이: Neil Hughes, "Notes of Interest from Apple's Q4 2017 Conference Call," AppleInsider, November 2, 2017, accessed September 14, 2018, https://appleinsider.com/articles/17/11/02/notes-of-interest-from-apples-q4-2017-conference-call.

393p "슈퍼볼에서 우승하는 경우가": Yoni Heisler, "iPhone X Is a Flop? Actually, It's Apple's Best-Selling iPhone Model," BGR, May 2, 2018, accessed September 14, 2018, https://bgr.com/2018/05/02/apple-iphone-x-sales-q2-2018-earnings/.

12장 애플 역사상 최고의 CEO

397p '제품 전문가': Author interview with Horace Dediu, March 2018.

400p "우리는 여전히 우리의 미래가": Author interview with Greg Joswiak, March 2018.

401p "확보할 가능성은 전혀 없다": Joel Hruska, "Ballmer: iPhone Has 'No Chance' of Gaining Significant Market Share," Ars Technica, April 30, 2007, accessed September 14, 2018, https://arstechnica.com/information-technology/2007/04/ballmer-says-iphone-has-no-chance-to-gain-significant-market-share/.

401p "사람들은 무엇이든 쉽게 잊어버리지요": Author interview with Greg Joswiak, March 2018.

403p 대략 4600만 대가 팔린 것으로 추정되며: Tyler Lee, "Analyst Estimates 46 Million Apple Watch Units Sold to Date," Ubergizmo, May 4, 2018, accessed September 14, 2018, www.ubergizmo.com/2018/05/46-million-apple-watch-units-sold/.

404p "당신은 오늘 혁신했습니까?": Author interview with Greg Joswiak, March 2018.

406p "기업들은 점차 강력한 윤리의식과": Patrick Quinlan, "The Next Big Corporate Trend? Actually Having Ethics," Recode, July 20, 2017, accessed October 1, 2018, www.recode.net/2017/7/20/15987194/corporate-ethics-values-proactive-transformation-compliance-megatrend.

408p 리사 잭슨의 추정이 정확하다면: Author interview with Lisa Jackson, March 2018.

408p 그들은 지금까지 1170만 명이 넘는: Apple Inc., *Supplier Responsibility 2017 Progress Report*, www.apple.com/supplier-responsibility/pdf/Apple_SR_2017_Progress_Report.pdf.

409p 2018년 3월에: Fred Imbert and Gina Francolla, "Facebook's $100 Billion-Plus Rout Is the Biggest Loss in Stock Market History," CNBC, July 27, 2018, accessed September 14, 2018, www.cnbc.com/2018/07/26/facebook-on-pace-for-biggest-one-day-loss-in-value-for-any-company-sin.html.

410p 비록 느리게 진척되고 있지만: "Inclusion & Diversity," Apple, accessed September 14, 2018, www.apple.com/diversity.

411p "나는 기업이 상업적인 것만을 다루어야 한다고 생각하지 않는다": Karen Gilchrist, "Apple's Tim Cook Shares a Rule That Leaders Should Live By," CN\BC, June 26, 2018, accessed September 14, 2018, www.cnbc.com/2018/06/26/apple-ceo-tim-cook-advice-for-leaders-on-speaking-out.html.